할리우드
그녀들의 이야기

질 S. 티에첸(Jill S. Tietjen, P.E.)/바바라 브리지스(Barbara Bridges) 지음

할리우드
그녀들의 이야기

질 S. 티에첸(Jill S. Tietjen, P.E.)/바바라 브리지스(Barbara Bridges) 지음

HOLLYWOOD
her story

혜지원

할리우드
그녀들의 이야기

초판 인쇄일 2020년 4월 13일
초판 발행일 2020년 4월 20일

저자 질 S. 티에첸, 바바라 브리지스
옮긴이 조주희, Haein Alice Jo
발행인 박정모
등록번호 제9-295호
발행처 도서출판 혜지원
주소 (10881) 경기도 파주시 회동길 445-4(문발동 638) 302호
전화 031) 955-9221~5 팩스 031) 955-9220
홈페이지 www.hyejiwon.co.kr
블로그 blog.naver.com/hyejiwon9221
페이스북 www.facebook.com/hyejiwonbooks

기획 박혜지
진행, 편집 박혜지, 김태호
디자인 김보리, 조수안
영업마케팅 황대일, 서지영
ISBN 978-89-8379-164-1
정가 35,000원

HOLLYWOOD: HER STORY,
An Illustrated History of Women and the Movies
Copyright © 2019 Jill S. Tietjen and Barbara Bridges
Interior illustrations by Shutterstock

Korean Translation Copyright © 2020 by Hyejiwon Publishing Co.
Korean edition is published by arrangement with Kleinworks Agency USA
through BC agency, Seoul.

이 도서의 국립중앙도서관 출판예정도서목록(CIP)은 서지정보유통지원시스템 홈페이지
(http://seoji.nl.go.kr)와 국가자료공동목록시스템(http://www.nl.go.kr/kolisnet)에서
이용하실 수 있습니다.(CIP제어번호: CIP2020003738)

1920년, 유니버설 스튜디오에서 영화 편집 중인 여성들

우리 어머니인 버니스 (비) 스타인[Bernice (bee) Stein] 여사에게
이 책을 바칩니다. 그녀는 문화에 대한 사랑을 갖도록 저를 길러 주시고
여성의 담대한 성공에 대한 꿈을 키워 주신 분입니다.

— 질 S. 티에첸

우리 어머니인 바바라 S. 그로스(Barbara S. Gross) 여사에게
이 책을 바칩니다. 이야기와 시, 연극과 영화를 사랑하는 마음을 지닌
그녀는 제가 아는 것보다 훨씬 더 많이 제게 영향을 주셨습니다.

— 바바라 브리지스

목차

아비가일 디즈니

머리말

역사책들은 한 가지 문제점을 안고 있다. 인구의 절반이 여성임에도 불구하고 수천 년 동안 기록된 역사에서 여성이 인구 비율만큼을 차지하지 못하고 있다는 점이다. 이것은 공평하지 않을 뿐더러 진실을 표현함에 있어서도 정확하지 않은 것이다.

우리들이 과거 이야기를 하면서 안 사실은 여성이 반복적으로 소외되어 왔고 여성들의 이야기는 기록되지 않았으며 그녀들은 사실상 유령 취급을 당했다는 사실이다. 하지만 능력 있고 대담하고 현명하고 위트 있고, 그래서 축하받아야 마땅한 여성들은 여전히 많다. 그녀들의 이야기는 문화적인 기억과 역사적 진술 속에서 회자되어야 하고 기록되어야 한다.

영화가 끝나고 엔딩 크레디트가 올라갈 때는, 그 영화를 만들기까지 뛰어난 기술과 능력을 가진 많은 사람들의 노력이 있었다는 것을 알게 된다. 가끔은 그 명단이 여성들로 꽉 차기도 한다. 여배우, 감독, 스턴트우먼, 시나리오 작가, 작곡가, 애니메이터, 그리고 편집자 등으로 말이다. 이를 통해, 우리는 쉽게 여성의 창의성과 성실성, 타고난 솜씨가 우리의 가슴과 마음에 울림을 주는 영화를 만드는 데 큰 도움이 된다는 사실을 알 수 있다.

이 책은 영화 초창기 이래로 영화 산업에 몸담았던 많은 여성들의 기록을 다루고 있다. 스크린의 희미한 불빛이 깜빡거리기 시작한 이후로 여성들이 영화 산업의 모든 면에서 얼마나 많은 영향을 끼쳐 왔는지 그 숨겨진 진실을 담고 있다. 이 책에는 1,200여 명 이상의 여성들의 이름이 등장한다. 그중에는 우리가 이미 잘 알고 있고 사랑하는 여성들도 있는 한편, 다양한 방식으로 영화 산업에 기여했던 잘 알려지지 않은 수백 명의 여성들이 있다.

놀랍게도 무성 영화 시대에는 사실상 여성들이 영화 산업을 거의 주름잡았다. 당시에는 그 어느 때보다도 카메라 뒤와 스크린상에서 여성들이 더 많은 기회를 가지고 있었다. 무성 영화 시대에 가장 많은 보수를 받은 사람은 여성 감독이었으며, 여성 시나리오 작가들의 수는 남성 한 명에 열 명 꼴로 우세했다. 중요한 것은 성별이 아니라 재능과 지식이었다.

이후 영화가 돈을 벌어들이기 시작하면서, 남성들이 영화 산업에 매력을 느끼게 되었다. 남성들이 스튜디오를 인수하고 감독이나 프로듀서 같은 거의 모든 지도층 직책을 맡았다. 이런 문화적인 역동성은 제2차 세계 대전 이후에도 계속되었는데 전쟁 후 남성들의 일자리를 위해 여성들은 가정으로 돌아가야만 했다.

하지만 여성들은 여전히 끈질기게 붙어 있었다. 영화 산업에서 끊임없이 모든 역할을 해 왔고 특정 부문에서는 더 성공적이기도 했다. 거의 한 세기 동안 여성들은 영화 초창기 때 그녀들이 했던 중요한 역할을 되찾기 위해 노력을 기울여 왔다.

양성평등을 위한 변화는 실현되기까지 오랜 시간이 걸렸다. 1960년대에 들어서야 여성 운동은 다시 문이 열리면서 부활하기 시작했고, 여성들은 수십 년 만에 처음으로 그녀들의 능력을 보여 줌으로써 이익을 보기 시작했다. 어떤 여성들은 박스오피스를 성공으로 이끌기도 했는데 줄리아 필립스(Julia Phillips)와 같은 여성은 영화 〈스팅, The Sting〉을 통해 1974년에 오스카상을 수상하기도 했다. 나중에 몇몇 여성은 1980년에 20세기 폭스사의 셰리 랜싱(Sherry Lansing)과 함께 스튜디오의 우두머리가 되기도 했다.

무성 영화 시대 이후, 여성 감독들은 어떻게 발전해 왔는가? 1920년대에서 1960년대 사이에는 성공한 여성 감독이 거의 없다. 이 시기에 두드러진 두 명은 도로시 아즈너(Dorothy Arzner)와 이다 루피노(Ida Lupino)뿐이다. 주요 스튜디오는 여성 감독이 활동하기에는 어려운 곳이었고, 1950년대부터 1970년대에 걸쳐 영화의 0.2%만을 여성이 감독했다. 사실 1977년에 이르러, 그러니까 아카데미 시상식이 생긴 이후 48년이 지나서야 리나 베르트뮬러(Lina Wertmuller)가 여성 처음으로 오스카 감독상 후보에 올랐다. 90년 동안 후보에 오른 여성은 오로지 다섯 명뿐이었고, 오직 캐서린 비글로우(Kathryn Bigelow)만이 2010년이 되어서야 오스카상을 수상했다. 지난 10년간 여성은 평균적으로 매해 수익성이 높은 100개 영화 중 4%만을 감독했다.

오스카상은 여러 분야에 걸쳐 여성이 부당한 대우를 받아왔음을 반영한다. 2018년에야 오스카 역사상 처음으로 촬영상 부문 후보에 여성이 올랐다. 음향 효과상 부문에서 여성이 오스카상을 수상한 것은 2010년의 일이었고, 여성 작곡가가 처음으로 후보에 오른 것은 음악상 부문에서 1974년에야 가능했다. 그리고 소수의 여성들만이 오스카상을 받았다. 여성은 아카데미 시상식 중 의상 부문이나 극작 부문에서만 대표적으로 두드러졌다.

영화는 우리에게 이 세상을 더 잘 이해하도록 돕는다. 그러므로 실제 인구 통계를 반영하지 못하면 부정확한 그림을 제시하는 것이다. 영화 산업에서 지난 10년간 여성은 오직 30%만이 대사가 있는 역할이었고, 그 중 30 내지 35%의 여성만이 주연급 배우를 한 사실을 알 수 있다. 이 주연급 배우 중 4%만이 40대를 넘었다. 사실 마흔이 넘은 모든 캐릭터들의 약 25%만이 여성이다. 이 모든 것이 세상의 왜곡된 그림을 만들어 냈다. 여성이 영화 산업에 있어 적절한 비율을 차지하지 못하고 있다는 사실은 문화 전반적인 경향에 있어 여성의 힘, 타당성, 자율성을 박탈하고 있다는 것을 시사한다.

스크린상이나 카메라 뒤에서 일하는 여성의 수를 늘리는 방법은 여성 감독을 고용하는 것이다. 여성 감독들은 그녀들의 영화에 여성을 캐스팅하는 경향이 있다. 그녀들은 여성 주인공이나 40대 이상의 여성을 더 많이 고용하고 주요 제작 역할에 더 많은 여성을 고용하는 모습을 보여 준다.

지난 몇 년간 할리우드에서는 눈에 띄는 여성들의 움직임이 보인다. 특히 '타임즈 업 무브먼트(Time's Up Movement)' 운동에 힘입어 이러한 점은 더 두드러졌다. 이 운동은 연예계 사업이 모두에게 안전하고 동등한 분야라는 것을 추구한다. 여성 종사자들이 동등한 표현과 기회, 이익, 임금을 갖는 것이다. 이는 리더십과 권력이 있는 위치에 있는 여성의 수를 증가시키는 데 중요한 역할을 한다.

얼마나 많은 여성들이 역사의 기록에서 빠져 있는지를 제대로 인식한다면 여성이 한때 영화에 굉장히 크고 중요한 역할을 해 왔다는 사실을 결코 무시할 수 없다. 여성들은 항상 투명한 존재였고 한계적이고 최소화된 존재였다. 할리우드의 진짜 역사는 그녀들 없이, 또 그녀들의 다양성과 특별한 업적 없이는 존재할 수 없다. 희망하건대 이러한 이야기들은 기록을 수정하는 데 도움을 주어야 하고, 영화 산업을 넘어 그 이상으로 여성에 대한 인식과 대우의 변화를 꾀하는 데 일조해야 한다.

– 아비가일 디즈니
(영화 제작자, 활동가이자 자선가)

소개

여자도 남자가 하는 만큼 영화를 쉽게 만들어 상영할 수 있어요.

여자라고 예술의 모든 전문성을 완전히 마스터 못할 이유도 없습니다.

−알리스 기−블라쉐

2018년에 레이첼 모리슨(Rachel Morrison)은 90년 오스카 역사상 촬영상 후보에 오른 첫 번째 여성이 되었다. 이렇게 이야기하면 다른 여성들은 "어, 여성들이 이제 막 지도자적인 위치로 떠오르기 시작한 다른 산업이랑 똑같은 거 아니야?"라고 말한다. 이에 대한 대답은 "아니요!"이며, 더 나아가 우리는 영화 산업의 초창기 때 최초의 여성 영화감독이었던 알리스 기−블라쉐(Alice Guy−Blaché)를 포함해 많은 여성들이 제작자로서 영화의 모든 분야에서 일하고 있었다고 말해 준다. 하지만 영화가 돈을 벌어들이기 시작하고 큰 사업이 될 즈음 남성들이 가로챘다고 말하면, 그녀들은 알겠다는 듯이 고개를 끄덕인다.

할리우드에서 이제는 영화 산업이 더 이상 남성 지배적인 산업이 아니라는 운동이 일고 있다. 이제는 여성이 할리우드에서 이전에 했던 역할을 되찾고 자신들의 입지를 바로 세워야 할 시기가 온 것이다. 여성들은 영화 산업의 발달을 도왔고 그 발전 면에서 모두 관련되어 왔다. 그녀들은 여배우, 감독, 프로듀서, 스튜디오 우두머리, 시나리오 작가, 편집자, 영화 평론가, 스턴트우먼이었으며 음향, 음악, 시각 효과, 애니메이션 등 모든 분야와 연관되어 있다. 이제 남성 중심의 할리우드 역사가 아니라 그녀들의 이야기가 다시 시작되어야 할 시기이다.

이 책은 몇 년에 걸쳐 우리가 함께 한 일련의 아침식사에서 시작되었다. 우리는 삶이나 역사에서 여성의 자리가 부족하다는 인식과 함께 여성들이 주로 나누는 많은 주제에 대해 이야기하며 서로를 알아 갔다. 특히 질의 책 『그녀들의 이야기: 미국을 변화시킨 여성들의 연대표(Her story: A Timeline of the Women Who Changed America)』가 주제였다. 어느 날 아침식사 중에 질은 『그녀들의 이야기』 연작에 관해 언급했다. 바바라는 이 연작 중 두 번째가 여성과 영화에 관한 것이 되어야 한다고 제안했다. 그러고는 다음 식사 자리에서, 이 책의 씨앗이 싹 틔워졌다. 이 책은 바로 영화라는 매체를 통한 여성에 관한 책, 영화 산업에 있어 그녀들의 이야기였다.

바바라는 '여성들과 영화(Women + Film)'의 창시자로서, 영화 산업에 종사하면서 10년에 걸쳐 덴버 영화 단체(The Denver Film Society)와 함께 여성에 의한, 여성에 관한 영화를 보여 주는 일을 해 왔다. 그녀는 내러티브 영화나 다큐멘터리 영화뿐 아니라 다른 영화 페스티벌에도 참가해 왔다. 질은 영화 산업과 관련된 여성에 대해서는 다소 익숙하지 않았지만, 원래『그녀들의 이야기』를 위해 영화 산업에서 유명한 여성들을 조사해 왔다. 씨앗이 뿌리를 내리고 싹이 튼 것이다.

우리는 이 책을 위해 조사를 시작했다. 그동안의 영화 산업에서 여성들이 성취한 성과들에 놀랐고, 많은 여성들이 견뎌야 했을 적대감과 극복해야 할 장애물들이 있었다는 점에 특히 주목했다. 그녀들의 작업에 관한 개개인의 헌신은 그녀들 이야기의 살아 있는 증거가 되었다.

이제 씨는 열매를 생산하는 나무로 자라났다. 우리는 약간의 가지치기를 했다. 영화 산업의 초창기 때 자료의 부재로 몇몇 여성은 이 책에 실을 수 없었고 정확한 정보를 찾을 수 없기도 했다.

이제 여성들은 영화 산업 구석구석에서 일하고 있다. 우리는 이 책에서 그녀들의 성취를 기록한 것을 매우 기쁘게 생각한다.

자, 이제『할리우드: 그녀들의 이야기』를 즐겨 보자.

—질 S. 티에첸과 바바라 브리지스

아이콘 설명

 연기 지도

 작곡가나 작사가

 세트 데코레이터나 미술 감독

 안무가

 여배우

 의상 디자이너

 음향 편집

 시나리오 작가

 에이전트

 영화 편집자

 스튜디오 고문

 캐스팅

 동물 조련사

 감독

 스튜디오 사진작가

 프로듀서

 애니메이터

 저널리스트나 영화 비평가

 스턴트우먼

 성우

 기록 보관 담당자나 영화학자

 조명

 기술자

 카메라 오퍼레이터나 영화 촬영 기사

 메이크업 아티스트나 헤어 스타일리스트

 시각 효과

이 책을 보는 방법

▶ 책에 등장하는 모든 인물들의 이력은 2018년을 기준으로 작성했습니다.

▶ 이름 및 영화 제목 등의 표기는 포털 사이트에 등재된 한글 표기를 우선적으로 고려했으며, 따로 등재되지 않은 경우에는 외래어 표기법과 현지 발음을 고려하여 표기하거나 자체적으로 해석했습니다.

▶ 아시아인 한글 표기의 경우 성 – 이름 순으로 나열했습니다.

▶ 수상: 해당 연도에 단독 혹은 공동으로 수상했다는 의미

▶ 추천: 해당 연도에 단독 혹은 공동으로 최종 수상 후보에 올랐다는 의미

▶ oo년 참고: 해당 연도를 다루는 페이지를 참고하라는 의미

여자도 남자가 하는 만큼 영화를 쉽게 만들어 상영할 수 있어요.

여자라고 예술의 모든 전문성을 완전히 마스터 못할 이유도 없습니다.

-알리스 기-블라쉐

1890s

무대의 준비

1893년에 토머스 에디슨이, 사람이 구멍을 통해 보면 신기하게도 필름이 움직이면서 지나가는 방식인 키네토스코프(활동사진 영사기)를 선보였는데, 대중은 이것을 좋아했다. 발명가이자 사업가이기도 한 그는 사람들이 키네토스코프를 통해 볼 수 있는, 움직이는 그림을 필요로 한다는 사실을 깨닫고 그 수요를 충족시키기 위해 같은 해에 뉴저지의 웨스트 오렌지에 처음으로 영화 스튜디오를 세웠다.

이 시장이 성장할 것이라고 믿고 그는 커다란 화면에 그림을 쏘는 발명에 관한 권리를 샀다. 그리고 이것을 그의 이름을 따서 에디슨 바이터스코프라고 이름 붙였다. 그는 모든 조각들을 한데 모으기 위해 에디슨 회사를 설립하고 영화 사업을 시작했다. 에디슨의 첫 번째 영화는 우리가 오늘날 생각하는 영화와는 사뭇 다른 것이었는데, 1895년에 찍은 30초보다도 짧은 영화였다. 제목은 〈스코틀랜드 여왕 메리의 처형, The Execution of Mary, Queen of Scots〉이었으나 메리는 남자가 연기했다. 여성 배우가 공동 주연으로 나온 첫 에디슨 영화는 1896년에 나온 〈더 키스, John Rice-May Irwin Kiss〉이다. 놀랄 것도 없이, 그 당시의 시대적 배경과 제목을 고려해 볼 때 도덕성과 관련된 논란을 불러일으킨 첫 영화였다.

에디슨은 그의 발명에 특허를 내지 않았고, 셀릭(Selig), 바이타그래프(Vitagraph), 바이오그래프(Biograph), 카렌(Kalen), 엣사나이(Essanay)와 같은 다른 영화사들이 이 사업에 너도나도 뛰어들었다. 1896년은 역사상 처음으로 여성 감독이 이야기를 전하기 위해 필름을 사용한 첫 해가 되었다. 프랑스 영화 회사인 고몽(Gaumont)사(社)에서 나온 영화 〈양배추 요정, La Fée aux Choux, 영문명은 The Cabbage Fairy〉이 그 영화인데, 알리스 기-블라쉐(Alice Guy-Blaché)가 감독했다. 그녀는 후에 자신의 스튜디오를 소유하고 운영한 첫 번째 여성이 되었다. 그녀는 초창기 때 미국 영화 산업의 중심이 된 뉴저지 포트리(Fort Lee)에 솔락스 스튜디오(Solax Studios)를 열었다.

그리고 그렇게 영화는 시작되었다.

1893

키네토스코프를 펍 쇼에서 새로운 발명품으로 소개한 이후, 발명가 토머스 에디슨은 뉴저지의 웨스트 오렌지에 첫 영화 스튜디오를 세웠다. 몇 년 후 그는 큰 표면에 화면을 쏘는 기계의 권리를 사고 이것을 에디슨 바이터스코프라고 불렀다.

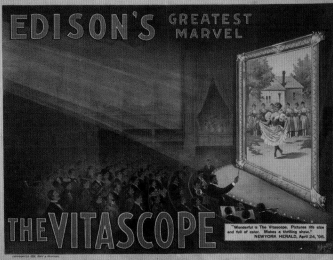

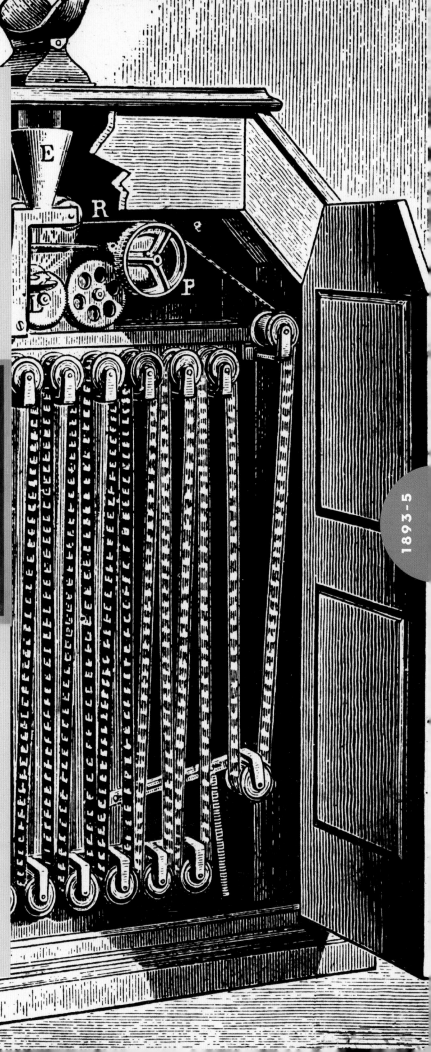

1895

에디슨 회사는 첫 영화로 〈스코틀랜드 여왕 메리의 처형, The Execution of Mary, Queen of Scots〉이라는 30초짜리 영화를 생산했다. 남자가 메리 역을 맡았다.

1895년에 윌리엄 케네디 딕슨(William Kennedy Dickson)에 의해 바이오그래프사(Biograph Company)가 설립되었다. 그는 토머스 에디슨 실험실 소속의 발명가였다. 이 회사는 1916년에 문을 닫기 전까지 3,000여 편 이상의 영화를 생산했다.

1896

최초의 여성 영화감독인 프랑스 여성 **알리스 기-블라쉐**(Alice Guy-Blaché)가 그녀의 첫 영화인 〈양배추 요정: 태아의 탄생, La Fée aux Choux, 영문명은 The Cabbage Fairy: The Birth of Infants〉을 만들었다. 그녀는 모든 표준 기준에 맞춘 영화를 만든 최초의 사람 중 한 명이다. 기-블라쉐는 내레이션 영화 제작을 발달시키고 음향을 실험했으며 처음으로 특수 효과를 위해 사람을 고용했다. 그녀는 필름을 역으로 돌리거나 느리게, 혹은 빠르게 돌리는 획기적인 실험을 했을 뿐 아니라 멈추거나 이중 노출, 페이드아웃도 시도했다. 1910년에 그녀는 자신의 스튜디오를 운영하는 최초의 여성이 되었다.

1,000장 이상의 사진으로 만들 수 있는 가장 긴 30분짜리 영화를 만들었다고 여겨지는 기-블라쉐는 또한 제작자이자 작가, 촬영가로도 활동했다.

그녀에 대해서 1912년에 영화세상(Moving Picture World)에서는 다음과 같이 말했다. "그녀는 절대 으스대지 않았어요. 절대 흥분하지 않았지요. 단순한 몇 마디 지시로 분명한 감정 없이 말끝을 맺었어요. 마치 군 지도자가 어떤 군대를 지휘하듯이 잘 짜인 움직임을 다루는 듯했지요."

그녀는 다음과 같이 말했다. "용기를 끌어 모아서 프랑스 영화사인 고몽(Gaumont)에 아주 소심하게 제안했어요. 제가 짧은 연극 1~2개를 쓸 수 있으니 그냥 제 친구들에게 재미나 주기 위해 그것들을 만들자고 말이에요. 이 제안에서 출발한 영화 발전이 예측할 수 있는 것이었다면 저는 아마도 결코 그들의 동의를 얻지 못했을 거예요. 저의 젊음, 경험 부족, 성별은 모두 저에게 불리하게 작용했어요."

> " 여성은 남성만큼 포토 드라마를 무대에 잘 올릴 수 있을 뿐 아니라 여러 면에서 남성보다 분명한 장점을 가지고 있는데, 그건 바로 여성들의 천성 때문이에요. 이야기를 들려주고 무대 설정을 만드는 데 필요한 많은 지식은 온화함을 필요로 하는, 확실한 여성들의 분야이기 때문이지요. 여성은 감정의 권위자입니다. 수백 년간 남성들이 조심스레 자신들을 훈련하고 갈고 닦는 동안 여성들에게는 완전한 소통의 역할이 주어졌어요. 여성들은 전 세대에 걸쳐 더 고운 감정을 발달시켜 왔어요. 마음속 문제에 있어서는 여성들이 우위에 있습니다. 큐피드의 사건, 즉 사랑 문제에 있어서 여성들의 깊은 통찰력과 민감성은 특히 우월합니다. 저는 여성은 최고의 결과를 얻기에 특별히 충분한 자격이 있다고 보는데 사랑에 관한 것은 여성들에게 거의 제2의 천성 같은 주제이기 때문입니다. "

1896 여성이 공동으로 주연을 맡은 첫 에디슨 영화가 나왔다. 그 영화는 검열의 주목을 끈 〈더 키스, John Rice–May Irwin Kiss〉이다.

1897 바이타그래프 스튜디오(Vitagraph St udios)가 뉴욕의 브루클린에 세워졌다. 그곳은 1907년까지 무성 영화를 가장 많이 생산하는 스튜디오였다. 바이타그래프 스튜디오는 1925년에 워너 브러더스(Warner Brothers)에 팔렸다.

1896년에 네 명의 파테 형제들이 파리에 파테(Pathé)를 설립했다. 1900년대 초의 파테는 전 세계 영화 장비 및 제작 회사 중 최대 규모였다. 1908년에 파테는 뉴스 영화(과거 극장에서 영화 상영 전에 상영하던 영화)를 시작했으며, 이후 미국에 영화 스튜디오를 세우고 1914년에 뉴저지에서 영화사를 운영하기 시작했다.

1898 아일랜드의 감독 겸 촬영가인 **어브레이 레 블런드**(Mrs. Aubrey Le blond) 여사는 아이스 스케이팅 영화, 터보건 타기 영화, 산악 영화를 만든 초창기 여성 산악인이다.

메리 픽포드

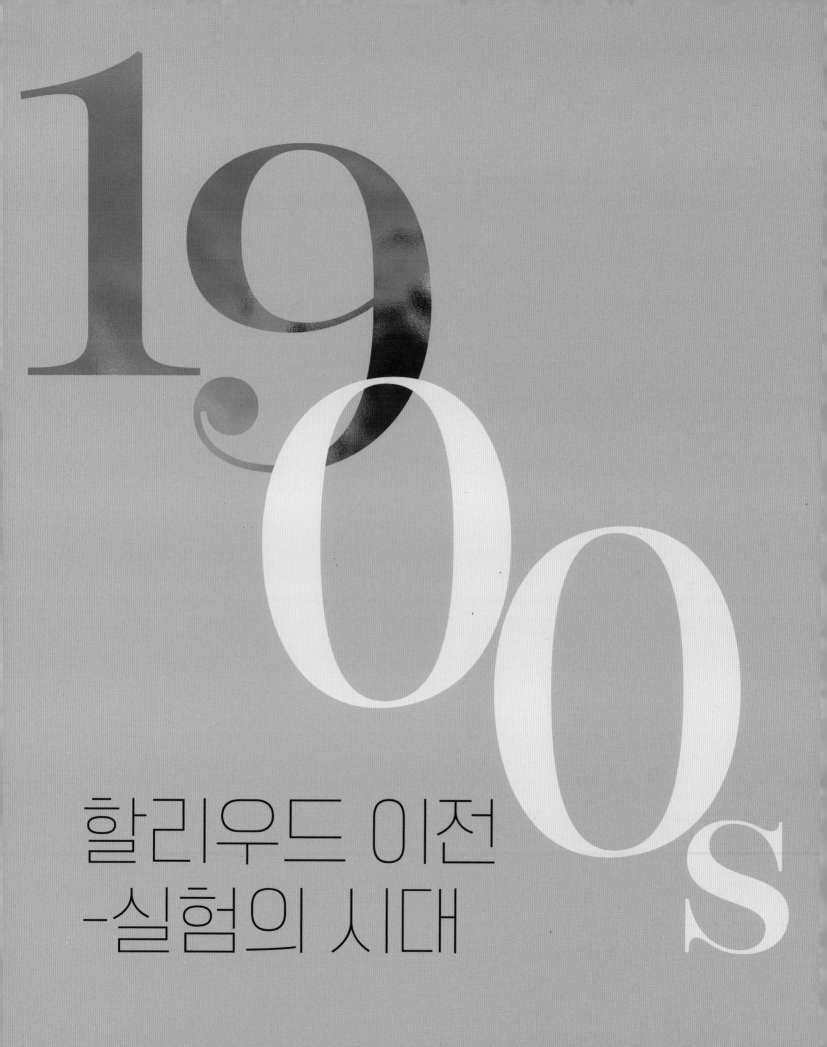

1900s

할리우드 이전
-실험의 시대

이 시대의 영화 산업은 실험과 혁신의 시대였다. 당시를 기준으로 보면 유성 영화는 아직 수십 년 후의 이야기였다. 영화는 전형적으로 1개의 릴로 된 15분짜리의 흑백 무성 영화였다. 영화 제작자들은 수많은 새로운 기술, 즉 소리 동시 시스템이나 색깔 착색, 특수 효과, 클로즈업, 패닝 샷, 인공조명 같은 기술을 사용하여 그들의 영화에 흥미를 더하기 위해 여러 방법을 탐구했다.

안타깝게도 이 무성 영화 시대에 만들어진 영화의 대부분은 영원히 잃어버렸다. 그 영화들은 불안정한 필름 재질로 만들어졌고 제대로 보관했어야 했으나, 이는 거의 행해지지 않았고 필름은 그냥 먼지가 되도록 방치되었다. 또 스튜디오들이 소리가 나온 이후에 무성 영화의 가치를 높이 두지 않았기 때문에 많이 잃어버릴 수밖에 없었고, 스튜디오에서는 공간이 필요할 때 단순히 더 이상 가치가 없다고 판단된 오래된 영화를 없애 버렸다.

이 시기에 성 역할은 규정되지 않았다. 누구든지 그 일을 할 수 있다면 환영이었고 여성들도 카메라의 앞과 뒤 어느 곳에서든 일해 왔다. 여성들은 감독, 제작자, 시나리오 작가, 편집자, 스턴트우먼, 카메라우먼, 배우로 일했다.

초창기에는 남배우들과 여배우들이 이름으로 구분되지 않았다. 여배우들은 그녀들이 제휴하고 있는 제작사를 나타내는 '바이타그래프 걸'이나 '바이오그래프 걸'로 불렸다. 자신의 이름으로 불린 첫 여성은, 즉 첫 영화 스타가 된 이는 플로렌스 로렌스(Florence Lawrence)이다. 그녀는 〈대니얼 분, Daniel Boone〉으로 1907년에 데뷔했다. 플로렌스 터너(Florence Turner) 역시 대중들이 그녀의 이름을 알 정도의 스타 중 한 명이 되었다.

이 시기의 한 가지 주목할 만한 사실은 1909년에 메리 픽포드(Mary Pickford)가 처음으로 스크린에 나왔을 때이다. 그녀는 그해에 51개의 영화를 만들었는데 일주일에 평균 하나를 만든 셈이다. 한편 이 시기에는 여성 시나리오 작가인 진 가운티어(Gene Gauntier)가 이틀 만에 쓴 〈벤허, Ben Hur〉의 스크린 각색본이 만들어졌다.

여성들은 영화계에서 그녀들의 길을 찾아가고 있었다.

1900

영화에 출연한 유명한 연극배우 중한 명인 프랑스 배우 **사라 베르나르**(Sarah Bernhardt)가 영화 출연을 수락한 것은 대중이 새로운 형태인 영화를 엔터테인먼트 매체로서 받아들인다는 점을 정당화한 것이다. 그녀의 첫 영화는 1900년 작인 〈햄릿, Le duel d'Hamlet〉이다.

1904

우리가 오늘날 20세기 폭스사로 알고 있는 20th Century Fox의 역사는 윌리엄 폭스(William Fox)가 1904년에 뉴욕시티에서 그의 첫 영화 극장을 오픈하면서 시작되었다. 그의 영화 극장은 폭스 영화사(Fox Film Corporation)를 설립한 1915년에 영화 제작 사업으로 성장한다. 1935년에 20세기사(Twentieth Century)와 폭스 영화사(Fox Film Corporation)가 합병한 이후에 이 회사는 20세기 폭스사(20th Century-Fox)로 알려지게 된다.

1907

엣사나이 영화 제작 회사(Essanay Film Manufacturing Company)의 설립 멤버이며 배우, 작가, 영화감독이기도 한 **루스 스톤하우스**(Ruth Stonehouse)는 무성 영화 시대에 100편이 넘는 영화를 만들고 코미디물과 드라마에서 연기했다.

플로렌스 터너(Florence Turner)는 1907년 작 영화인 바이타그래프 스튜디오의 〈감기를 어떻게 치료하지, How to Cure a Cold〉에서 연기를 하며 영화에 데뷔했다. 처음에는 단지 '바이타그래프 걸'(당시에는 아직 배우들이 이름으로 구별되지 않았다)로 알려졌으나, 1910년에 이름이 일반 대중에게 알려지게 되고 이후 그녀는 첫 '무비 스타' 중 한 명이 되었다. 그녀는 터너 필름스(Turner Films)라는 자신의 제작사를 만들었으며 1915년까지 박스오피스 최고의 스타로 지냈다.

대중에게 이름을 드러낸 '최초의 무비 스타'이자 이름이 알려진 첫 영화배우인 **플로렌스 로렌스**(Florence Lawrence)는 1907년에 〈대니얼 분, Daniel Boone〉으로 데뷔했다. 그녀는 30년 경력 동안 300편의 영화에 출연했다.

1907년에 **진 가운티어**(Gene Gauntier)는 이틀 만에 〈벤허, Ben Hur〉의 각색 시나리오를 썼다. 그녀는 배우이자 스턴트우먼이면서, 제작자 겸 감독이기도 하다. 그녀는 대본 집필 규칙과 시리즈물 장르를 발달시키는 데 중요한 역할을 했다고 인정받고 있다. 카렘(Kalem)사에 있는 동안 가운티어는 이전까지 한 페이지에 요약되어 있었던 것보다 훨씬 많은, 기술적인 언어를 시나리오에 포함시켰다. 가운티어는 "제가 영화에 뛰어든 것은 1906년 6월이었어요. 강물에 뛰어든 것과 같은 거죠."라고 말했다.

또한 다음과 같이 말했다. "제가 〈걸 스파이의 모험, Adventures of the Girl Spy〉을 썼어요. 제가 생각할 수 있는 것보다 더 위험한 스턴트와 어려움을 담고 있는 작품이었죠. 저는 1861년의 남자를 가장한 아메리카 남부 여성을 연기했어요. 이는 엄청난 히트를 쳤고 영화관 사장들은 더 많은 돈을 썼어요. 그리하여 영화로 만들어진 첫 시리즈물이 시작되었고, 저는 2년간 그 일을 계속했어요. 다치고 멍들고, 그리고 용감한 젊은 여성을 위해 더 이상의 모험은 없을 만큼 다 한 후에 그만두었지요."

"저는 영화에서 그녀를 결혼시켰고 남북전쟁을 끝냈고…. 전 모든 것이 다 끝났다고 생각했어요. 그런데 아니었어요. 그들의 요구는 여전히 계속되었고 '스파이 걸의 사건과는 무관한 사건'이라는 것으로 돌아왔지요. 영화에서는 항상 길이 있더라고요."

스턴트 일에 관해 그녀는 다음과 같이 말했다. "오로지 젊고 강한 체질만이 버텨 낼 수 있어요. 저는 일주일에 2개의 영화를 위해 일했어요. 거의 모든 장면을 다 연기했고, 일주일에 2~3편의 시나리오를 쓰고 우리 제작사를 유지하기 위해 노력했어요. 저의 영화 일은 전부 힘이 많이 드는 일이었는데, 매일 몇 시간씩 말을 타는 장면이나, 물에서 찍는 자살 장면이라든가 상어가 우글거리는 물속에 둥둥 떠 있는 돛대 기둥을 잡고 떠 있거나, 나무에 오르거나, 2층 높이의 창문에서 밧줄을 잡고 내려오거나, 지붕에서 뛰어내리거나, 굴러 내려오거나 하는 장면들이었어요. 구르는 기술, 카누 노를 젓는 일 등 100여 개의 스턴트 장면을 카렘사에서 요구하는 대로 행동으로 보여 주어야 했어요. 전 제가 해야만 하는 그 각각의 무서운 임무들에 겁을 먹었지만 그것들을 계속해야 하는 설명할 수 없는 이유를 갖고 있었어요. 제가 타자기 앞에 앉아서 그것들을 창작해 낼 때는 전혀 어려울 것 같지 않았는데 연기를 할 때가 오면 뭔가 부적절한 공포의 양상을 띠는 것 같았어요."

> ❝ 이중 배역은 이 당시에는 생각지도 못한 것이었어요. ❞
>
> —진 가운티어

카렘사(Kalem Company)는 조지 클레인(George Kleine), 사무엘 롱(Samuel Long), 프랭크 J. 매리언(Frank J. Marion)에 의해 1907년에 설립되었다. 카렘(Kalem)이라는 이름은 셋의 성의 첫 글자 K,L,M을 따서 만들었다. 1,500여 편의 영화를 만든 그 회사는 1917년 바이타그래프 스튜디오에 팔렸다.

1908

『필름 인덱스(The Film Index)』지에서 발췌: 영화계에서 생계를 이어 가는 여성들에게 주어지는 기회는 영화 촬영의 증가 이후 점점 늘어났다. 계약을 애타게 기다리는 많은 젊은 여성들이 여기에 동의할 것이다.

영화 초창기에는 영화 제작을 함에 있어 한 가지 문제가 발생하면, 여성들은 관리자들의 계획에서 크게 고려되지 않았다. 오히려 영화에서 여성이 필요하면 패치코트를 입은 남자가 여성 역할을 하는 것이 당연했다. 심지어 현재까지도 어떤 영화에서 가끔 행해지기는 하지만 일반적으로 그리 썩 좋은 결과를 가져오지는 않는다. 그러나 여성이 카메라 앞에서 포즈를 취할 수 있는 기회는 매년 증가해 왔고, 그 수요는 더 증가할 것이라는 지표가 있기 때문에 이 분야에서는 최소 15개의 걱정거리가 더 생겨났다.

우리에게는 여성에 관한 임금의 기준도 없고, 그렇다고 평범한 여성보다 아름다운 얼굴을 가진 여성이 더 많이 버는 것도 아니다. 생김새가 아니라 연기가 어떤 여성을 고용할 것인가 추천되는 기준이 되고 더 경험 있는 자들이 더 많은 기회를 가진다. 천진난만한 소녀는 관리자들에게 더 이상 인기가 없고, 무대 경험이 없는 햇병아리들은 카메라 앞에 전혀 설 수 없다.

배우인 **린다 아비드슨**(Linda Arvidson)은 그녀의 남편인 데이비드 워크 그리피스(D.W.Griffith)의 데뷔 영화 〈돌리의 모험, The Adventures of Dollie〉에 출연해 연기했다.

배우인 **플로라 핀치**(Flora Finch)는 1908년에 그녀의 첫 영화인 〈도움의 손길, The Helping Hand〉에 출연했다. 그녀는 초창기 코미디 스타가 되었고 후에 자신의 제작사를 만들었다. 핀치는 유성 영화로 갈아타서 1939년에 마지막으로 영화에 출연했다.

1909

사랑받는 배우 **메리 픽포드**(Mary Pickford, 미국의 연인 혹은 곱슬머리 소녀로 불림)는 그녀의 이름을 걸고 광고를 한 초창기 영화배우 중 한 명이다. 1909년에 그녀는 51개의 영화에 출연했다. 자신의 영화사(픽포드-페어뱅스 스튜디오)를 가진 최초의 영화배우인 그녀는 후에 그리피스와 찰리 채플린, 더글러스 페어뱅스와 함께 유나이티드 아티스트(United Artists)를 설립하는 것을 도왔으며, 1919년 이후에는 그녀 영화의 모든 창작물들을 다뤘다. 그녀는 남배우와 여배우를 통틀어 백만장자가 된 첫 번째 배우이자 영화 예술과학 아카데미 (Academy of Motion Picture Arts and Sciences)를 설립한 36명의 멤버 중 한 사람이다. 1930년에는 〈코퀘트, Coquette〉로 오스카 여우주연상을 받았으며, 1976년에는 '영화계에 차별적인 기여를 했으며 예술적인 매체로서 영화를 발달시킨 공로를 인정받아' 아카데미로부터 공로상을 받았다.

그녀는 다음과 같이 말했다. "저는 찰리 채플린에게 일어난 일이 저에게는 안 일어났으면 좋겠어요. 그가 작은 방랑자(그의 1915년 작품인 〈방랑자, The Tramp〉에 빗대어)를 버렸을 때 그 작은 방랑자가 돌아와 그를 죽였잖아요. 저의 경우는 작은 소녀가 저를 있게 했어요. 저는 이미 캐릭터가 정형화되었어요. … 좀 더 드라마틱한 연기를 할 수 있었을 텐데… 이미 전형적인 형태로 굳어졌어요." 그녀가 16살이었을 때는 그리피스에게 "당신은 제가 배우이자 예술가라는 사실을 아셔야 해요. 저는 실제 무대에 중요한 역할을 해 왔어요. 일주일에 25시간을 일해야 했고 더 해야 할 때는 더 했어요." 라고 말했다. 끝까지 노력한 결과, 그녀는 그녀가 요구한 것을 얻어 냈다.

> " 당신이 선택한 어떠한 순간에라도 새로운 시작을 할 수도 있어요. 우리가 '실패'라고 부르는 이것은 나락으로 떨어지는 것이 아니라 잠시 아래에 머무는 것이에요. "
>
> —메리 픽포드

여배우 **스텔라 아담스**(Stella Adams)는 주로 무성 영화 시대에 많은 단편 영화와 12편의 장편 영화에 출연했다. 그녀의 첫 장편 영화는 1909년 영화 〈술탄의 힘으로, In the Sultan's Power〉이다.

무성 영화 여배우인 **에델 클레이턴**(Ethel Clayton)의 30년 영화 경력은 1909년, 단편 영화인 〈저스티파이드, Justified〉에서의 연기로 시작된다.

펄 화이트(Pearl White, 1914년 참고)의 시리즈물 여왕으로서 두 번째로 인기가 높았던 **루스 롤랜드**(Ruth Roland)는 1909년 영화 〈늙은 군인의 이야기, The Old Soldier's Story〉에 처음으로 출연했다. 할리우드 고등학교가 배출한 첫 영화배우인 롤랜드는 많은 영화와 시리즈물에 출연하고 자신의 제작사의 후원을 받기도 했다. 유성 영화로 전환을 할 수는 없었다.

플로렌스 라 배디(Florence La Badie)는 1909년에 〈정치인들의 사랑 이야기, The Politician's Love Story〉라는 영화를 통해 데뷔했다. 최고 전성기 때 자동차 사고로 입은 부상 때문에 생을 마감했다.

댄하우서사(Thanhouser Company, 훗날 댄하우서 영화사)가 1909년에 뉴욕에 세워져서 1920년까지 운영되었다.

완벽하게 청순한 여배우인 **바이올렛 메르세류**(Violet Mersereau)는 종종 가여운 어린 소녀로 캐스팅되었는데 당시에 영화에서 꽤 인기가 높았다. 1908년에 데뷔 한 그녀가 1909년에 출연한 영화 중 하나는 〈난로 위의 귀뚜라미, The Cricket on the Hearth〉이다.

무성 영화배우이자 자신의 스턴트 장면을 직접 연기한 여성 승마인인 **에디스 스토레이**(Edith Storey)는 1908년 바이타그래프사와 영화 계약을 맺었다. 1909년에 그녀는 〈올리버 트위스트, Oliver Twist〉에 출연했다. 무성 영화 약 200편에서 연기했다.

릴리언 기시

1910s

무성 영화 시대

1910년대에는 과정 및 장비 개발 면에서 영화를 만드는 실험이 계속되었다. 영화는 대개 필름 1~2릴 정도로 짧았다. 이 당시에는 시리즈물이 최고의 인기를 끌었는데 대개 아름다운 여성이 곤란한 상황에 빠지는 내용이었다. 특히 손에 땀을 쥐는 클리프행어가 발달해서 관객들은 지난번 마지막 장면에서 악당에 의해 기차 트랙 위에 묶여 있던 주인공이 잘 살아나는지 한 주가 지나면 또 보러 와야만 했다.

사실상 이때는 여성이 영화계를 쥐고 있었다. 그 어느 시대보다도 무성 영화 시대에는 여성들이 더 많은 기회를 가지고 있었다. 여성 시나리오 작가는 남성 한 명당 열 명꼴로 남성 작가의 수를 넘어섰고, 많은 여성 감독들이 영화 산업에서 활발한 활동을 했다. 연출은 아직 그리 '매력적'이라고 여겨지지 않았고 보수도 높지 않았다. 촬영은 꽤 소박했고 예산이나 기대감도 낮았다. 그래서인지 영화를 만드는 데 약 500달러 정도가 들었다.

이 당시에 영화 산업에서 가장 중요한 여성은 로이스 웨버(Lois Weber)였다. 그녀는 무성 영화 시대에 남녀를 통틀어 보수가 가장 높은 감독이 되었다. 직접 집필하고 감독, 제작, 연기까지 한 첫 번째 여성인[70년대 바브라 스트라이샌드(Barbra Streisand) 이전에] 웨버는 산아 제한, 인종 문제, 사형과 같은 당시의 도덕적이면서 여성적인 주제들을 다루었다. 영화에서 알몸이 필요했는데 그 어느 누구도 나서지 않자 직접 자신이 누드 자세를 취해 도덕적 분노를 야기시키기도 했고 영화를 위해 무료 홍보를 하기도 했으며, 결과적으로 상업적 성공을 거두기도 했다(박스오피스에서 3백만 달러를 벌어들였다).

이 시기의 영화로는 〈오즈의 마법사, The Wonderful Wizard of Oz〉, 〈두 도시 이야기, A Tale of Two Cities〉와 〈국가의 탄생, The Birth of a Nation〉 등이 있다. 이러한 영화들은 영화 역사에서 수많은 다른 영화와 같이 계속 리메이크되어 만들어졌다.

많은 영화사들이 뉴저지에서 로스앤젤레스 지역으로 이사를 했다. 로스앤젤레스의 날씨는 이상적이었고 다양한 풍경을 가져서 연중 내내 근처에서 현지 영화 촬영이 가능한 지역이었다.

이렇게 '할리우드'는 마침내 자리를 잡게 되었다.

42살의 나이에 유지니 베서러(Eugenie Besser-er)는 그녀의 첫 영화인 〈오즈의 마법사, The Wonderful Wizard of Oz〉에서 엠 숙모(Aunt Em)로 출연했다. 그녀는 종종 엄마 역할로 캐스팅되었는데, 무성 영화와 유성 영화에 1933년까지 꾸준히 출연했다.

수백 편의 영화에 출연한 무성 영화 여배우인 케이트 브루스(Kate Bruce)는 그녀의 나이 50인 1908년에 처음으로 영화에 출연했다. 1910년에는 〈도망자, The Fugitive〉에 출연했다. 데이비드 워크 그리피스(D.W. Griffith)의 총애를 받은 그녀는 성격파 배우로 알려진다.

1910년에 아역 배우로 첫 영화 경력을 시작한 베브 다니엘스(Bebe Daniels)는 유성 영화로 옮겨서 30년 이상을 연기했다. 1910년에 〈오즈의 마법사, The Wonderful Wizard of Oz〉에서 도로시 역을 맡았다.

— 1910 —

마린 사이스(Marin Sais)는 1910년에 데뷔하여 40년간 연기를 했다. 그녀가 주인공을 맡아 연기한 많은 영화는 대부분 서부 영화였다. 유성 영화로 갈아탄 후에는 종종 성격파 배우로 연기했다.

위니프리드 그린우드(Winifred Greenwood)의 첫 영화는 〈오즈의 마법사, The Wonderful Wizard of Oz〉이다. 몸바(Momba) 역할을 했는데 오늘날에 사악한 서쪽 마녀(Wicked Witch of the West)로 알고 있는 역이다.

일명 '스크린의 마돈나'로 알려진 앨리스 조이스(Alice Joyce)는 1910년에 그녀의 첫 영화인 〈성직자의 딸들, The Deacon's Daughter〉에 출연했다. 200편 이상의 영화에 출연한 그녀는 1930년에 마지막으로 영화에 나왔다.

토머스 아인스(Thomas Ince)가 감독 경력을 시작했다. 서부의 아버지로 알려진 아인스는 최초로 할리우드의 주요 스튜디오를 만들고 조립 라인 필름의 제작 방법을 개발했다.

1911
리아 베어드(Leah Baird)는 1911년에 바이타그래프사와 계약했다. 무성 영화 시대의 다른 많은 여배우들처럼 그녀는 나중에 시나리오 작가와 프로듀서가 되었다.

3인 연기자 자매 중 한 명인 **노마 탈마지**(Norma Talmadge)는 무성 영화 시대의 가장 대단한 영화배우 중 한 명이다. 1911년에 〈두 도시 이야기, A Tale of Two Cities〉에서 단두대로 향하는 여자인 미미(Mimi) 역을 했다. 유성 영화에 계속 출연하지는 않았다.

스웨덴 출신이면서 1905년에 앨리스섬을 거쳐 미국으로 이민을 온 **안나 닐슨**(Anna Nilsson)은 모델이 되고 이후에 '미국에서 가장 아름다운 여인'이 되었다. 1911년에 〈몰리 피쳐, Molly Pitcher〉로 데뷔를 한 그녀는 대부분의 스턴트 장면을 직접 했다.

무성 영화배우인 **도로시 필립스**(Dorothy Phillips)는 그녀와 그녀의 남편이 설립한 회사가 제작한 영화에 처음으로 출연했다. 유성 영화에는 출연하지 않았다. 1927년 이후, 그녀는 대개 인정받지 못하는 역할을 맡았다.

무성 영화배우이자 시리즈물 스타인 **앤 리틀** (Ann Little)은 그녀의 첫 영화인 1911년 영화 〈인디언 여자의 교훈, The Indian Maiden's Lesson〉에 출연했다. 그녀는 많은 서부 영화에 계속 출연하면서 아메리카 인디언 여자의 연기를 했다. 1925년에 한창 인기가 많을 때였는데도 불구하고 아무 이유 없이 은퇴를 선언했다.

무성 영화배우인 **마거리트 스노우**(Marguerite Snow)는 1911년에 처음으로 영화에 출연했다. 그녀는 친구와 함께 스튜디오에 갔다가 연기를 해 보는 게 어떻겠냐는 제안을 받았다. 연극 무대보다 영화가 더 좋다고 결정한 후에 1911년 〈모스, The Moth〉와 〈부디스트 프린세스, The Buddhist Princess〉에 출연했다. 그녀는 시리즈물과 장편 영화에도 출연했다.

영화에 전문적으로 출연한 최초의 일본 연기자는 **타카기 토쿠코 나가이**(Tokuko Nagai Takagi)이다. 그녀는 1911년에서 1914년 사이에 댄하우서(Thanhouser)사의 4편의 할리우드 영화에서 배역을 맡았다. 반일 감정 때문에 미국 영화에 계속 출연하는 것은 불가능했다.

원래 연극배우였던 **마벨 투르넬**(Mabel Trunnelle)은 그녀의 나이 32살에 처음 스크린에 등장했다. 1911년에 그녀는 7개의 단편 영화에 출연했는데 그중 2개가 〈벙커힐 전투, The Battle of Bunker Hill〉와 〈성조기, The Star Spangled Banner〉이다. 거의 200편의 영화에 출연한 후에 1923년 영화계를 은퇴하고 다시 무대로 돌아갔다.

1912

아돌프 주커(Adolph Zukor)가 1912년에 설립한 페이머스 플레이어스사(Famous Players Company)가 첫 장편 드라마 영화를 출시했다. 사라 베르나르(Sarah Bernhardt, 1900년 참고)가 엘리자베스 여왕을 맡아 연기했다.

> " 화장하는 것보다 기계와 관련된 문제에 관심이 더 많은 여자를 보는 것이 여전히 신기해요. "
>
> —프란셀리아 빌링톤

매 마쉬(Mae Marsh)는 데이비드 워크 그리피스(D.W.Griffith) 감독이 맡은 〈사람의 기원, Man's Genesis〉에서 큰 기회를 얻는다. 유성 영화가 나온 이후에 대부분 성격파 배우 역할을 한 그녀는, 조지 이스트맨상(George Eastman Award)이 만들어진 첫 해인 1955년에 영화 산업에 기여한 사람으로서 상을 받았다. 그 첫 해에 상을 받은 다른 수상자들은 메리 픽포드(Mary Pickford, 1909년 참고)를 포함해 노마 탈마지(Norma Talmadge, 1911년 참고), 릴리언 기시(Lillian Gish, 1912년 참고), 글로리아 스완슨(Gloria Swanson, 1929년 참고) 등이다.

여배우이자 크랭크 터너(촬영 기사)인 프란셀리아 빌링톤(Francelia Billington)은 1912년을 시작으로 무성 영화에서 여주인공으로 활동했다. 1914년에 『포토 플레이(Photoplay)』지에서는 그녀를 다음과 같이 묘사했다. "갈색 머리에 회색 눈동자를 가지고 올리브색 피부를 가진 그녀는 놀라울 정도의 우아함과 극도의 아름다움을 지닌 소녀이다. 그녀는 커다란 카메라 뒤에 서서 크랭크를 돌린다."

'무성 영화 시대의 영부인' 혹은 '미국 영화의 영부인'이라 불린 **릴리언 기시**[Lillian Gish, 도로시 기시(Dorothy Gish, 1918년 참고)와 자매임]는 당시의 훌륭한 배우 중 한 명이었다. 1912년에 첫 영화로 연예계에 등장한 후 75년 동안이나 경력을 쌓았다. 1971년에 우수한 예술성과 영화 산업에 남들과는 구별될 정도의 기여를 한 공로를 인정받아 아카데미로부터 공로상을 수상했다. 1947년에는 〈백주의 결투, Duel in the Sun〉에서의 연기로 오스카 여우조연상 후보에 올랐다. 나중에 그녀는 무성 영화를 보존하는 일을 했다. 기본 영화 연기 기술을 개척했다고 인정받고 있으며 한 편의 영화를 감독했다.

기시는 그리피스의 첫 클로즈업 이야기에 대해 다음과 같이 말했다. "저는 이중 배역이나 대역을 쓴 적이 없어요. 제 자신이 직접 했지요. 눈보라(1920년 작 〈웨이 다운 이스트, Way Down East〉를 찍을 때)를 제가 직접 맞고 있었어요. 반도의 바람은 끔찍했어요. 눈이 제 얼굴에 내려서 녹았고, 속눈썹에는 고드름이 생겼어요. 그때 그리피스가 카메라맨에게 '빌리, 빌리, 얼굴을 잡아.'라고 소리쳤지요. 그렇게 말하니 그 카메라맨이 '카메라 윤활유가 얼지 않았다면 그렇게 할게요.'라고 말하며 얼굴을 카메라로 클로즈업했어요."

그리피스는 그녀에 대해 "그녀는 직업적으로 아주 훌륭한 배우일 뿐 아니라 제가 만난 여인들 중에 가장 최고의 마음을 지닌 여인이에요."라고 말했다.

베벌리 베인(Beverly Bayne)의 첫 영화는 1912년 작인 〈론 샤크, Loan Shark〉이다. 그녀는 처음으로 영화상에서 로맨스를 만나 실제 연애를 한 사람인데 그녀의 남편이 되는 프란시스 X. 부시맨(Francis X. Bushman)과 호흡을 맞췄다.

아마도 영화사의 직원으로 처음으로 시나리오 작가가 된 이는 **아니타 루스**(Anita Loos)일 것이다. 그녀의 첫 시나리오인 〈뉴욕 모자, The New York Hat〉가 1912년에 제작되었다. 메리 픽포드(Mary Pickford, 1909년 참고)를 스타로 만든 그 영화는 데이비드 워크 그리피스(D. W. Griffith)가 감독했다. 그녀는 1916년 그리피스의 장편 서사 영화 〈인톨러런스, Intolerance〉의 대사를 쓰고 영화 대사

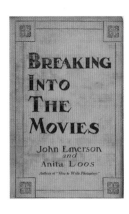

에 위즈크랙(비꼬거나 빈정대는 농담)을 처음으로 넣었다. 그녀는 후에 그녀의 책, 『신사는 금발을 좋아한다(Gentlemen Prefer Blondes)』로 국제적 유명세를 탔는데, 그 책은 브로드웨이 연극과 영화로도 제작된다.

1974년, 81세의 나이에 그녀는 다음과 같이 말했다. "헬렌 헤이즈(Helen Hayes), 파울레트 고다드(Paulette Goddard), 아델 아스테어(Adele Astaire)와 나는 뉴욕의 어린애들이었어요. 저는 단지 글을 쓰는 직업을 가진 소녀였고, 아델은 그녀의 오빠와 춤을 출 뿐이었어요. 우리가 무엇이든 할 거라고는 전혀 상상도 못할 일이었지요. 우리는 즐겁게 노느라 너무 바빴어요." 그녀는 웃으면서 이어 말했다. "저는 여전히 그 일을 하고 있지요."

1912년에 데스 모이네스 일간지는 작가인 **거투르드 프라이스**(Gertrude Price, 그들의 '영화 전문가')가 새로운 영화 산업에 어떤 일이 일어나고 있는지 매일 칼럼을 쓴다고 발표했다. 그녀의 칼럼은 1914년까지 실렸다.

배우이자 제작자인 **헬렌 가드너**(Helen Gardner)는 그녀 소유의 제작사인 헬렌 가드너 프로덕션을 1912년에 만들었다. 그녀는 1912년 영화인 〈클레오파트라, Cleopatra〉로 기억되는데 이 영화는 미국의 첫 장편 영화 중 하나이다.

크랭크 터너는 영화 촬영 기사이다. 초기의 영화 제작용 카메라는 필름을 앞으로 감기 위해 크랭크를 돌리는 카메라 오퍼레이터를 필요로 했다. 그래서 카메라 오퍼레이터의 별칭이 '크랭크 터너'가 되었다.

메리 픽포드(Mary Pickford, 1909년 참고) 이전에 '미국 영화의 연인'이라 불린 배우 **마벨 탈리아페로**(Mabel Taliaferro)는 1912년에 〈신데렐라, Cinderella〉로 영화 경력을 시작했다. 베시 배리스케일(Bessie Barriscale, 1918년 참고)의 조카인 탈리아페로는 2살 때부터 무대에 섰다.

커터는 편집자를 뜻한다. 오랫동안 영화 산업에서는 최종 영화를 만들기 위해서 필름 원화를 자르거나 (풀로)붙였다. 그래서 초기의 편집자들은 종종 커터라고 불렸다. 디지털 기술이 출현하고 나서 필름은 더 이상 직접적으로 자를 필요가 없어졌다.

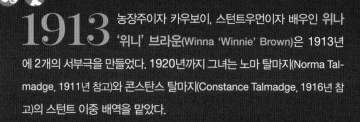

1913

농장주이자 카우보이, 스턴트우먼이자 배우인 **위나 '위니' 브라운**(Winna 'Winnie' Brown)은 1913년에 2개의 서부극을 만들었다. 1920년까지 그녀는 노마 탈마지(Norma Talmadge, 1911년 참고)와 콘스탄스 탈마지(Constance Talmadge, 1916년 참고)의 스턴트 이중 배역을 맡았다.

> **" 제가 아는 전부라고는 제가 연기를 하고 싶다는 것뿐이었어요. "**
>
> —제니 맥퍼슨

감독이자 제작자, 시나리오 작가인 킹 비더(King Vidor)는 1913년부터 경력을 시작해서 영화계에 거의 70년간 몸담았다. 1929년부터 1957년까지 오스카 감독상 후보에 총 5번 올랐으며, '영화 제작자와 혁신가로서 비할 데 없는 성취'를 인정받아 1979년에 아카데미로부터 공로상을 받았다.

배우이자 감독, 작가인 **제니 맥퍼슨**(Jeanie MacPherson)은 1913년 그녀의 나이 27살일 때 〈타란툴라, Tarantula〉를 감독했다. 그녀는 1915년부터 1945년까지 세실 B. 드밀(Cecil B. DeMille)의 최고 시나리오 작가로 일했다. 또한 맥퍼슨은 1927년에 영화 예술과학 아카데미(Academy of Motion Picture Arts and Sciences)를 설립한 멤버 중 한 명이다.

그녀는 다음과 같이 말했다. "제가 아는 전부라고는 제가 연기를 하고 싶다는 것뿐이었어요. 그런데 어느 날 누군가가 제게 어떻게 드라마가 찍히는지를 말하면서 영화에 대해 말했어요. 저는 매료됐어요. 어쨌든 기계를 좋아했으니까요. 그래서 저는 스튜디오를 찾아 뉴욕을 다 헤맸지만 찾을 수 없었어요. 나중에는 한 엑스트라가 그리피스라는 남자가 바이타그래프사에서 영화를 한다고 말해 주었고, 저는 그 말을 들은 즉시 그곳으로 갔어요. 그리피스 씨는 없었고 그의 조수가 있었는데 그에게 제 무대 경험을 이야기해 주었어요. 그러나 그는 제 경험을 무시했고 경멸했어요…. 그는 어디 한 번 뭘 할 수 있는지 보자고 제게 말했어요."

그녀는 드밀과의 업무적인 관계에 대해 다음과 같이 묘사했다. "저는 모든 일을 꼼꼼히 적어요. 거의 모든 몸짓들까지요. 그러고 나서 드밀 씨와 저는 모든 각도에서 그것을 검토하고 상의하죠. 게다가 시나리오에서 표현한 전경을 다 담기 위해 최고점을 찍을 수 있도록 모든 것에 대한 상세한 시놉시스를 준비시켜요."

제1차 세계 대전 이전에 유명세를 떨쳤던 무성 영화 스타인 마가리타 피셔(Margarita Fischer)는 1913년, 〈남자는 어떻게 프로포즈를 하나, How Men Propose〉에 출연했다. 이 영화는 로이스 웨버(Lois Weber, 1916년 참고)가 쓰고 감독했다. 그녀는 1913년과 1927년에 〈톰 아저씨의 오두막, Uncle Tom's Cabin〉에 출연했다.

엘라 홀(Ella Hall)은 1913년 〈추억, Memories〉에서 주인공 역을 맡았다. 1915년에는 로이스 웨버의 영화 〈보석, Jewel〉에 출연했다. 그녀의 경력은 무성 영화의 종말과 함께 서서히 사라졌고 유성 영화로는 갈아탈 수 없었다.

원래는 무성 영화배우인 제인 노박(Jane Novak)은 1913년 처음으로 영화에 출연했다. 그녀는 제1차 세계 대전 중에 보수를 가장 많이 받는 여배우였다.

1913

무성 영화 시대의 코미디언인 빌리 로데스(Billie Rhodes)는 거의 200편의 영화에 출연했다. 1913년에 〈바다의 위험, Perils of the Sea〉에서 연기를 한 것을 시작으로 여러 단편 영화에 출연했다.

액션 배우인 마리 월캠프(Marie Walcamp)는 1913년에 〈늑대인간, The Werewolf〉에 출연한 이후 '영화상에서는 저돌적인 사람', '스크린상의 여성 모험가' 등으로 불렸다.

엘리너 우드러프(Eleanor Woodruff)는 1913년 영화 〈운명의 손가락, The Finger of Fate〉으로 데뷔했다. 파테(Pathé)에서 가장 높은 급여를 받는 사람 중 한 명이었다. 우드러프는 〈폴라인의 모험, The Perils of Pauline〉을 통해 펄 화이트(Pearl White, 1914년 참고)와 함께 스타가 되었다.

인기 있는 무성 영화배우였던 **뮤리엘 오스트리치**(Muriel Ostriche)는 노스이스트에서 생산된, 지금도 여전히 유명한 탄산음료인 막시(Moxie)의 간판스타였다. 댄하우서는 그녀를 위해 프린세스 필름이라는 특별한 영화 부서를 만들었다. 오스트리치는 1921년에 마지막 영화를 제작했다.

연재물의 스타이자 배우인 **알라인 프리티**(Arline Pretty)는 1913년에 〈사랑의 정의, Love's Justice〉로 데뷔했다. 후에 영화에서 비중없는 역할을 약간 맡기는 했지만 유성 영화로 전환할 수는 없었다.

캐슬린 윌리엄스(Kathlyn Williams)는 무성 영화 시대에 시리즈물 스타 중에서 가장 성공한 배우 중 한 명이다. 1913년에 그녀는 첫 클리프행어로 여겨지는 〈캐슬린의 모험, The Adventures of Kathlyn〉의 주인공을 맡았는데, 이 영화는 여성들의 패션과 머리 스타일, 칵테일 드레스와 옷의 라인에 영향을 주었다. 윌리엄스는 다음과 같이 말했다. "저는 정말로 감독을 하고 싶어요. 여성들은 남자들만큼 감독할 수 있어요. 계획하는 일에 있어서는 여성들이 더 성공적일 수도 있어요. 왜냐하면 종종 여성들이 더 날카로운 예술적인 감각을 가지고 있고 세세한 것을 볼 줄 아는 눈을 갖고 있기 때문이죠. 5피트짜리 영화를 예를 들어 볼까요. 아주 작은 것이 전체 그림을 망치기도 해요. 왜냐하면 사람들이 기억하는 그 아주 약간의 불쾌함이 항상 있기 마련이잖아요. 여성들은 그런 세세함을 잘 찾아낼 수 있어요. … 여성들도 남자들처럼 많은 위대한 일들을 할 수 있다는 것을 보여 줄 수 있어요(물론 몇 가지 못하는 것이 있을 수도 있지만, 그녀들이 원치 않아서 못하는 것이지요). 하지만 그녀들은 모든 것을 성취하기 위해서 열심히 일한답니다."

페이머스 플레이어스사(1912년 참고)의 보급 업체인 파라마운트 픽처스(Paramount Pictures)가 창립되었다. 1916년에 페이머스 플레이어스사는 제시 라스키사와 합병을 하고 페이머스 플레이어스 라스키 그룹이 되었다. 두 회사가 파라마운트 라스키 그룹이 되기 위해 파라마운트 픽처스와 합병을 했을 때 지금 우리가 알고 있는 파라마운트 픽처스의 전임자격인 회사가 만들어진 것이다.

1914

감독이자 제작자인 세실 B. 드밀(Cecil B. DeMille)이 그의 첫 영화 〈원주민 남자, The Squaw Man〉를 1914년에 발표했다. 이 영화는 할리우드의 첫 장편 영화이다. 그는 〈십계, Ten Commandments〉, 〈삼손과 데릴라, Samson and Delilah〉, 〈클레오파트라, Cleopatra〉 같은 영화를 포함해 서사적 연출을 많이 한 것으로 유명하다.

그레이스 킹슬리(Grace Kingsley)는 1914년에 로스앤젤레스 타임즈의 영화 칼럼리스트와 편집자로서 업무를 시작했다. 그녀는 1933년까지 그 일을 계속했는데 이 시기는 무성 영화에서 유성 영화로의 전환이 일어난 시기이기도 하다. 게리 쿠퍼(Gary Cooper)를 할리우드에 소개해 준 것으로 유명한 그녀는 80세가 될 때까지 계속해서 영화 리뷰를 썼다. "그녀는 어떤 식으로든 스캔들을 다루지 않아요. 그게 얼마나 유혹적이라도 말이에요. 그녀는 오로지 사진으로 가능한 것만 다뤘어요. 성적 탈선 행위 같은 것이나 말싸움, 이혼 별거, 이탈 말고요. 사진 뉴스에 관한 그녀의 생각은 누가 무엇을 했는지, 어디에서 언제 또 얼마나 오랫동안 했느냐 하는 것이었어요. 이런 종류의 정보는 프리랜서 배우, 카메라맨, 기술자들에게 중요했는데, 그들에게 일자리가 있거나 곧 생길 것이라는 사실을 알려 주는 매일매일의 가이드 같은 존재였어요. 타임즈에 실린 그녀의 섹션은 마치 업계 신문 같은 것이었어요. 그 업계에 있는 사람이면 누구나 매일 아침에 하는 첫 번째 일로 그녀의 섹션을 읽었지요." 이는 그레이스 킹슬리에 대한 말이다.

영국의 시나리오 작가인 **메리 머릴로**(Mary Murillo)가 크레디트에 이름을 올린 첫 영화는 1914년 영화 〈금발머리, The Strand of Blond Hair〉이다. 이 영화는 바이타그래프에 의해 제작되었으며 플로라 핀치(Flora Finch, 1908년 참고)를 주인공으로 했다. 노마 탈마지(Norma Talmadge, 1911년 참고) 프로덕션에서 일한 후 머릴로는 1923년에 영국으로 돌아갔다.

배우이자 작가인 **베시 런**(Bessie Learn)은 1914년에 〈할머니의 웨딩드레스, Her Grandmother's Wedding Dress〉를 집필하고 주인공을 맡았다.

무성 영화배우인 **페이 팅처**(Fay Tincher)는 1913년 그리피스에 의해 발탁되어 1914년에 〈성의 전쟁, The Battle of the Sexes〉에 출연했다. 그녀의 재능이 코미디라는 것이 분명해졌을 때, 영화 장르를 옮기고 '여자 채플린'이라고 내세웠다. 유성 영화로는 갈아타지 않았다.

코미디언인 **민타 더피**(Minta Durfee)는 그녀의 남편인 로스코 '패티' 아버클(Roscoe 'Fatty' Arbuckle, 미국의 무성 영화배우이자 코미디언, 감독, 시나리오 작가)과 함께 많은 영화에서 공동 주연을 했다. 그녀는 찰리 채플린과 함께 1914년 할리우드 영화 〈생활비 벌기, Making a Living〉에 출연했다.

무성 영화 시대의 인기 스타였던 **클라라 킴벌 영**(Clara Kimball Young)의 전성기는 1914년에 〈내 공식적인 아내, My Official Wife〉가 개봉한 후 꽃을 피운다. 그녀는 1918년부터 1921년까지 박스오피스 최고의 인기 배우였다.

코미디언인 **필리스 엘렌**(Phyllis Allen)은 찰리 채플린과 함께 1914년 3개의 단편 영화에 출연했다. 그녀의 영화 경력은 10년 정도 된다.

아마도 최초의 아시아계 미국인 주연 배우는 **아오키 쓰루**(Tsuru Aoki)일 것이다. 그녀는 성공적이고 평판이 좋은 영화 〈신들의 분노, The Wrath of the Gods〉에서 주인공을 맡았다. 그녀가 마지막으로 영화에 나온 해는 1960년이다.

무성 영화배우 중 한때 메리 픽포드를 뒤이어 인기가 있었던 **마거릿 클락**(Marguerite Clark)은 1914년에 그녀의 첫 영화인 〈크루서블, The Crucible〉과 〈와일드플라워, Wildflower〉에 출연했다.

배우이자 시나리오 작가인 **메리 풀러**(Mary Fuller)는 1914년까지 인기 있었던 영화배우이다. 그녀가 쓴 8개의 시나리오는 영화로 만들어졌다.

영국 태생 배우이자 작가, 프로듀서인 **올가 페트로바**(Olga Petrova)는 1914년 〈암컷 호랑이, The Tigress〉로 미국 영화에 데뷔했다. 이 영화는 알리스 가-블라쉐(Alice Guy-Blaché, 1896년 참고)가 감독 및 제작을 맡았다. 그녀는 여러 개의 시나리오를 쓰고 후에 브로드웨이로 이사를 가서 극작가가 되었다.

캐나다 배우인 **미니 데브레로**(Minnie Devereaux, 인디언 미니 혹은 미니 하-하로도 알려짐)는 로스코 '패티' 아버클(Roscoe 'Fatty' Arbuckle)과 함께 1914년 영화 〈패티와 미니 하-하, Fatty and Minnie He-Haw〉에 출연해 인기를 끌었다. 몸집이 크고 인디언이라는 혈통 때문에 많은 차별을 당하고 틀에 박힌 역할만 했다.

작가이자 편집자인 **이브 언셀**(Eve Unsell)은 1914년에 거의 100편의 영화를 썼다. 1925년에 〈고대의 선원, The Ancient Mariner〉의 시나리오와 스토리를 썼다.

1914

배우이자 감독, 시나리오 작가이자 프로듀서이면서 동물 조련사이기도 한 넬 쉽맨(Nell Shipman)은 강한 인상의 주인공이 되는 여성 캐릭터를 원했다. 1914년에 그녀는 처음으로 호주에서 촬영을 한 영화인 〈남쪽 십자가의 양치기, Shepherd of the Southern Cross〉를 집필함으로써 영화사에 새 역사를 만들었다.

베시 이턴(Bessie Eyton)은 1914년 영화 〈스포일러, The Spoilers〉를 포함해 200편이 넘는 영화에 출연했다.

베시 이턴(왼쪽)과 캐슬린 윌리엄스, 영화 〈스포일러〉에서

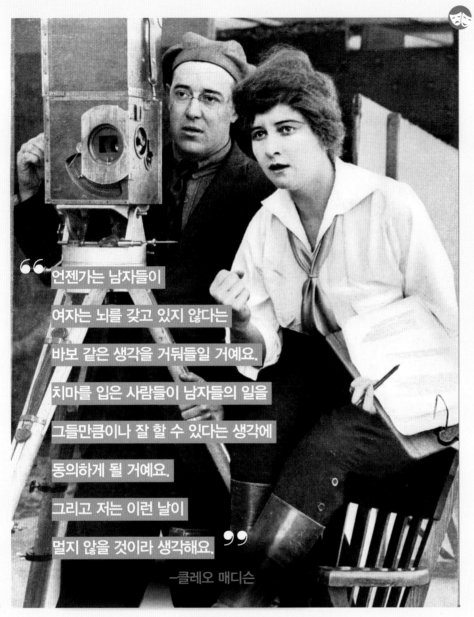

> 언젠가는 남자들이
>
> 여자는 뇌를 갖고 있지 않다는
>
> 바보 같은 생각을 거둬들일 거예요.
>
> 치마를 입은 사람들이 남자들의 일을
>
> 그들만큼이나 잘 할 수 있다는 생각에
>
> 동의하게 될 거예요.
>
> 그리고 저는 이런 날이
>
> 멀지 않을 것이라 생각해요.
>
> —클레오 매디슨

감독이자 배우, 프로듀서이자 시나리오 작가인 **클레오 매디슨**(Cleo Madison)은 무성 영화 시대 초기의 여성 감독이다. 1914년에 그녀가 만든 많은 영화 중 하나는 〈3개의 마음, The Trey O'hearts〉인데, 그녀는 이 영화에서 주인공 쌍둥이 자매 주디스(Judith)와 로즈 트리네(Rose Trine) 역을 했다. 매디슨은 무빙 픽처 월드(Moving Picture World)와의 인터뷰에서 이렇게 말했다. "여성이 나오는 모든 연극은 여성의 손길이 필요합니다. 그런 면에서 로이스 웨버의 제작은 놀랍도록 성공적이죠. 그녀가 창조해 낸 여성은 여성성의 정신에 진실로 부합되기 때문에 카메라 앞에서 하는 대부분의 일이 실제로 행해지는 일입니다. 때문에 사고를 제외하고는 굳이 재촬영을 할 필요를 못 느끼지요."

그녀가 처음 감독을 했던 날, 두려우냐는 질문을 받자 그녀는 다음과 같이 대답했다. "왜 두려워야 하는데요? 저는 저보다 머리에 더 든 게 없는 남자들을 봐 왔는데요. 그들이 저한테 기회만 준다면 전 제가 감독하는 일을 잘 할 수 있다는 사실을 알고 있어요."

1914

영화 가십 칼럼을 썼으며 할리우드의 첫 칼럼니스트 중 한 명이기도 한 **루엘라 파슨즈**(Louella Parsons)는 1914년에 일을 시작했다. 일찍이 스토리 편집자로 영화 경력을 시작한 그녀는 여러 영화에 출연했다. 윌리엄 랜돌프 허스트(William Randolph Hearst)가 고용한 후 그녀의 칼럼은 전 세계 400개의 신문에 실렸다. 그녀는 할리우드 언론인 클럽(Hollywood Press Club)을 설립했는데, 칼럼니스트 헤다 호퍼(Hedda Hopper, 1938년 참고)와의 불화설은 전설적인 이야기가 된다. 그녀의 딸인 해리엇 파슨즈(Harriet Parsons, 1948년 참고)는 프로듀서가 된다.

시나리오 작가, 배우, 감독이자 제작자인 **마벨 노맨드**(Mabel Normand)는 무성 영화 시대 '코미디의 여왕'으로 불렸다. 노맨드는 그녀 소유의 영화 스튜디오와 제작사를 가지고 있었고 찰리 채플린과 로스코 '패티' 아버클(Roscoe 'Fatty' Arbuckle)과 함께 수많은 성공적인 영화에 출연했다. 그녀는 종종 채플린 영화를 쓰거나 감독했고 공동 집필 및 공동 감독을 했다.

노맨드는 채플린에게 멘토 역할을 했다. 그뿐만 아니라 찰리 채플린이 〈방랑자, The Tramp〉에서 맡은 떠돌이 특징의 많은 부분은 그녀로부터 빌려온 것이다.

1914년 영화 〈마벨의 이상한 재난, Mabel's Strange Predicament〉은 채플린이 방랑자 연기를 한 첫 영화인데, 그녀가 여주인공을 맡았다. 노맨드는 다음과 같이 말했다. "이전의 모든 웃음은 말을 통해서 이루어진 것이기 때문에 초창기에는 익살극을 통해 업계의 무지와 비경험의 황무지 속에서 웃음의 새로운 길을 닦아야 했어요. 저는 재미의 새로운 기준을 저만의 방식으로 만들어 냈어요(제가 간단하게 할 수 있도록). 자발성과 웃음 자극이 무엇인지에 대한 타고난 감각이 저를 이끌었어요. 감독이 저에게 뭘 가르쳐 준 것이 아니고요. … 저는 참고할 전례도 없었고 모방할 게 아무것도 없었어요."

> " **저는 재미의 새로운 기준을 저만의 방식으로 만들어 냈어요.** "
> —마벨 노맨드

펄 화이트(Pearl White, 1914년 참고)와 함께 레일로드 시리즈물의 여왕으로 불린 **헬렌 홈즈**(Helen Holmes)는 무성 영화 시대에 많은 영화에서 연기했는데, 대개 1914년 작 〈헬렌의 위험, The Hazards of Helen〉과 같은 시리즈물에서 했다. 행동 중심의 역할을 많이 맡으며 직접 스턴트 연기도 했다. 연기 은퇴 이후에는 그녀의 남편과 함께 할리우드 동물 조련사로 일했다.

배우인 **블랜치 스위트**(Blanche Sweet)는 1909년부터 그리피스와 계약을 맺고 바이오그래프 스튜디오와 일했다. 그녀는 1914년 〈베툴리아의 유딧, Judith of Bethulia〉이라는 장편 영화에서 처음으로 주인공을 맡았다. 영화 경력이 끝나고 무대로 돌아간 그녀는, 후에 라디오에서 일했다.

밀드레드 해리스(Mildred Harris)는 〈오즈의 마법 망토, The Magic Cloak of Oz〉에 출연했다. 11살 때 연기를 시작한 베테랑 배우인 그녀는 1920년대 전역에 걸쳐 무성 영화의 여주인공을 맡았지만 유성 영화로의 전환은 하지 못했다. 그녀는 또한 찰리 채플린의 첫 부인으로 기억된다.

'시리즈물의 여왕'인 **펄 화이트**(Pearl White)는 스턴트를 직접 한 것으로 유명하다. 1910년에 데뷔를 해 1914년에 시리즈물 〈폴라인의 모험, The Perils of Pauline〉으로 최고의 전성기를 이뤘다. 이후 〈일레인의 착취, The Exploits of Elaine〉, 〈일레인의 사랑, The Romance of Elaine〉, 〈번개 사냥꾼, The Lightning Raider〉, 〈약탈자, Plunder〉를 포함해 그녀가 연기한 수많은 시리즈물이 계속 뒤따라 나왔다. 다양한 시리즈물에서 그녀가 선보인 스턴트에는 비행기 조종하기, 자동차 몰기, 강을 수영해서 건너기 등이 있다.

세실 B. 드밀(Cecil B. DeMile)은 첫 장편 영화인 〈원주민 남자, The Squaw Man〉를 1914년에 감독했다. 수많은 서사적 영화를 제작한 것으로 알려진 드밀은 파라마운트 픽처스가 성공적인 스튜디오가 되도록 도왔다.

제니 맥퍼슨(Jeanie MacPherson, 1913년 참고)은 그의 주 작가이고 앤 버천즈(Anne Bauchens, 1941년 참고)는 그의 편집자이다. 비손 기록 보관소에 따르면 "버천즈는 그때까지 감독과의 계약서에 쓰인 유일한 편집자이다. 드밀의 옆에 그녀와 같은 꼭 필요한 여성이 없었다면 그는 어떤 움직임도 불가능했을 것이다."라고 한다.

프린세스 레드 윙(Princess Red Wing)은 1914년에 〈원주민 남자, The Squaw Man〉에서 주인공 역을 맡았다. 이 작품은 벨루아 마리 딕스(Beulah Marie Dix, 1917년 참고)에 의해 쓰였다. 처음으로 알려진 북미 인디언 배우인 레드 윙은 1908년에 단편 영화에 출연하기 시작했다.

작가이자 감독인 **마거리트 버트슈**(Marguerite Bertsch)는 1914년에 바이타그래프에서 일하는 가장 영향력 있는 여성 중 한 명으로 불렸다. 1914년에 그녀가 쓴 대본 중에는 〈플로리다 인챈트먼트, A Florida Enchantment〉도 있다. 시나리오 작가로 성공을 한 후 그녀는 감독을 할 기회를 얻었다. 또한 버트슈는 1917년에 『영화를 위해서는 어떻게 써야 하는가: 지침 및 정보 매뉴얼(How to Write for Moving Pictures: A Manual of Instruction and Information)』이라는 제목의 책도 한 권 썼다. 이 책은 많은 시나리오 작가들이나 영화 대본 작가들이 지침서로 사용한다.

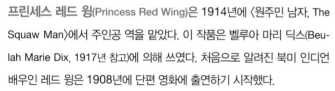

> ❝ **아시다시피 저는 이미 머릿속으로 장면을 감독하지 않으면 영화를 쓸 수가 없었어요. 모든 상황은 마치 영화가 이미 촬영된 것처럼 제 마음 속에서 선명했어요.** ❞
>
> —마거리트 버트슈

"집사가 그랬어요."라는 대사의 출처로 유명한 시나리오 작가이자 저자인 **메리 로버트 리네하트**(Mary Roberts Rinehart)는 무성, 유성 영화 두 시대 모두에서 시나리오를 썼다. 그녀의 이야기를 사용한 첫 영화는 1914년에 발표된 영화이다.

1915 세넷 수영복 미인 대회에서 1915년에 처음으로 사람을 뽑으면서 그녀들이 영화와 광고 이벤트에 나오기 시작했다. 이런 여배우들은 수영복을 입고 출연했는데 개인적으로 구분되거나 이름을 알리지는 않았다. 그 프로그램은 1928년까지 계속되었다.

배우인 **로티 픽포드**(Lottie Pickford)는 메리 픽포드(Mary Pickford, 1909년 참고)와 자매이다. 그녀가 한 가장 유명한 연기는 1915년 〈하늘에서 떨어진 다이아몬드, The Diamond from the Sky〉에서의 연기이다. 그녀의 무성 영화 경력은 1909년에 시작되어 거의 20년간 지속되었다.

첫 여성 프로 카메라우먼 중 한 명인 **캐서린 브리커**(Katherine Bleecker)는 자신의 카메라 장비를 가지고 싱싱(Sing Sing) 감옥을 포함한 감옥들의 상태를 영화화함으로써 감옥 개혁에 기여했다. 그녀는 나중에 사회 영화를 만들고 제2차 세계 대전 중에는 영화관을 운영했다.

시나리오 작가이자 여배우인 **위다 베르제르**(Ouida Bergere)는 1915년에 영화를 위한 시나리오를 쓰기 시작했다.

오페라 가수이자 영화배우인 **제럴딘 패러**(Geraldine Farrar)는 1915년에 그녀의 첫 영화인 〈카르멘, Carmen〉에 출연했다.

할리우드에서 일하기 위해 브로드웨이에서 온 첫 영화배우 중 한 명인 메리 알든(Mary Alden)은 〈국가의 탄생, The Birth of a Nation〉에서 가장 인기 있는 역을 맡았다. 또한 그녀는 1916년 〈인톨러런스, Intolerance〉에도 출연했다. 이후 유성 영화로 옮기고 1930년대 초기까지는 꾸준히 영화에 나왔다.

1912년에 영화에 처음 출연한 미리암 쿠퍼(Miriam Cooper)는 1915년, 〈국가의 탄생, The Birth of a Nation〉에 캐스팅된다.

배우인 조세핀 크로웰(Josephine Crowell)은 〈국가의 탄생, The Birth of a Nation〉에서 맡은 어머니 역할로 가장 널리 기억된다.

1915

배우인 폴린 프레데릭(Pauline Frederick)은 1915년에 〈영원한 도시, The Eternal City〉로 데뷔했다. 1915년에서 1917년 사이에는 거의 20편의 장편 영화에 출연했다.

무성 영화 시대. 최고의 성격파 배우 중 한 명이었던 모드 조지(Maude George)는 1915년에 데뷔했다. 그녀는 1917년에 2편의 영화 시나리오를 썼다.

주아니타 한센(Juanita Hansen)은 1915년에 그리피스와 함께 6편의 영화에 출연했다. 후에 그녀는 시리즈물에 나왔다.

높은 보수를 받은 배우 **도로시 달튼**(Dorothy Dalton)은 1915년 영화 〈제자, The Disciple〉에서 요부를 연기했다. 그녀가 연기한 유혹적인 여자는 기존에 보던 것이 아니어서 새로웠다. 그녀에 대해서는 다음과 같은 말이 있었다. "그녀가 의도하지 않아도 그녀는 카메라 앞에서 사람들의 마음을 완전히 흔드는 사람이었다. 그녀가 원해서 그런 것이 아니라 치명적인 요부라서 그냥 사람들의 맥박을 빠르게 뛰게 했다. 그렇게 타고 났기에 그녀 자신도 어쩔 수 없었다." 달튼 자신은 다음과 같이 말했다. "제 생각에 저는 그냥 그렇게 타고난 거 같아요."

감독이자 작가, 제작자인 데이비드 워크 그리피스(D.W. Griffith)는 현대의 많은 영화 제작 기술을 개척했다. 대표적인 2개의 영화는 1915년 작 〈국가의 탄생, The Birth of a Nation〉과 1916년 작 〈인톨러런스, Intolerance〉이다. 그는 거의 500편의 영화를 만들었고 미국 영화 예술과학 아카데미를 설립하는 것을 도왔다.

 무성 영화배우인 **파니 워드**(Fannie Ward)는 1915년 세실 B. 드밀의 〈사기꾼, The Cheat〉으로 데뷔했다. 어려 보이는 외모 때문에 그녀는 '젊은 여자'로 불렸다. 영화계를 은퇴하고 나서 파리에 '젊음의 분수'라는 뷰티 숍을 열었다.

배우이자 작가인 **시나 오웬**(Seena Owen)은 1915년에 영화 〈서부에서 온 양키, A Yankee from the West〉로 데뷔했다. 그녀는 1916년 〈인톨러런스, Intolerance〉에 출연하고 유성 영화가 나오기까지 다른 영화에도 출연했다. 배우로서 유성 영화로 전환은 못 하고 시나리오 작가로 일한 그녀의 대본 중에는 도로시 라무어(Dorothy Lamour, 1940년 참고)를 주인공으로 한 2편의 영화도 있다. 그 대본들 중 하나는 자매인 릴리 헤이워드(Lillie Hayward, 1943년 참고)와 그녀가 공동으로 쓴 것이다.

배우이자 감독인 **카밀 애스터**(Camille Astor)는 1915년 영화 〈침미 패든 서부를 떠나다, Chimmie Fadden Out West〉의 보조 감독으로 일했다. 이 작품은 그녀가 연기도 한 작품으로 제니 맥퍼슨(Jeanie MacPherson, 1913년 참고)이 썼다.

무성 영화에서 유성 영화로 넘어간 배우인 **거트루드 애스터**(Gertrude Astor)는 1915년에 개봉된 바이타그래프의 단편에 출연하고 나서 유니버설의 계약 배우가 되었다. 그녀는 유니버설과 계약한 첫 여배우로 알려져 있다. 1960년까지 영화에 출연해 연기했다.

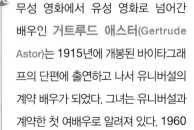

미국의 첫 전문 스턴트우먼이라고 할
수 있는 말 조련사이자 배우인 헬렌 깁
슨(Helen Gibson)은 헬렌 홈즈(Helen
Holmes, 1914년 참고)가 주인공인 〈헬
렌의 위험, The Hazards of Helen〉에
서 많은 스턴트 연기를 하고 주인공이
아팠을 때 2개의 에피소드를 연기했다.
그 시리즈물은 헬렌 홈즈가 떠난 이후
헬렌 깁슨을 주인공으로 한 이후에 〈헬
렌, Helen〉이라고 다시 이름 붙여졌다.
깁슨은 1961년에 마지막으로 영화에
나왔다.

미스터 앤 미세스 시드니 드류

배우이자 시나리오 작가, 감독이자 제작인인 루실 맥베이
(Lucille McVey)는 코미디 듀오 미스터 앤 미세스 시드니
드류(Mr. and Mrs Sidney Drew) 중 부인 역의 미세스 시드
니 드류(Mrs. Sidney Drew)로도 유명하다. 그들의 첫 성공
은 1915년에 〈플레잉 데드, Playing Dead〉를 통해서이다.
1917년 9월에 발행된 포토플레이지에는 다음과 같은 코멘
트가 실렸다. "우리들 중에서 나는 미세스 드류에게 드류 코
미디의 75%의 공을 돌린다. 그녀는 아이디어를 내고 그것
을 잘 실행하는 팀의 일원이기 때문이다. 한편 미스터 드류
는 그녀의 정신적인 과정을 이해하고 영화에서 그것을 완벽
하게 살리기 위한 배우로서의 안목을 가지고 있다. 그에게는
그 아이디어를 잘 살린 공로가 있다."

1915년, 사학자인 로버트 그라우(Robert Grau)는 다음과 같은 글을 썼다. "여성이 한 그 어떤 노력 중에서도 영화 산업에서만큼 강
한 인상을 주는 것은 없다. 영화 산업은 이제 막 새롭고 매력적인 예술의 유아기적인 단계에 진입했는데 여성이 이미 업계에서 너
무 활동적이어서, 예술적인 면이나 사업적인 면에서 여성이 눈에 띄게 몰입하지 않는 부분이 있다면 그것은 하나의 직업이라고 이
름 붙여질 수 없다. 극장에서, 스튜디오에서, 심지어 거래소에서도 영화 프로덕션이 팔리고 선보여진다. 여성들이 20세기 초기에
귀를 기울여 온 것은 다른 요구 없이 공정한 성역할을 보여 주는 것이다."

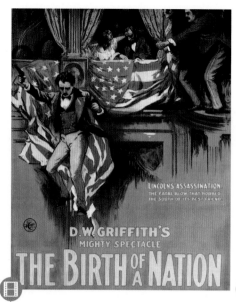

바이오그래프사의 편집자였던 **로즈 스미스**(Rose Smith)는 그리피스의 1915년 영화 〈국가의 탄생, The Birth of a Nation〉에서 작업을 한 것으로 유명하다. 스미스는 그리피스가 맡은 1916년 영화 〈인톨러런스, Intolerance〉의 편집장으로서 일했는데 그 영화는 당시에는 엄청난 액수였던 40만 달러의 비용이 든 서사적 영화이다. 그녀는 1934년에 마지막으로 영화를 편집했다.

무성 영화 시대에 여주인공을 맡고 나중에는 성격파 배우가 된 **머틀 스테드만**(Myrtle Sted-man)은 1915년에 로이스 웨버(Lois Weber, 1916년 참고)가 감독한 영화 〈위선자들, Hypocrites〉에 출연했다. 경력 동안 200편 이상의 영화에 출연했다.

배우인 **에드나 펄비안스**(Edna Purviance)는 1915년에 〈밤샘, A Night Out〉으로 데뷔했다. 33편 이상의 채플린 영화에 종종 여주인공으로 출연했다.

1916
원래 무성 영화 시대의 여배우였던 **알마 루벤스**(Alma Rubens)는 1916년 〈혼혈아, The Half-Breed〉에 출연해서 스타가 되기 전에 〈국가의 탄생, The Birth of a Nation〉에서 조연을 맡았다. 유성 영화로 전환했지만 안타깝게도 젊은 나이에 비극적으로 생을 마감했다.

알마 루벤스와 존 길버트(John Gilbert), 〈악마의 가면, The Masks of the Devil〉에서

영화 제작자이자 저널리스트인 **마블 '미미' 콘던 버드웰**(Mabel 'MIMI' Condon Birdwell)은 마블 콘던 영화 거래소를 소유했다. 그녀는 영화 제작에 관한 기사를 쓰고 대중에게 새로운 기술에 대해 교육하며 톱스타를 인터뷰했다. 1916년에는 〈죽지 않는 남자, The Man Who Would Not Die〉의 스토리를 썼다. 재능 있는 에이전트로서, 그녀는 보리스 칼로프(Boris Karloff)가 일을 시작할 수 있도록 기회를 주었다. 1923년에 결혼한 이후 은퇴했다.

감독이자 작가, 제작자인 **줄리아 크로포드 이버스**(Julia Crawford Ivers)는 1915년에 보스워스 스튜디오(Bosworth Studios)의 총괄 매니저를 맡았다. 1916년에 그녀가 쓰고 감독한 〈에린의 아들, A Son of Erin〉의 프린트물이 현재 미국 국회 도서관에 소장되어 있다.

세상에서 가장 사진을 잘 받는 여성인, '코닥 걸'로 알려진 배우 **에디스 존슨**(Edith Johnson)은 1916년 유니버설에 가입했다가 2년 후에 바이타그라프사로 옮겼다.

무성 영화에서 유성 영화로 갈아탄 여배우인 **메리 맥라렌**(Mary MacLaren)은 30년이 넘는 경력 동안 130여 편 이상의 영화에 출연했다. 그녀는 1916년 〈슈즈, Shoes〉에 출연을 하며 알려졌다.

무성 영화 시대에 명성을 얻은 세 자매 중 한 명인 **에드나 플러그라스**(Edna Flugrath)는 비올라 다나(Viola Dana, 1917년 참고)와 셜리 메이슨(Shirley Mason, 1917년 참고)과 자매이다. 1916년 영화 〈드 보트트렉커, De Voortrekkers〉에 출연했다.

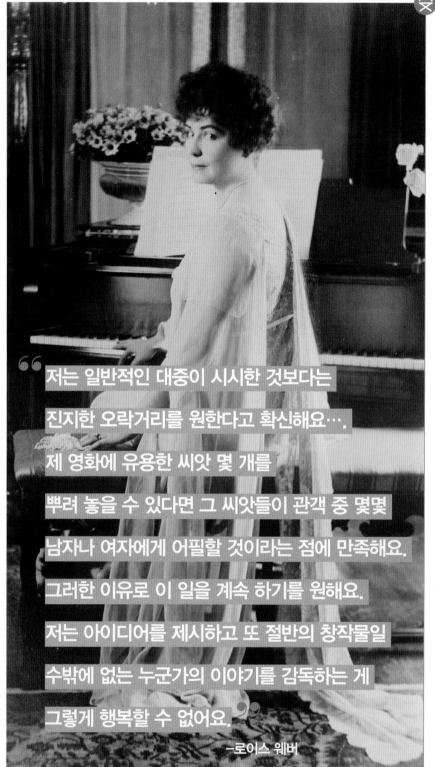

무성 영화 시대의 가장 중요한 여성 감독이며 첫 미국 여성 감독인 **로이스 웨버**(Lois Weber)는 알리스 가-블라쉐(1896년 참고)에 이어 영화 속 행동에, 행동과 맞는 소리를 덧입히는 실험을 한 두 번째 사람이다. 웨버는 자신의 제작사를 소유하고 미국에서 장편 영화를 감독한 첫 여성이다. 1916년에는 전 세계에서 보수를 가장 많이 받는 감독이 되었다. 또한 웨버는 영화 감독 협회(미국 감독 길드의 이전 단체 이름) 멤버가 돼 주기를 요청받은 첫 여성 감독이자 유일한 여성 감독이다.

그녀는 영화계에서 다른 여성들에게 중요한 멘토이다. 감독하고 제작하는 일 외에 연기하고 시나리오를 쓰기도 했다. 한 백과사전에는 다음과 같은 코멘트가 있다. "그녀는 미국 영화계에서 가장 중요한 여성 감독이었으며, 현재까지도 그녀의 많은 동료 감독들과 달리 그녀의 작품은 당시 대부분의 남자 감독들보다 더 낫지는 않더라도 동등한 것으로 간주되었다. 그녀의 헌신이 사실상 알려지지 않았던 시절, 매우 헌신적인 영화감독이었다."

웨버는 "이제 저는 마음껏 주장할 수 있어요. 그리고 극을 쓰는 기회를 가지고, 주인공을 연기하고, 전체 제작을 감독할 수 있게 되었죠. 그렇기 때문에 만일 제 메시지가 누군가에게 다다르는 것이 실패한다면 오로지 제 자신만을 탓할 수 있어요."라고 말했다.

"전체로서의 대중은 감상적입니다. 그들이 원하는 것을 주지 못하면 돈을 벌 수 없을 거예요. 그러니 자신이 예술을 좋아하는 것만큼 이상주의자로서 사람들이 자신의 예술에 대해 마음껏 떠들게 내버려 두세요. 상업적인 면을 무시할 수는 없어요. 우리는 모두 돈을 벌기 위해 사업을 하잖아요. 당신은 순간의 변덕에 연연할 수도 있고 미래를 위한 안목을 세울 수도 있어요. 개인적으로 저는 후자를 더 좋아해요."

1916

> " 저는 일반적인 대중이 시시한 것보다는 진지한 오락거리를 원한다고 확신해요…. 제 영화에 유용한 씨앗 몇 개를 뿌려 놓을 수 있다면 그 씨앗들이 관객 중 몇몇 남자나 여자에게 어필할 것이라는 점에 만족해요. 그러한 이유로 이 일을 계속 하기를 원해요. 저는 아이디어를 제시하고 또 절반의 창작물일 수밖에 없는 누군가의 이야기를 감독하는 게 그렇게 행복할 수 없어요. "
>
> ―로이스 웨버

배우인 **넬리 그란트**(Nellie Grant)는 1916년 〈루스의 순수, The Innocence of Ruth〉에 출연했다. 후에 그녀는 스튜디오 매니저가 되었다.

첫 주요 아역 배우인 **베이비 마리 (마리 오스본 예이츠)**[Baby Marie (Marie Osborne Yeats)]는 1915년에 데뷔하여 1916년에 대중들이 그녀를 기억할 때 가장 많이 떠올리는 영화인 〈리틀 메리 선샤인, Little Mary Sunshine〉에 출연했다. 1950년에 연기 생활을 은퇴하고 나서 의상 디자이너가 되고 후에 의상 감독이 되었다.

21살의 나이에 **마리온 웡**(Marion Wong, 위 사진에서 왼쪽)은 만다린 영화사를 설립했는데 당시 영화 산업에서 유일한 중국 제작사였다. 그녀는 첫 장편 영화 〈퀀 권의 저주, The Curse of Quon Gwon〉의 집필, 제작, 연기, 감독을 맡았으며 의상과 무대 세트를 디자인했다.

배우이자 감독, 제작자인 **알라 나지모바**(Alla Nazimova)는 1916년 〈전쟁 신부들, War Brides〉로 스크린에 데뷔했다. 나중에는 자신이 주인공을 맡은 영화 극본을 쓰고 제작을 맡았다. 후에 영부인이 되는 낸시 레이건 여사의 대모인 그녀는, 레즈비언이나 양성애자 여배우의 암호인 '소잉 서클(sewing circle)'이라는 말을 만들었다.

작가이자 편집자인 **헤이티 그레이 베이커**(Hettie Grey Baker)는 1916년 폭스 영화사에 소속되어 〈신들의 딸, A Daughter of the Gods〉을 편집했다. 그 영화는 백만 달러의 예산을 들인 할리우드 최초의 영화이다. 자신의 역할에 대해 그녀는 "편집자로서 여성의 이름이 스크린에 나온 것은 처음 있는 일이었어요."라고 말했다. 그녀는 폭스사의 제작 편집자로서의 역할에 대해 다음과 같이 묘사했다. "저는 스크린에서 돌아가는 것을 보고 영화 편집자들이 불필요하다거나 만족스럽지 않다고 생각하는 영화의 모든 부분을 작업해요. 저는 조각을 떼서 저쪽에 끼워 놓고 이 부분을 자르고 다른 것으로 대체하고는 합니다. 결국 제가 수정을 할 때는 필름 전체를 돌리는 셈입니다. 그러고 나면 검열에도 문제가 거의 없으면서, 충분히 흥미롭고 대중의 관심을 끄는것도 가능하죠. 그렇게 되면, 비로소 작업을 그만해도 됩니다."

그녀는 1938년까지 20세기 폭스사의 검열 직원으로서 일하며 스튜디오 임원으로 일했다. 검열에 관한 그녀의 의견은 다음과 같다. "영화가 잘 고쳐지면 검열을 통과하는 겁니다. 이는 하느님이 돕는 거죠. 검열 과정은 대개 너무 느리거나 지루해서 집사님들이 지루한 목사님의 설교를 듣는 거와 같이 상상도 못할 만큼의 힘든 시간을 보내는 것과 같아요. 좀 있다 보면 그가 입은 벌린 채로 잘 자고 있는 것을 발견할 거예요." 1914년에 그녀는 영화 작가 길드의 공동 창립자가 되었다.

극중에서가 아니라 실제로 남작 지위를 가진 덴마크 발레리나이자 무성 영화배우 **발다 발키리엔**(Valda Valkyrien)은 1914년에 미국에서 데뷔했다. 1916년 영화 〈히든 밸리, Hidden Valley〉에 출연했다.

연기 자매 셋 중 한 명인 **콘스탄스 탈마지**(Constance Talmadge)는 영화 〈인톨러런스, Intolerance〉에서 처음으로 주요 역할을 맡았는데, 그녀 자신이 스턴트를 직접 했다. 그녀의 친구이자 시나리오 작가인 아니타 루스(Anita Loos, 1912년 참고)는 그녀를 위해 많은 희곡을 썼다.

할리우드의 첫 번째 라틴계 배우인 **미르틀 곤잘레스**(Myrtle Gonzalez)는 1913년부터 1917년까지의 무성 영화 시대 스타이다. 1916년에 그녀는 〈그녀의 강점, Her Great Part〉에 출연했다.

배우이자 감독, 시나리오 작가인 **마저리 윌슨(Margery Wilson)**은 그리피스의 1916년 영화 〈인톨러런스, Intolerance〉에서 브라운 아이즈(Brown Eyes)를 맡은 것으로 유명하다. 다른 영화에서 주인공을 맡기도 한 윌슨은 1920년대 초기에 영화를 감독했다. 그녀는 할리우드의 로버트 브런턴 스튜디오에서 감독으로서 일하던 첫 경험에 대해 다음과 같이 이야기했다.

"제가 스튜디오를 총괄하는 브런턴 씨에게 갔을 때 … 그는 늘 저에게 친절했어요. … 제작이나 감독 일로서는 저를 낙담시켰지만요. 그는 이 일은 아수라장이라고 말했어요. 배우들이며 심지어는 촬영 진행 요원들조차 자기들 멋대로라고 말이지요. 그러나 저를 움직일 수 없다는 사실을 알고 난 뒤, 그는 저랑 협의를 하기 시작했어요. 그는 제 이야기를 위한 세트를 다 설치해 주고 제 이야기의 모든 것이 실현 가능하게 해 줬어요. 여전히 머리를 흔들면서 자신이 빈털터리가 될 거라고, 마음과 건강을 다쳤다고 말하면서 말이죠."

"세트장에서의 첫 날, 저는 모두를 소집하고 그들에게 이야기를 들려주고는 내가 각자에게 기대하는 것이 무엇인지를 알려 줬어요. 브런턴 씨가 엿듣고 있다는 사실은 모른 채, 저는 그들에게 저에게 어떤 제안이든 하고 싶으면 지금 하라고 했죠. 슈팅에 들어가고 나서는 저는 어떤 방해도 받고 싶지 않았어요. 우리는 심지어 점심까지 잊었어요. 하지만 우리가 무언가를 먹으러 매점에 갔을 때 브런턴 씨가 테이블로 와서는 조용히 그의 손을 내밀었어요. 저는 정중히 악수를 했지요."

"〈댓 썸싱, That Something〉이 끝났을 때 저는 그것을 넘기고 프랭크 우드 씨에게 달려갔어요. 할리우드에서 저에게 첫 기회를 주시고 지금은 파라마운트에 계신 분이죠. 불이 들어오고 그는 말했어요. '훌륭해요! 누가 이것을 감독했어요. 마저리?' 놀라서 저는 말했지요. '왜요? 제가 했는데요. 마저리 윌슨이 감독했다는 타이틀 안 보셨어요?' 그렇게 말하니 그는 '네, 봤어요. 하지만 마저리, 여자들은 영화를 감독하지 않아요. 어느 여자도 마음속이 그리 명료하지는 못해요. 이 일은 남자가 한 일이에요.'라고 말했어요."

"분노의 눈물이 제 눈에서 펑펑 솟아났어요. 제 기억으로는 괜찮은 생각

이면 '남자의 생각'이라고 이름 지어진 그런 사건들이 또 있었어요. 나중에도 자꾸 반복되고는 했지요. 몇 년 후에 로터리 클럽 연설 이후에 영화 홍보 기사 일을 하는 햄 빌과 함께 승강기로 내려가고 있을 때 그가 저에게 물었어요. '그 연설문 누가 썼어요, 마저리?'라고 하기에 '누구긴요. 제가 직접 즉흥적으로 말한 거예요. 조금 다듬었을 뿐이고요.'라고 말했어요. 그렇게 말하니, 그는 제 어깨를 툭툭 치는 '알겠어요. 잘해 봐요. 하지만 이 세상 어느 여자도 그런 연설문을 쓰지는 못해요. 여자들은 그런 식으로는 생각을 못해요.'라고 말하더군요."

카메라 오퍼레이터인 **마저리 오드웨이**(Margery Ordway)는
〈그녀 아버지의 아들, Her Father's Son〉이 영화화된 해인 1916
년에 『포토 플레이』지에 사진이 실리면서 세상에 알려졌다. 『포토
플레이』에 '카메라맨의 새로운 스타일'이라는 제목으로 실린 그녀
의 사진 아래에는 다음과 같은 글이 함께 실려 있다. "이 사진의
의미는, 당신이 속을 수도 있는 스타일이라는 의미이다. 물론 사
진 속 복장은 가장 무도회의 복장이 아니다. 캠프 모로스코(Camp
Morosco)의 규칙적, 전문적, 파격적이고 유일한 크랭크 터너인
마저리 오드웨이는 다른 여자들이 속기나 간호, 남편 따르기 등을
하는 것처럼 태연히 카메라 잡는 일을 한다."

오스트리아의 배우인 **아네트 켈러만**(Annette Kellerman)
은 영화배우가 된 최초의 수영선수이며 영화에 누드로 나온
첫 여성 중 한 명이다. 1916년 〈그녀 아버지의 아들, Her
Father's Son〉에 처음으로 켈러만의 누드신이 나왔다. 조국
에서 수상을 한 수영선수인 그녀는 원피스 수영복을 대중화
시켰으며 직접 스턴트 장면도 했다. 또한 종종 자신의 의상을
직접 디자인하고 만들었다.

로버트 브런턴(Robert Brunton)은 할리우드에서 일하며
스튜디오를 운영한 스코틀랜드 영화 제작자이자 프로덕
션 디자이너이다.

제작자이자 감독인 **마담 E. 타우세인트 웰컴**(Madame E. Toussaint
Welcome)은 그녀의 남편과 함께, 미국 군대에 참여한 흑인 군인의 이야
기인 〈두잉 데어 빗, Doing their Bit〉이라는 영화를 1916년에 만들었다.

배우이자 작가, 제작자인 **마리온 데이비스**(Marion Davies)는 그녀가 대본을 쓰고 제목을 붙인 〈런어웨이 로마니, Runaway Romany〉에 배우로서 출연했다. 그녀는 그녀와 오랜 연인 관계였던 윌리엄 랜돌프 허스트(William Randolph Hearst)의 스폰서 아래에서 1937년까지 영화를 만들었다.

무성 영화 시대의 배우 **비올라 다나**(Viola Dana, 셜리 메이슨(Shirley Mason, 1917년 참고)과 에드나 플러그라스(Edna Flugrath, 1916년 참고)와 자매 사이)는 1917년 작인 〈영혼 없는 소녀, The Girl Without a Soul〉과 〈블루 진, Blue Jeans〉을 포함, 100여 편의 영화에서 연기했다. 그녀는 뉴욕에서 에디슨과 일하며 경력을 시작해 스타가 된 후 전국적으로 유행하는 독감을 피해 캘리포니아로 이사를 해서 1920년대까지 연기했다. 그녀의 마지막 영화 중 하나는 콜롬비아 픽처스에서 만든 프랭크 카프라(Frank Capra)의 첫 영화, 〈그 어떤 것, That Certain Thing, 1928년 작〉이다.

무성 영화배우였던 **마저리 도우**(Marjorie Daw)는 1917년에 여러 편의 영화를 만든 사람이며, 유성 영화가 나오기 전 할리우드의 특별한 사람들 중 한 명이었다. 그녀는 〈니코보코 버카루, The Knickerbocker Buckaroo, 1918년 작〉와 〈그의 폐하 미국인, His Majesty the American, 1919년 작〉을 포함한 영화에서 더글러스 페어뱅스(Douglas Fairbanks)와 함께 주인공을 맡았다.

1917

무성 영화 시대의 톱 텐 시리즈물 퀸 중 한 명인 **네바 거버**(Neva Gerber)는 1912년 카렘(Kalem)에서 영화로 데뷔하여 1917년에 첫 시리즈물에 나왔다. 그녀는 배우이자 감독인 벤 윌슨(Ben Wilson)과 함께 많은 모험물 및 시리즈물을 맡았다. 1930년에 그가 죽고 나서 그녀의 경력은 주춤해졌다.

영화 평론가인 **딜라이트 에반스**(Delight Evans)는 1917년 말에 『포토플레이』 잡지사에서 일하기 시작했다. 1924년에 영화 리뷰를 쓰기 위해 스크린랜드(Screenland)에 들어간 그녀의 리뷰는 '가장 널리 읽히고 인용된 영화 비평'이라고 묘사되었다. 편집자가 된 그녀는 1948년에 스크린랜드를 떠날 때까지 그 자리를 지켰다.

1916년에 데뷔한 배우인 **올리브 토마스**(Olive Thomas)는 〈걸 라이크 댓, A Girl like That〉을 포함하여 1917년에 4편의 영화를 찍었다. 비극적인 죽음을 당하기 전, 그녀는 4년에 걸쳐 20편의 영화를 찍었다.

필 던햄(Phil Dunham),
앨리스 하우웰, 프랭크 콜먼(Frank Coleman)

배우인 **앨리스 하우웰**(Alice Howell)은 코미디 재능과 무성 영화에서의 잘 맞는 타이밍을 보여 준 배우이며, 엘코 코미디 회사의 한 부분인 자신의 제작사를 소유한 사람이다. 1917년에 그녀는 뉴저지 트리뷴에 다음과 같이 말했다. "회상해 보면 그리 멀지 않게 느껴져요. 어떤 일이든 할 수 있다는 게 너무 기뻤어요. 엑스트라 역할을 위해 긴 줄에 서 있을 때 어떤 기분이었는지 잊히지가 않아요. 저는 정말 심하게 돈을 원해서 별난 화장을 하고 기회가 되는 대로 다 했어요. 한 주가 끝나고 주급을 받는 날이 있었으니까요. 종종 어떤 힘에 짓밟힌 듯했어요. 오늘날 유머러스한 연기를 하는 남용된 노예 같았어요. 대부분의 저의 연기 장면은 광대극이에요. 하지만 기회가 될 때 저는 그런 여자 캐릭터를 충실히 표현하려고 시도했지요."

35년간의 경력 동안 100편의 영화에 이름을 올린 작가인 **엘리자베스(베티) 버브리지**[Elizabeth (Betty) Burbridge]는 1917년에 단편과 스토리로 무성 영화 시대에 경력을 쌓기 시작했다. 후에 유성 영화로 전환해 텔레비전 서부극을 썼다.

> **저는 저속한 싸구려 잡지의 서부극을 너무 지루해서 눈물이 날 때까지 많이 읽었어요. 그렇게 스토리 진행을 배웠고 세트에서 카우보이에게 말하는 방식을 배웠지요. 이러한 일을 제가 시작했을 때, 저는 제가 본, 뉴욕주에서 상영하는 연극들에서 플롯을 가져왔어요. 그 플롯들을 그냥 단순히 탁 트인 공간에서의 세팅으로 바꾸기만 했지요. 캐릭터를 말에 태우고 보안관과 민병대의 쫓고 쫓기는 추격 장면을 추가하곤 했지요. 물론 거기에 영화 이야기가 있을 것이고요.**
>
> —엘리자베스 (베티) 버브리지

〈결혼 서약, The Marriage Clause〉에서 프랜시스 X. 부시맨,
워너 올랜드(Warner Oland), 그레이스 다몬드

무성 영화배우인 **그레이스 다몬드**(Grace Darmond)는 1917년에 첫 테크니컬러 영화인 〈걸프 비트윈, The Gulf Between〉의 주인공을 맡았다.

미국이 제1차 세계 대전에 참전하고 남자들이 전쟁의 병력을 지원하러 떠난 후 여성을 위한 고용의 기회가 많이 확장됐다.

할리우드: 그녀들의 이야기 61

종종 '어머니' 워렌턴이라고 불린 배우이자 감독인 **룰 워렌턴**(Lule War-renton)은 한때 자신의 스튜디오를 갖고 있는 유일한 여성이었다. 부를 쫓아 할리우드에 오는 젊은 여성들의 지지자이기도 했던 그녀는 할리우드 스튜디오 클럽(Hollywood Studio Club)으로 이어지게 되는 기관을 세웠다. 그녀는 10년간 연기를 하고 1916년에서 1917년까지 〈어 빗 오브 헤븐, A Bit o' Heaven〉을 포함한 여러 영화들의 감독을 했다.

헬레나 스미스 데이튼(Helena Smith Dayton)은 스톱모션과 클레이 애니메이션을 실험한 최초의 여성 애니메이터 중 한 명이다. 대중에게 선보인 첫 영화 〈로미오와 줄리엣, Romeo and Juliet〉은 클레이메이션을 사용한 1917년 작 영화이다. 무빙 픽처 월드(The Moving Picture World)에서의 리뷰는 다음과 같다. "단순한 진흙 덩어리가 그녀의 마법 같은 터치 아래에서 생명력을 갖고 극이 요구하는 사랑과 슬픔을 표현했으며, 절망 속에서 자신의 유감스러운 삶을 끝내는 생명력 잃은 로미오의 몸에 걸친 비극적인 패션마저 잘 표현했다."

무성 영화 시대에 가장 아름다운 배우 중 한 명으로 불렸던 **볼라 베일**(Vola Vale)은 〈사람 따라 각각, Each to His Kind〉을 통해 하야카와 세슈(Sessue Hayakawa)와 함께 스타가 되었다.

> 66
>
> 삶속에서 보이는 작은 것들부터 항상 메모하고, 무의식 속에 저장을 잘 해 두고, 카메라 앞에 서서 감정 연기를 할 때 잘 꺼내 써야 하는 것이 여배우로서의 능력이에요. 자신이 선택한 일이 성공을 하느냐 단순히 그냥 보통의 것이 되느냐는 이것을 하느냐 못하느냐에 달려 있죠. 99
>
> ─볼라 베일

작가이자 감독, 프로듀서이면서 배우인 **그레이스 커나드**(Grace Cunard)는 무성 영화 시대에 시리즈물의 여왕으로 불렸다. 1917년에 Francis Ford/Grace Cunard 제작사에서 만든 단편 영화 〈언마스크드, Unmasked〉는 미국 국립 영화 보관소(The National Film Registry, 1988년 참고)에 보관되어 있다. 그녀와 프란시스 포드(Francis Ford)는 오늘날 클리프행어(Cliffhanger)로 불리는 형태를 도입한 것으로 인정받았는데, 관객들은 주인공에게 그 다음 회에 어떤 일이 생기는지가 궁금하여 매주 계속해서 시리즈물을 보게 되었다.

무성 영화 시대에 가장 인기 있었던 배우 중 한 명인 **테다 바라**(Theda Bara)는 첫 섹스 심볼 중 한 명이 되었다. 팜므 파탈을 의미하는 그녀의 별명은 '요부(The Vamp)'이다. 1917년 영화 〈클레오파트라, Cleopatra〉는 가장 큰 히트를 친 그녀의 영화 중 하나이다. 바라는 미국 우표의 모델이 되었다.

톱 무성 영화 코미디언인 **루이즈 파젠다**(Louise Fazenda)는 1917년 〈매기의 첫 번째 헛디딤, Maggie's First False Step〉에 출연했다.

유성 영화로도 갈아탄 무성 영화 여배우 **레어트리스 조이**(Leatrice Joy)는 1920년대 단발머리 헤어 패션으로 알려졌다. 그녀는 1917년에는 메리 픽포드(Mary Pickford)의 영화 〈더 프라이드 오브 더 클랜, The Pride of the Clan〉에 출연했다.

무성 영화배우 **셜리 메이슨**(Shirley Mason)은 1911년에 영화 데뷔를 하여 1917년에 〈루스의 각성, The Awakening of Ruth〉을 포함해 13편의 영화에 출연했다. 에드나 플러그라스(Edna Flugrath, 1916년 참고), 비올라 다나(Viola Dana, 1917년 참고)와 자매 사이이다.

60년의 경력을 가진 여배우 **마지 케네디**(Madge Kennedy)는 1917년에 골드윈(Goldwyn, 미국의 영화 회사)을 위한 영화를 만들기 시작했다. 1920년대의 아주 유명한 스타였다.

프리실라 딘(Priscilla Dean)은 4살에 무대에, 14살에 스크린에 데뷔한 배우이다. 1917년 〈회색 유령, The Gray Ghost〉에 출연하고 나서 유명세를 탔다. 유니버설 픽처스와 계약하고 20년간 그 회사에서 일했으나, 유성 영화로의 전환은 하지 못했다.

클레어 두 브레이(Claire Du Brey)는 1917년 영화 〈애니씽 원스, Anything Once〉를 포함해 40년간 수백 편의 영화에 출연했다. 유성 영화에도 계속 출연했지만 그녀의 역은 대부분 단역이었다. 마지막 영화는 1950년 영화였다.

촬영 기사였던 **도로시 던**(Dorothy Dunn)은 1917년, 해당 분야에서 유명했던 세 여자 중 한 명이다. 그녀는 여성 촬영 기사가 되고자 연기를 그만둔다.

러스 클리포드(Ruth Clifford)는 1917년 〈켄터키 신데렐라, A Kentucky Cinderella〉출연 이후 스타가 되었다. 후에 〈미니 마우스, Minnie Mouse〉와 〈데이지 덕, Daisy Duck〉에 목소리로 출연했다.

1917

배우이자 무도회 댄서인 아이린 캐슬(Irene Castle)은 1917년 〈패트리아, Patria〉를 포함해 여러 무성 영화에 출연했다. 패션 아이콘이었던 그녀는 단발머리가 인기를 끄는 데 일조했다. 남편인 베론(Vernon)과의 이야기는 프레드 아스테어(Fred Astaire)와 진저 로저스(Ginger Rogers, 1941년 참고)를 스타 반열에 오르게 만든 1939년 영화 〈스토리 오브 버넌 앤 아이린 캐슬, The Story of Vernon and Irene Castle〉로 만들어졌다. 그녀는 영화 자문으로도 일했다.

무성 영화배우인 **플로렌스 바이더**(Florence Vidor)
는 1916년에 데뷔했다. 1917년 영화 〈두 도시 이야
기, A Tale of Two Cities〉에서 미미(Mimi)로 출연했는
데 이는 그녀를 주인공의 반열에 올려놓았다. 유성 영
화로는 전환을 하지 못했다.

1917

책을 쓴 작가이자 시나리오 작가인
벨루아 마리 딕스(Beulah Marie
Dix)는 1917년에 첫 번째 작품을
썼다. 그녀는 무성 영화와 유성 영
화를 통틀어 50편 이상의 영화를
썼다. 그녀는 "제가 카메라와 함께
할 수 있는 것과 할 수 없는 것을
꽤 빨리 배웠어요. 초반에는 전부
경계가 뚜렷하지 않았지요. 그 세트에 있는 모든 이들은 불리면 뭐든지 해
야 했거든요. 저도 엑스트라로 참여하기도 했고 조명을 하기도 했고, 다른
어떤 일을 하지 않는 사람은 감독의 지시사항을 적기도 했어요. 저는 편집
실에서 참 많은 시간을 보내곤 했죠."라고 말했다.

> ❝ **그 세트에 있는 모든 이들은**
>
> **불리면 뭐든지 해야 했어요.** ❞
>
> –벨루아 마리 딕스

제1차 세계 대전 중 인기 있
는 여배우였던 **마블 발린**
(Mabel Ballin)은 1917년에
첫 영화를 계약했다. 그녀의
남편이 화가로 성공을 하지
못했기 때문에 그녀는 가장
으로서 돈을 벌고자 영화 산
업에 뛰어들었다. 그녀의 인
기는 세계 대전 이후 시들었
고 1925년에 은퇴했다.

30편이 넘는 영화로 인기를 끈 **엘시 제인 윌슨**(Elsie Jane Wilson)은 배
우이자 감독이다. 1917년 솔로 디렉팅을 시작해서 그해에 많은 영화를 제
작했다. 1919년까지 계속 감독을 했는데 주로 '여성과 어린이'를 주제로 하
는 영화를 만들었다.

작가이자 감독인 **이다 메이 파크**(Ida May Park)는 무성 영화 시대, 유니버설 스튜디오의 가장 중요한 여성 감독 중 한 명이다. 1917년에 파크는 그녀의 첫 솔로 영화 〈플래시라이트, The Flashlight〉를 감독했다.

1909년에 작가로 고용되어 50편의 영화를 쓴 그녀는 다음과 같이 말했다. "여자가 감독하는 것은 적합하지 않다고 하는 것 같아 저는 첫 회사의 제안을 거절했어요. 제가 왜 그런 식으로 생각했는지는 잘 모르겠는데 여성도 이 일을 열정과 상상력으로 잘 해낼 수 있어요. 캐릭터에 대한 자세하고 직관적인 지식과 자연스러운 사랑을 담는 일 말이에요. 이러한 점은 여성이 가진 장점이라고 생각하는데 이것들이 성공적인 감독에게 필요한 점들이지요. 물론 이러한 점을 영화에 담기 위해서 여성은 대담한 시선이 필요하고 유머 감각과 단단한 기개를 지녀야 합니다. 모든 감독은 이런 독특한 면이 좀 있어야 하는데, 다른 사람들과의 조화를 위해 이러한 특징이 꼭 필요해요."

또한 "사람들이 말하기를 여자는 사랑을 걱정하고 마치 그녀의 신념이 자신의 아이인 것처럼 여긴다고들 해요. 결과적으로 그녀의 가장 큰 위험은 신념과 그녀 자신을 너무 진지하게 받아들이는 것에 있어요. … 감독 일은 제게 재미있는 놀이입니다. 저와 함께 일하는 사람들이 제가 눈살을 찌푸려서가 아니라 저를 생각해 줘서 일을 잘 해내기를 원해요. 저는 저의 변별력을 믿어요. 배우는 그의 역에 그 자신의 성격을 넣어 연기하는 것을 원하지 저의 성격을 반영해서 모든 역을 연기하는 걸 원하지는 않아요."라고 말했다.

작가이자 감독인 **루스 앤 볼드윈**(Ruth Ann Baldwin)은 1910년에 많은 무성 영화를 감독하고 1917년에 12편의 시나리오를 썼다.

1918 헬렌 켈러(Helen Keller)는 〈딜리버런스, Deliverance〉라는 제목의 자신의 삶에 대한 영화를 만들기 위해 영화 제작 회사를 설립했다. 이 영화는 미국 국회 도서관에 보관되어 있다. 1955년에 〈그녀의 이야기 속의 헬렌 켈러, Helen Keller in Her Story〉가(원래 제목은 〈운명을 이긴 사람, The Unconquered〉이다) 오스카 장편 다큐멘터리상을 수상하는데 켈러는 그 영화 제작의 영감이 되었다. 켈러는 미국 우표에 실렸고 미국 국립 여성 명예의 전당에 올랐다.

연극배우에서 영화배우가 된 베시 배리스케일(Bessie Barriscale)은 1918년에 〈레이첼의 심장, The Heart of Rachel〉을 찍었다. 1910년대에 주요 인기 스타였던 그녀는 자신의 제작사를 차렸다.

100편이 넘는 영화에 등장한 무성 영화배우 아일린 세지윅(Eileen Sedgwick)은 1918년 〈서커스의 유혹, Lure of the Circus〉의 스타 배우가 아프면서 본인이 대신 연기를 했는데, 이로 인해 큰 변화를 맞이했다. 세지윅은 유성 영화가 나오기까지 더 많은 시리즈물에서 활동했다.

무성 영화 시대의 주연 배우인 아니타 스튜어트(Anita Stewart)는 제작 또한 경험했던 배우이다. 그녀가 처음으로 제작을 했으며, 연기까지 맡은 작품은 1918년 작 〈고결한 아내들, Virtuous Wives〉이다.

무성 영화배우인 도로시 데보레(Dorothy De-vore)는 1918년 영화 〈당신의 부인을 알라, Know Thy Wife〉에서 연기한 것과 같은 코믹역할을 주로 맡았다. 타고난 코미디언인 그녀는 1923년에 왐파스 베이비 스타(WAMPAS Baby Star, 1922년 참고로 불렸다. 1930년에 영화계를 은퇴하면서 유성 영화로의 전환은 할 수 없었다.

유성 영화에서도 계속해서 연기한 무성 영화배우인 로즈메리 더비(Rosemary Theby)는 데이비드 워크 그리피스(D.W. Griffith)의 영화 〈그레이트 러브, The Great Love〉를 통해 자신만의 커리어를 분명히 드러냈다. 그녀는 30년 경력 동안 거의 250편의 영화에 출연했다.

도로시 기시[Dorothy Gish, 릴리언 기시(Lillian Gish)와 자매 사이, 1912년 참고]는 1912년에 100편의 영화에 나왔다. 무성 영화 시대에 주요 무비 스타였던 그녀는 1918년 〈세상의 중심, Hearts of the World〉에 출연했다. 영화 경력은 50년 정도이다.

아이들을 위한 책의 저자이고 영화 제작자이기도 한 **매들린 브렌데이스**(Madeline Brandeis)는 〈별 왕자님, The Star Prince〉을 직접 쓰고 제작했다. 이 영화는 1920년에 〈반짝 반짝 작은 별, Twinkle, Twinkle Little Star〉이라는 이름으로 개봉된다. 그녀는 주로 어린이들로 구성된 특징을 가진 영화 회사인 '작은 연기자들의 영화 회사(The Little Players' Film Company)'를 설립했다.

이전에 아역 스타였던 영화배우 **폴린 컬리**(Pauline Curley)는 1918년 〈모로코를 향하여, Bound in Morocco〉를 포함해 여러 영화에서 연기했다. 16년 정도 경력을 쌓다가 유성 영화가 나오자 바로 영화계를 떠났다.

무성 영화배우이면서 주연급인 **릴라 리**(Lila Lee)는 '커들스(Cuddles)'라는 별명을 가지고 있다. 1918년 영화 〈가짜 크루즈, The Cruise of the Make-Believes〉에 17살의 나이로 데뷔한 그녀는, 1922년, 제1회 왐파스 베이비 스타(WAMPAS Baby Star)로 불리며 무성 영화 시대를 이끈 주연 배우이다. 유성 영화로 옮겨가 1930년까지 주연 배우를 계속 유지할 수 있었지만 건강이 나빠져서 결국에는 단역으로만 나왔다.

〈아기 출입 금지, No Babies Allowed〉에서
밀번 모란테(Miburn Morante)와 게일 헨리

길쭉한 코미디언이라고 불린 **게일 헨리**(Gale Henry)는 무성 영화 시대에 수백 편의 영화에 나왔다. 그녀는 뽀빠이(Popeye) 코믹물에 등장하는 올리브 오일(Olive Oyl)의 모델이라고 여겨진다. 1918년에 2개의 릴 코미디를 만들기 위해 자신만의 제작사를 시작한 그녀는 후에 남편과 함께, 〈그림자 없는 남자, The Thin Man〉에서 아스타(Asta) 역을 연기한 스키피(Skippy)를 포함한 개를 훈련시켰다.

시나리오 작가인 **준 마디스**(June Mathis)는 Metro/MGM의 첫 여성 중역이자 할리우드에서 높은 급료를 받는 중역이었다. 그녀는 루돌프 발렌티노(Rudolph Valentino)를 발굴한 인물로, 〈네 기수의 묵시록, The Four Horsemen of the Apocalypse, 1921년 작〉과 〈혈과 사, Blood and Sand, 1922년 작〉와 같은 유명 영화를 쓴 인물이다. 1926년에 그녀는 할리우드에서 메리 픽포드(1909년 참고)와 노마 탈마지(Norma Talmadge, 1911년 참고)를 뒤이은 세 번째로 영향력 있는 여성으로 사람들의 입에 오르내렸다. 100편이 넘는 영화를 썼다.

메리 픽포드, 찰리 채플린, 더글러스 페어뱅스 그리고 그리피스는 독립된 필름 스튜디오인 유니버설 아티스트 회사를 설립했다. 그 '스타들이 세운 회사'는 나중에 메트로 골드윈 메이어(Metro-Goldwyn-Mayer, 1924년 참고)의 일부가 되었다.

1919

페어 비니[Faire Binney, 콘스탄스 비니(Constance Binney(1920년 참고)와 자매]는 1919년에 〈오픈 유어 아이즈, Open Your Eyes〉에 출연한 인기 있는 영화 속의 플래퍼(짧은 스커트나 소매 없는 드레스를 입고 단발머리를 하는 등 종래의 규범을 거부하는 방식으로 입고 행동하던 1920년대 젊은 여성을 지칭하는 말이다. 제1차 세계 대전 중 남성 노동자를 여성들이 대체하면서 이 용어의 사용이 증가했는데, 이 시기에 '독립적이고 즐거움을 추구하는 젊은 여성'이라는 의미로 뜻이 변화했다)이다.

보드빌 연예 쇼(1890년대 중엽에서 1930년대 초 사이에 미국에서 인기 있던 가벼운 연예 쇼. 연관성이 없는 10~15가지의 개별 공연으로 이루어지며, 마술사와 광대, 희극배우, 길들인 동물, 곡예사, 가수 및 무용수들이 출연한다)와 연극 무대에서 활동한 배우인 캐틀린 클리포드(Kathleen Clifford)는 영화계로 전환해서 1919년 영화인 〈구름이 지나갈 때, When the Clouds Roll By〉를 포함한 무성 영화에 나왔다. 그녀는 더글러스 페어뱅스(Douglas Fairbanks)와 다른 이들의 상대역으로 나온 주연 배우이다. 그녀는 무성 영화에는 1928년에 마지막으로 출연했으며, 이후 1932년에는 유성 영화 한 편에 출연했다.

🎭🎬 무성 영화배우인 **비비안 마틴**(Viv-ian Martin)은 1914년에 영화에 데뷔했다. 페이머스 플레이어스 필름 회사(Famous Players Film Compa-ny)와 계약하고 1919년에 4개의 영화를 만들었다. 후에 자신의 제작사를 갖고 골드윈(Goldwyn)사를 통해 그녀의 영화를 배포했다. 그녀가 출연한 초창기 영화들 몇몇은 미국의 국회 도서관에 소장되어 있다.

🎭 무성 영화 산업의 주연급 요부 중한 명인 **버지니아 피어슨**(Virginia Pearson)은 1919년 〈주교의 에메랄드, The Bishop's Emeralds〉에서 연기와 제작을 맡았다.

🎭 세넷 수영복 미인 대회(1915년 참고) 출신 여배우인 **마리 프레보스트**(Marie Prevost)는 1916년에 데뷔했다. 그녀는 1919년 영화 〈베를린의 양키 두들, Yankee Doodle in Berlin〉을 포함해 100편이 넘는 영화에 출연했다.

🎭 **폴린 스털크**(Pauline Starke)는 '기쁘면서도 슬픈 여자'로 불렸으며, 〈젊음의 눈, The Eyes of Youth〉 등에서 주연을 맡은 배우이다. 1916년 〈인톨러런스, Intolerance〉에서 작은 역할을 맡아 처음으로 연기를 한 그녀는 제1회 왐파스 베이비 스타(1922년 참고) 중 한 명으로 선택됐다. 그 후 그녀는 유명한 여배우로서 행보를 계속해 나갔다.

🎭🎬 유성 영화로도 갈아탄 무성 영화배우인 **베티 콤슨**(Betty Compson)은 영화 제작자이기도 하다. 1919년에 〈기적의 사나이, The Miracle Man〉에서 보여 준 탈주 연기는 그녀를 출세하게 했다. 1930년에 〈바커, The Barker〉에서의 연기로 오스카 여우주연상 후보에 올랐다.

🎭 1911년에 데뷔한 무성 영화배우인 **돌로레스 카시넬리**(Dolores Cassi-nelli)는 1919년 〈고결한 모델, The Virtuous Model〉에 출연했다. 69개의 영화에서 역할을 맡으며 '영화 속 카메오 걸'이라 불린 그녀는 여러 편의 제1차 세계 대전 드라마에 출연하다가 1925년에 영화계를 은퇴했다.

🎭 10대 소녀 배우인 **메리 마일즈 민터**(Mary Miles Minter)는 〈빨강머리 앤, Anne of Green Gables〉에서 앤 셜리(Anne Shirley) 역을 맡아 칭송을 받았다.

🎭 200편이 넘는 영화에 출연한 **자수 피츠**(Zasu Pitts)는 무성 영화 시대에 연기를 시작해서 유성 영화에서도 연기를 했다. 프란세스 마리온(Fran-cis Marion, 1931년 참고)에게 발탁된 그녀는 메리 픽포드(Mary Pickford, 1909년 참고)를 스타로 만든 영화 〈소공녀, The Little Princess〉에 처음으로 출연했다. 그녀가 처음 주인공을 연기한 것은 킹 비더(King Vidor)의 1919년 영화 〈더 나은 시대, Better Times〉에서이다. 미국 우표에 실리기도 한 그녀의 인생 모토는 "당신이 믿는 대로 된다"이다.

배우이자 작가, 감독이자 의상 디자이너인 **파울라 블랙톤**(Paula Blackton, 사진에서 오른쪽)은 1919년 영화 〈리틀 스카우트, The Littlest Scout〉의 집필, 감독, 연기를 맡았다. 그녀가 쓰고 감독한 영화들은 대개 그녀의 아이들을 다루었고 남편에 의해 제작되었다.

다른 사람들을 돕는 데 저의 힘이 한계가 있다고 느꼈던 것은 저 자신에게 부여한 한계 때문이라는 사실을 깨닫는 시기가 왔어요.

—파울라 블랙톤

헬렌 제롬 에디(Helen Jerome Eddy)는 1919년 킹 비더(King Vidor)가 만든 장편 영화인 〈턴 인 더 로드, The Turn in the Road〉로 스타가 되었다. 에디는 유성 영화로 전환해 계속 일하다가 임금 분쟁 이후 부동산 중개업자가 되었다.

1933년 영화 작가 길드(Screen Writers Guild)의 설립 멤버인 **아델 버핑턴**(Adele Buffington)은 100편 이상의 작품을 쓰고 무성 영화에서 유성 영화로의 성공적인 전환도 이루었다. 1919년에 첫 번째 작품인 〈라파체, L'Apache〉를 판 것을 시작으로 40년 정도의 시나리오 작가 경력을 이어 왔다.

릴리안 그린버거(Lillian Greenberger)는 유니버설의 캐스팅 디렉터이다.

1919

안나 메이 웡

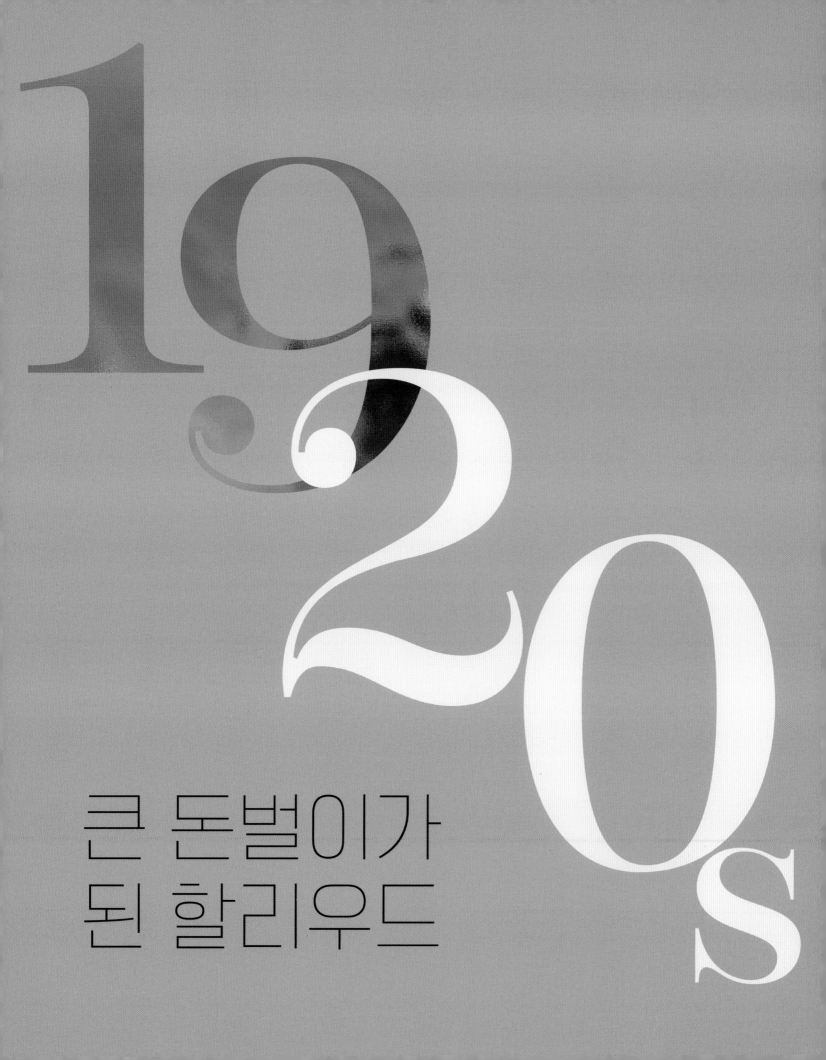

1920s

큰 돈벌이가 된 할리우드

1920년대 중반 즈음 영화는 큰 수익을 내는 사업이 되었다. 장편 영화를 생산하는 데 편당 20만 불 정도의 비용이 들기도 했고 서사극은 백만 불까지도 들었다. 영화 제작은 로스앤젤레스에서 가장 중요한 산업이 되었다. 작고 독립적인 영화사들의 많은 곳이 여성에 의해 운영되었지만, 다수가 폐업을 하게 되었다.

사업 구조나 진행 과정은 제조업 분야에서 취하던 것들과 상당히 유사하게 영화 산업에 적용되었다. 스튜디오는 조립 라인의 사고방식을 가지고 각 부서별로 나눠졌다(극본, 카메라, 워드롭(영화 제작에 필요한 의상 관련 일체를 관리), 세트, 소품 및 홍보). 남자들이 그 부서의 우두머리가 되고 영화를 감독했는데, 그들은 영화 초창기의 선구자적인 남녀처럼 모든 것을 다 하지는 않았다.

조직의 구조가 발달하면서 역할은 성별에 따라 나누어졌다. 많은 스튜디오들이 연합을 했고 노동조합은 여성 회원을 받아들이지 않았다. 여성 영화 제작자들은 여성 필름 편집자나 카메라우먼과 마찬가지로 점점 사라졌다. 그러나 버티고 있던 여성 편집자들은 탁월했으며 20세기 후반 영화계에서 여성들의 부활을 위한 롤모델이 되었다. 시나리오 작가의 사정도 마찬가지였다. 감독 분야의 경우, 극소수의 여성들만이 있던 그 시절, 도로시 아즈너(Dorothy Arzner)는 1920년 후반에서 1940년 초반 사이에 여성 감독으로서 성공할 수 있었다.

영화 자체는 10년 사이에 드라마틱하게 변했다. 드디어 소리를 이용하게 되었다. 첫 유성 영화는 1927년에 출시되었다. 이 영화 제작 방식은 무성 영화와는 달리 배우들에게 다른 기술을 필요로 했다.

이전처럼 특정 배우들을 위해 극을 쓰는 대신에, 스튜디오는 이제 시나리오를 먼저 쓰고 그 역할을 맡을 배우를 찾아야 했다. 관객들은 신기함을 넘어 성적 매력이 있는 배우들을 찾고 좀 더 현실적인 줄거리를 가진 영화를 찾을 만큼 성장했다. 스타들은 최신 유행의 패션을 보여 주는 사람들로 여겨졌고 많은 패션 트렌드는 특정 배우들의 옷이나 머리 스타일에서 시작되었다.

스타들을 비춘 또 다른 스포트라이트는 1927년 미국 영화 예술과학 아카데미 설립이었다. 첫 아카데미상은 오스카라고 이름 붙여지지는 않았다. 1929년에 수여식이 치러졌는데 시간은 단지 15분에 불과했다.

할리우드의 화려한 황금기가 그렇게 차근차근 준비되고 있었다.

성격파 배우인 메리 카(Mary Carr)는 1920년 폭스 영화 〈언덕을 넘어 가난한 집으로, Over the Hill to the Poorhouse〉를 통해 어머니 역할의 전형을 잘 보여 주었다(나중에는 할머니 역할). 40년 동안 영화 경력을 쌓은 그녀는 150여 편의 영화에 출연했다.

팜므 파탈과 요부로 알려진 여배우 루이스 글라움(Louise Glaum)은 1920년 작 〈섹스, Sex〉에서 강한 인상을 남겼다. 그녀는 1912년부터 1925년까지 총 100편 이상의 영화에 출연하여 '거미 여인', '타이거 여인'이라는 닉네임을 얻었다. 이후 영화 산업을 떠나 연극 무대와 보드빌 연예 쇼로 돌아갔다.

흑인 커뮤니티에서 '스크린상의 퍼스트 레이디'로 알려진 에블린 프리어(Evelyn Preer)는 명성과 인기를 얻은 첫 흑인 여배우이다. 1919년 영화 〈정착민, The Homesteader〉으로 데뷔한 이후 1920년에 그녀를 가장 잘 알린 영화 〈위딘 아워 게이츠, Within Our Gates〉에 출연했다.

1920

탈마지 세 자매 중 한 명인 나탈리 탈마지(Natalie Talmadge)는 1920년에 〈예스 오어 노, Yes or No〉에 출연한 짧은 영화 경력을 갖고 있다.

5년간 영화 사업에서 활발히 활동한 콘스탄스 비니(Constance Binney)는 1920년에 〈39 이스트, 39 East〉에 출연한 이상적인 플래퍼이다.

캐롤 댐스터(Carol Dempster)는 1915년에 처음으로 영화에 출연하여, 1920년에 〈사랑꽃, The Love Flower〉을 비롯해 데이비드 워크 그리피스(D.W. Griffith)의 수많은 영화에 출연했다.

도로시 요스트(Dorothy Yost)는 시나리오 작가이다. 그녀가 쓴 시나리오 는 1920년에 처음으로 제작되었다. 무성 영화와 유성 영화를 잇는 작가 인 요스트는 프레드 아스테어-진저 로저스(Fred Astaire - Ginger Rogers, 1941년 참고)의 시나리오 중 4개를 썼다.

시나리오 작가인 **사다 코완**(Sada Cowan)의 첫 영화는 1919년에 제작 되었다. 1920년에는 올가 프린트슬로(Olga Printzlau, 1920년 참고)와 함께 쓴 〈당신의 아내가 바뀐 이유는?, Why Change Your Wife?〉이 나왔다. 코 완은 드밀과 함께 많은 영화를 만들었고, 전체 경력을 볼 때 드밀에게 가장 높은 페이를 받는 작가가 된다.

편집자이자 작가인 **릴리 안 체스터**(Lillian Chester, 종종 조지 랜돌프 체 스터 부인으로 불렸음)는 1920년 무성 영화 〈죽 은 자는 말이 없다, Dead Men Tell No Tales〉의 제 목과 시나리오를 쓰고 편 집도 했다.

'뉴욕에서 가장 아름다운 여인'이라 불렸던 무성 영화배우인 **마사 맨스 필드**(Martha Mansfield)는 1920년에 〈지킬 박사와 하이드씨, Dr. Jekyll and Mr. Hyde〉에서 보여 준 연기로 유명하다.

미국 수정 헌법 제19차 개정안의 비준으로 여성들이 투 표권을 얻는다.

루이스 로웰(Louise Lowell)은 1920년에 폭스뉴스에서 일한 카메라우먼 이다. 극장에서 상영하는 뉴스속보를 위한 필름을 찍은 그녀는 공중 장면 촬영에 특히 전문적이었다.

영화 시나리오 작가로서 6년간 일한 **올가 프린트슬로**(Olga Printzlau)는 사다 코완(Sada Cowan, 1920년 참고)과 함께 〈당신의 아내가 바뀐 이유 는?, Why Change Your Wife?〉의 시나리오를 썼다. 이 영화는 세실 B. 드 밀(Cecil B. DeMille)이 감독했으며 글로리아 스완슨(Gloria Swanson, 1929 년 참고)과 베브 다니엘스(Bebe Daniels, 1910년 참고)가 주인공을 맡았다.

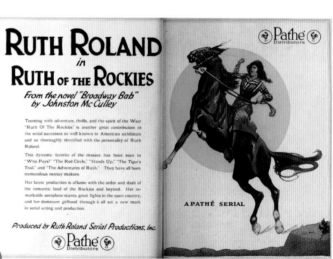

무성 영화에서 유성 영화로 전환하며 20년이 넘게 시나리오 작가로 일한 **프란시스 귀한**(Frances Guihan)은 루스 롤랜드(Ruth Roland, 1909년 참고)의 영화 〈로키의 루스, Ruth of the Rockies〉를 쓴 작가 이다.

20년간 시나리오 작가로 활동한 **클라라 베랑제**(Clara Beranger)는 메리 픽포드(Mary Pickford, 1909년 참고)와 함께 서던 캘리포니아(남가주) 대학의 시네마 아트스쿨 학부 출신이다. 1950년에 그녀는 유명한 교과서 『영화 시나리오 쓰기(Writing for the Screen)』를 썼다. 1920년에는 〈지킬 박사와 하이드씨, Dr. Jekyll and Mr. Hyde〉의 시나리오를 쓴 베랑제는 1918년 무빙 픽처 월드에서 다음과 같이 말했다.

"남성적 신념보다 여성적 감성을 지닌 작가가 더 많다는 것을 증명하기 위해서는 현재의 개봉물이나 심지어 6개월 이전의 개봉물들만 대충 훑어보아도 쉽게 알 수 있습니다."

"마음의 울림, 인간의 관심사와 어린이의 삶, 가정사, 심지어 영원한 삼각관계까지 이러한 문제들은 우리 여성들이 더 잘 이해하는 문제이기 때문에 남자들보다 여자들에 의해 더 다뤄집니다."

"여자에게 사랑은 그녀를 이루는 모든 존재인 반면, 남자에게 사랑은 전체 삶에 있는 단순한 사건이라는 말은 오래된 진부한 사실이죠. 이러한 것이 여자들이 그 어떤 남자도 가질 수 없는 진실성을 가지고 영화를 위한 드라마를 쓸 수 있는 이유 중 하나입니다. 이러한 진실성은 관객으로 하여금 신뢰성과 개연성을 갖게 합니다. 이야기를 전개하는 데 있어서 남성 작가들은 그들이 영감이라고 믿는 인위적인 감정을 만들어야 하죠."

> **" 여자에게 사랑은 그녀를 이루는 모든 존재인 반면, 남자에게 사랑은 전체 삶에 있는 단순한 사건이라는 말은 오래된 진부한 사실이죠. "**
> —클라라 베랑제

영화계의 첫 여성 의상 디자이너 중 한 명인 **클레어 웨스트**(Clare West)는 무성 서사극 영화인 〈국가의 탄생, The Birth of Nation〉과 〈인톨러런스, Intolerance〉의 의상을 담당했다. 1920년 작인 〈생각해 볼 만한 것, Something to Think About〉의 의상 디자이너이기도 하다.

〈인톨러런스〉 세트장의 배우들

1921

메리 픽포드(Mary Pickford, 1909년 참고)를 부사장으로 한 영화 구호기금(Motion Picture Relief Fund)이 1921년에 설립되었다. 사장은 조셉 M. 쉔크(Joseph M. Schenck)이고 관리자는 레버런드 닐 도드(Reverend Neal Dodd)이다. 설립 목적은 영화계에 종사하는 개인들에게 필요한 도움을 제공하기 위함이다. 1932년에 메리 픽포드는 일정 소득이나 그 이상의 사람들을 위한 급여 지급 약속 프로그램을 실행했다. 영화 구호기금은 1971년에 이름을 영화 · 텔레비전 기금(Motion Picture and Television Fund)으로 바꾸었다.

무성 영화 작가인 메리 H. 오코너(Mary H. O'connor)의 마지막 작품 〈위험한 거짓말, Dangerous Lies〉이 1921년에 나왔다. 그녀는 영화 작가 길드와 그 소설 클럽 '작가들'의 초기 멤버이다. 오코너는 1916년에 서사극 〈인톨러런스, Intolerance〉의 표제를 썼다.

흑인 배우이자 작가인 도라 미첼(Dora Mitchell)은 1921년 영화들인 〈만 달러 트레일, The Ten Thousand Dollar Trail〉과 〈탄생의 권리로, By Right of Birth〉로 유명하다. 11살 때 글짓기 대회에서 수상한 그녀는 필명으로 종종 시나리오나 단편 소설 등의 작품을 썼다.

작가이자 감독, 제작자인 메이 툴리(May Tully)는 1921년 영화 〈올드 오큰 버킷, The Old Oaken Bucket〉에서 위 세 가지 역할을 모두 맡았다.

작가이자 배우인 바바라 라 마르(Barbara La Marr)는 뉴욕의 폭스사에서 시나리오 작가로 일을 시작하여, 이후 연기 경력을 위해 할리우드로 갔다. 그녀는 1921년 〈삼총사, The Three Musketeers〉를 포함한 여러 영화에 출연했다. 후에 배우인 헤디 라머(Hedy Lamarr, 1938년 참고)가 그녀의 성을 따른다.

〈족장, The Sheik〉에서 루돌프 발렌티노(Rudolph Valentino)의 상대역인 다이아나 마요(Lady Diana Mayo) 역을 맡아 알려진 **아그네서 아요르**(Agnes Ayres)는 무성 영화 시대에 전성기를 가졌다.

무성 영화에서 유성 영화로 전환한 여배우인 **베티 블라이스**(Betty Blythe)는 이국적인 무성 영화의 배역으로 알려졌다. 특히 1921년 〈시바의 여왕, The Queen of Sheba〉에서 맡은 배역으로 알려졌다.

배우이자 편집자, 감독인 **앨리스 테리**(Alice Terry)는 1921년에 나온 영화 〈네 기수의 묵시록, Four Horsemen of the Apocalypse〉에서 맡은 마거리트(Marguerite) 역으로 유명해졌다.

세넷 수영복 미인 대회(1915년 참고) 출신 미인 중 한 명인 무성 영화배우 **메리 서먼**(Mary Thurman)은 코미디와 멜로 드라마에서 연기했다. 1921년에 〈브로큰 돌, A Broken Doll〉과 〈리프 이어, Leap Year〉를 포함한 여러 영화에서 활동했다.

로이스 웨버(Lois Weber) 감독의 눈에 띄어 파라마운트 픽처스와 계약을 한 무성 영화배우 **클레어 윈저**(Claire Windsor)는 1921년 웨버의 영화 〈블랏, The Blot〉에서 주인공을 맡았다. 제1회 왐파스 베이비 스타(WAMPAS Baby Stars, 1922년 참고) 출신 중 한 명인 윈저는 1920년대에 영화 주연을 맡으면서 패션 트렌드를 이끌었다. 유성 영화로 전환을 할 수는 없었다.

초기 출연작에서 직접 스턴트 장면을 연기한 **루이즈 로라인**(Louise Lorraine)은 1921년 영화 〈타잔-엘모 린콘 편, The Adventures of Tarzan〉을 통해 제인을 연기한 세 번째 여성이 되었다. 그녀는 제1회 왐파스 베이비 스타(1922년 참고)로 이름을 올렸다.

연극무대 배우였고 보드빌 공연자 출신인 **아니타 부시**(Anita Bush)는 1921년과 1922년에 흑인들 서부극에 출연했는데, 두 작품 모두 오클라호마의 볼레이(Boley)에 있는 흑인 타운에서 주로 촬영되었다. 〈불도저, The Bull-Dogger〉가 1921년에 개봉되고 1922년에는 〈진홍빛 해골, The Crimson Skull〉이 개봉되었다. 그녀는 나중에 흑인 배우 길드(Negro Actors Guild)의 사무총장으로서 일했다.

여배우인 **마가렛 맥웨이드**(Margaret McWade)는 1914년에 영화에 데뷔했다. 그녀는 1921년에 로이스 웨버(Lois Weber, 1916년 참고)가 작품을 쓰고, 제작 및 감독을 한 〈블랏, The Blot〉에 나온 인기 배우이다. 유성 영화로 전환해 노처녀, 어머니, 숙모 역할을 하고 나중에는 할머니 역할도 했다.

1921

소설가이자 시나리오 작가인 엘리노 글린(Elinor Glyn)은 책으로 인쇄된 로맨틱 소설을 전문적으로 썼고 영화 시나리오도 썼다. 1921년에 〈위대한 순간, The Great Moment〉을 썼다.

그녀는 그녀의 작품인 〈그것, It〉을 통해 It의 개념을 '다른 사람을 자석 같은 힘으로 끄는 인간의 성격'이라고 처음 정의했다. 그녀는 할리우드에서 가장 부유하고 가장 영향력 있는 작가 중 한 명이며 매혹적이고 신비로우며, 마치 금단의 열매 같은 인물이다. 그녀는 〈쓰리 윅스, Three Weeks〉의 개봉 이후 쓰인 익명의 시 '호랑이 가죽 위에서 엘리노 글린과 죄를 짓는 게 나을까요? 아니면 다른 가죽 위에서 그녀와 죄를 짓는 게 나을까요?'에 즐거워했다.

후에 그녀는 할리우드 영화 제작 과정에 유감을 표했다. "마침내 화면에 나타났을 때, 노골적으로 대충 만들었거나 완전히 거짓투성이인 이야기 심리는, 전혀 어울리지 않는 세트와 옷의 모순과 같았어요. 그러나 우리에게는 그것을 막을 만한 힘이 없었어요. 모든 작가들은, 살아있거나 죽었거나, 유명하거나 무명이거나 같은 운명에 처해졌지요. 그들의 이야기는 속기사와 콘티 걸, 조감독이나 애인에 의해 다시 쓰이고 완전히 개작되었어요. 심지어는 끊임없는 고비 속에서도 겨우 원작과 어느 정도 닮은 장면이 찍혔을 때조차 편집실에서 잘려나가거나 한때 가졌던 모든 의미를 상실할 정도로 멀리 떨어져 그 의미를 감소시켰어요."

" 로맨스는 일상의 먼지를 황금빛 아지랑이로 바꾸는 황홀한 매력입니다. " —엘리노 글린

다큐멘터리 제작자이자 감독인 오사 존슨(Osa Johnson)과 그녀의 남편은 이국적인 모험과 동물들을 전문으로 했다. 그녀는 1921년 다큐멘터리 〈아프리카의 야생 동물을 따라서, Trailing African Wild Animals〉를 제작, 감독했다.

" 제 생각에, 예상 못한 어려움들은 모든 탐험가들에게 있어서 도전이며 삶의 매력입니다. " —오사 존슨

영화 속 가장 아름다운 여인 중 한 명으로 칭해졌던 마거리트 코트토트(Marguerite Courtot)는 1919년 시리즈물인 〈바운드 앤 개그드, Bound and Gagged〉에 출연해 유명해졌다. 그녀는 그녀에게 있어서 가장 중요한 장편 영화인 〈다운 투 더 씨 인 쉽스, Down to the Sea in Ships〉에 1922년에 출연했다. 그 영화의 공동 주연과 사랑에 빠지고 결혼한 이후에 영화계를 은퇴했다.

무성 영화에서 훌륭한 성격파 배우 중 한 명으로 불렸던 글래디스 브록웰(Gladys Brockwell)은 1922년 〈올리버 트위스트, Oliver Twist〉에 낸시 역을 맡아 출연했다.

여배우인 니타 날디(Nita Naldi)는 1920년 〈지킬 박사와 하이드씨, Dr. Jekyll and Mr. Hyde〉에서 중요한 역할을 맡은 것을 시작으로 주로 팜므 파탈이나 요부로 캐스팅되었다. 그녀는 1922년에 상대역인 루돌프 발렌티노(Rudolph Valentino)와 함께 무성 영화 시대의 마지막 서사극이라 할 수 있는 〈혈과 사, Blood and Sand〉에서 연기를 했다.

───────── 1922 ─────────

여배우인 릴리언 태시맨(Lilyan Tashman)은 1921년에 영화에 데뷔해서 마벨 노맨드(Mabel Normand, 1914년 참고)의 1922년 영화 〈헤드 오버 힐스, Head Over Heels〉에 출연했다. 그녀는 영화 스타보다도 패션 아이콘으로 알려졌다.

국제적으로 알려진 첫 중국계 미국인 연예인인 안나 메이 웡(Anna May Wong)은 무성 영화와 유성 영화, 라디오, 텔레비전 등에 총 40년 동안 출연했다. 그녀는 1922년에 프란세스 마리온(Frances Marion, 1931년 참고)이 쓴 〈톨 오브 더 씨, The Toll of the Sea〉의 주연을 맡았다.

무성 영화 시대에 인기가 있었던 주연 배우인 마지 벨라미(Madge Bellamy)는 1922년 영화 〈로나 둔, Lorna Doone〉에서 맡은 주연으로 대중의 관심을 받았다.

시나리오 작가이자 브로드웨이 극작가인 마리온 페어팩스(Marion Fairfax)는 자신의 제작사인 마리온 페어팩스 프로덕션을 세웠다. 1922년에 발표된 〈거짓된 진실, The Lying Truth〉은 명작으로 인정받는다. 그녀의 마지막 영화인 〈금발의 성인, The Blonde Saint〉은 1926년에 나왔다. 1921년에 그녀는 말했다. "저는 문학적인 성취와 무대에서의 구현의 결합을 위한 특별한 장소가 있다고 진심으로 믿어요. … 제 생각에는 영화를 보여 줄 때에 있어 작가의 위치는 연극무대에서 연극을 보여 줄 때의 위치와 마찬가지로 아주 중요해요. 제 자신의 이야기를 만드는 것이 저의 야망이에요. … 인간적이고 깨끗하고 순수한 캐릭터, 우리 자신의 삶 속에도 정말로 존재하는 사람들이지요."

마리온 페어팩스와 그녀의 남편 털리 마샬(Tully Marshall)

'즐거운 소녀'라는 별명을 가진 무성 영화배우 올리브 보든(Olive Borden)은 1922년에 세넷 수영복 미인 대회(1915년 참고)에, 1925년에 왬파스 베이비 스타(1922년 참고)에 이름을 올렸다. 그녀가 맡은 대표적인 주역은 1926년에 〈세 악당, 3 Bad Men〉에서 맡은 역이다. 1927년까지 주인공 역을 하다가 보수가 삭감되자 스튜디오와의 계약을 깨고 나갔다.

1922

〈로빈 훗〉에서
더글러스 페어뱅스와 에니드 베넷

오스트레일리아 출신의 여배우인 **에니드 베넷**(Enid Bennett)은 1918년부터 1921년까지 21개의 영화에서 주연을 맡았다. 그녀는 〈로빈 훗, Robin Hood, 1922년 작〉에서 맡은, 더글러스 페어뱅스(Douglas Fairbanks)의 상대역인 메이드 마리안 역으로 가장 잘 회상된다.

영화를 감독한 최초의 미국 흑인 여성 중 한 명인 **트레시 쇼우더**(Tressie Souders)는 1922년에 〈여자의 실수, A Woman's Error〉의 집필, 감독 및 제작을 맡았다.

의상 디자이너이자 세트 데코레이터인 **나타샤 람보바**(Natacha Rambova)는 할리우드에 아트데코(1910~1930년대 당시 파리에서 피카소, 아폴리네르, 프루스트, 제임스 조이스, 장 콕토 등의 예술가들이 일으킨 큐비즘 입체파 예술 활동의 영향을 받아 유행한 스타일)를 퍼트린 사람이다. 1922년에 〈살로메, Salomé〉의 미술 감독, 작가, 의상 디자이너를 맡았다.

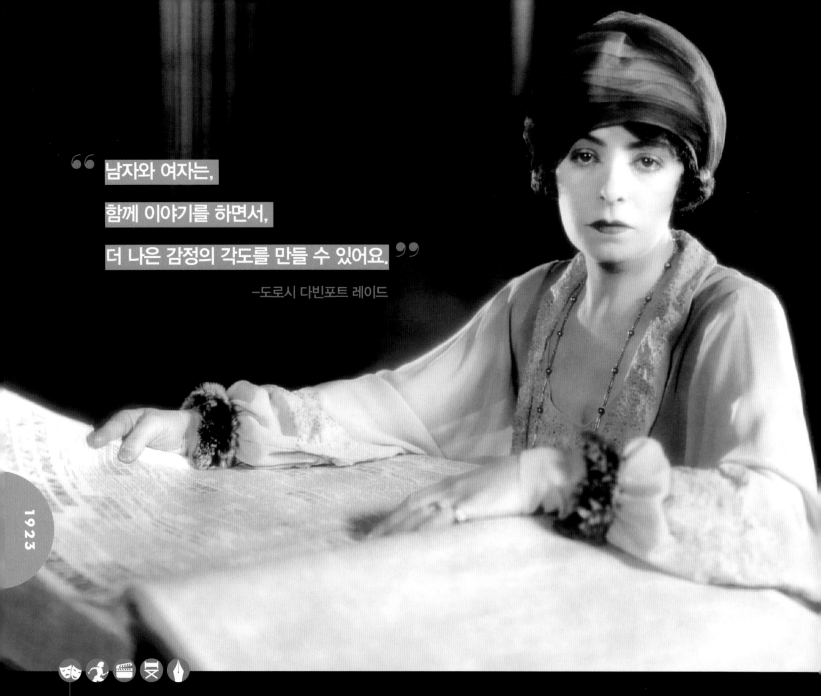

> ❝ 남자와 여자는,
>
> 함께 이야기를 하면서,
>
> 더 나은 감정의 각도를 만들 수 있어요. ❞
>
> —도로시 다빈포트 레이드

1923 배우이자 스턴트우먼인 **도로시 다빈포트 레이드** (Dorothy Davenport Reid)는 〈인간 파멸, Human Wreckage〉을 공동 제작했다. 그녀가 특별 독점 계약을 한 이 작품은 마약 중독의 위험을 다루고 있다. 40년 경력 동안 감독도 하고 시나리오를 쓰기도 하고 수많은 영화에서 대본 감독으로 일하기도 했다. 한편 약물 남용으로 사망한 그녀의 남편과 관련된 스캔들을 명성에 이용하고자 그녀 자신을 미세스 웰리스 레이드라고 칭하기도 했다.

그녀는 다음과 같이 말했다. "여자들은 어떤 일에 동기를 부여하기 위해 자신이 여자라는 사실을 이용할 수 있어요. 그것은 즉, 여자는 남자와는 달리 어떤 배려가 있어야 한다는 이점을 이용하려는 것이지요. 그렇게 되면 그녀가 해야 할 일을 끝까지 해내는 것은 오로지 그녀 자신에게 달려 있습니다. 그녀는 단순히 그녀의 접근 방식에 여성적인 견해를 사용하지만 그 다음부터는 남성적인 공격과 실행으로 가야 하지요."

"이전에는 제 경험들은 돈과 관련된 것들이었어요. 제가 말한 것은 말한 대로 그렇게 추진되어야 했죠. 지금은 저의 집필 방향이 건전하다는 것을 확신하기 위해 훨씬 더 열심히 일해요. 저는 여성이 여성의 동기를 믿는 것이 필요하다고 생각해요. 그리고 영화를 위해 나온 모든 이야기들은 여성 관객에게 믿음을 주기 위해서 어떤 단계에서는 여성들이 작업하게 해야 한다고 생각해요. 또한 나중에 남자가 그 영화에서 하는 모든 일은 여성이나 여성 관객들을 기쁘게 하기 위해 행해지는 것이에요. 배우들은 제게 말하지요. '이 장면에서 당신이 생각하는 것을 말해 봐요.'라고요. 그들이 남자에게 묻는다면 그들은 좀 더 정확하게 말할 거예요. '내가 무엇을 해야 할지 말해 주세요.'라고요. 남자와 여자는, 함께 이야기를 하면서, 더 나은 감정의 각도를 만들 수 있어요. 예를 들어 남자는 오로지 여자에게 진저리가 난다는 것을 알 뿐, 왜 그런지는 모르거든요. 한편 여자, 글을 쓰는 여자는 그 이야기를 일으키는 작은 자극에 대한 여성적인 시각을 가지고 있어요."

1923년 영화 〈노틀담의 꼽추, The Hunchback of Notre Dame〉로 잘 알려진 배우 팟시 루스 밀러(Patsy Ruth Miller)는 1922년 왐파스 베이비 대회 스타 출신이다. 알라 나지모바(Alla Nazimova, 1916년 참고)의 후배인 그녀는 후에 단편 소설, 장편 소설, 연극과 라디오 스크립트를 쓴 수상 작가가 되었다.

나이 19개월 때 발탁된 아역 배우인 '베이비 페기' 몽고메리('Baby Peggy' Montgomery)는 1923년 작 〈뉴욕의 달링, The Darling of New York〉을 포함해 1920년에서 1923년 사이에 150편의 단편 영화에 출연했다. 셜리 템플(Shirley Temple, 1935년 참고)의 전임자로도 고려되었던 베이비 페기는 8살이던 해에 연기 경력이 끝나기 전까지 9편의 장편 영화에 출연했다.

1920년에 아역스타로 데뷔한 루실 릭센(Lucille Ricksen)은 13세의 나이에 〈랑데부, The Rendezvous〉에서 여자 주인공 역을 맡았다. 왐파스 베이비 스타(1922년 참고)에 1924년에 이름을 올렸지만 비극적이게도 15세 생일이 되기 전인 1925년에 결핵으로 사망했다.

패션 트렌드를 이끈 여배우인 콜린 무어(Colleen Moore)는 1923년 영화 〈불타는 청춘, Flaming Youth〉에서 획기적인 연기를 선보였다. 그녀는 왐파스 베이비 스타(1922년 참고)에 1922년에 이름을 올렸다. 1927년에는 박스오피스를 톱으로 이끌었다. 이후 유성 영화로 전환한 무어는 1934년에 마지막으로 영화를 찍었다.

릴리안 두시(Lillian Ducey)는 〈청춘 승리, Youth Triumphant〉라고도 불리는 1923년 영화 〈아이들의 적, Enemies of Children〉을 쓰고 감독했다. 그녀는 1930년까지 영화를 썼다.

잡지 『비즈니스 우먼(Business Woman)』에 다음과 같은 말이 실렸다. "연기를 제외하고 할리우드에서 여자가 갖는 직업 중 순전히 사업적 가능성이 있는 것으로 보이는 것들은 타이피스트, 속기사, 스타나 임원들의 비서, 전화 교환원, 헤어 디자이너, 재봉사, 의상 디자이너, 여성 모자 제작 판매인, 대본 읽어 주는 사람, 스크립트 걸, 방송 작가, 편집자, 필름 리터쳐, 필름 스플라이서(필름을 연결하는 소형 기계 장치를 다루는 사람)와 다른 실험실 일, 세트 디자이너, 사서, 아티스트, 타이틀 쓰는 사람, 영화 홍보 기사 쓰는 사람, 회반죽 다루는 사람, 캐스팅 디렉터, 뮤지션, 필름 편집자, 중역 및 부서의 장, 감독 및 제작자 등이다."라고 실렸다.

1924 워너 브러더스의 비서였던 **마가렛 윙클러**(Margaret Winkler)는 초기에는 자신의 영화 보급 사업을 시작했는데, 이 사업은 후에 윙클러 프로덕션이 되었다. 그녀는 1922년에 '펠릭스 더 캣' 카툰 보급을 시작했는데, 이로 인해 애니메이션 영화를 제작하고 보급한 최초의 여성이 되었다. M.J.윙클러로 이름을 짓고(성별로 인한 차별을 피하고자) 일한 그녀는 '앨리스 코미디'라고 불리는 애니메이션 시리즈를 위한 아이디어를 가진 월트 디즈니의 '이상한 나라의 앨리스' 제안을 긍정적으로 받아들였다.

비록 당시에 그녀의 스튜디오가 파산되기는 했지만 월트 디즈니와 장기 계약을 한 그녀는 1924년 〈앨리스 와일드 웨스트 쇼, Alice's Wild West Show〉를 포함해 앨리스 카툰의 모든 것을 편집했다. 그녀는 〈월트 비포 미키, Walt Before Mickey〉라는 제목이 붙은 장편 영화에 대한 권한을 가지고 있다.

메트로 골드윈 메이어(Metro-Goldwyn-Mayer, 줄여서 MGM)가 1924년에 메트로 픽처스, 골드윈 픽처스, 루이스 메이어 프로덕션끼리의 합병을 통해 설립되었다.

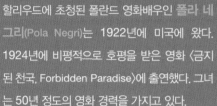

할리우드에 초청된 폴란드 영화배우인 폴라 네그리(Pola Negri)는 1922년에 미국에 왔다. 1924년에 비평적으로 호평을 받은 영화 〈금지된 천국, Forbidden Paradise〉에 출연했다. 그녀는 50년 정도의 영화 경력을 가지고 있다.

여배우인 아이린 프링글(Aileen Pringle)이 선보인 혁신적인 역할은 1924년 영화 〈쓰리 윅스, Three Weeks〉에서 맡은 역할이다. 그녀는 유성 영화에서도 계속 활동했지만 자연스럽게 비중이 작은 역에 캐스팅되었다.

'아메리칸 비너스'라고 불린 여배우 에스더 랄스톤(Esther Ralston)은 1924년 영화 〈피터 팬, Peter pan〉에서 미세스 달링 역을 하면서 무성 영화 스타로서 최고로 높은 페이를 받는 사람 중 한 명이 되었다.

─┤ 1 9 2 4 ├─

베티 브론슨(Betty Bronson)의 명성이 치솟은 때는 그녀가 1924년 영화 〈피터 팬, Peter Pan〉에서 피터 팬으로 선택된 후이다. 하지만 그 성공을 기회로 삼을 수는 없었고 결국 1933년에 은퇴했다.

일레인 헤머스타인(Elaine Hammerstein)은 1915년에 처음으로 영화에 출연했다. 1924년에 윌리엄 헤인즈(William Haines)와 함께 〈미드나잇 익스프레스, The Midnight Express〉에 출연했다. 사치스러운 의상을 좋아하던 그녀는 스크린 밖에서는 스타일 리더로 알려졌다.

무성. 유성 영화배우인 도리스 케넌(Doris Kenyon)은 1924년 영화인 〈무슈 보케르, Monsieur Beaucaire〉에서 루돌프 발렌티노(Rudolph Valentino)와 함께 주연을 했다. 거의 50년의 연예계 경력을 가지고 있다.

액션 시리즈물에 나오고 자신의 스턴트 장면도 직접 연기한 배우인 **알렌 레이**(Al-lene Ray)는 1924년에 파테(Pathé)와 함께 하며 정점에 도달했다. 높고 끽끽거리는 목소리 때문에 유성 영화로의 전환은 하지 못했다.

팀 맥코이(Tim McCoy)와 알렌 레이,
〈인디언이 오고 있다, The Indians Are Coming〉에서

도로시 맥케일(Dorothy MacKaill)은 1920년대의 무성 영화 스타이자 이후에 유성 영화로 갈아탄 배우이다. 그녀는 1924년 〈돌아온 남자, The Man Who Came Back〉에서 여주인공을 맡고 왐파스 베이비(1922년 참고)에 이름을 올렸다.

작가이자 가끔씩은 배우 일을 한 **마리안 콘스탄스 블랙톤**(Marian Con-stance Blackton)은 그녀의 아버지인 제임스 스튜어트 블랙톤(J. Stuart Blackton)과 일하면서 짧은 기간 동안 15개의 영화를 찍었다. 1924년에 그녀의 아버지가 설립을 도운 바이타그래프사를 위해 아버지가 감독한 〈깨끗한 마음, The Clean Heart〉의 시나리오를 썼다.

'영화 속에서 가장 달콤한 여인'이라는 별명을 가진 배우 **메리 브라이언**(Mary Brian)은 〈피터 팬, Peter Pan〉에서 웬디 역할로 나오고, 이후에는 유성 영화로 갈아탔다. 그녀는 1925년에 왐파스 베이비(1922년 참고) 스타에 이름을 올렸다.

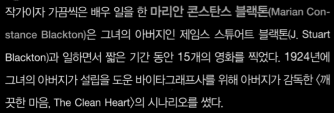

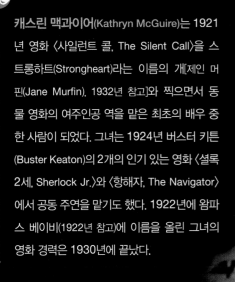

캐스린 맥과이어(Kathryn McGuire)는 1921년 영화 〈사일런트 콜, The Silent Call〉을 스트롱하트(Strongheart)라는 이름의 개[제인 머핀(Jane Murfin), 1932년 참고]와 찍으면서 동물 영화의 여주인공 역을 맡은 최초의 배우 중 한 사람이 되었다. 그녀는 1924년 버스터 키튼(Buster Keaton)의 2개의 인기 있는 영화 〈셜록 2세, Sherlock Jr.〉와 〈항해자, The Navigator〉에서 공동 주연을 맡기도 했다. 1922년에 왐파스 베이비(1922년 참고)에 이름을 올린 그녀의 영화 경력은 1930년에 끝났다.

1925

1925년 11월에 『모션 픽처 매거진(Motion Picture Magazine)』은 다음과 같은 사설을 실었다. "훌륭한 필름 편집자와 영화 편집자들은 여성이다. 그녀들은 빠르고 기량이 풍부하며, 독창적이고 대중이 보기 원하는 것이 무엇인지에 대한 훌륭한 감각을 가지고 있다. 심지어 그녀들은 답답한 편집실에 앉아 관객보다 먼저 영상을 볼 수도 있다. 또한 여성 작가들은 시나리오 분야도 장악할 수 있는데, 이 부분은 과학적인 근거가 있다. 몇 년 전에 독일의 대학가에서 일련의 심리학적 실험이 있었다. 이 실험은 영화가 나오기 훨씬 이전의 일인데, 남녀 학생들은 픽션 스토리를 쓰도록 요청받았고 실험의 결과로 한 가지 사실이 정립되었다. 여학생들의 플롯은 그리 논리적이지 않았다. 여학생들은 스토리가 어떻게 그런 결말에 이르게 되는지 별로 신경 쓰지 않았다. 하지만 여학생들은 남학생들에 비해 이야기를 그림화하는 데 훨씬 우수한 능력을 갖고 있었다. 또한 그녀들의 이야기는 매우 자세해서 흥미로웠으며, 더 감각적이고 감정적이었다."

"그래서 자연스레 여성들이 영화를 위한 시나리오를 쓰는 일에 더 적합할지도 모른다. 그녀들의 빠르고 뭔가를 만들어 내는 감각, 그림을 보는 능력, 감독으로서 논리적인 감각을 가지는 것, 이러한 점들을 토대로 영화를 위해 여성들과 협업을 하는 것이 이상적인 작업팀이라는 것을 영화사들은 이미 경험을 통해 보여줘 왔다."

작가이자 편집자인 캐서린 힐리커(Katherine Hilliker)는 무성 영화 〈벤허, Ben-Hur: A Tale of the Christ〉를 썼다.

시나리오 작가인 **프레데리카 세이고 마스**(Frederica Sagor Maas)는 1925년에 〈플라스틱 시대, The Plastic Age〉로 경력을 시작했다. 그녀의 자서전 『놀라운 순례자 아가씨: 할리우드 초기의 작가(The Shocking Miss Pilgrim: A Writer in Early Hollywood)』는 영화계의 초기 역사에 대한 수많은 좋은 정보를 담고 있다.

가장 많은 사진을 찍은 영화 스타이며 한때 주연급 시리즈물 스타였던 **에드너 머피**(Edna Murphy)는 1918년에 영화에 데뷔했다.

원래 무성 영화배우였던 메리 필빈(Mary Philbin)은 1921년 〈불타오르는 길, The Blazing Trail〉로 데뷔했다. 그녀는 제1회 왐파스 베이비(1922년 참고) 스타에 이름을 올렸다. 필빈을 스타로 만든 가장 기억할 만한 역은 1925년에 〈오페라의 유령, The Phantom of the Opera〉에서 맡은 역이다.

실제 나이보다 나이가 더 들어 보이는 배우인 벨 베넷(Belle Bennett)은 주로 어머니 역할을 많이 맡았다. 1925년에 〈스텔라 달라스, Stella Dallas〉에서 연기했다.

도로시 드완(Dorothy Dwan)은 1925년에 〈오즈의 마법사, The Wizard of Oz〉에서 맡은 도로시 역으로 유명하다.

〈오즈의 마법사〉 중 래리 세먼(Larry Semon),
도로시 드완, 올리버 하디(Oliver Hardy)

르니 아도리(Renée Adorée)는 프랑스 출신의 영화배우이다. MGM의 빅히트 작품 중 하나이며 역사가들이 말하는 무성 영화 시대 최고의 영화 〈빅 퍼레이드, The Big Parade〉에서의 역할로 가장 유명하다.

'헝가리 무곡'의 배우인 빌마 벵키(Vilma Bánky)는 1925년에 사무엘 골드윈(Samuel Goldwyn)과 계약했다. 유성 영화가 나왔을 때 그녀의 거친 억양이 성공을 방해했다.

돌로레스 델 리오(Dolores Del Rio)는 영화 산업 초기의 라틴계 스타이다. 1925년 영화 〈조안나, Joanna〉로 데뷔했다. 1926년 왐파스 베이비(1922년 참고) 스타로 불렸다. 유성 영화로 갈아타지는 않았지만 후에 그녀의 나라인 멕시코에서 유명한 영화배우가 되었다.

제타 고달(Jetta Goudal)은 1922년에 처음으로 영화에 출연한 팜므 파탈이다. 1925년에 〈셋방에 사는 살로메, Salome of the Tenements〉와 〈아모스의 귀환, The Coming of Amos〉에서 연기했다.

'벌에 쏘인 입술을 가진 여인', '스크린의 치자 꽃'이라 불린 배우이자 댄서, 제작자, 시나리오 작가로도 활동한 매 머레이(Mae Murray)는 1925년 〈유쾌한 미망인, The Merry Widow〉에 출연했다. 유성 영화로의 전환은 성공적이지 않았다.

카멜 마이어스(Carmel Myers)는 1917년 〈바다의 인어, 사이렌, Sirens of the Sea〉에서 맡은 획기적인 역할과 1925년 〈벤허, Ben Hur: A Tale of the Christ〉에서 맡은 유혹하는 여자 역할로 가장 잘 기억된다. 루스 헤리엇 루이스(Ruth Harriet Louise, 1925년 참고)가 그녀의 사촌이다.

무성 영화에서 유성 영화로 갈아탄 아이린 리치(Irene Rich)는 1925년 〈레이디 윈더미어의 팬, Lady Windermere's Fan〉에 출연했다. 10년이 넘게 라디오에서도 일했다.

버지니아 발리(Virginia Valli)는 1916년에 영화에 데뷔했다. 인기가 절정이었던 때와 영화에 가장 많이 출연했던 때는 1920년대 중반이다. 1925년에 그녀는 알프레드 히치콕(Alfred Hitchcock)의 첫 미국 영화인 〈프리주어 가든, The Pleasure Garden〉을 통해 스타가 되었다.

시나리오 작가인 **에델 도허티**(Ethel Doherty)의 첫 원고는 1925년 영화 〈사라진 미국인, The Vanishing American〉이다. 그녀는 10년간 원고를 썼다.

1921년 〈센티멘탈 태미, Sentimental Tammy〉로 스타 반열에 오른 **메이 맥애보이**(May McAvoy)는 그녀를 가장 잘 알린 1925년 영화인 〈벤허, Ben Hur: A Tale of the Christ〉에 출연했다. 맥애보이는 할리우드 첫 유성 영화인 1927년 작 〈재즈 싱어, The Jazz Singer〉에서 공동 주연을 했다. 또한 영국의 첫 유성 영화인 1928년 작 〈테러, The Terror〉에서 주연을 맡았다. 1940년대와 1950년대에 스크린으로 돌아와 조연을 맡은 그녀가 맡은 마지막 역은 1959년에 리메이크된 〈벤허, Ben Hur〉에서 맡은 역이다.

무성 영화 시대의 주연 배우인 카멜리타 게러티(Carmelita Geraghty)는 〈프리주어 가든, The Pleasure Garden〉에서 주연을 맡았는데, 이 영화는 1925년에 알프레드 히치콕이 처음으로 감독한 영화이다. 1924년에 왐파스 베이비 스타(1922년 참고)에 이름을 올렸다.

〈프리주어 가든〉에서의 카멜리타 게러티와 존 스튜어트(John Stuart)

전문 사진작가인 루스 헤리엇 루이스(Ruth Harriet Louise)는 1925년 MGM이 막 시작을 했을 때 인물 사진작가로 일했다. 그녀는 계약을 하거나 희망하는 배우들의 사진을 십만 장이 넘게 찍었다. 5년간 이 일을 한 그녀의 사촌은 카멜 마이어스(Carmel Myers, 1925년 참고)이다.

작가이자 감독인 엘리자베스 피켓 (슈발리에)[Elizabeth Pickett (Chevalier)]은 1925년 영화인 〈캔터키 프라이드, Kentucky Pride〉의 제목을 짓고 편집을 했다.

시나리오 작가인 아그네스 브랜드 리히(Agnes Brand Leahy)의 첫 영화는 1925년 영화 〈고우 스트레이트, Go Straight〉이다.

『모션 픽처 매거진(Motion Picture Magazine)』의 편집자인 플로렌스 M.

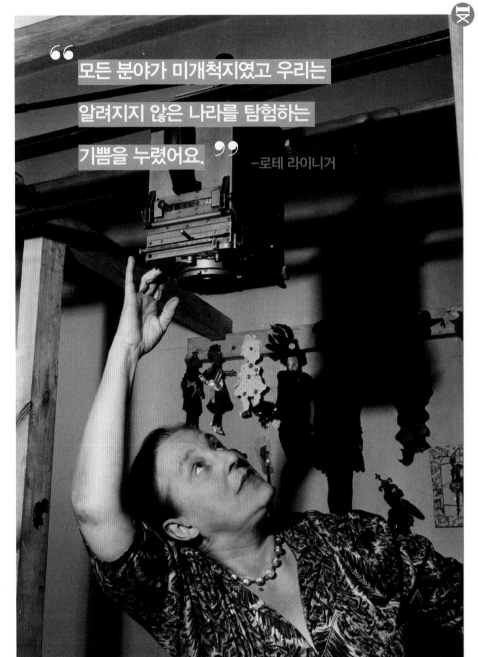

> "모든 분야가 미개척지였고 우리는 알려지지 않은 나라를 탐험하는 기쁨을 누렸어요." —로테 라이니거

1926

실루엣 애니메이션(평면 그림을 실루엣처럼 보이게 한 후 이를 스톱모션으로 촬영해 실루엣이 움직이는 것처럼 보이게 하는 애니메이션 기법)의 선구자적 감독 및 애니메이터인 독일 감독 로테 라이니거(Lotte Reiniger)는 월트 디즈니보다도 10년이나 먼저 장편 애니메이션 영화를 만들고 제작했다. 1923년부터 1926년까지 〈아흐메드 왕자의 모험, The Adventures of Prince Achmed〉을 제작했는데, 그녀가 개척한 실루엣 애니메이션이라고 알려진 기술을 사용했다. 이 영화를 만드는 과정에서 다면 촬영(각기 다른 장면을 그린 셀들을 각각 카메라 밑에 약간씩 거리를 두고 촬영하여 3차원의 입체감을 얻는 애니메이션 촬영 기법)을 통해 이전의 기술을 발전시켰다.

장편 애니메이션 영화를 제작할 때를 떠올리며 그녀는 다음과 같이 회상했다. "우리는 2번 생각해 봐야 했어요. 전혀 없었던 일이었지요. 애니메이션 영화는 사람들을 포복절도하게 웃겨야 했어요. 하지만 당시에는 아무도 10분 이상 관객을 즐겁게 해 주려고 하지 않았어요. 오히려 그 주장을 말하니 이 업계에서 일해 왔던 모든 이들은 질겁을 하더군요."

그녀는 이런 말도 했다. "애니메이션은 유아기 같은 초창기도 있었어요. 초창기에는 플레이셔(Fleischer)의 〈마법 고양이 펠릭스, Felix the Cat〉가 있을 뿐이었고, 디즈니는 아직 먼 이야기였지요. 당시 시기는 영화인들이 각각의 영화에서 새로운 면과 더불어 새로운 문제점과 가능성을 발견하는 시절이었어요. 새로운 기술과 예술적인 면도 … 모든 분야가 미개척지였고 우리는 알려지지 않은 나라를 탐험하는 기쁨을 누렸어요."

감독이자 작가, 배우인 **로이스 윌슨**(Lois Wilson)은 〈위대한 개츠비, The Great Gatsby〉에서 데이지(Daisy) 역할로 스타가 되었다. 멘토인 로이스 웨버(Lois Weber, 1916년 참고)가 〈어 덤 걸 오브 포르티치, The Dumb Girl of Portici〉에서 작은 역할을 주는 것으로 할리우드에 초대된 그녀는, 제1회 왐파스 베이비 스타가 되었다. 그녀는 2개의 영화를 감독했으며 시나리오 작가로 활동하기도 했다.

  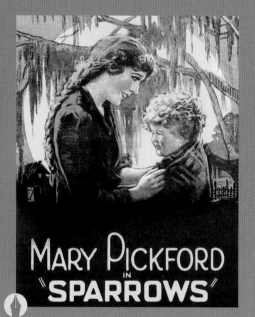

시나리오 작가인 **도로시 파넘**(Dorothy Farnum)은 〈템프트레스, The Temptress〉의 시나리오를 썼다. 무성 영화 시대, MGM 소속의 최고의 작가 중 한 명이었다.

'무성 영화의 여신'이라는 별명을 가진 **돌로레스 코스텔로**(Dolores Costello)는 1926년에 〈씨 비스트, The Sea Beast〉에서 주연을 했다. 같은 해에 왐파스 베이비 스타(1922년 참고)에 이름을 올렸다.

경력 초창기에 할리우드에서 가장 젊은 작가 중 한 명이었던 **위니프레드 던**(Winifred Dunn)은 무성 영화 및 유성 영화에서 일했다. 1926년에 메리 픽포드(Mary Pickford, 1909년 참고)의 영화 〈참새, Sparrows〉를 썼다.

├ **1 9 2 6** ┤

무성 영화배우로 활동하다가 유성 영화로 성공적인 전환을 한 **로라 라 플랜트**(Laura La Plante)는 1926년 영화인 〈스키너의 정장, Skinner's Dress Suit〉(유니버설 스튜디오에 의해 제작, 보급)으로 유명하다. 1923년에 왐파스 베이비 스타(1922년 참고)에 이름을 올린 그녀는 1935년에 은퇴했다.

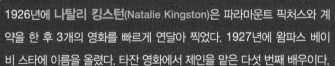
1926년에 **나탈리 킹스턴**(Natalie Kingston)은 파라마운트 픽처스와 계약을 한 후 3개의 영화를 빠르게 연달아 찍었다. 1927년에 왐파스 베이비 스타에 이름을 올렸다. 타잔 영화에서 제인을 맡은 다섯 번째 배우이다.

무성 영화에서 유성 영화로 갈아탄 **줄리아 페이**(Julia Faye)는 인기를 상승시킨 1926년 영화 〈볼가 보트맨, The Volga Boatman〉을 포함해 세실 B. 드밀 프로덕션의 많은 작품에 나왔다.

1926년에 **프란시스 하이랜드**(Frances Hyland)는 유니버설 스튜디오에 개그작가로 고용된 최초의 여성이 되었다. 그녀는 스토리와 대화문, 시나리오를 20년간 썼으며, 유성 영화로도 갈아타 일을 계속 했다.

버지니아 리 코빈(Virginia Lee Corbin)은 아역 배우로 시작해 성인이 될 때까지 계속 연기를 했다. 1926년에 〈핸즈 업!, Hands Up!〉에 출연했으며 유성 영화로는 갈아타지 않고 1930년대 초반에 영화계를 은퇴했다.

〈디 아더 투마로우, The Other Tomorrow〉에서의 빌리 도브와 케네스 톰슨(Kenneth Thomson)

1927 1927년에 자신의 본명과 같은 이름의 영화에 출연한 **빌리 도브**(Billie Dove)는 '아메리칸 뷰티'라는 별명을 얻었다. 그녀의 명성은 박스오피스로 사람을 끌어들이는 중요한 역할을 했다.

영화 예술과학 아카데미(The Academy of Motion Picture Arts and Sciences)가 설립되었다.

시나리오 작가인 **아그네스 크리스틴 존스턴**(Agnes Christine Johnston)은 85개 이상의 시나리오를 썼다. 유성 영화로도 계속해서 일한 그녀는, 릴리언 기시(Lillian Gish, 1912년 참고)를 스타로 만든 1927년 영화 〈적, The Enemy〉의 시나리오를 썼다.

리차드 바셀메스(Richard Barthelmess)와 몰리 오데이

1926년에 첫 영화에 출연한 **몰리 오데이**(Molly O'day)는 경쟁자 2,000명을 뚫고 1927년에 〈패튼트 레더 키드, The Patent Leather Kid〉에 캐스팅되었다. 1928년 왐파스 베이비 스타에 이름을 올렸다.

첫 유성 영화인 〈재즈 싱어, The Jazz Singer〉는 메이 맥애보이(May McAvoy, 1925년 참고)가 주연하고 알 졸슨(Al Jolson)이 감독했다.

1924년 왐파스 베이비 스타(1922년 참고) 출신이며 1920년대의 여배우이자 섹스 심볼이었던 **클라라 바우**(Clara Bow)는 1927년 영화 〈그것, It〉에 출연한 이후 '잇 걸(The It Girl)'로 불렸다. 바우는 1927년부터 1930년까지 매해 박스오피스 인기순위 1, 2위를 차지하는 배우였다. 한번은 한 달에 45,000통에 달하는 팬레터를 받은 적도 있다. 그녀는 유성 영화로의 성공적인 전환을 했지만 남편과 목장을 운영하기 위해 1933년에 은퇴했다. 바우는 미국 우표에 실리기도 했다.

엘리노 글린(Elinor Glyn, 1921년 참고)의 1927년 책 『그것, 그리고 다른 이야기들(It, and Other Stories)』에 실린 '그것'에 대한 설명은 다음과 같다. "'그것'을 갖기 위해서 운 좋은 사람들은 남녀 모두에게 인기를 끄는 이상한 매력을 가지고 있습니다. 여자건 남자건 전적으로 자기를 의식하지 않고 자기 확신으로 차 있으며 자신이 뿜어내는 효과에 대해 무관심하고, 다른 사람에 의해 영향을 받지 않는 사람이어야 합니다. 외적인 매력도 있어야 할 거예요. 하지만 미(美)는 필요하지 않아요. 자만이나 자아의식은 '그것'을 즉시 파괴합니다. 동물의 세계에서는 '그것'은 호랑이나 고양이에게 보입니다. 두 동물 모두 매혹적이고 신비롭지만, 결코 온순하지 않습니다."

> **외적인 매력도 있어야 할 거예요.
> 하지만 미(美)는 필요하지 않아요.**
>
> —클라라 바우

1927

수 캐롤(Sue Carol)은 1927년부터 연기 경력을 쌓기 시작했다. 1928년에 왐파스 베이비 스타(1922년 참고)로 이름을 알리고 나중에는 연예 기획사를 설립했다. 그녀에 의해 발굴된 주요 배우로는 그녀의 남편이 된 앨런 래드(Alan Ladd)가 있다.

무성 영화 시대의 매우 유명한 배우인 **베라 레이놀즈**(Vera Reynolds)는 세넷 수영복 미인 대회(1915년 참고) 출신이다. 왐파스 베이비 스타에는 1926년에 올랐다. 1927년 〈올모스트 휴먼, Almost Human〉과 〈메인 이벤트, The Main Event〉에 출연했다.

1928 라디오-키스-오르페우스(Radio-Keith-Orpheum, 줄여서 RKO) 지주 회사가 세워졌다. 그 회사의 첫 영화는 1929년에 나왔다. 마지막 영화는 〈도시가 잠든 사이에, While the City Sleeps〉와 〈이유없는 의심, Beyond a Reasonable Doubt〉이며 두 영화 모두 1956년에 개봉했다.

 잔느 스펜서(Jeanne Spencer)는 도로시 스펜서(Dorothy Spencer)의 자매이며 1928년 영화 〈라모나, Ramona〉에서 편집자로 일했다.

 1930년대에 활동했던 몇몇 여성 제작자 중 한 사람인 **판촌 로이어**(Fanchon Royer)는 1928년 그녀의 첫 영화 〈삶은 그것 같아, Life's Like That〉를 제작했다. 〈공중에서의 죽음, Death in the air〉은 그녀가 1937년에 제작한 영화이면서 자신의 회사인 판촌 로이어 주식 회사(Fanchon Royer Features Inc.)를 위해 제작한 첫 영화이기도 하다.

 편집자인 **제인 로어링**(Jane Loring)은 파라마운트 픽처스의 커터가 되기 이전에 영화 트레일러로서 일했다. 그녀가 편집자로서 데뷔한 영화는 아니타 루스(Anita Loos, 1912년 참고)가 쓴 1928년 작 〈신사는 금발을 좋아한다, Gentleman Prefer Blondes〉이다. 후에 RKO로 회사를 옮겼다.

조세핀 로벳과 그녀의 남편인 존 S. 로버트슨(John S. Robertson), 1924년

10년 동안 활동한 **마셀라인 데이**(Marceline Day)는 대개 1928년 영화인 〈카메라맨, The Cameraman〉에서 맡은 역할로 기억된다. 1926년 왐파스 베이비 스타 출신이며 서부극이나 드라마 영화에 출연했다. 유성 영화로 전환했지만 주어진 역할이 줄어들었고 1933년에 영화계를 은퇴했다.

조세핀 로벳(Josephine Lovett)은 1928년 영화인 〈아워 댄싱 도터스, Our Dancing Daughters〉로 아카데미 시상식에서 각본상 후보에 올랐다. 그 영화에는 조안 크로포드(Joan Crawford, 1946년 참고)가 맡은 획기적인 역할이 나온다.

할리우드에서 1930년대에 일한 몇몇 여성 감독 중 한 명인 **도로시 아즈너**(Dorothy Arzner)는 작가이자 편집자이기도 하다. 편집자로서 크레디트에 이름을 올린 최초의 여성이며 미국 감독 길드(Directors Guild of America)에 가입한 최초의 여성이기도 하다. 그녀는 직원에게 마이크를 낚싯대에 달게 해서 붐 마이크를 개발했지만 특허를 내지는 않았다. 1928년에 〈맨해튼 칵테일, Manhattan Cocktail〉을 감독했다.

오랜 영화계 경력을 가진 아즈너는 다음과 같이 말했다. "영화 산업에 있을 거라면 감독을 해야 하죠. 저의 철학은 당신이 감독이라면 어느 누구에게도, 심지어 스튜디오의 사장에게조차도 그 누구의 지배도 받을 수 없다는 것입니다. 저는 매번 제 갈 길을 못 간다면 일을 그만둘 것이라고 위협했습니다. 하지만 어느 누구도 저를 그만두게 하지는 않았지요."

"자, 봐요. 저는 제 생계를 영화에 의존하지 않아요. 제가 생각한 대로 그 영화를 만들 수 없다면 저는 이미 다른 감독에게 그 영화를 넘길 준비가 되어 있었어요. 맞건 틀리건, 제 생각에는 이것이 제가 20년간 쭉 이 업계에서 버티고 있는 이유인 것 같아요."

"남자들은 분석적으로 생각해요. 여자들은 직관과 감정에 의존하지만 그런 자질은 연출에 아무것도 도움이 안 돼요. 감독은 논리적으로 추론할 수 있어야 합니다."

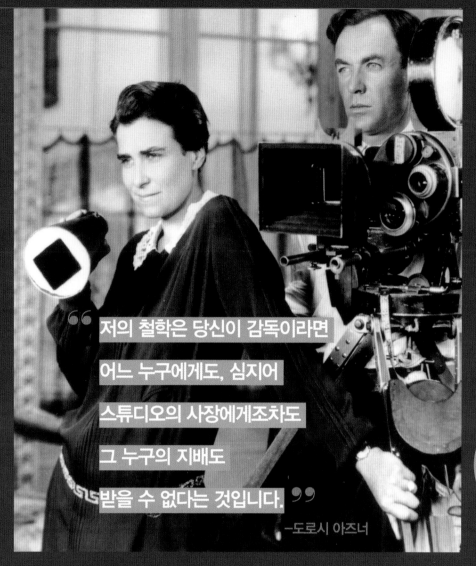

> 저의 철학은 당신이 감독이라면 어느 누구에게도, 심지어 스튜디오의 사장에게조차도 그 누구의 지배도 받을 수 없다는 것입니다.
>
> —도로시 아즈너

여성 감독이 부족한 것에 대해 그녀는 이렇게 말했다. "저는 솔직히 잘 모르겠어요. 아마도 제작자들은 남자들이 더 편한가 봐요. 남자들은 바에도 같이 가고 더 자유롭게 아이디어를 나눌 수 있어서 그런가 봐요. 하지만 저는 연속해서 박스오피스 영화를 만들었어요. 그래서 그들은 저에게 은행의 돈을 걸 수 있다는 사실을 알았어요. 제가 만약 중간에 실패했더라면 저는 끝장이 났을 거예요. 오늘날 배우들도 다 남자예요. 남자들이 여자를 영화에 쓰면 남자들이 그들을 새파랗게 질리게 하거나, 여기저기에서 엄청나게 질질 짜게 만들 거예요. 그 광경은 정말 역겹지요."

60년이 넘는 경력을 가진 **콘스탄스 콜리어**(Constance Collier)는 연극 무대 배우에서부터 연기 지도자로도 활동했다. 그녀가 1920년대 말에 영국에서 할리우드에 도착했을 때는 무성 영화에서 유성 영화로의 전환이 이루어지던 시대이다. 풍부한 무대 경험 덕분에 콜리어는 음성 및 어법 지도를 할 수 있었다. 그녀는 지도와는 별개로 1930년대와 1940년대에 영화에도 출연했다. 그녀에게 연기 지도를 받은 사람으로는 오드리 헵번(Audrey Hepburn, 1954년 참고), 비비안 리(Vivien Leigh, 1940년 참고), 마릴린 먼로(Marilyn Monroe, 1959년 참고), 캐서린 헵번(Katharine Hepburn, 1934년 참고) 등이 있다.

무성 영화배우인 **헬렌 코스텔로**(Helene Costello)는 아역 배우 출신이다. 1927년 왐파스 베이비 스타(1922년 참고)이며, 최초의 장편 유성 영화인 1928년 영화 〈라이트 오브 뉴욕, Lights of New York〉에서 공동 주연을 했다.

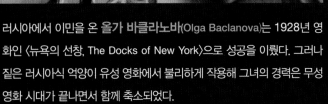

러시아에서 이민을 온 **올가 바클라노바**(Olga Baclanova)는 1928년 영화인 〈뉴욕의 선창, The Docks of New York〉으로 성공을 이뤘다. 그러나 짙은 러시아식 억양이 유성 영화에서 불리하게 작용해 그녀의 경력은 무성 영화 시대가 끝나면서 함께 축소되었다.

에블린 브렌트(Evelyn Brent)는 파라마운트 픽처스의 첫 유성 영화인 〈간섭, Interference〉으로 스타가 되었다. 1915년에 배우를 시작해서 1923년 왐파스 베이비 스타에 이름을 올렸다.

1929 첫 오스카상이 수상되었다.

〈디즈레일리, Disraeli〉에서의 조안 베넷과 안소니 버쉘(Anthony Bushell)

'이스트맨 코닥 걸(Eastman Kodak Girl)'로 알려진 **엘리노어 보드먼**(Eleanor Boardman)은 10년이 넘게 영화에 출연했는데, 가장 큰 성공은 1928년 킹 비더(King Vidor)의 〈군중, The Crowd〉에 출연한 후 거뒀다. 1923년 왐파스 베이비 스타에 이름을 올렸다.

연기 집안 출신이며 어린 나이부터 영화에 출연한 **조안 베넷**(Joan Bennett)은 1929년 로널드 콜먼(Ronald Colman)과 함께 〈불독 드럼몬드, Bulldog Drummond〉에서 처음으로 주인공 역을 맡았다. 그녀는 1980년까지 영화와 텔레비전 영화에 출연했다.

가수이자 여배우인 **자넷 맥도널드**(Jeanette MacDonald)는 1930년대와 1940년대에 뮤지컬과 영화에 출연했다. 그중 4편이 오스카 작품상 후보에 올랐다. 그녀와 자주 호흡을 맞춘 배우로는 모리스 슈발리에(Maurice Chevalier)와 넬슨 에디(Nelson Eddy)가 있다. 그녀의 첫 영화인 〈러브 퍼레이드, The Love Parade〉는 모리스 슈발리에와 공동 주연을 하고 1929년에 찍었으며, 작품상 후보에 오른 영화이다. 그녀는 1936년에 가장 많은 수익을 보장한, 흥행이 보장된 배우였다.

〈러브 퍼레이드〉의 자넷 맥도널드와 모리스 슈발리에

1929년에 에바 제시(Eva Jessye)는 킹 비더의 영화 〈할렐루야, Hallelujah〉에서 합창 감독으로 일했다. 이 영화에는 모두 흑인들이 캐스팅되었다. 그녀는 영화를 찍는 동안 자신이 차별적인 대우를 받았다고 불평을 했다. 〈할렐루야〉는 미국 국회 도서관에 있는 국립 영화 보관소(1988년 참고)에 보관되어 있다.

모두 흑인들로 캐스팅된 뮤지컬 영화인 1929년 영화 〈할렐루야, Hallelujah〉에서 '척(Chick)' 역을 맡은 것으로 알려진 니나 매 맥키니(Nina Mae McKinney)는 당시의 고정관념과 싸웠다. 그녀는 유럽과 연극 무대에서 더 큰 성공을 거두었고 '블랙 가르보'로 불렸다.

대공황이 시작되면서 경제 상황이 나빠져 많은 여성들이 일자리를 필요로 하게 되었다.

흑인 배우인 **로베르타 하이슨**(Roberta Hyson)
은 1929년에 첫 흑인 단편 유성 영화인 〈우울
한 담, The Melancholy Dame〉과 〈뮤직 헤이드
하름스, Music Hath Harms〉에 출연해 노래도
불렀다.

1920년대 플래퍼의 전형이었던 **루이스 브룩
스**(Louise Brooks)는 단발머리가 유행하는 데
일조했다. 그녀는 1929년 영화 〈판도라의 상
자, Pandora's Box〉를 통해 유명해졌다.

배우이자 제작자인 **글로리아 스완슨**(Gloria Swanson)은 〈새디 톰슨, Sadie Thompson〉에서의 연
기로 1929년에 여우주연상 후보에 올랐다. 스완슨은 자신의 제작사를 통해 본인이 주연을 맡은 영화
를 제작했다. 60년의 경력을 가진 그녀는 1950년 영화 〈선셋 대로, Sunset Boulevard〉에서 맡은 노
마 데스몬드 역으로 가장 유명하다.

> " 저는 제 일과, 다른 수많은 일을 사랑해요.
>
> 단 며칠만 일을 안 해도 제 자신이
>
> 비참해지곤 해요. 그래서 주차장으로 내려가
>
> 다른 사람들을 쳐다보거나
>
> 저의 동료들의 쇼를 보러 가지요.
>
> 제가 사랑하는 일의 분위기를
>
> 느낄 수 있는 거라면
>
> 그 어떤 것이라도 상관없어요. "
>
> —리너 바스퀘트

9살이었을 때 연기 인생을 시작해 75년간이나 엔터테이너로 활동했던 리너 바스퀘트(Lina Basquette)는 1929년에 〈갓리스 걸, The Godless Girl〉에서 맡은 주디스(Judith) 역할로 가장 유명하다. 그녀는 1928년 왐파스 베이비 스타에 이름을 올렸다.

시나리오 작가인 **도리스 앤더슨**(Doris Anderson)은 1925년에 작가로서의 경력을 시작했다. 1929년 그녀는 〈더 울프 오브 월 스트리트, The Wolf of Wall Street〉의 대사, 시나리오, 스토리를 썼다. 그녀는 25년 동안 60편이 넘는 작품을 썼다. 시나리오 중 여러 편이 도로시 아즈너(Dorothy Arzner, 1928년 참고)에 의해 제작되었으며, 조 앳킨스(Zoe Akins, 1933년 참고)와 함께 공동 작업을 하기도 했다.

남가주 대학(The University of Southern California, 줄여서 USC)에 영화 예술 학교(School of Cinematic Arts)가 세워졌다. USC와 영화 예술과학 아카데미(Academy of Motion Picture Arts and Sciences)의 노력에 의한 결과이다.

자넷 게이노가 워싱턴 D.C.에서 팬들에게 사인을 해 주고 있다.

아카데미 시상식에서 여우주연상을 수상한 최초의 여배우인 **자넷 게이노**(Janet Gaynor)는 3개의 영화 〈제7의 천국, 7th Heaven〉, 〈거리의 천사, Street Angel〉, 〈선라이즈, Sunrise〉를 통해 인정을 받았다.

1932년, 〈그랜드 호텔〉에서 그레타 가르보

1930s

유성 영화, 테크니컬러 영화와 대공황

미국의 대공황 시대에 영화는 하루 동안의 걱정으로 쌓인 피로를 푸는 회복제 같은 것이었다. 셜리 템플(Shirley Temple)의 뮤지컬이든, 메이 웨스트(Mae West)의 코미디든, 베티 데이비스(Bette Davis)의 드라마든 영화는 사람들을 또 다른 세상으로 데려다 주었다.

테크니컬러는 20년 동안 실험되어 왔다. 1930년대 초기에 테크니컬러는 아주 많이 개선되었고 비용도 적게 들었다. 이 기법은 할리우드에서 가장 폭넓게 사용되는 컬러 기법이 되었다. 1930년대에 〈오즈의 마법사, The Wizard of Oz, 1939년 작〉나 〈바람과 함께 사라지다, Gone with the Wind, 1939년 작〉와 같은 영화들이 이 기술을 대중화시켰다.

1920년대 말에는 스튜디오에서 영화에 소리를 입힐 방법을 모색해 왔는데, 1930년대에 이르러 여러 문제점이 극복되었다. 이러한 개선으로 소리는 단기간의 유행에 그치지 않았고 스튜디오들은 유성 영화로 한걸음 나아가게 되었다.

이제 배우들의 목소리가 중요해졌다. 심한 사투리나 거친 목소리는 안 되었다. 유명 무성 영화배우인 노마 탈마지(Norma Talmadge)는 유성 영화로 전환할 수 없었다. 반면, 그레타 가르보(Greta Garbo)는 거친 억양에도 불구하고 유성 영화로 성공적인 전환을 했다. 그녀의 첫 유성 영화인 1930년 영화 〈안나 크리스티, Anna Christie〉에서는 "가르보가 직접 말합니다."라는 내용을 광고하기도 했다.

이 시기에는 다른 어떤 시대보다도 더 많은 여성들이 시나리오 작가로 일했다. 유성 영화는 그녀들에게 유머와 사실주의를 바탕으로 자유롭게 대사를 쓸 수 있도록 해 주었으며, 더 복잡한 줄거리를 만들 수 있게 해 주었다. 똑똑하고 독립적인 여성에 초점을 맞춘 대사가 많았다.

편집 분야의 경우 비록 많은 여성 편집자들이 밀려나긴 했지만 남아 있는 이들은 중요한 역할을 했고 그 시대에 가장 중요한 영화 중 일부를 편집하기도 했다. 이러한 여성들은 단순한 '커팅'이 아니라, 이야기의 앞뒤를 고려해 실제 이야기를 만들어 내는 것으로 편집의 진화적인 방법을 활용할 수 있었다.

여배우들은 그녀들 자신의 개개인의 이미지를 만들어 나갈 필요성을 느꼈는데 많은 이들이 단순히 영화배우일 뿐 아니라 섹스 심볼이기도 했기 때문이다. 이런 필요성 덕분에 의상 디자이너가 출현하게 되었고 여성만의 전문적인 분야의 문이 열리게 되었다. 영화배우들은 의상 디자이너들의 도움으로 대중을 위한 패션 트렌드를 창조하게 되었고 백화점에서는 영화 속에서 배우가 입었던 패션을 따라 상품을 진열하게 되었다.

그렇게 춤과 노래, 패션과 모험으로 채워진 영화가 사람들을 일상의 단조로움으로부터 벗어날 수 있게 해 주었다.

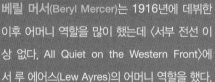

베릴 머서(Beryl Mercer)는 1916년에 데뷔한 이후 어머니 역할을 많이 했는데 〈서부 전선 이상 없다, All Quiet on the Western Front〉에서 루 에어스(Lew Ayres)의 어머니 역할을 했다.

폴리 모란(Polly Moran)은 세넷 수영복 미인 대회(1915년 참고) 출신 배우이자 마리 드레슬러(Marie Dressler, 1931년 참고)와 팀을 이룬 코미디언이다. 그들이 함께 한 영화 중에는 1930년 영화인 〈체이싱 레인보우즈, Chasing Rainbows〉가 있다.

작은 체구 때문에 '리틀 브라운 렌'이라는 별명을 가진 배우, 베시 러브(Bessie Love)는 거의 70년을 영화계에서 연기를 하며 보냈다. 제1회 왐파스 베이비 스타(1922년 참고) 출신이다. 무성 영화 시대 초기에 유성 영화로 옮긴 그녀는 〈브로드웨이 멜로디, The Broadway Melody〉에서 맡은 역할로 1930년에 아카데미 시상식에서 여우주연상 후보에 올랐다.

─ 1930 ─

1930년부터 거의 반세기 동안 배우로 활동을 한 조안 블론델(Joan Blondell)의 첫 영화로는 〈죄수의 휴일, Sinner's Holiday〉 등이 있다. 1931년 왐파스 베이비 스타(1922년 참고)에 이름을 올린 그녀는 1952년에 〈푸른 면사포, The Blue Veil〉로 오스카 여우조연상 후보에 올랐다.

배우이자 작가 베스 메르디스(Bess Meredyth)는 1930년에 〈어 우먼 오브 어페어스, A Woman of Affairs〉와 〈원더 오브 위민, Wonder of Women〉으로 아카데미 시상식에서 각본상 후보에 올랐다. 그녀는 1927년에 설립된 영화 예술과학 아카데미(Academy of Motion Picture and Arts and Sciences)의 설립 멤버 중 한 명이다.

무성 영화배우이자 무성, 유성 영화 모두에서 시나리오 작가로 활동한 비아트리스 반(Beatrice Van)은 1930년 영화인 〈노, 노 나네트, No, No Nanette〉의 대사를 썼다.

1930

미국 영화 제작 심의 코드(The Motion Picture Production Code)는 영화의 도덕적인 가이드라인을 분명히 제시하는 코드로서, 나중에 미국 영화 협회(Motion Picture Association of America, 줄여서 MPAA)로 알려진 미국 영화 제작 보급사(Motion Picture Producers and Distributors of America, 줄여서 MPPDA)에 의해 시행됐다. 이 코드는 1968년까지 영향력을 미치다가 MPAA의 영화 등급 시스템으로 대체됐다.

'스크린의 난초 여인'이란 별명을 가진 무성 영화배우 **코린느 그리피스**(Corinne Griffith)는 무성 영화배우 중 가장 인기가 있었으며, 가장 아름다운 여배우로 불렸다. 1930년에 〈정염의 미녀, The Divine Lady〉로 오스카 여우주연상 후보에 올랐다.

섹스 심볼 여배우인 **진 할로우**(Jean Harlow)의 첫 주요 출연은 하워드 휴즈(Howard Hughes)가 감독한 1930년 영화 〈지옥의 천사들, Hell's Angels〉이다. 1930년대 중반까지 미국에서 가장 대성한 배우 중 한 명이며, 그녀의 이름에서 따 온 칵테일 이름도 있다.

> **"제가 갈림길에 서 있었을 때**
> **얼마나 많은 여성들이 진정한 도움을 제게**
> **주었는지를 떠올리면 큰 위안이 돼요.**
>
> —프란세스 마리온

1931 20년간 가장 높은 보수를 받은 시나리오 작가인 **프란세스 마리온**(Frances Marion)은 유성 영화로 전환해서 1931년 〈빅 하우스, The Big House〉로 첫 오스카상을 수상했다. 그녀는 〈챔프, The Champ〉로 다시 한번 오스카상을 수상하고 이후 2번 더 후보에 올랐다. 시나리오 부문에서 '영부인' 격인 마리온은 메리 픽포드(1909년 참고) 감독의 수많은 성공한 영화들을 썼다. 그녀는 영화를 만드는 기술을 로이스 웨버(1916년 참고)에게 교육받았다. 픽포드의 두 번째 남편은 "수백만 달러의 가치를 지닌 미국 연인의 이미지를 만드는 것은 프란세스에게 달려 있어요."라고 말했다.

1950년대에, 영화계에서 여성의 힘이 축소되는 것을 보면서 마리온은 말했다. "할리우드가 다시 10년대, 20년대, 30년대만큼 그렇게 매력적이거나 재미있거나 비극적일 것이라고는 생각하지 않아요. 그러나 늙어서 자신의 젊은 날을 회상해 보면, 모든 것이 새로웠고 흥미로웠고 아름다웠다고 이야기를 하지요. 그런데 정말로 그랬을까요? 솔직히, 제가 기억하는 것이라고는 전부 무정함과 고된 일투성이였어요."

"반면에 많은 중요한 남자들이 저를 도와주고 격려해 줬다는 이야기는 정말 사실이에요. 또한 제가 갈림길에 서 있었을 때 얼마나 많은 여성들이 진정한 도움을 제게 주었는지를 떠올리면 큰 위안이 돼요. 중요한 자리에 있는 여성들이 같은 여성들을 잘 돕지 않는다고 제 주위의 많은 여자들이 이야기했지만 제 경험으로는 전혀 안 그랬어요. … 제 경우에는 … 도와준 이들이 끝도 없이 많아요. 믿어 주세요!"

처음으로 5번이나 오스카상 후보에 오른 **노마 시어러**(Norma Shearer)는 1931년에 〈이혼녀, The Divorcee〉로 오스카 여우주연상을 받았다. 그녀는 같은 해에 〈데어 원 디자이어, Their Own Desire〉로 오스카 여우주연상 후보에 올랐다.

30년간 시나리오 작가로 일한 **도로시 하우웰**(Dorothy Howell)은 유성 영화로도 전환해 계속 작업을 했으며 1931년에 〈플래티넘 블론드, Platinum Blonde〉와 〈기적의 여인, The Miracle Woman〉을 쓰는 일을 도왔다.

음악 작곡가이자 작사가인 **다나 수스**(Dana Suesse)는 '여자 거슈윈'이라 불렸다. 1931년에 〈몽키 비지니스, Monkey Business〉를 포함해 여러 영화에 부분적으로 나오는 음악인 'Ho-Hum'을 작곡했다.

배우이자 성우인 **매 퀘스텔**(Mae Questel)은 1931년에 베티 부프(Betty Boop)와 뽀빠이의 여자 친구인 올리브 오일(Olive Oyl) 목소리를 맡은 성우이다. 1931~1939년에 베티 부프의 목소리로 애니메이션 단편에 목소리로만 150회 출연했다. 올리브 오일 목소리는 20년간 했는데 그 목소리는 자수 피츠(ZaSu Pitts, 1919년 참고)의 목소리에 바탕을 두고 있다. 후에 〈화니 걸, Funny Girl〉과 〈크리스마스 대소동, National Lampoon's Christmas Vacation〉에서 조연을 맡았다.

— 1931 —

주로 코미디 역을 한 **델마 토드**(Thelma Todd)는 막스 형제(Marx Brothers)의 작품인 1931년작 〈몽키 비지니스, Monkey Business〉와 〈말타의 매, The Maltese Falcon〉 같은 영화로 가장 잘 기억된다.

영국 배우인 **헤더 안젤**(Heather Angel)은 할리우드로 건너와서 1931년 영화 〈바스커빌 가문의 사냥개, The Hound of the Baskervilles〉의 주연을 맡았다. 1950년대에 그녀는 디즈니 영화에 목소리로 출연을 했다.

시나리오 작가인 **모드 폴톤**(Maude Fulton)은 1931년 영화 〈말타의 매, The Maltese Falcon〉의 시나리오와 대사를 썼다.

스웨덴 태생의 배우인 **그레타 가르보**(Greta Garbo)는 〈안나 크리스티, Anna Christie〉와 〈로맨스, Romance〉 2개의 영화로 1931년 오스카 여우주연상 후보에 올랐다. 스웨덴 태생으로서 미국에서 만들어진 1926년 영화 〈토렌트, Torrent〉에 출연하여 처음으로 영화에 출연한 그녀는 이후 2개의 오스카 여우주연상을 더 받았다. 1955년에는 잊을 수 없는 연기로 아카데미로부터 공로상을 받았다.

영화 커리어와 삶을 보았을 때 그녀는 비사교적이었고 매스컴의 관심을 받는 것을 극도로 싫어했다. 영화 〈그랜드 호텔, Grand Hotel〉에서 나온 "혼자 있고 싶어요. 전 단지 혼자 있고 싶을 뿐이에요."라는 대사와 아주 유사했다. 그럼에도 불구하고 그녀는 "전 절대 '혼자 있기를 원해요.'라고 말하지 않았어요. 제가 말한 건 '난 혼자 남겨져 있기를 원해요.'였어요. 앞의 말과는 큰 차이가 있지요."라고 주장하기도 했다. 그녀는 미국 우표에 실리기도 했다.

미국 영화 연구소(American Film Institute)가 뽑은 아홉 번째로 위대한 여성 스크린 레전드이며, 당시에 보수를 가장 많이 받았던 **마를렌 디트리히**(Marlene Dietrich)는 1931년에 〈모로코, Morocco〉로 데뷔했는데, 이 영화는 1932년에 그녀를 오스카 여우주연상 후보에 올렸다.

극장에서 경력을 쌓고 심한 독감을 한 차례 앓은 후에, **모드 애덤스**(Maude Adams)는 무대 조명을 개선하기 위해 제너럴 일렉트릭(General Electric Company)과 일하고 컬러 사진을 발전시키기 위해 이스트먼 회사와 일했다. 애덤스는 1931년 그녀의 조명 기구로 특허를 받았다.

1932 스턴트우먼인 **프란시스 마일즈**(Frances Miles)는 갱스터 영화인 〈스카페이스, Scarface〉에서 스턴트 장면을 연기했다. 후에 그녀는 자신의 경력 초창기를 회상했다. 그녀가 1923년 〈노틀담의 꼽추, The Hunchback of Notre Dame〉 영화 촬영 첫날 세트장에 나왔을 때, 그녀는 자신이 영화에서 사용될 말들을 책임져야 한다는 사실을 깨달았다.

그녀는 다음과 같이 말했다. "이 일은 아주 험난했어요. 저는 많은 노력을 했지요. 그러나 제가 그걸 깨닫지 못했을지라도 할리우드에서의 저의 진짜 운명은 그날 이미 정해졌어요. 저는 52편의 릴 2개짜리 서부극을 위해 일하다가 나중에는 후트 깁슨(Hoot Gibson), 잭 혹시(Jack Hoxie), 벅 존스(Buck Jones) 같은 남자들과 릴 5개짜리 영화로 제 연기 경력을 마쳤어요. 저는 떨어지고, 싸우고, 쫓기고 아마 당신이 상상도 못할 모든 것을 했어요. 서부극에서 반조나 기타 같은 악기로 사중주를 하며 시시닥거릴 때, 저는 영화 속으로 직접 뛰어들어 새로운 분야를 개척했지요."

> **저는 많은 주연급 배우들의 2배 이상을 일했는데도 인기나 돈과는 거리가 멀었어요.**
>
> ―프란시스 마일즈

마리 드레슬러(Marie Dressler)는 무대 연극배우이자 무성 영화배우이다. 59세에 유성 영화에 출연하기 시작한 그녀는 1932년에 〈참극의 선착장, Min and Bill〉으로 여우주연상을 받았다.

〈안나 크리스티〉 중
그레타 가르보(왼쪽)와 마리 드레슬러

캐스린 도허티(Kathryn Dougherty)는 1932
년부터 1935년까지 『포토플레이』잡지사에서
일한 편집자이다.

아이린 던(Irene Dunne)은 오스카 여주주연상
후보에 5번 올랐는데, 〈시머론, Cimarron〉으로
처음 후보에 올랐다.

" 간과되는 것보다는 관찰되는 게 낫죠. "

—메이 웨스트

70년 동안 연예계에 몸담은 배우이자 작가인 메이 웨스트(Mae West)는 미국 영화 연구소(1999년 참
고)가 선정한 고전 미국 영화에서 가장 위대한 여배우 중 15위를 차지했으며, 섹스 심볼로 불렸다. 그
녀의 첫 역할은 1932년 영화 〈나이트 애프터 나이트, Night After Night〉에서 조연을 맡은 것이었는
데 그녀가 유명해진 이유는 눈길을 사로잡는 장면과 더불어 위트와 이중 의미를 지닌 대사를 선보여서
이다. 그녀는 자신의 자료를 직접 썼으며, 미국이 성을 바라보는 관점을 바꿨다. 공작원으로서의 배역
을 즐기는 듯했던 그녀는 다음과 같이 말했다. "저는 검열을 믿어요. 제가 이것으로 큰돈을 벌잖아요."

무성 시리즈물의 영화배우이자 유성 영화로 성공적 전환을 한 서부 영화 배우 **도로시 걸리버**(Dorothy Gulliver)는 〈더 라스트 프론티어, The Last Frontier〉에 출연했다. 그녀는 1928년 왐파스 베이비 스타(1922년 참고)에 등극하고 1930년에 클리프행어의 인기 있는 여주인공으로 나왔다.

첫 영화 비평가이자 나중에는 필름 보관을 위해 많은 노력을 기울인 **아이리스 베리**(Iris Barry)는 영국에서 일을 시작하여 1930년에 미국으로 옮겨 왔다. 1932년에 뉴욕 현대 미술 박물관에 영화 공부 부서를 만들었는데 이러한 노력은 그녀를 영화 보존 운동의 창시자가 되도록 했다. 그녀는 영화 산업에 관한 책을 2권 썼다.

1933 1930년대에 할리우드에서 가장 높은 보수를 받은 시나리오 작가인 **마거릿 로버츠**(Marguerite Roberts)는 1933년 〈뱃사람의 운, Sailor's Luck〉으로 데뷔했다. 1950년대에 9년간 블랙리스트에 올랐다가 1962년에 콜롬비아 픽처스(Columbia Pictures)로 돌아와서 1969년 영화 〈진정한 용기, True Grit〉의 시나리오를 썼다. 1968년에 그녀는 다음과 같이 말했다. "저는 총잡이들과 그들이 하는 일에 관한 이야기를 들으면서 자랐어요. 저는 그들에 관한 모든 전문 용어들을 다 알았어요. 저희 할아버지는 천막 덮인 마차로 콜로라도에서부터 서부로 오셨지요. 할아버지는 그 지역이 무법천지였던 시절에 보안관이었어요. 또 제 아버지는 경찰 서장이었어요. 아버지가 총을 가지고 다닌 것은 아니었는데 모든 악당들이 그를 두려워했죠. 아버지는 키가 작고 땅딸막 했지만, 사람들이 말하길 콜로라도에서 가장 강한 사람이라고 했어요. 그 어느 것도 아버지에게는 무서울 게 없었지요."

마리안 닉슨(Marian Nixon)은 1932년에 〈써니부룩 농장의 레베카, Rebecca of Sunnybrook Farm〉의 주연을 맡았다. 1923년에 〈큐피드의 소방관, Cupid's Fireman〉에서 첫 주역을 맡은 그녀는 1924년에 왐파스 베이비 스타(1922년 참고)에 이름을 올렸다.

루스 로스(Ruth Rose)는 〈킹콩, King Kong〉의 시나리오를 썼다. 그녀는 "오, 참. 그건 비행기가 아니었어. 야수를 죽인 건 미녀였어."라는 대사를 쓴 것으로 명성이 높다. 그녀의 극본은 1976년과 2005년에 나온 오리지널 킹콩 영화의 리메이크 버전 2개를 만들 때 기초가 되었다.

시나리오 작가, 제작자이자 감독인 **제인 머핀**(Jane Murfin)은 1933년에 〈왓 프라이스 할리우드?, What Price Hollywood?〉로 오스카 각본상 후보에 올랐다. 1920년대 초기에 자신의 제작사를 갖고 있으면서 스트롱하트라는 이름의 자신의 개를 위한 원고를 썼는데, 이 개가 영화에 출연한 첫 개이다. 그녀는 1934년에 RKO(1928년 참고)의 첫 여성 관리자가 되었다.

코미디언 **그레이시 앨런**(Gracie Allen)은 W.C. 필즈(W.C. Fields)와 함께 〈인터내셔널 하우스, International house〉에 출연했다. 앨런은 그녀의 코미디 캐릭터를 설명하며 다음과 같이 말했다. "그레이시는 진짜 미친 게 아니에요. 그녀는 비논리적인 방식으로 이치에 맞는 말을 하는 거예요. 중심에서는 약간 빗겨나서 정말 딱 맞는 건 아니지만, 거의 맞아요." 앨런과 그녀의 남편인 조지 번즈(George Burns)는 그녀가 죽을 때까지 한 팀을 이루었다. 둘은 2009년에 발행된 미국 우표에 실렸다.

원래 무성 영화배우 출신이었고 왐파스 베이비 스타 출신이기도 한 **헬렌 퍼거슨**(Helen Ferguson)은 할리우드에서 매우 성공한 홍보 담당자가 되었다. 1933년에 홍보 일을 시작한 이후 30년에 걸쳐 많은 빅스타들을 키웠다.

저널리스트이자 소설가, 시나리오 작가인 **아델 로저스 ST. 존스**(Adela Rogers St. Johns)는 1933년에 〈왓 프라이스 할리우드?, What Price Hollywood?〉로 오스카 각본상에 공동으로 후보에 올랐다.

1920년대 중반 영화계에서 일하기 시작해 극본 부문에서 퓰리처상을 수상한 **조 앳킨스**(Zoe Akins)는 캐서린 헵번(Katharine Hepburn, 1934년 참고)이 오스카 여우주연상을 수상한 작품인 〈아침의 영광, Morning Glory〉의 시나리오를 썼다.

첫 탭 댄싱 영화배우인 **루비 킬러**(Ruby Keeler)는 특히 1933년 영화 〈42번가, 42nd Street〉로 기억되는 배우이다.

미국 영화계에서 성공한 첫 라틴계 사람 중 한 명인 **루페 벨레스**(Lupe Velez)는 1927년에 미국에서 데뷔했다. 1928년 왐파스 베이비 스타에 이름을 올렸다. 미디어에 '멕시칸 스핏파이어'로 알려진 그녀의 가장 성공적인 영화는 1933년 영화인 〈핫 페퍼, Hot Pepper〉이다.

최초의 '스크림 퀸(Scream queen)' 중 한 명으로 알려진 **페이 레이**(Fay Wray)는 1933년 영화 〈킹콩, King Kong〉에서 맡은 앤 대로우(Ann Darrow) 역으로 가장 주목받았다. 무성 영화 시대에는 서부극에 주로 출연했으며 1926년의 왐파스 베이비 스타이다. 레이는 무성 영화에서 유성 영화와 텔레비전으로 전향하며 거의 60년 동안 연예계에 있었다.

1933

〈바람과 함께 사라지다, Gone with the Wind〉에서는 비비안 리(Vivien Leigh, 1940년 참고)의, 〈오즈의 마법사, The Wizard of Oz〉에서는 마가렛 해밀턴(Margaret Hamilton)의, 〈킹콩, King Kong〉에서는 페이 레이(Fay Wray, 1933년 참고)의 스턴트 배역을 맡았으며 말 다루는 일도 함께 한 **앨린 굿윈**(Aline Goodwin)은 거의 20년 동안 일한 스턴트우먼이자 배우이다.

주연 배우들이 자신의 중요성을 느끼는 것에 관해 그녀는 다음과 같이 말했다. "우리 스턴트우먼들은 그렇지 않아요. 저는 배우로서 끝났을 때 제 인생이 산산이 부서지는 것 같았어요. 소리가 영화에 도입되면서 제 목소리는 어울리지 않았거든요. 이건 당신이 보는 배우가 버는 돈에 관한 문제가 아니었어요. 그들을 지키는 것에 관한 것이었지요. 기회에 관한 것이었고요. 우리는 많은 것을 지켰어요."

1930년대와 1940년대의 스턴트우먼이었던 **넬리 워커**(Nellie Walker)는 1933년 〈무적 타잔, Tarzan the Fearless〉에서 스턴트 연기를 했다.

첫 흑인 제작자이며 작가, 감독이자 영화배우이기도 한 **엘로세 킹 패트릭 기스트**(Eloyce King Patrick Gist)는 1933년 작 〈무죄 판결, Verdict Not Guilty〉로 알려진 인물이다.

남성이 다섯 명이면 여성은 한 명 정도인 영화배우 길드(Screen Actor Guild, 줄여서 SAG)가 생겼다. 카메라 앞에 출연하는 배우들과 스턴트 배우들을 대표하기 위한 단체이다. SAG는 배우 단체 교섭 대표로 알려져 있다.

80년 연기 인생 동안 연극 무대와 영화에서 활약한 **헬렌 헤이즈**(Helen Hayes)는 거의 40년 간격으로 오스카상을 2번 수상했다. 1933년에 〈마델론의 비극, The sin of Madelon Claudet〉으로 여우주연상을 수상하고 1971년에 〈에어포트, Airport〉로 여우조연상을 수상했다. 그녀는 '미국 극장의 퍼스트 레이디'로 알려진 인물이며 오스카상, 에미상, 토니상, 그래미상을 수상한 몇 안 되는 사람들 중 하나이다. 미국 대통령 자유 훈장의 수상자이기도 한 그녀는 미국 국립 여성 명예의 전당에 입성했다.

1934 시나리오 작가인 **사라 Y. 마슨**(Sarah Y. Mason)은 무성 영화에서 유성 영화로 전환한다. 1934년에 〈작은 아씨들, Little Women〉로 오스카 각색상을 공동 수상했다.

스턴트우먼인 '럭키' 메리 위긴스('Lucky' Mary Wiggins)는 1934년에 〈어느 날 밤에 생긴 일, It happened One Night〉에서 클로데트 콜버르(Claudette Colbert, 1935년 참고)의 이중 배역을 맡았다. 고등학교 졸업 후 떠도는 카니발에 함께 다니며 스턴트 경력을 쌓은 대담무쌍한 그녀는 낙하산 스턴트가 돈을 더 많이 받는 사실을 알고 그 일을 배운다. 그녀는 제2차 세계 대전 중 여성 공군 파일럿(Women Air Force Service)의 멤버로 등록했다.

시나리오 작가인 카렌 데울프(Karen DeWolf)는 20년이 넘게 스토리와 대본을 썼다. 1934년에 〈몬테 크리스토 백작, The Countess of Monte Cristo〉의 시나리오를 썼다.

시나리오 작가이자 감독인 완다 투초크(Wanda Tuchock)는 1930년대 할리우드에서 인정받은 두 명의 감독 중 한 명이다. 그녀는 1934년 〈예비 신부 학교, Finishing School〉의 시나리오를 쓰고 감독했다.

애니메이터인 라베르네 하딩(Laverne Harding)은 1934년에 여러 단편 영화로 경력을 시작했다. 우디 우드페커(미국의 영화 회사 유니버설 스튜디오가 1940년대부터 유일하게 만화 영화로 제작한 미국 텔레비전 애니메이션이며 1972년까지 방영했다)를 전문으로 한 그녀는 40년 이상 그 캐릭터를 가지고 디자인했다. 은퇴할 때까지 애니메이터로 50년 이상 일하며 수백 개의 영화 크레디트에 오른 그녀는 1980년 윈저 맥케이상을 받았다(1972년 참고).

60년간 할리우드 주연 배우로 일한 캐서린 헵번(Katharine Hepburn)은 1934년에 〈아침의 영광, Morning Glory〉으로 오스카 여우주연상을 수상했는데, 그녀가 받은 4개의 여우주연상 중 첫 번째 상이다. 오스카 여우주연상 후보에 8번 오른 헵번은 고전 할리우드 영화에서 가장 위대한 여성 배우로 꼽히며(미국 영화 연구소 참고, 1999년), 미국 우표에도 실렸다. 그녀가 남긴 유명한 말은 "모든 규칙을 다 따르면 모든 재미를 다 놓칠 거예요."이다. 또한 그녀는 "당신이 항상 흥미 있는 일을 한다면 적어도 한 사람은 즐거울 거예요."라는 말을 남겼다.

 원칙이 없이는 삶도 없어요.

—캐서린 헵번

거의 400편의 영화에서 의상 디자인을 한 **베라 웨스트**(Vera West)는 유니버설 픽처스의 수석 의상 디자이너로서 20년 동안 주로 가운을 디자인했다. 그녀와 관련된 많은 영화 중 하나가 1934년 작인 〈위대한 유산, Great Expectations〉이다.

애니메이터인 **릴리안 프레드만 (애스터)**[Lillian Friedman (Astor)]는 디즈니에서 거절당한 후 1930년 플라이셔 스튜디오(Fleischer Studios)에 고용됐다. 1933년에 애니메이터로 승진한 그녀는 1934년에 여러 베티 부프(Betty Boop) 카툰을 위해 일했다.

1930년대에 30개의 영화에 출연한 배우인 **에이드리언 에임스**(Adrienne Ames)는 유행하는 옷을 잘 입는 여자이자 매혹적인 여왕으로 알려졌다. 가장 성공한 그녀의 영화는 1934년 작인 〈조지 화이트의 스캔달, George White's Scandals〉이다.

1934

영화계에서 폭넓은 경험을 가진 제작자이자 시나리오 작가인 **버지니아 반 우프**(Virginia Van Upp)는 1934년 영화 〈행복의 추구, The Pursuit of Happiness〉의 시나리오를 썼다. 또한 그녀는 캐스팅 디렉터와 에이전트로도 일했다. 1945년에는 콜롬비아 픽처스(Columbia Pictures)의 중역 프로듀서로 임명되어 다른 여자가 자리를 맡을 때까지 30년간 일했다.

아역 스타인 **제인 위더스**(Jane Withers)는 셜리 템플(Shirley Temple, 1935년 참고)과 1934년 영화 〈브라이트 아이즈, Bright Eyes〉에서 공동 주연을 했다. 어른이 되고 나서도 배우를 한 것은 아니지만 그녀는 1956년 영화 〈자이언트, Giant〉에서의 역할로 사람들에게 기억된다.

오스트리아 출신 댄서이자 안무가인 **알베르티나 라쉬**(Albertina Rasch)는 15년간 영화 안무를 했다. 귀화한 미국 시민인 그녀는 자신의 댄스팀과 안무를 만들고 1934년 영화 〈유쾌한 미망인, The Merry Widow〉의 춤을 감독했다.

흑인이 노예나 가정부 역할로 배역에 제한이 있던 당시에, 여배우인 **루이스 베버스**(Louise Beavers)는 1920년에 그녀의 첫 영화 배역을 맡았다. 1934년에는 〈슬픔은 그대 가슴에, Imitation of Life〉에 출연했다.

1925년에 무성 영화 〈아름다움은 얼마인가요?, What Price Beauty?〉로 영화에 데뷔한 **마이어나 로이**(Myrna Loy)는 〈그림자 없는 남자, The Thin Man〉의 주연을 맡았다. 그녀는 1991년 "잊을 수 없는 연기로 삶의 가치를 격양시켜 준 것에 대한 감사함과 함께 스크린 안과 밖에서 보여 준 그녀의 특별한 자질을 인정하여 이 상을 드립니다."라는 말과 함께 아카데미로부터 공로상을 받았다.

마이어나 로이와 윌리엄 파월(William Powell)을
주연으로 한 영화 〈그림자 없는 남자〉의 홍보용 사진

1935

서부극을 다작한 작가인 **도리스 슈뢰더**(Doris Schroeder)는 1935년에 〈홉-어-롱-캐서디, Hop-a-Long-Cassidy〉의 시나리오를 썼다.

1930년대와 1940년대의 대표 영화배우인 **진 아서**(Jean Arthur)는 무성 영화에서 유성 영화로 전환을 했으며, 1929년 왐파스 베이비 스타(1922년 참고)에 이름을 올렸다. 1935년 영화 〈항간의 화제, The Whole Town's Talking〉에서의 역할은 '금빛 마음을 가진, 거친 일을 하는 여성'이라는 전형적인 역할인데, 이는 그녀의 연기 활동 내내 대부분의 역할의 전형이 된다.

1935년부터 1938년까지 할리우드의 최고 아역 배우로 활동한 **셜리 템플**(Shirley Temple)은 대공황 시기에 미국인들의 마음을 춤과 노래로 사로잡았다. 1932년 데뷔한 이래(3살 때) 1935년에 '1934년 스크린 엔터테인먼트에 기여한 공로를 인정받아' 오스카 아역상을 받았다.

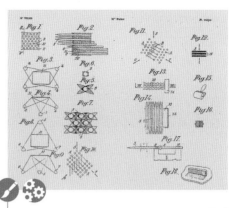

시나리오 작가인 **메리 C. 맥콜 주니어**(Mary C. McCall JR.)는 1935년에 〈한여름 밤의 꿈, A midsummer Night's Dream〉의 시나리오를 썼다. 그녀는 미국 작가 길드의 첫 여성 대표로서 영화 작가 길드가 설립되는 일을 도왔다.

배우이자 시나리오 작가인 **살카 비에르텔**(Salka Viertel)은 MGM과의 계약 상태에 있는 동안(1933년부터 1937년까지) 그녀의 훌륭한 친구, 그레타 가르보(Greta Garbo, 1931년 참고)를 주인공으로 한 대본을 썼다. 그것들 중 하나가 1935년 영화 〈안나 카레니나, Anna Karenina〉이다.

선구자적인 애니메이터이자 엔지니어인 **클레어 파커**(Claire Parker)는 1935년에 핀 스크린(Pinscreen)으로 특허를 받았다. 금속 막대로 이루어진 격자는 그림자를 만들어 내거나 빛을 받는 면을 만들고 프레임별로 영화를 만든다. 이러한 요소는 후에 픽셀이라고 불린다. 그녀와 그녀의 남편은 두 영화를 제작하고, 그녀의 핀 스크린 기술은 1962년 오손 웰즈(Orson Welles)의 영화 〈카프카의 심판, The Trial〉에서 오프닝 타이틀이 나올 때 사용됐다.

시나리오 작가인 **프란세스 구드리**(Frances Goodrich)는 1935년에 〈그림자 없는 남자, The Thin Man〉로 각색상 후보에 올랐는데 4번의 오스카 후보 지명 중 첫 번째이다. 다른 3번의 오스카상 후보 지명은 모두 그녀의 남편인 알버트 핵켓(Albert Hackett)과 각색상에 공동으로 후보에 오른 것이다. 각각 1937년에 〈애프터 더 틴 맨, After The Thin Man〉, 1951년에 〈신부의 아버지, Father of the Bride〉, 1955년에 〈7인의 신부, Seven Brides for Seven Brothers〉로 후보에 올랐다.

그녀는 부부의 공동 작업에 관해 다음과 같이 말했다. "우리는 각자 같은 장면을 쓴 다음, 서로 상대방이 한 작업을 보고 어느 작업이 더 나은지 결정을 해요. 그 다음에는 서로 조언을 하고 다시 작업으로 돌아가요. 우리는 논쟁은 하지만 결코 싸우지는 않아요. 시나리오나 연극을 다 마치면 우리 중 어느 누구도 자신의 작업을 알아볼 수가 없어요."

> "저는 제게 뭐가
> 최고인지 알아요.
> 결국 어느 누구보다도
> 제가 가장 오랫동안
> 클로데트 콜베르였으니까요.
> -클로데트 콜베르

20년이 넘는 경력을 가진 영화배우 **클로데트 콜베르**(Claudette Colbert)는 〈어느 날 밤에 생긴 일, It Happened One Night〉에서의 연기로 오스카 여우주연상을 받았다. 그녀는 2번 더 후보에 올랐다.

클라크 게이블(Clark Gable)과 클로데트 콜베르, 〈어느 날 밤에 생긴 일〉

마리언 모건 무용수들, 워싱턴 D.C. 해변에서 1923년에

삶의 대부분을 영국에서 보낸 미국 태생의 시나리오 작가인 **글라디스 엉거**(Gladys Unger)는 캐서린 헵번(Katharine Hepburn, 1934년 참고)을 주인공으로 하는 1935년 영화인 〈실비아 스칼렛, Sylvia Scarlett〉의 시나리오를 썼다.

신문 칼럼니스트인 **플로라벨 뮤어**(Florabel Muir)는 1920년부터 1960년까지 할리우드의 유명 인사에 대해 썼다. 그녀는 유니버설 스튜디오가 1935년에 제작한 영화인 〈파이팅 유스, Fighting Youth〉의 시나리오를 썼다.

안무가, 작가이자 편집자인 **마리언 모건**(Marion Morgan)은 메이 웨스트(Mae West, 1932년 참고)와 함께 1935년 서부극 영화 〈고잉 투 타운, Goin' to Town〉의 극본 작업을 했다. 모건과 도로시 아즈너(Dorothy Arzner, 1928년 참고)는 오랜 사업 파트너이면서 서로 애정을 표현하는 관계이다.

1936

카이 브라운 바레트(Kay Brown Barrett)는 제작자인 데이빗 O. 셀즈닉(David O, Selznick)에게 〈바람과 함께 사라지다, Gone with Wind〉를 가져다준 것으로 가장 유명하다. 재능 있는 스카우트였던 그녀는 잉그리드 버그만(Ingrid Bergman, 1945년 참고)과 알프레드 히치콕(Alfred Hitchcock)의 미국 경력에 책임을 졌다. 비비안 리(Vivien Leigh, 1940년 참고)가 스칼렛 오하라(Scarlett O'Hara) 역을 하도록 주장했으며 앤 박스터(Anne Baxter, 1947년 참고)를 스타로 만든 그녀는 셀즈닉에게서 떠난 이후 할리우드에서 가장 영향력 있는 에이전트가 되었다.

〈바람과 함께 사라지다, Gone with Wind〉에 대해 그녀는 다음과 같이 말했다. "우리는 책이 출간되기 전부터 그 책에 대해 참 많이 들었어요. 하지만 어느 누구도 책을 손에 직접 쥐지는 못했어요. 그런데 어느 날, 에이전트인 레란드 헤이와드(Leland Heyward) 씨가 저한테 그 책을 하나 훔쳐 줄 수 있다고 말했어요. 물론 에드나 페버(Edna Ferber) 씨는 그것에 대해 아무것도 몰랐어요. 이후 제가 그 책을 읽어 봤는데 굉장히 마음에 들더라고요. RKO는 저에게 어서 그 책의 권리를 사도록 했어요. 어떻게 훔친 책의 권리를 살 수 있을까요. 하지만 레란드와 저, 우리는 결국 해냈어요." 나중에 그녀는 말했다. "개척자라는 생각이나 남자들의 세상에 있는 유일한 여자라는 생각은 절대 안 했어요. 제가 말할 수 있는 것이라고는 그때가 경제 대공황이었다는 사실이었고 저는 일이 있어서 행복했다는 사실뿐이에요. 제가 사랑한 직업이란 것은 말할 것도 없고요."

그녀는 또한 "처음에 런던의 히치콕의 집 잔디에서 히치콕과 친구가 돼야 한다는 생각은 상황 판단이 빠른 생각이었어요. 그가 우리에게 오기를 기다리는 대신에 우리가 그에게 직접 찾아가는 것을 보여 준 것이죠. … 하지만 저는 히치콕에게는 너무 많은 영화를 주고 비비안 리에게는 영화를 충분히 주지 않았어요. 히치콕은 잘 알려졌고 오로지 저와의 교섭만을 요구했어요. 한편 리는 정말 제대로 된 배우의 발굴이었지요."라고 말했다.

마가렛 (글레디힐) 헤릭[Margaret (Gledhill) Herrick]은 1936년에 영화 예술과학 아카데미(Academy of Motion Picture Arts and Sciences)의 사서가 되었다. 그녀는 제2차 세계 대전 동안 아카데미의 임시 전무로 일하다가 1945년에 공식적으로 전무가 되어 그 자리를 1971년까지 지켰다. 그녀의 이름을 딴 마가렛 헤릭 도서관은 특히 오스카와 관련된, 영화 예술과학 아카데미에 의해 주최된 자료들을 주로 보관하는 저장소이다.

50년이 넘게 애니메이션 산업에서 선화인(애니메이션 작업 시, 셀 그림의 외곽선을 잉크로 옮겨 그리는 사람)으로 일한 **마타 시갈**(Martha Sigall)은 1936년에 〈포키의 가금류 농장, Porky's Poultry Plant〉의 그림을 그렸다. 2004년에 그녀는 평생을 애니메이션에 공헌한 것에 대한 보답으로 준 포레이(June Foray, 1995년 참고)상을 받았다. 2005년에 『만화 선들 안에서 살은 삶: 애니메이션 황금기의 이야기(Living Life inside the Lines: Tales from the Golden Age of Animation)』라는 제목의 자서전을 냈다.

1940년대 파라마운트 픽처스의 대표 스타인 **파울레트 고다드**(Paulette Goddard)의 가장 주목할 만한 역은 틀림없이 1936년 〈모던 타임즈, Modern Times〉에서 찰리 채플린(Charlie Chaplin)과 함께 맡은 주인공 역일 것이다. 잠깐이긴 하지만 찰리 채플린과 결혼 생활도 했던 그녀는 1944년에 〈그래서 우리는 자랑스럽게 지지한다!, So Proudly We Hail!〉로 오스카 여우조연상 후보에 올랐다.

〈모던 타임즈〉의 세트장에서 찰리 채플린, 파울레트 고다드와 헨리 버그맨(Henry Bergman)

캐서린 헵번(1934년 참고) 이후에 미국 영화 연구소(1999년 참고)에서 뽑은 영화사에서 가장 위대한 배우 중 한 명인 **베티 데이비스**(Bette Davis)는 오스카 여우주연상을 총 2번 수상했으며 9번이나 더 후보에 올랐다. 첫 여우주연상은 1936년에 〈댄저러스, Dangerous〉로, 두 번째 여우주연상은 1939년에 〈제저벨, Jezebel〉로 수상했다. 그녀는 영화 예술과학 아카데미(Academy of Motion Picture Arts and Science)의 첫 여성 대표가 되었다. 미국 영화 연구소로부터 평생 공로상을 수상한 첫 여성인 그녀는 종종 인정 없는 냉담한 역을 연기했다.

원래 브로드웨이 뮤지컬 배우였던 에델 머먼(Ethel Merman)은 1930년대에 많은 영화에서 연기와 노래를 했다. 윙윙 울리는 목소리로 알려진 그녀는 1936년 영화 〈애니씽 고즈, Anything Goes〉로 유명하다. 마지막 영화 출연은 1980년이다. 머먼은 미국 우표에도 실렸다.

1937 노련한 여성 승마인이었던 **베이브 디프리스트**(Babe DeFreest)는 리퍼블릭 픽처스(Republic Pictures, 1935년 설립된 미국 영화사)의 많은 여배우의 이중 배역을 했다. 1937년에 〈총 연기 피어오르는 목장, Gunsmoke Ranch〉과 〈그려진 종마, The Painted Stallion〉에서 스턴트 연기를 했다.

20년간 시나리오 작가로 활동한 **거투르드 퍼셀**(Gertrude Purcell)은 사라 Y. 마슨(Sarah Y. Mason, 1934년 참고)이 쓴 1937년 영화 〈스텔라 달라스, Stella Dallas〉의 드라마티제이션(실제 사건이나 문학의 소재 등을 극의 형식으로 전환시키는 일, 또는 각색)으로 명성이 높다.

스턴트우먼이며 배우인 **지웰 조던 (메이슨)**[Jewell Jordan (Mason)]은 8살 때 엑스트라로 출연하며 경력을 시작했다. 그녀는 1930년대와 1940년대에 엑스트라로 일하며 이중 배역을 맡거나 스턴트 배역을 했는데 이 과정에서 많이 다쳐서 고생을 했다. 1937년 루이즈 라이너(Luise Rainer, 1937년 참고)의 영화 〈대지, The Good Earth〉에서 스턴트 배역을 했다. 그녀의 조카가 게일 앤 허드(Gale Anne Hurd, 1984년 참고)이다.

영화 산업 초기에 편집자 또는 '커터'로 활동한 **마가렛 부스**(Margaret Booth)는 〈바운티호의 반란, Mutiny on the Bounty〉으로 1936년에 오스카 편집상 후보에 올랐다. 그녀는 1937년부터 1964년까지 MGM의 관리 감독급 편집자로 일했는데 모든 필름이 스튜디오를 떠나기 전에 그녀의 승인을 받아야 했다.

그녀는 "그들은 제가 편집이 빨랐기 때문에 저를 좋아했어요. 제가 하면 금세 끝났거든요. 제가 좀 터프했나요?"라고 말했다. 1978년에 그녀는 '영화 산업 중 편집 부문에 있어 훌륭한 기여를 했다'는 이유로 아카데미로부터 공로상을 받았으며, 1990년에는 미국 영화 편집자 공로상(American Cinema Editors Career Achievement Award)을 받았다. 그녀는 다음과 같이 말했다. "저는 이 일을 사랑했어요. 이와 관련된 모든 것을 사랑했어요. 스튜디오, 편집실 등 모든 것이요. 아시다시피 밤새 일했어요. 돈을 받은 것도 아니었죠. 전 워커홀릭이었어요. 그러나 제가 혹사당한다고는 생각하지 않았어요. 제 일에 대해 늘 행복했으니까요. 또 하라고 해도 아마 할 거예요."

30년간 시나리오 작가 일을 한 **아델 코맨디니**(Adele Comandini)는 1937년에 〈쓰리 스마트 걸스, Three Smart Girls〉로 오스카 각본상 후보에 올랐다.

영화계에 30년간 몸을 담은 조이스 콤프턴(Joyce Compton)은 200개가 넘는 영화에서 연기했다. 1926년에 왬파스 베이비 스타로 등극하고 1937년에 〈이혼 소동, The Awful Truth〉에 출연했다.

22년간 연기 생활을 한, 호평 받는 여배우인 루실 라 베른(Lucille La Verne)은 디즈니사 최초의 애니메이션 영화 〈백설공주와 일곱 난쟁이, Snow White and the Seven Dwarfs〉에 여왕과 마녀 목소리로 출연했는데, 이것이 그녀의 마지막 영화이다.

1930년대 후반에 가장 많은 보수를 받은 스타인 캐롤 롬바드(Carole Lombard)는 1937년 〈마이 맨 갓프리, My Man Godfrey〉로 오스카 여우주연상 후보에 올랐다. 오늘날 고전 할리우드 영화의 가장 위대한 여배우 중 한 사람으로 손꼽힌다.

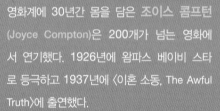

1937

〈위대한 지그펠드〉 중 루이즈 라이너(중앙)

연달아 오스카 여우주연상을 수상하고 1개 이상의 오스카상을 거머쥔 첫 여배우인 루이즈 라이너(Luise Rainer)는 1937년과 1938년에 여우주연상을 수상했다. 1937년에는 브로드웨이 뮤지컬 무대 사상 최고의 명제작자였던 플로렌즈 지그펠드(Florenz Ziegfeld)의 생애를 영화화한 작품 〈위대한 지그펠드, The Great Ziegfeld〉로, 1938년에는 〈대지, The Good Earth〉로 상을 수상했다.

리브레토 작가이자 작사가인 **도로시 필드** (Dorothy Fields)는 할리우드 초기의, 성공한 여성 작곡가이다. 거의 50년의 경력을 가진 그녀는 영화 〈스윙 타임, Swing Time〉에 삽입된 곡 'The Way You Look Tonight'으로 1937년에 오스카 주제가상을 공동으로 수상했다. 1936년에도 영화 〈로버타, Roberta〉에 삽입된 곡 'Lovely to Look At'으로 같은 부문에 후보로 올랐다. 미국 우표에 실리기도 했다.

아더 슈왈츠(Arthur Schwartz)와
도로시 필드가 〈브룩클린의 나무 성장,
A Tree Grows in Brooklyn〉의 악보를 만들었다.

루실 볼(Lucille Ball)은 1937년 영화 〈스테이지 도어, Stage Door〉에서 주인공을 맡았다. 그녀는 〈왈가닥 루시, I Love Lucy〉 텔레비전 시리즈에서 루시로 사랑받게 되고 이후에 자신만의 제작 스튜디오를 가졌다. 미국 우표에도 실리고 미국 국립 여성 명예의 전당에도 올랐다.

1937

천부적인 성격파 배우 중 한 사람으로 알려진 게일 손더그라드(Gale Sondergaard)는 〈안소니 에드버즈, Anthony Adverse〉로 1937년에 오스카 여우조연상을 수상했다. 그녀의 두 번째 후보 지명은 〈왕과 나, Anna And the King Of Siam〉로 1947년에 같은 부문에서 후보에 오른 것이다.

"애니메이터들의 카메라 비전을 준비하는 일은 잉크로 그려지고 색칠된, 완벽한 깨끗함을 가진 수천 장의 약하고 불붙기 쉬운 셀(애니메이션 제작에 사용되는, 프레임별로 그림이 그려진 셀룰로이드 시트)을 요구하는 일이에요. 〈백설공주, Snow White〉를 하는 동안 이런 일을 하는 '여성들'(가부장적인 월트가 그들을 그렇게 불렀어요)을 보는 것은 특이한 게 아니었어요. 그녀들은 깡마르고 지친 채로 잔디에 엎어져 있었고, 여성 휴게실에, 심지어 책상 아래에 있기도 했어요."

"라에 메드비(Rae Medby)는 일주일에 85시간을 기록적으로 일을 하고 '백설공주가 끝나서 정말 감사해요. 제가 인간다운 삶을 다시 살 수 있어서요.'라고 썼어요. 선화인인 지니 리 케일(Jeanne Lee Keil)은 '우리는 작은 노예들처럼 일하곤 했어요. 우리 모두는 너무 피곤해서, 그들은 어디서든지 그냥 잠에 빠져들고는 했어요.'라고 말했어요. 특히 그녀는 그 부서에서 두 왼손잡이 중 한 명이었는데 모든 것을 반대로 배워야 했어요. 정말 '달이 뜨는 것을 보고 해가 뜨는 것을 보고, 또 달이 뜨고 해가 뜨는 것을 보며', 밤낮으로 일을 했어요. 그림 그리는 그레이스 고디노(Grace Godino)는 리타 헤이워드(Rita Hayworth)의 스튜디오 대역이 되기 위해 계속 일을 하곤 했고, 또한 밤낮으로 일한 때를 기억하며 다음과 같이 말했어요. '제가 옷을 벗을 때 저는 종종 옷장 안에 있고는 했어요. 내가 자려고 했는지 일어나려고 했는지를 구별하지 못할 정도였지요.'"

—파트리시아 존(Patricia Zohn)의 『배너티 페어(Vanity Fair)』 잡지 인터뷰, 2010년 3월

1938

오스트리아 태생 여배우인 헤디 라머(Hedy Lamarr)는 1938년에 〈알제리, Algiers〉로 미국 영화에 데뷔했다. 1933년에 독일 영화 〈엑스터시, Ecstasy〉에서 선보인 그녀의 누드 연기는 전 세계적으로 검열의 주목을 끌었고 미국에서는 영화의 상영을 금지시켰다. 그녀는 나치 유럽을 떠나 할리우드로 와서 1937년 MGM과 계약을 했다. 그녀는 세실 B. 드밀(Cecil B. DeMille)의 1949년 서사극이며 당시에 파라마운트 픽처스에서 가장 수익이 컸던 영화, 〈삼손과 데릴라, Samson and Delilah〉에서 데릴라로 출연했다.

그녀가 특허를 받은 발명인 '비밀 통신 시스템'은 오늘날 무선 통신 기술과 결합된 것이다. 그녀는 미국 국립 발명가 명예의 전당에 올라가 있다.

가수이자 여배우인 **알리스 페이**(Alice Faye)는 1934년에 영화에 데뷔했다. 그녀는 1938년에, 가장 성공한 1930년대 뮤지컬 중 하나인 〈알렉산더의 랙타임 밴드, Alexander's Ragtime Band〉에 주인공으로 캐스팅되면서 유명해졌다.

거의 40년의 영화 경력을 가진 **바바라 스탠윅**(Barbara Stanwyck)은 오스카 여우주연상 후보에 4번 올랐다. 1938년 〈스텔라 달라스, Stella Dallas〉로 처음 후보에 올랐고 1942년에는 〈볼 오브 파이어, Ball of Fire〉로, 1945년에는 〈이중 배상, Double Indemnity〉으로, 1949년에는 〈살인 전화, Sorry, Wrong Number〉로 후보에 올랐다. 1982년에 스탠윅은 '우수한 창의성과 영화 연기 예술에 한 특별한 기여'를 인정받아 아카데미로부터 공로상을 수상했다.

1938년 로스앤젤레스 타임즈는 **헤다 호퍼**(Hedda Hopper)에게 가십난을 써 줄 것을 부탁했다. '헤다 호퍼의 할리우드'(Hedda Hopper's Hollywood)가 그것이다. 그녀는 죽기 전까지 글을 썼다. 다른 가십 칼럼리스트인 루엘라 파슨즈(Louella Parsons, 1914년 참고)와의 불화로 유명하다.

유성 영화로 전환한 **앨리스 브래디**(Alice Brady)는 〈인 올드 시카고, In Old Chicago〉에서의 연기로 1938년에 오스카 여우조연상을 수상했다.

작가이자 배우인 **올리브 쿠퍼**(Olive Cooper)는 1930년 중반부터 1950년까지 서부극을 포함해 많은 극을 썼다. 1938년에는 〈코코넛 숲, Cocoanut Grove〉의 스토리와 영화 시나리오를 썼다.

헬렌 서스톤과 루 코스텔로(Lou Costello)

 스턴트우먼인 **헬렌 서스톤**(Helen Thurston)은 〈아이 양육, Bringing Up Baby〉에서 캐서린 헵번(Katharine Hepburn, 1934년 참고)의 스턴트 배역으로 데뷔했다. 서스톤은 30년 경력에 걸쳐 당대 주연급 배우들의 이중 배역을 많이 맡았다.

 원래 서부극의 작가였던 **패트리시아 하퍼**(Patricia Harper)는 1938년에 〈웨스턴 잼보리, Western Jamboree〉의 원작을 썼다.

1930년대와 1940년대 시나리오 작가인 **캐스린 스콜라**(Kathryn Scola)는 1938년에 〈알렉산더의 랙타임 밴드, Alexander's Ragtime Band〉의 시나리오를 썼다.

시나리오 작가인 **하거 와일드**(Hagar Wilde)는 1938년 캐서린 헵번 (Katharine Hepburn, 1934년 참고)을 주연으로 한 〈아이 양육, Bringing Up Baby〉을 썼다. 또 다른 권위 있는 시나리오로는 1949년 영화 〈나는 전쟁 신부, I Was a Male War Bride〉가 있다.

책을 펴낸 작가이자 시나리오 작가인 **도로시 파커**(Dorothy Parker)는 연예계에서 오랜 경력을 가졌다. 오스카상 후보에 2번 올랐는데 첫 번째는 1938년에 〈스타 이즈 본 디 오리지널, A Star is Born〉로, 두 번째는 1948년에 〈스매쉬업, Smash-Up: The Story of a Woman〉으로 각각 각색상과 원작상에 올랐다. 할리우드에 오기 전에 파커는 『베니티 페어(Vanity Fair)』와 『뉴요커(The New Yorker)』지를 위해 글을 썼고 알곤킨 라운드 테이블 (Algonquin Round Table)의 창립 멤버로서 힘을 썼다.

라운드 테이블 단체에는 작가, 배우, 비평가들이 속해 있었는데 그들은 날마다 알곤킨 호텔에 모여 점심을 함께 했다. 그들의 식탁에서는 종종 신문기사로 쓸 만한 대화가 오갔다. 위트와 신랄한 풍자로 유명했던 파커는 언젠가 캐서린 헵번에 대해 이렇게 말했다. "그녀는 A부터 B까지 모든 영역에 걸친 감정 스펙트럼을 가지고 있어요." 파커는 미국 우표에 실렸다.

> " 저는 단어 쓰는 것을 싫어하고, 글을 쓰는 것을 좋아해요. "
>
> —도로시 파커

1939

〈바람과 함께 사라지다, Gone with the Wind〉 영화를 찍을 때 사용한 카메라에는 캐서린 블로젯 (Katharine Blodgett)이 만든 무반사 유리인 일명 안 보이는 유리로 된 렌즈가 끼워져 있었다. 블로젯은 제너럴 일렉트릭에서 일하는 동안 1938년에 무반사 유리로 특허를 받았다. 단기간에 걸쳐 영화의 모든 프로젝터와 카메라들이 그녀가 만든 무반사 유리를 사용했고, 무반사 유리는 이후 제2차 세계 대전 중에 잠망경과 비행기 소형 스파이 카메라에도 사용됐다. 그녀는 사후인 2007년에 기술 관련 분야에 공헌한 사실로 미국 국립 발명가 명예의 전당에 올랐다.

테크니컬러 장편 영화가 MGM에 의해 1934년에서 1939년 사이에 만들어질 때, 컬러 감독이었던 편집자 **블랑쉐 시웰**(Blanche Sewell)은 비올라 로렌스(Viola Lawrence, 1958년 참고)의 후견을 뒤에 업고 경력을 시작했다. 1939년에 그녀가 편집한 영화 중 하나가 〈오즈의 마법사, The Wizard of Oz〉이다.

소설가이자 시나리오 작가인 **르노어 커피**(Lenore Coffee)는 1939년 〈네 명의 딸들, Four Daughters〉로 오스카 각색상 후보에 올랐다. 〈스트리트 오브 찬스, Street of Chance〉는 그녀를 작가로 인정받게 해 준 영화로 1931년에 오스카 각본상 후보에 올랐다. 40년 경력 동안 수많은 무성 영화, 유성 영화를 썼다.

그녀의 자서전에는 다음과 같이 쓴 글이 있다. "저는 어빙(Irving)을 보기 위해 끝없이 기다리던 사람 중 한 명이었어요. 어느 날, 그의 비서가 저에게 그들이 작업 중인 원고에 관해 열띤 회의를 하고 있다고 말했어요. 문이 열렸고 저는 한 남자가 말하는 것을 들었어요. '작가 커피 씨를 여기 끼워 주는 게 어때? 그녀가 한가한데.' 그 말에 대해 어빙이 대답했어요. '맙소사, 많은 생각을 가진 작가를 내게 주지 마. 그녀는 좋은 생각을 갖고 있을 테고 내가 그걸 다 듣게 된다면 우리의 시간은 사라질 거야.'라고요. 비꼬는 칭찬이었는데 저는 즐거웠어요."

아이스 스케이트 올림픽 메달리스트 **소냐 헤니**(Sonja Henie)는 아이스 스케이팅으로 영화에서 연기와 안무를 했다. 그녀는 1938에 가장 많은 수익을 보장한, 흥행이 보장된 배우였다. 1939년 타임매거진에 표지 모델로 나왔다.

스턴트우먼인 **베티 단코**(Betty Danko)는 〈오즈의 마법사, The Wizard of Oz〉의 1939년 버전인 〈사악한 서쪽 마녀, Wicked Witch of the West〉에서 스턴트 배역을 했다.

배우이자 스턴트우먼인 **릴라 핀**(Lila Finn)은 1959년, 50살의 나이에 팬 아메리카 대회에서 배구 종목 은메달을 딴 운동선수이다. 그녀는 60년간 영화계에 있으면서 100편이 넘는 영화에 출연했다. 이 중 〈바람과 함께 사라지다, Gone with the Wind〉에서는 비비안 리(Vivien Leigh, 1940년 참고)의 스턴트 배역으로 일했다. 영화 스턴트우먼 협회(Stuntwomen's Association of Motion Pictures)의 창립 총수였고 영화배우 길드(Screen Actors Guild)를 설립하는 데 협조했다.

〈소공녀〉의 한 장면

플로렌스 라이어슨(Florence Ryerson)은 1939년 영화 〈오즈의 마법사, The Wizard of Oz〉의 시나리오를 썼다.

30년이 넘게 시나리오 작가로 활동한 에델 힐(Ethel Hill)은 셜리 템플(Shirley Temple, 1935년 참고)을 주인공으로 한 〈소공녀, The Little Princess〉의 시나리오를 썼다. 그녀는 경주마의 주인이기도 해서 일하러 갈 때 승마 바지를 입거나 다른 승마 용품을 착용하는 것으로 유명했다.

1939년 17세의 나이에, 배우 디나 더빈(Deanna Durbin)은 미키 루니(Mickey Rooney)와 함께 '영화에 젊은이의 정신과 상징, 그리고 높은 능력과 성취의 기준을 세운 청소년 배우로서의 그들의 공헌에 대하여'라는 찬사를 받으며 아카데미로부터 아역상을 수상했다. 셜리 템플(Shirley Temple)보다 더 큰 매력을 지닌 더빈은 뮤지컬에서 노래도 했다. 하지만 그녀는 1948년에 은퇴했다.

빨간 머리로 알려진 배우 모린 오하라(Maureen O'hara)는 경력 초기에 1939년 영화 〈노틀담의 꼽추, The Hunchback of Notre Dame〉에 출연했다. 그녀는 업계에서 30년 이상 일하며 '테크니컬러의 여왕'으로 알려지게 되었다. 2014년에 그녀는 '열정, 따뜻함, 강인함을 갖춘, 빛이 나는 연기를 통해 우리를 고취시키는 할리우드의 가장 밝은 별 중 하나'라는 찬사와 함께 아카데미로부터 공로상을 받았다.

배우인 클레어 트레버(Claire Trevor)는 1933년에 영화에 데뷔하여 1939년 서부극 〈역마차, Stagecoach〉의 주인공을 맡았다. 그녀는 1949년에 〈키 라르고, Key Largo〉로 오스카 여우조연상을 수상했다. 1938년에는 〈출입 금지, Dead End〉로, 1955년에는 〈비상착륙, The High and The Mighty〉으로 같은 부문에 2번 더 후보에 올랐다.

1915년에 영화에 데뷔한 연극 배우였던 메리 볼랜드(Mary Boland)는 영화 몇 개에 출연했다가 다시 연극 무대로 돌아갔다. 1931년에 영화계로 다시 돌아왔는데 훨씬 더 성공적이었다. 그녀는 종종 어머니 같은 역할을 했는데 대표적으로 1939년 〈여인들, The Women〉에서의 역할로 기억된다. 25년간 영화계에 머물렀다.

페이 베인터(Fay Bainter)는 1934년 영화에 데뷔했다. 1939년에 〈제저벨, Jezebel〉로 오스카 여우조연상을 수상했고, 같은 해에 〈화이트 배너스, White Banners〉로 오스카 여우주연상 후보에 올랐다. 긴 영화 경력을 가진 그녀는 1962년에 〈아이들의 시간, The Children's Hour〉으로도 여우조연상 후보에 올랐다.

1939년 〈오즈의 마법사, The Wizard of Oz〉에서의 착한 북쪽 마녀 글린다(Glinda)를 연기해서 유명해진 빌리 버크(Billie Burke)는 그 해에 〈메러리 위 리브, Merrily We Live〉로 여우조연상 후보에 올랐다.

1939

말 다루는 여인인 **헤이즐 하쉬 워프**(Hazel Hash Warp)는 〈바람과 함께 사라지다, Gone with the Wind〉에서 비비안 리(Vivien Leigh, 1940년 참고)가 말을 타는 장면과 계단에서 떨어지는 장면의 이중 배역을 했다. 떨어지는 장면에 대해 그녀는 다음과 같이 말했다. "저는 한동안 멍했어요. 하지만 저는 어떻게 떨어져야 할지 알았어요. 감독님은 제가 뭘 해야 할지 알기 때문에 그들을 다 못쓰게 한다고 했어요."

비비안 리는 워프가 〈폭풍의 언덕, Wuthering Heights〉에서 자신의 스턴트 배역을 맡게 해 달라고 요청했다. 리는 그들에게 '자기는 워프를 원하고 그렇지 않으면 일하지 않겠다'고 말했다. 할리우드에서 스턴트우먼으로 일하는 동안 워프는 "저는 절대 못 잊을 거예요. 저는 이 일에 관한 모든 것이 좋아요. 전 저의 일을 좋아했어요."라고 말했다.

시나리오 작가인 **엘리노어 그리핀**(Eleanore Griffin)은 〈소년의 거리, Boys Town〉로 1939년에 오스카 각본상을 공동으로 수상했다. 그녀는 할리우드에서 약 30년간 일했다.

시나리오 작가인 **엘리자베스 힐**(Elizabeth Hill)은 〈시타델, Citadel〉로 1939년 오스카 각색상 후보에 공동으로 올랐다.

카이 반 리퍼(Kay Van Riper)는 MGM의 잘 알려진 뮤지컬 중 하나인 〈베이비 인 암스, Babes in Arms〉의 1939년 영화 시나리오를 썼다.

1934년부터 1949년까지 거의 400편의 영화를 만든 테크니컬러 감독인 **나탈리 칼무스**(Natalie Kalmus)는 1939년 영화 〈오즈의 마법사, The Wizard of Oz〉와 〈바람과 함께 사라지다, Gone with the Wind〉의 색깔을 감독했다. 테크니컬러 설립자인 허버트 T. 칼무스(Herbert T. Kalmus)와 결혼해서 할리우드 영화사들에 '색깔'이라는 것이 위험도는 있지만 받아들일 만한 것이라는 사실을 인식시켰다.

그녀는 "제 역할은 무지개에게 연기를 가르치는 것이었어요."라고 말했다. 또한 "당신이 어떤 직업을 가졌든지 간에 헌신적으로 일한다면 그 일에 대해 조언을 찾을 필요가 없을 거예요. 그들이 얼마나 열심히 하든 어느 누구도 당신을 막을 수는 없으니까요."라고 말했다.

<오즈의 마법사>에서 주디 갈랜드

1940s

할리우드의
전성기

고전 영화 시대인 1940년대는 할리우드의 황금기로 일컬어진다. 베티 그레이블(Betty Grable)이나 로렌 바콜(Lauren Bacall) 같은 스타들이 화려함과 신비로움을 드러냈다. 영화 기술면에서의 진보도 눈에 띄게 발전했다.

오스카상이 느닷없이 생겨나 이 시대를 열었는데, 〈바람과 함께 사라지다, Gone with the Wind〉가 작품상을 포함해 8개 부문에서 오스카상을 수상했다. 비비안 리(Vivien Leigh)가 오스카 여우주연상을 수상했으며 해티 맥대니얼(Hattie McDaniel)은 흑인으로는 처음 후보에 올랐고 또한 오스카 여우조연상을 수상하는 첫 흑인이 되었다. 한편 주디 갈랜드(Judy Garland)는 〈오즈의 마법사, The Wizard of Oz〉의 도로시 역으로 아카데미 시상식에서 아역상을 수상했는데, 두 영화 모두 관객들이 좋아하는 테크니컬러의 장래성을 보여 주었다.

하지만 제2차 세계 대전 동안 스튜디오는 많은 흑백 영화를 만들어 돈을 아꼈다. 인기 있었던 흑백 영화들 중에는 〈미니버 부인, Mrs. Miniver〉이 있는데, 이 영화는 오스카 작품상을 받고 그리어 가슨(Greer Garson)에게 오스카 여우주연상을 안겼다. 한편 사랑받는 휴일 영화가 이 시기에 만들어졌는데 1946년 작 〈멋진 인생, It's a Wonderful Life〉, 젊은 나탈리 우드(Natalie Wood)를 주인공으로 하는 1947년 작 〈34번가의 기적, Miracle on 34th Street〉 등이 있다.

관객들은 다양한 이야기와 다양한 인물들을 원하고 또 갖게 되었다. 여성 시나리오 작가들은 이러한 요구를 채우기 위해 열심히 노력하여 아카데미 시상식 후보에 오르거나 수상하기도 했다.

1940년대에는 두 명의 여성이 편집상을 수상했는데, 이 시기에 여성들이 힘을 발휘하던 또 다른 부문이기도 하다.

1948년에는 아카데미 시상식에 의상상 부문이 새로 생겨났는데 이 부문이 영화 제작에 중요한 기여를 한다는 사실을 인정받은 것이다. 의상상의 경우 여러 해 동안 2개의 부문이 같이 공존했는데, 하나는 컬러 영화 부문이며 다른 하나는 흑백 영화 부문이다. 에디스 헤드(Edith Head)는 1949년에 〈황제원무곡, The Emperor Waltz〉으로 오스카 후보에 올랐는데 이것은 후보에 35번 올라 수상을 8번 한 그녀의 이력 중 첫 후보 지명이다. 한편 1949년은 카멘 딜론(Carmen Dillon)이 〈헴릿, Hemlet〉으로 미술상(흑백 영화 부문)에서 공동 수상을 하는 최초의 여성이 된 시기이기도 하다.

1940년대에는 이다 루피노(Ida Lupino)가 영화를 감독하기 시작했다. 그녀는 도로시 아즈너(Dorothy Arzner)에 이어 미국 감독 길드(Director's Guild of America)에 들어간 두 번째 여성 회원이다. 이후 버지니아 반 우프(Virginia Van Upp)가 1945년에 콜롬비아 픽처스 영화사의 중역 프로듀서가 되었을 때는 여성에게도 스튜디오 관리의 문이 활짝 열렸다.

마법처럼 사람들에게 많은 사랑을 받은 1940년대 동안 할리우드는 크게 번성했다.

비비안 리(Vivien Leigh)는 〈바람과 함께 사라지다, Gone with the Wind〉로 1940년에 오스카 여우주연상을 처음으로 수상했다. 그녀는 〈욕망이라는 이름의 전차, A streetcar Named Desire)로 1952년에 또 다시 수상을 했다.

베티 그레이블(Betty Grable)은 〈다운 아젠틴 웨이, Down Argentine Way〉의 주인공을 맡았는데, 할리우드 영화에서의 첫 주역이다. 그녀는 12년간 기록된 톱 텐 박스오피스 중, 1946년에서 1947년까지 가장 높은 급여를 받은 미국 여자로 기록되어 있다.

가수이자 배우인 주디 갈랜드(Judy Garland)는 〈오즈의 마법사, The Wizard of Oz〉에서의 도로시 연기로 아카데미로부터 아역상을 받았다. 당시 기사에 쓰인 수상 이유는 "지난해 영화에서 청소년으로서 보여 준 뛰어난 연기 덕분에 이 상을 드립니다."이다. 그녀는 1955년에는 오스카 여우주연상 후보에, 1962년에는 오스카 여우조연상 후보에 올랐다. 미국 우표에도 실렸다.

├───────────── 1940 ─────────────┤

1940

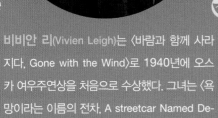

애니메이터이자 감독, 그리고 실험적인 영화 제작자인 메리 엘렌 부트(Mary Ellen Bute)는 비주얼 뮤직(컬러 뮤직이라고도 불리는데, 보이는 이미지 속에 음악적인 구조를 사용한 것을 일컬음) 영화를 만들었다. 1940년에 나온 〈타란툴라, Tarantella〉는 미국 국회 도서관의 국립 영화 보관소(1988년 참고)에 소장되어 있다.

> " 수년간 저는 빛을 조절하는 방법으로
> 리듬 속에 있는 이미지를 만들기 위해서 노력했어요.
> 특히 음악을 듣는 동안의 제 반응과 생각을
> 정리된 일련의 보이는 음악의 형태로
> 전환하고 싶은 벅찬 충동을 느꼈어요.
> 저는 제 그림에서 이러한 연속성을 자극하기 위해 일했어요.
> 그림은 충분히 유연하지 않고 그 틀 속에 너무 정형화되어 있어요. "
>
> ─메리 엘렌 부트

이탈리아 태생의 스토리보드 아티스트인 **비앙카 마졸리**(Bianca Majolie)는 1935년에 월트 디즈니 프로덕션의 첫 여성 스토리보드(영화 속 장면의 초안을 그린 문서) 아티스트가 되었다. 그녀는 1940년 영화 〈판타지아, Fantasia〉의 호두까기 인형 부분이 되는 이야기를 썼다. 그녀의 이야기 중 하나는 〈코끼리 엘머, Elmer Elephant〉가 되어 디즈니 애니메이터들에게 중요한 교훈을 가르친다. "이 중요한 레슨을 배우지 않고서는 우리는 어떠한 장편 영화도 만들 수 없었어요. '비애감은 희극이 덧없는 것이 되지 않도록 감정적 마음과 따뜻함을 준다.'라는 점 말이에요."

작가인 **밀드레드 크램**(Mildred Cram)은 〈러브 어페어, Love Affair〉로 1940년 오스카 각본상에 공동으로 후보에 올랐다.

월트 디즈니에서 일하는 동안, 작가인 **실비아 모벨리 홀랜드**(Sylvia Moberly Holland)는 1940년 영화 〈판타지아, Fantasia〉의 이야기 전개를 위해 일했다.

편집자인 **도로시 스펜서**(Dorothy Spencer)는 1929년에 커터로 경력을 쌓기 시작했다. 그녀는 오스카 편집상 후보에 4번 올랐다. 첫 번째는 1940년에 〈역마차, Stagecoach〉를 통해서이며, 이후에는 1952년에 〈반역, Decision Before Dawn〉, 1964년에 〈클레오파트라, Cleopatra〉, 1975년에 〈대지진, Earthquake〉으로 후보에 올랐다.

해티 맥대니얼(Hattie McDaniel)은 오스카상을 수상한 첫 흑인이다. 〈바람과 함께 사라지다, Gone with the Wind〉에서 맡은 역할로 1940년에 오스카 여우조연상을 수상했다. 그녀와 그 영화에 출연한 다른 흑인 배우들은 당시에 조지아 주 아틀란타의 압력 속에 차별을 받아 1939년 영화 개봉식에 참석하는 것이 금지되었다.

> **인내심 외에도, 영화 편집자가 되기 위해서는 헌신적이어야 된다고 생각합니다. 그것이 다른 어떤 것보다도 저에게는 늘 중요한 것이었어요. 제 인생 전체가 할 수 있는 한 최선을 다하는 것으로 이루어져 있었던 것 같아요. 저는 편집을 즐기는데, 그런 자세는 꼭 필요하다고 생각해요. 왜냐하면 편집이란 일이 그냥 시계나 보면서 시간이 빨리 가기를 바라는 그런 일이 아니거든요. 점심시간인 줄도 모르고 혹은 집에 갈 시간인지도 모르고 작업에 빠져야 해요. 저는 편집이 매우 창의적인 일이기 때문에 창조의 역경 속에서 하고 있는 일에 너무 몰입하게 되는 거라고 생각해요.**
> —도로시 스펜서

배우인 **도로시 라무어**(Dorothy Lamour)는 연예계에서 50년간 연기했다. 그녀는 밥 호프(Bob Hope)와 빙 크로스비(Bing Crosby)와 함께 'OOO 가는 길'의 시리즈 영화에서 공동 주연을 한 것으로 가장 유명하다. 1940년 라무어는 이 시리즈 영화의 첫 편인 〈싱가폴 가는 길, Road to Singapore〉에 출연했다.

1941

미국은 제2차 세계 대전 상태로 들어갔다. 전쟁은 수백만의 미국 여성들에게 전례 없는 일자리를 제공했다. 이러한 여성들은 로지 더 리베터(방위 산업에 종사하는 여성 노동자)로 상징화되며 제2차 세계 대전 동안 필요한 군수품을 생산하는 노동력을 제공했다.

톰 아저씨의 오두막(Uncle Tom's Cabin)을 쓴 해리엇 비처 스토우(Harriet Beecher Stowe)의 후손인 **엘리자베스 비처**(Elizabeth Beecher)는 1940년대 초기에 서부극을 썼다. 그녀의 첫 작품은 1941년에 영화로 나온 〈언더그라운드 러슬러, Underground Rustlers〉이다.

배우이자 감독, 제작자인 **이다 루피노**(Ida Lupino)는 1941년 험프리 보가트(Humphrey Bogart)의 상대역으로 〈하이 시에라, High Sierra〉에 출연했다. 이후 그녀는 감독 일로 전환을 했다. 스튜디오 임원에 의해 연기를 중단하라는 결정이 내려진 후에 "제 시간을 채울 무언가를 해야 했어요."라고 말했다. 그녀는 1950년대에 감독을 하고 영화를 제작하는 유일한 여성이면서 할리우드 스튜디오 시스템 안에 있는 유일한 여성 감독이었다. 1950년에 그녀는 미국 감독 길드(Director's Guild of America)에 들어간 두 번째 여성이 되었다. 많은 액션 영화를 감독한 이후 사랑 이야기를 감독하는 능력에 대해 의문을 갖자 그녀는 다음과 같이 말했다.

"남자한테는 말하지 않고 제안하죠. '끝내주는 걸 해볼래요? 당신은 그냥 편안히 사랑하기만 하세요.'라고요. 그리고 전 이렇게 이야기를 하지요. '달링, 이 엄마(감독인 그녀는 배우들에게 이렇게 불림)가 문제가 있어요. 저는 이렇게 하는 게 좋아요. 당신도 제가 원하는 대로 할 수 있나요? 괴짜처럼 들리지요. 알아요. 하지만 엄마를 위해 그것을 조금만 잘 연기할 수 있나요?'라고요. 그리고 그들은 그렇게 연기를 해요. 그들은 단지 그렇게 제가 요구한 대로 연기를 할 뿐이에요. 저는 엄마라고 불리는 게 좋아요."

1972년에 그녀는 다음과 같이 말했다. "저는 더 많은 여성들이 감독, 제작자로서 일하는 것을 보고 싶어요. 오늘날에는 이것이 권력 있는 배우나 작가가 아니라면 거의 불가능한 일이지요. … 주제만 맞는다면 지금 당장이라도 재능이 있는 여성을 고용하고 싶어요."

> **주제만 맞는다면 지금 당장이라도 재능이 있는 여성을 고용하고 싶어요.**
> —이다 루피노

유성 영화로 전환한 무성 영화배우인 **마조리 램보**(Marjorie Rambeau)는 오스카 여우조연상 후보에 2번 올랐다. 1941년에 〈프림로즈 패스, Primrose Path〉로 처음 오스카상 후보에 오르고 1954년에 〈토치 송, Torch Song〉으로 두 번째로 후보에 올랐다. 루벤 샌드위치는 그녀가 뉴욕에 있는 루벤 레스토랑 앤 델리(Reuben's Restaurant and Delicatessen)를 방문했을 때 개발되었다.

시나리오 작가인 **벨라 스피왁**(Bella Spewack)과 그의 남편인 샘 스피왁은 연극 극본과 영화 대본을 쓰는 팀으로 일했다. 그들은 1941년에 〈마이 페이버릿 와이프, My Favorite Wife〉로 오스카 원작상 후보에 올랐다.

영화 편집자인 **앤 버천즈**(Anne Bauchens)는 1915년에 세실 B. 드밀(Cecil B. DeMile)의 작품을 처음 편집하고, 1956년에 마지막 작품을 편집했다. 〈북서 기마 순찰대, North West Mounted Police〉로 1941년에 오스카 편집상을 수상하고 〈클레오파트라, Cleopatra, 1935년 추천〉, 〈지상 최대의 쇼, The Greatest Show on Earth, 1953년 추천〉, 〈십계, The Ten Commandments, 1957년 추천〉로 편집상 후보에 올랐다. '트로얀 애니'라는 별명을 가지고 있는 그녀는 거의 18시간을 일하며 엄청난 열정을 보여 주었다.

1941

배우인 **제인 다웰**(Jane Darwell)은 〈분노의 포도, The Grapes of Wrath〉에서 조드 가족의 여자 가장역으로 오스카 여우조연상을 받았다. 또한 그녀는 〈메리 포핀스, Mary Poppins〉에서의 새 여인(Bird Woman)으로 유명하다.

시나리오 작가인 **알마 레빌**(Alma Reville)은 1941년 〈서스픽션, Suspicion〉을 포함해 그녀의 남편인 알프레드 히치콕(Alfred Hitchcock)을 위한 대본을 많이 썼다. 레빌과 조안 해리슨(Joan Harrison, 1941년 참고)은 영화 대본을 공동으로 집필했다.

서부극을 연기한, 재주가 가장 많은 스턴트우먼이었던 **에블린 핀리**(Evelyn Finley)는 거의 50년간 연기를 했다. 그녀는 1941년 〈제시 제임스 앳 베이, Jesse James at Bay〉에서 게일 스톰(Gale Storm)의 이중 배역을 맡았다.

배우이자 댄서, 가수인 진저 로저스(Ginger Rogers)는 1932년에 왐파스 베이비 스타 (1922년 참고)가 되고 1941년에 〈키티 포일, Kitty Foyle〉로 오스카 여우주연상을 받았다. 1930년에 프레드 아스테어(Fred Astaire)와 함께 한 댄스 영화로 유명해졌다. 일설에 의하면 "물론 그(아스테어)는 훌륭했어요. 하지만 진저 로저스는 모든 것을 뒤로 했다는 사실을, 그것도 하이힐을 신은 채로 했다는 사실을 잊으면 안 돼요."라는 말이 있었다.

1941

1941

> "언젠가는 여자들이 중역으로서
> 성공적으로 능력을 발휘하는 날이
> 온다는 사실을 인정해야 합니다."
>
> —조안 해리슨

시나리오 작가이자 제작자인 조안 해리슨(Joan Harrison)은 1940년대 할리우드 세 명의 주요 여성 제작자들 중 한 명이다. 나머지 두 명은 버지니아 반 우프(Virginia Van Upp, 1934년 참고)와 해리엇 파슨즈(Harriet Parsons, 1948년 참고)이다. 알프레드 히치콕(Alfred Hitchcock)의 믿을 만한 조력자였던 그녀(그의 표현을 빌자면 '가치 있는 아이디어를 가진 여자')는 1941년 오스카상 후보에 2번 올랐다. 〈레베카, Rebecca〉가 각색상, 〈해외 특파원, Foreign Correspondent〉이 각본상 후보에 올랐다.

1943년에 그녀는 유니버설 스튜디오의 프로듀서가 되었다. 1944년에 그녀가 제작을 시작하고 나서는 운영에 관해 다음과 같은 말을 했다. "윗선에서 내려오는 반대, 바로 저 앞 사무실에서 내려오는 반대 말이에요. 그런 결정에 대한 궁극적 발언권을 가진 저들은 단순히 여자에게 어떤 권위를 주고 싶지 않은 거예요. 그게 바로 그들의 결점이에요. 그들은 우리의 능력을 인정하지만 여자를 책임 있는 자리에 앉히는 일이 남자의 자존심에는 어긋나는 거지요. 저 앞 사무실은 권위 있는 여자들을 싫어하는 태도를 가지고 있어요. 아마도 앞으로도 계속 그럴 거예요. 그들은 여자 작가들을 인정하지만 우리를 규정된 판에 박힌 형태로 유지하는 것을 좋아해요. 언젠가는 여자들이 중역으로서 성공적으로 능력을 발휘하는 날이 온다는 사실을 인정해야 합니다."

제2차 세계 대전이 막 시작된 직후 연합 서비스 조직(United Service Organizations)이 군인의 사기를 높이고 본국에서 군대에 지원을 하기 위해 설립되었다. 1941년에서 1947년까지 40만 개 이상의 공연이 부대들을 위해 행해졌다. 이 책에 그려진 할리우드의 인물 중 많은 이들이 이 시기에 이 업계에서 활동했다.

1942

월트 디즈니에서 만화가로서 영화 크레디트에 이름을 올린 첫 여성이 된 **레타 스콧**(Retta Scott)은 스토리 부서에서 일을 시작하여 후에 만화과로 옮겼다. 그녀는 〈밤비, Bambi, 1942년 발표〉에서 개 추적 장면을 애니메이션화했다. 나중에는 〈판타지아, Fantasia〉, 〈덤보, Dumbo〉와 〈이카보드와 토드경의 모험, The Adventures Of Ichabod And Mr. Toad〉의 한 장면인 '버드나무 속의 바람(The Wind in the Willows)'에도 기여했다. 스콧은 디즈니 출판물에 스토리북 삽화를 제공하기도 했다. 사망한 후 2000년에 그녀는 디즈니 레전드가 되었다.

(© Disney)

레타 스콧이 그린 '차이나 타운' 수채화

무성 영화에서 유성 영화로 전환한 배우인 **매리 애스터**(Mary Astor)는 40년 이상의 경력을 가지고 있다. 1926년에 왐파스 베이비 스타(1922년 참고)에 이름을 올리고 1942년에 〈대단한 거짓말, The Great Lie〉로 오스카 여우조연상을 받았다.

올리비아 드 하빌랜드(Olivia de Havilland, 1947년 참고)와 자매인 배우 **조안 폰테인**(Joan Fontaine)은 1942년에 〈서스픽션, Suspicion〉으로 오스카 여우주연상을 수상했다. 그녀는 1941년에는 〈레베카, Rebecca〉로, 1944년에는 〈영원의 처녀, The Constant Nymph〉로 오스카 여우주연상 후보에 올랐다.

연극 대본 작가이자 시나리오 작가인 **릴리언 헬만**(Lillian Hellman)은 오스카상 후보에 2번 올랐다. 첫 번째는 1942년이다. 그해에 그녀는 〈작은 여우들, The Little Foxes〉로 각색상 후보에 올랐다. 두 번째 후보 지명은 1944년에 받았다. 〈노스 스타, The North Star〉로 각본상 후보에 올랐다.

원래 그리피스에게 고용되었던 편집자인 **아이린 모라**(Irene Morra)는 업계에서 거의 40년 동안 일했다. 그녀는 마가렛 부스(Margaret Booth, 1936년 참고)에게 어떻게 '자르는지'를 알려 줬다. 1942년에 그녀는 빙 크로스비(Bing Crosby), 밥 호프(Bob Hope), 도로시 라무어(Dorothy Lamour, 1940년 참고) 주연의 'OOO 가는 길'의 시리즈 코미디 영화 7개 중 하나인 〈모로코 가는 길, Road to Morocco〉을 편집했다.

1930년대와 1940년대 서부극의 작가인 **루시 워드**(Luci Ward)는 1942년 영화인 〈론 스타 버질란트, The Lone Star Vigilantes〉의 원작 및 시나리오를 썼다.

시나리오 작가인 **글래디스 엣워터**(Gladys Atwater)는 20년 영화 경력 동안 수많은 서부극을 썼다. 그녀는 1942년에 존 웨인(John Wayne)을 주인공으로 하는 〈올드 캘리포니아, In Old California〉의 원작을 썼다.

1943 세트 데코레이터인 **페이 밥콕**(Fay Babcock)은 오스카상 후보에 2번 올랐다. 1943년에 〈사랑의 별장, The Talk Of The Town〉으로 처음으로 오스카 미술상 흑백 부문 후보에 올랐다.

1929년에 길고 성공적인 연예계 경력을 쌓기 시작한 배우, **아그네스 무어헤드**(Agnes Moorehead)는 〈위대한 앰버슨가, The Magnificent Ambersons〉로 오스카 여우조연상 후보에 올랐는데, 4번의 후보 지명 이력 중 첫 번째이다. 이후에는 1945년에 〈파킹톤 부인, Mrs. Parkington〉, 1949년에 〈조니 벨린다, Johnny Belinda〉, 1965년에 〈허쉬 … 허쉬, 스윗 샬롯, Hush … Hush, Sweet Charlotte〉으로 후보에 올랐다.

세트 데코레이터인 **줄리아 헤론**(Julia Heron)은 1942년에 처음으로 오스카에 후보로 올랐다. 미술상 흑백 부문 후보에 오른 그 영화는 〈해밀턴 부인, That Hamilton Woman〉이다. 미술상 후보에 오른 다른 경우는 1943년 〈정글북, Jungle Book〉, 1945년 〈카사노바 브라운, Casanova Brown〉, 1960년 〈성 베드로, The Big Fisherman〉이다. 1961년에는 〈스파르타쿠스, Spartacus〉로 오스카 미술상 컬러 부문을 공동 수상했다.

〈해밀턴 부인〉세트장에서 왼쪽부터
사라 올굿(Sara Allgood), 비비안 리

1942년부터 1946년까지 톱 텐 박스오피스를 이끈 배우 중 한 명인 **그리어 가슨**(Greer Garson)은 〈미니버 부인, Mrs. Miniver〉으로 1943년에 오스카 여우주연상을 수상했다. 그녀는 경력을 쌓는 동안 여우주연상 후보에 6번 더 올랐다.

테레사 라이트(왼쪽)와 그리어 가슨.
〈미니버 부인〉 중

40년 동안 시나리오 작가를 한 **릴리 헤이워드**(Lillie Hayward). 시나 오웬(Seena Owen)과 자매인 그녀는 무성 영화로 시작해 유성 영화와 텔레비전으로 활동 영역을 옮겼다. 1943년에 〈마이 프렌드 프릭카, My Friend Flicka〉의 시나리오를 썼다.

대영제국 데임 작위 수상자이며 1940년에 미국 영화에 데뷔한 **글래디스 쿠퍼**(Gladys Cooper)는 오스카 여우조연상 후보에 3번 올랐는데, 첫 번째는 1943년에 〈나우 보이저, Now, Voyager〉를 통해서이다. 그녀가 마지막으로 맡은 역할은 오드리 헵번(Audrey Hepburn)을 주인공으로 하는 1964년 영화 〈마이 페어 레이디, My Fair Lady〉에 나오는 헨리 히긴스(Henry Higgins)의 어머니 역이다.

출연한 첫 3편의 영화가 오스카 후보에 오른 유일한 연기자인 **테레사 라이트**(Teresa Wright)는 1942년, 〈작은 여우들, The Little Foxes〉로 오스카 여우조연상 후보에 처음으로 올랐다. 그녀는 1943년에 〈미니버 부인, Mrs. Miniver〉으로 오스카 여우조연상을 수상했으며, 같은 해에 〈야구왕 루 게릭, The Pride of the Yankees〉으로 오스카 여우주연상 후보에 올랐다.

영국의 소설가이자 시나리오 작가인 **클로딘 웨스트**(Claudine West)는 할리우드로 옮겨 와 영국을 주제로 한 많은 글을 썼다. 1943년에 그녀는 〈미니버 부인, Mrs. Miniver〉으로 오스카 각색상을 공동 수상했다. 또한 그해에 〈마음의 행로, Random Harvest〉로 같은 부문에 후보로 올랐다. 1940년에는 〈굿바이 미스터 칩스, Goodbye, Mr. Chips〉로 각색상 후보에 올랐다.

글라디스 칼리(Gladys Carley)는 오스카상을 수상한 편집자인 앤 버천즈(Anne Bauchens, 1941년 참고)를 위해 일했다. 1943년에 〈마르디 그라, Mardi Gras〉를 편집했다.

1940년대와 1950년대 섹스 심볼로 불린 여배우 **제인 러셀**(Jane Russell)은 1943년, 그녀의 첫 영화인 〈무법자, The Outlaw〉에 출연했다.

베다 앤 보그(Veda Ann Borg)와 마담 설-테-완,
〈좀비의 복수〉에서

50년 연예계 경력을 갖고 있으며, 무성 영화와 유성 영화를 잇는 다리 역할을 한 배우인 **마담 설-테-완**(Madame Sul-Te-Wan)은 영화계에서 흑인의 선구자 역할을 했다. 1915년 〈국가의 탄생, The Birth of Nation〉과 1916년 〈인톨러런스, Intolerance〉에 출연한 그녀는 영화 계약을 맺은 최초의 흑인이 되었으며, 50년의 경력 동안 당시의 유명한 스타들과 함께 일했다. 1943년에는 〈좀비들의 복수, Revenge of the Zombies〉에 출연했다.

배우인 **로사린드 러셀**(Rosalind Russell)은 1934년에 스크린에 데뷔했다. 1943년에 〈마이 시스터 에일린, My Sister Eileen〉으로 오스카 여우주연상 후보에 올랐는데 4번의 후보 지명 이력 중 첫 번째이다. 러셀은 1973년에 아카데미로부터 진 허숄트 박애상(Jean Hersholt Humanitarian, 1956년 참고)을 받았다.

1944

로렌 바콜(Lauren Bacall)은 〈소유와 무소유, To Have and Have Not〉에서 험프리 보가트 (Humphrey Bogart)의 상대역을 맡아 영화에 처음 데뷔했다. 미국 영화 연구소(1999년 참고)가 뽑은 가장 위대한 영화배우 중 한 명으로 손꼽히는 그녀는 1997년 〈로즈 앤 그레고리, The Mirror Has Two Faces)로 오스카 여우조연상 후보에 올랐다. 그녀는 2009년에 '영화의 황금기 때 중심축에 있었다는 것을 인정받아' 아카데미로부터 공로상을 수상했다.

제니퍼 존스(Jennifer Jones)는 〈베르나데트의 노래, The Song of Bernadette)로 1944년에 오스카 여우주연상을 받았다. 그녀는 이후 4번 더 여우주연상 후보에 올랐다.

가수이자 댄서, 그리고 배우인 베티 허튼(Betty Hutton)은 1944년에 〈모간 크리크의 기적, The Miracle Of Morgan's Creek)에 출연하는데 이 영화는 그녀를 스타 반열에 올렸다. 허튼은 마지막 영화를 1957년에 찍었다.

그리스 여배우인 카티나 팍시누(Katina Paxinou)는 〈누구를 위하여 종은 울리나, For Whom the Bell Tolls)로 할리우드 영화 데뷔를 하고 1944년에 오스카 여우조연상을 받았다. 그녀는 유럽과 그리스로 돌아가기 전, 그리고 연극 무대를 찾아 가기 전에 몇 편의 할리우드 영화에 더 출연했다. 그녀는 20세기의 가장 위대한 그리스 배우로 꼽힌다.

스웨덴 배우이자 후에 감독직을 맡은 **마이 제털링(Mai Zetterling)**은 1944년 〈고통, Torment〉에서의 연기로 대중에게 불쑥 알려진다. 1960년대 초에 그녀는 "여배우로서, 저는 작업할 때 세심하지 않은 감독들 때문에 많이 무서웠어요. 자신의 과제조차 하지 않는, 명성이 큰 사람들 말이에요. … 점점 더 저는 영화를 만드는 일이 제가 정말로 원하는 것이라는 사실을 깨달았어요."라고 말했다.

"그녀는 인정해요. … 그녀는 여자들의 적극성에 반응하는 남자들이 가진 태도를 혐오해요."라는 그녀에 관한 언급도 있다. 제털링은 여자가 지휘적인 위치 때문에 관능을 잃는다는 개념을 조롱했다.

> " 제가 느끼기에는 스크린에 반영되지 않는 것,
> 여성의 관점에서 바라보지 않는 것 등이 많아요.
> 그래서 저는 자연스럽게 여성에 관한 영화를 만들어요. "
>
> —마이 제털링

1945 제2차 세계 대전의 종식과 함께, 전쟁 당시에 노동 인구로 동원되었던 6백만 명 이상의 여성들이 전통적으로 남성 위주였던 직장에서부터 밀려났다.

수상 배우인 **마가렛 오브라이언**(Margaret O'brien)은 4살 때 영화계에서 활동하기 시작했다. 1945년 〈세인트 루이스에서 만나요, Meet Me In St. Louis〉를 통해 '1944년의 뛰어난 아역 배우'라는 코멘트를 얻고 아카데미로부터 아역상을 받았다. 그녀는 70년간 경력을 쌓는다.

마가렛 오브라이언(왼쪽)과
주디 갈랜드

1945

60개의 영화 크레디트에 이름을 올린 시나리오 작가 **글래디스 레흐먼**(Gladys Lehman)은 1945년에 〈자매와 수병, Two Girls and a Sailor〉으로 오스카 각본상 후보에 올랐다. 1933년에 영화 작가 길드(Screen Writers Guild)를 세운 창립자 중 한 명이다. 레흐먼은 영화 구호기금(Motion Picture Relief Fund, 1921년 참고)을 세우는 일을 돕기도 했다.

20년간 시나리오 작가로 활동한 **엘리자베스 라인하트**(Elizabeth Reinhardt)는 〈로라, Laura〉로 1945년 오스카 각색상 공동 후보에 올랐다. 〈로라〉는 1999년에 미국 국회 도서관의 국립 영화 보관소(1988년 참고) 보관 영화로 지정됐다.

원래는 연극 배우였던 **에델 베리모어**(Ethel Barrymore)는 1914년에 영화에 데뷔했다. 40년이 넘는 영화 경력을 가진 베리모어는 1945년에 〈논벗 더 론리 하트, None But The Lonely Heart〉로 오스카 여우조연상을 수상하고 여우조연상 후보에 3번이나 더 올랐다.

'타자기의 카우 걸'이라고 불린, 1940년대와 1950년 초기에 할리우드에서 서부극 시나리오를 쓴 몇 안 되는 여성 중 한 명인 **프란시스 캐배노**(Frances Kavanaugh)는 1945년 영화 〈옛 와이오밍의 노래, Song of Old Wyoming〉의 시나리오를 썼다. 30개의 영화 크레디트에 이름을 올리고 2014년에 카우 걸 명예의 전당과 박물관(Cowgirl Hall of Fame and Museum)에 이름을 올렸다.

오스카상을 3번 수상했으며 후보에는 4번 오른 **잉그리드 버그만**(Ingrid Bergman)은 〈가스등, Gaslight〉에서 선보인 연기로 1945년에 여우주연상을 받았다. 미국 영화 연구소(1999년 참고)에 따르면 영화에 대한 그녀의 재능은 가장 높은 수준에 자리 잡고 있다고 한다.

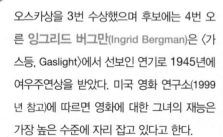

〈가스등〉에서 샤를르 보와이에(Charles Boyer)와 잉그리드 버그만

60편 이상의 영화 크레디트에 이름을 올린 편집자인 **바바라 맥린**(Barbara McLean)은 20세기 폭스사에서 일했다. 맥린은 1945년 〈윌슨, Wilson〉으로 오스카 편집상을 수상했다. 그녀는 같은 부문 후보에 추가적으로 6번 올랐는데 처음 오른 해는 1936년이며, 마지막으로 오른 해는 1951년이다.

" **제가 영화 편집자로 자리를 지켜온 이래로**

함께 일해 온 여성 영화 편집자들이 왜 이 분야에서 최고라고 생각하냐고요?

왜냐하면, 그녀들은 훌륭하지 않고서는 이 자리에까지 올라올 수 없었을 테니까요. "

─바바라 맥린

딸 데이드리(Deidre)와 아들 앤드류(Andrew)와 함께 있는 안젤라 랜즈베리

70년 경력을 가진 **안젤라 랜즈베리**(Angela Lansbury)는 오스카 여우조연상 후보에 3번 올랐다. 1945년에 〈가스등, Gaslight〉을 통해 처음으로 올랐으며, 1946년에 〈도리언 그레이의 초상, The Picture of Dorian Gray〉을 통해, 1963년에 〈맨츄리안 캔디데이트, The Manchurian Candidate〉를 통해 올랐다. 오랜 경력과 중요성을 인정받아 "당신은 영화에서 가장 기억에 남는 캐릭터를 창조한 연예계의 아이콘이며 여러 세대에 걸쳐 배우들에게 영감을 주신 분이기에 이 상을 드립니다."라는 찬사와 함께 2014년에 아카데미에서 그녀에게 공로상을 수여했다.

페기 앤 가너(Peggy Ann Garner)는 1946년에 '1945년에 활동한 뛰어난 배우'라는 말과 함께 아카데미로부터 아역상을 받았다. 같은 해에 〈브룩클린의 나무 성장, A Tree Grows in Brooklyn〉과 〈주니어 미스, Junior Miss〉에서 10대를 연기했다.

미국 영화 연구소(1999년 참고)가 선정한, 고전 할리우드 영화에서 가장 훌륭한 여성 스타 10위에 이름을 올린 조안 크로포드(Joan Crawford)는 〈밀드레드 피어스, Mildred Pierce〉로 1946년에 오스카 여우주연상을 받았다. 그녀는 1926년에 왐파스 베이비 스타(1922년 참고)로 등극했다.

1940년대 톱 영화 스타 중 한 명인 리타 헤이워드(Rita Hayworth)는 '사랑의 여신'이라고 불렸다. 영화 경력은 40년이며 미국 영화 연구소가 선정한 가장 위대한 여배우 25명 중 한 명이다. 1946년에는 〈길다, Gilda〉의 주인공을 맡았다.

1946

작곡가이자 대본 작가인 앤 로넬(Ann Ronell)은 영화 〈지 아이 조의 이야기, Story of G.I. Joe〉로 오스카 음악상 드라마 · 코미디 부문과 주제가상 후보에 올랐다.

배우인 에바 가드너(Ava Gardner)는 1946년 영화 〈킬러스, The Killers〉에서 탈옥 연기를 선보였다. 1954년, 그녀는 〈모감보, Mogambo〉로 오스카 여우주연상 후보에 올랐다.

시나리오 작가인 테스 슬레싱어(Tess Slesinger)는 〈브룩클린의 나무 성장, A Tree Grows in Brooklyn〉을 통해 1946년에 오스카 각색상 후보에 올랐다.

디즈니의 아티스트인 메리 블레어. 브라질에서 회사 창립자인 월트 디즈니(Walt Disney)와 함께

예술가이자 애니메이터인 **메리 블레어**(Mary Blair)는 1946년에 〈남부의 노래, Song of the South〉의 배경과 색채를 담당한 아티스트이다. 그녀는 또한 〈피터 팬, Peter Pan〉, 〈신데렐라, Cinderella〉, 〈이상한 나라의 앨리스, Alice a Wonderland〉를 맡았다. 블레어는 1996년에 윈저 맥케이상을 받았다(1972년 참고).

소설가, 시나리오 작가인 **레이 브래킷**(Leigh Brackett)은 1946년 영화인 〈명탐정 필립, The Big Sleep〉의 시나리오를 썼다. 과학 픽션 장르의 글을 종종 쓴 그녀는 〈스타워즈 에피소드 V-제국의 역습, Star Wars: Episode V-The Empire Strikes Back〉의 시나리오를 담당했다. 사이언스 픽션 휴고상(Hugo Award)을 받은 최초의 여성이다. 영화 〈명탐정 필립〉을 위해서 혹스(Hawks)가 그녀를 어떻게 고용했는지는 전설처럼 남아 있다.

> **혹스는 저의 대사를 좋아했어요. 그래서 저의 에이전트에게 전화를 걸었죠. … 그러나 그는 제가 미스터 브래킷이 아니고 미스 브래킷이라서 망설여졌다고 해요. 하지만 그는 용감하게 정신을 가다듬고, 어쨌든 저와 사인을 했어요. 때문에 저는 항상 감사해요.**
>
> —레이 브래킷

〈녹원의 천사〉에서
엘리자베스 테일러(왼쪽)와 앤 리비어

1947 시나리오 작가인 **캐서린 터니**(Catherine Turney)
는 워너 브러더스에 계약직 직원으로 고용된 최초
의 여성 중 한 명이다. 그녀는 1947년 영화 〈더 맨 아이 러브, The Man I
Love〉의 시나리오를 썼다. 그녀는 "그들이 저를 고용한 이유 중 하나는 남
자들이 전쟁에 나갔기 때문일 거예요. 또한 그들은 모든 여성 스타들을 고
용하고 있었어요. 스타들은 그들을 위해 자기 역할을 제대로 해야만 했지
요. 하지만 그녀들은 그저 앉아서 아무나 흉내 내는 사람이 되는 것이 아닌,
무언가를 원했어요."라고 말했다.

미국의 혁명 영웅인 폴 리비어(Paul Revere)의 직계 후손인 **앤 리비어**
(Anne Revere)는 연극과 영화계에서 활동했다. 그녀는 1934년에 영화
에 데뷔하여 오스카 여우조연상 후보에 3번 올라 그중 1번 수상했다. 수
상은 1946년에 〈녹원의 천사, National Velvet〉를 통해서 했다. 후보에
오른 다른 작품들은 1944년에 오른 〈베르나데트의 노래, The Song Of
Bernadette〉, 1948년에 오른 〈신사협정, Gentleman's Agreement〉이다.
　그녀의 영화 경력은 1950년대에 공산당과 협력했다는 이유 때문에 20
년 정도 단절됐다. 블랙리스트에 올랐던 그녀는 1970년에 영화로 돌아
왔다.

세트 데코레이터인 **밀드레드 그리피스**(Mildred Griffiths)는 엘리자베스
테일러(Elizabeth Taylor, 1961년 참고) 주연의 〈녹원의 천사, National Vel-
vet〉로 오스카 미술상 컬러 부문 후보에 공동으로 올랐다.

〈면도날〉에서
타이론 파워(Tyrone Power, 왼쪽)와 앤 박스터

배우인 **앤 박스터**(Anne Baxter)는 〈면도날, The Razor's Edge〉로 1947
년에 오스카 여우조연상을 수상했다. 건축가 프랭크 로이드 라이트(Frank
Lloyd Wright)의 손녀인 그녀는 영화계에서 40년간 연기했다. 그녀는
1951년, 〈이브의 모든 것, All About Eve〉에서 보여 준 연기로 오스카 여
우주연상 후보에 올랐다.

비미 활동위원회(HUAC)가 공산주의자와 결탁한 미국인을 찾기 위해 1938년에 미 하원 의원들에 의해 설립되었다. 1947년에
HUAC는 할리우드 영화계를 대상으로 하는 청문회를 9일 동안 개최하고 공산주의 이념을 지지하는 것으로 보이는 개인이나 영
화를 찾고 있었다. 결국 300명 이상의 영화 예술인들이, 즉 감독, 배우, 시나리오 작가들이 블랙리스트에 오르거나 보이콧되었다.
블랙리스트에 오른 뒤 재건을 한 사람은 거의 없다.

배우인 **올리비아 드 하빌랜드**(Olivia De Havilland)는 〈그들에겐 각자의 몫이 있다, To Each His Own〉로 1947년에 처음으로 오스카 여우주연상을 수상했다. 그녀는 블록버스터 〈바람과 함께 사라지다, Gone With the Wind〉에 출연해 그 연기로 1940년에 오스카 여우조연상 후보에 올랐다. 1950년에는 〈사랑아 나는 통곡한다, The Heiress〉로 두 번째 여우주연상을 받았다. 이외에도 1942년에 〈홀드 백 더 돈, Hold Back the Dawn〉, 1949년에 〈스네이크 핏, The Snake Pit〉으로 여우주연상 후보에 올랐다. 할리우드의 황금기라 불리던 시절에 주연급 배우 중 한 명이었던 드 하빌랜드는 조안 폰테인(Joan Fontaine, 1942년 참고)과 자매이다.

영화 〈작은 아씨들〉 세트 스케치에 대해 상의하고 있는 샐리 벤슨과 감독 머빈 르로이(Mervyn LeRoy)

시나리오 작가인 **샐리 벤슨**(Sally Benson)은 〈왕과 나, Anna and the King of Siam〉로 1947년에 오스카 각색상 후보에 올랐다.

왼쪽부터 뮤리엘 박스, 앤 크로퍼드(Anne Crawford), 마이클 메드윈(Michael Medwin), 〈스트리트 코너, Street Corner〉에서

감독이자 제작자, 시나리오 작가인 **뮤리엘 박스**(Muriel Box)는 〈베일 속의 사랑, The Seventh Veil〉으로 1947년에 오스카 각본상을 공동으로 수상했다.

14살에 말 묘기를 시작한 뛰어난 여성 승마인인 **폴리 버슨**(Polly Burson)은 많은 서부극에서 스턴트 연기를 했다. 1947년에 〈폴라인의 모험, The Perils of Pauline〉에서 베티 허튼(Betty Hutton, 1944년 참고)의 스턴트 배역을 했다.

1947년, 실험적인 영화 제작자이자 감독이며 작가인 **마야 데렌**(Maya Deren)은 영화에서의 창의적인 작업을 통해, 구겐하임 재단 기금을 받은 첫 영화 제작자가 되었다. 미국 영화 연구소는 1986년에 독립 영화 제작자들에게 수여하는 마야 데렌상을 만들었다. 이 상은 1986년부터 1996년까지 수여됐다.

> **저는 할리우드가 립스틱에 쓰는 비용으로 영화를 만들어요.**
>
> —마야 데렌

1948 연극배우인 **셀레스트 홈** (Celeste Holm)은 1946 년에 데뷔를 하여 1948년 〈신사협정, Gentle-man's Agreement〉으로 오스카 여우조연상을 수상했다. 그녀는 같은 부문 후보에 2번 올랐는데 1950년에 〈컴 투 더 스테이블, Come to the Stable〉, 1951년에 〈이브의 모든 것, All About Eve〉으로 후보에 올랐다.

〈신사협정〉에서 셀레스트 홈과 그레고리 펙(Gregory Peck)

가십 칼럼리스트인 로엘라 파슨즈(Louella Parsons, 1914년 참고)의 딸인 **해리엇 파슨즈**(Harriet Parsons)는 버지니아 반 우프(Virginia Van Upp, 1934년 참고), 조안 해리슨(Joan Harrison, 1941년 참고)과 함께 1940년 대 할리우드의 세 명의 영화 제작자 중 한 명이다. 그녀는 주로 RKO에서 일했다. 1948년에 〈아이 리멤버 마마, I Remember Mama〉를 제작했다.

영화계에 30년 이상 몸담았던 **로레타 영**(Loretta Young)은 오스카 여우주연상 후보에 2번 올랐다. 1948년에는 〈농부의 딸, The Farmer's Daughter〉로 상을 수상했다. 1929년에 왐파스 베이비 스타(1922년 참고)에 이름을 올린 영은 텔레비전 경력도 성공적이어서 에미(Emmys)상을 3번이나 수상했다.

무대에서 '해안 유람 댄스'를 추며
섬 원주민 복장을 입고 연기하는 캐서린 던햄

'흑인 춤의 대모이자 여왕'으로 불린 안무가이며 댄서, 배우로도 활동한 캐서린 던햄(Katherine Dunham)은 1948년 영화 〈카스바, Casbah〉에서 안무와 연기를 했다. 미국 우표에도 실린 그녀는 예술 국가 훈장과 캐네디 센터상 수상자이다.

20년 이상의 경력을 가진 스턴트우먼인 쉐론 루카스(Sharon Lucas)는 1948년 영화 〈페일페이스, The Paleface〉에서 제인 러셀(Jane Russell)의 스턴트 배역을 맡았다.

편집자인 모니카 콜링우드(Monica Collingwood)는 〈비숍스와이프, The Bishop's Wife〉로 1948년 오스카 편집상 후보에 올랐다. 그녀는 나중에 래시(Lassie) 시리즈물과 래시의 텔레비전 영화를 편집했다.

1949 촬영 기사이자 작가, 제작자인 **제니스 롭**(Janice Loeb)은 〈콰이어트 원, The Quiet One〉으로 오스카 장편 다큐멘터리상에 후보로 올랐다. 1950년에는 그녀와 시누/올케 사이인 헬렌 레빗(Helen Levitt, 1950년 참고)과 함께 같은 영화를 통해 오스카 각본상에 공동 후보로 올랐다.

독일 출신의 작가인 **일마 본 큐브**(Irma Von Cube)는 〈조니 벨린다, Johnny Belinda〉로 1949년에 오스카 각본상에 공동 후보로 올랐다.

> 스텔라 애들러는 단순한 연기 선생님이 아니었어요. 그녀의 일을 통해 그녀는 가장 가치 있는 정보, 즉 우리 자신과 다른 이들이 가진 감정 매커니즘의 본질을 발견하는 방법을 가르쳐 주었어요. 그녀는 다른 사람들이 이른바 '메소드' 연기를 해서 유명해지는 것처럼 결코 저속한 부당한 이득에 몸을 맡기지 않았어요. 그 결과 연기 문화에 대한 그녀의 공헌은 대부분 알려지지 않거나 인정받지 못한 채 남아 있지요. ―말론 브란도

대영제국 데임 작위를 받은 여배우인 **진 시몬즈** (Jean Simmons)는 〈햄릿, Hamlet〉으로 1949년에 오스카 여우조연상 후보에 올랐다. 그녀의 두 번째 오스카상 후보 지명은 여우주연상 부문인데 1970년, 〈해피 엔딩, The Happy Ending〉을 통해서이다. 시몬즈는 원래 영국 영화로 데뷔한 영화배우인데 주로 할리우드 영화에 1950년부터 그녀의 연기 인생 마지막인 2009년까지 출연했다.

배우이자 세넷 수영복 미인 대회(1915년 참고) 출신인 **아이린 렌츠**(Irene Lentz, 아이린이라고 알려짐)는 드레스 가게를 열었으며, 나중에는 의상 디자인으로 전향을 했다. 그녀는 MGM의 수석 디자이너로 일했다. 1949년에 〈BF의 딸, B.F.'s Daughter〉로 오스카 의상상 흑백 부문에 후보로 올랐다. 1961년에는 〈누군가 노리고 있다, Midnight Lace〉로 의상상 컬러 부문에 후보로 올랐다.

제인 와이먼(Jane Wyman)은 1932년에 영화에 데뷔했다. 오스카 여우주연상 후보에 4번 올라서 〈조니 벨린다, Johnny Belinda〉로 1949년에 상을 수상했다. 후에 미국의 대통령이 되는 로날드 레이건과 1940년에 결혼해서 1949년까지 결혼 생활을 유지했다.

─┤ 1 9 4 9 ├─

1949

배우이자 연기 지도자인 **스텔라 애들러**(Stella Adler)는 1949년 스텔라 애들러 연기 스튜디오를 세웠다. 매우 유명한 그녀의 학생들 중 한 명이 말론 브란도(Marlon Brando)이다. 그녀는 또한 엘리자베스 테일러(Elizabeth Taylor, 1961년 참고)와 주디 갈랜드(Judy Garland, 1940년 참고)도 가르쳤다.

책을 쓴 작가이자 시나리오 작가인 **베라 캐스페리**(Vera Caspary)는 50년의 영화 경력을 갖고 있다. 1949년에 〈세 부인에게 보낸 편지, A Letter to Three Wives〉의 시나리오를 각색했다.

연극, 텔레비전, 영화배우로 활동한 **바바라 벨 게디스**(Barbara Bel Geddes)는 〈아이 리멤버 마마, I Remember Mama〉로 1949년에 여우조연상 후보에 올랐다.

> 문제는 누가 저를 허락하는 게
> 아니라 누가 저를
> 멈추게 하느냐입니다.
>
> —아인 랜드,
> 영화 〈마천루〉에서 인용

러시안 태생의 미국 작가인 **아인 랜드**(Ayn Rand)는 〈마천루, The Fountainhead〉와 〈아틀라스, Atlas Shrugged〉를 쓴 소설가로 가장 잘 알려져 있다. 그녀는 〈마천루〉의 영화 버전을 위한 시나리오를 써서 1949년에 발표했다.

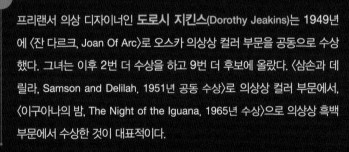

프리랜서 의상 디자이너인 **도로시 지킨스**(Dorothy Jeakins)는 1949년에 〈잔 다르크, Joan Of Arc〉로 오스카 의상상 컬러 부문을 공동으로 수상했다. 그녀는 이후 2번 더 수상을 하고 9번 더 후보에 올랐다. 〈삼손과 데릴라, Samson and Delilah, 1951년 공동 수상〉로 의상상 컬러 부문에서, 〈이구아나의 밤, The Night of the Iguana, 1965년 수상〉으로 의상상 흑백 부문에서 수상한 것이 대표적이다.

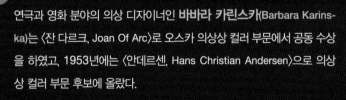

연극과 영화 분야의 의상 디자이너인 **바바라 카린스카**(Barbara Karinska)는 〈잔 다르크, Joan Of Arc〉로 오스카 의상상 컬러 부문에서 공동 수상을 하였고, 1953년에는 〈안데르센, Hans Christian Andersen〉으로 의상상 컬러 부문 후보에 올랐다.

〈잔 다르크〉에서의
잉그리드 버그만

영국의 미술 감독인 **카멘 딜론**(Carmen Dillon)은 40년간의 영화계 경력을 갖고 있다. 오스카상 수상과 후보 지명 이력이 각각 1번씩 있다. 수상은 1949년에 영화 〈햄릿, Hamlet〉을 통해 미술상 흑백 부문에서 수상을 했다. 1947년에는 미술상 컬러 부문에 후보로 올랐는데 〈헨리 5세, The Chronicle History of King Henry the Fifth with His Battell Fought at Agincourt in France〉에서 보여 준 인테리어 데코레이션 덕이었다.

배우가 되기 이전에 올림픽 수영선수였던 **에스터 윌리엄스**(Esther Williams)는 싱크로나이징과 다이빙을 하는, 아쿠아 뮤지컬이라 불리는 영화에 출연했다. 이 아쿠아 뮤지컬 중 하나가 1949년 영화 〈넵튠의 딸, Neptune's Daughter〉이다. 1952년, 윌리엄스는 〈백만달러 인어, Million Dollar Mermaid〉라는 제목을 가진 아네트 켈러만(Annette Kellerman, 1916년 참고)의 자서전적인 영화의 주인공으로 나오고 그 이후에 '백만달러 인어공주'라는 자신만의 브랜드를 갖게 되었다.

오드리 헵번

1950s

스튜디오 시스템의 해체

제2차 세계 대전 이후, 1950년대에 들어서면서 사회적 트렌드가 영화계에 큰 영향을 미쳤다. 남자들이 전쟁에서 돌아오자 많은 여성들이 노동 시장에서 물러나게 됐다. 사람들은 서서히 발전해 나가는 교외로 이사를 갔고 그곳에서 공공서비스를 찾기를 희망했다. 사람들의 관심은 텔레비전으로 향하게 되면서, 도시 중심에 위치하고 있는 영화관에는 발걸음이 줄어들었다. 비록 자동차 극장이 히트를 쳤지만 교외에 멀티 플렉스 시네마(한 건물에 작은 극장이 여러 개 있는 복합 영화관)가 들어오기까지는 그로부터 10년 이상이 걸렸다.

신(新)독점 금지법에 의해, 스튜디오들은 더 이상 자신만의 영화관을 가질 수 없었다. 영화를 만들 때 필요한 많은 사람들은 계약직으로 근무하는 대신 프로젝트별로 기용되었는데, 이는 영화배우들에게 더 큰 창의력과 더 나은 임금 기회를 낳았을지 모르지만 이로 인해 직업 안정성은 현저히 떨어졌다.

여성 시나리오 작가와 영화 편집자들이 설 자리는 더 좁아졌으며 심지어 이 새로운 시스템하에서 의사 결정 역할을 맡은 여성의 수는 훨씬 적어졌다.

할리우드 제작자들은 텔레비전 방송이 수익에 도움이 되길 바랐고 디즈니와 워너 브러더스 영화사는 1950년대에 걸쳐 점차 텔레비전 방송에 많은 공을 들였다. 1953년 3월 아카데미 시상식이 처음으로 방영되었을 때는, 비록 짧은 역사를 가지고 있었지만 텔레비전 방송 역사상 최대 관객을 끌어 모았다.

여성 시나리오 작가의 수는 적었지만, 1950년대의 주목할 만한 몇몇 영화들은 여성 작가가 시나리오를 맡았으며 종종 영화 예술과학 아카데미에서 지지를 받았다. 이다 루피노(Ida Lupino) 감독의 작품들은 주목할 만한 여성 제작의 프로젝트가 없었던 그 시대에 빛과 같은 존재였다. 영상 편집 부분에서도 여성이 오스카상 후보에 오르기도 했다. 에이드리언 파잔(Adrienne Fazan)이 1959년도에 〈지지, Gigi〉로 오스카상을 받았다. 의상 분야의 경우 1950년대에는 매년 여성 의상 제작자가 오스카상 후보에 올랐으며 몇몇은 수상을 하기도 했다. 한편 도로시 댄드릿지(Dorothy Dandridge)는 영화 〈카르멘 존스, Carmen Jones〉에서의 연기로 흑인 최초로 여우주연상 후보에 오르면서 역사적인 기록을 세웠다.

1950년대는 매카시즘으로 유명한데, 상원 의원인 조셉 매카시(Joseph McCarthy)의 반공주의 운동으로 인해 수많은 할리우드 스타들이 블랙리스트에 오르거나 배척되었다. 이로 인해 많은 영화 관계자들이, 어떤 이는 몇 년간, 또 어떤 이는 영영 영화계를 떠났다.

교외와 텔레비전 방송의 발전, 그리고 스튜디오 시스템의 변화로 인해 1950년대 말의 영화계는 1950년대 초와 아주 다르게 변해 있었다.

여성 최초로 주요 해외 대사직을 받았으며 미국 대통령 자유 훈장을 받은 **클레어 부스 루스**(Clare Boothe Luce)는 연극 각본 및 영화 시나리오를 썼다. 1950년에 그녀는 영화 〈컴 투 더 스테이블, Come to the Stable〉로 오스카 원작상 후보에 올랐다. 루스는 미국 국립 여성 명예의 전당에 추대됐다.

촬영 기사이자 작가인 헬렌 레빗(Helen Levitt)은 1950년에 〈콰이어트 원, The Quiet One〉으로 시나이인 제니스 롭(Janice Loeb, 1949년 참고)과 오스카 각본상 후보에 공동으로 올랐다.

성우인 **루실 블리스**(Lucille Bliss)는 1,000개의 목소리를 가진 소녀로 알려져 있다. 그녀가 처음으로 연기한 캐릭터는 1950년 작 〈신데렐라, Cinderella〉에 등장하는 포악한 새언니 아나스타샤였다. 이후 그녀는 50년이 넘게 영화계와 텔레비전 산업에서 일했다.

1950

1950년 영화인 〈재키 로빈슨 스토리, Jackie Robinson Story〉에서 맡은 역할로 전국적으로 알려진 **루비 디**(Ruby Dee)는 2008년에 〈아메리칸 갱스터, American Gangster〉로 오스카 여우조연상을 수상했다.

의상 디자이너인 **레아 로즈**(Leah Rhodes)의 30년 경력 중에는 1950년에 〈돈 쥬앙의 모험, Adventures of Don Juan〉으로 오스카 의상상 공동 수상을 한 이력도 있다.

멀시데스 맥캠브릿지(Mercedes McCambridge)는 영화 데뷔작인 〈모두가 왕의 부하들, All the King's Men〉로 1950년에 오스카 여우조연상을 수상했다. 그녀의 두 번째 후보 지명은 1957년에 〈자이언트, Giant〉를 통해서이다.

탁월한 의상 디자이너인 **에디스 헤드**(Edith Head)는 그녀의 작품으로 8 개의 오스카를 수상했으며 수상 후보에는 27번 이름을 올렸다. 의상계에 몸을 담근 60년 동안 그녀의 이름은 누구나 아는 이름이 되었고, 그녀의 디자인은 전 세계적인 패션이 되었다. 그녀가 흑백 영화나 컬러 영화를 통해 단독 혹은 공동으로 수상한 작품들로는 〈사랑아 나는 통곡한다, The Heiress, 1950년 수상〉, 〈삼손과 데릴라, Samson and Delilah, 1951년 수상〉, 〈이브의 모든 것, All About Eve, 1951년 수상〉, 〈젊은이의 양지, A Place in the Sun, 1952년 수상〉, 〈로마의 휴일, Roman Holiday, 1954년 수상〉, 〈사브리나, Sabrina, 1955년 수상〉, 〈팩츠 오브 라이프, The Facts of Life, 1961년 수상〉, 〈스팅, The Sting, 1974년 수상〉 등이 있다.

> **친애하는 여러분 … 당신들은 디자이너가 되고 싶지 않을 거예요. 왜냐하면 제작자가 싫어하기 때문이죠. 그들은 모두 남자들과 일하고 싶어 하거든요.**
>
> —에디스 헤드

가수이자 영화배우인 **에델 워터스**(Ethel Waters)
는 1950년에 〈핑키, Pinky〉로 해티 맥대니얼(Hat-
tie McDaniel, 1940년 참고)에 이어 오스카 여우조
연상 후보에 오른 두 번째 흑인 여성이 되었다. 워
터스는 미국 우표에 등장하기도 했다.

데보라 카(Deborah Kerr)는 〈지상에서 영원으로,
From Here to Eternity〉에서의 역할로 처음으로 오
스카 여우주연상 후보에 올랐다. 1994년에는 '흠잡
을 곳 없는 품위와 아름다움, 완벽함과 원칙, 우아함
을 겸비한 헌신적인 여배우'라는 말을 들으며 아카데
미로부터 공로상을 수상했다.

코스튬 디자이너인 **마저리 베스트**(Marjorie Best)는 1950년에 〈돈 쥬앙의 모험, Adventures of Don Juan〉을 통해 의상상 컬러 부문을 공동으로 수상했다. 그 이후에는 〈거인, Giant, 1957년 추천〉, 〈선라이즈 앳 캠포벨로, Sunrise at Campobello, 1961년 추천〉, 〈최고의 이야기, The Greatest Story Ever Told, 1966년 추천〉로 3번 더 후보에 올랐다.

작가인 **버지니아 켈로그**(Virginia Kellogg)는 1950년에 〈화이트 히트, White Heat〉로 오스카 원작상 후보에 올랐다. 1951년에는 〈케이지드, Caged〉로 오스카 각본상 공동 후보에 올랐다.

스턴트우먼으로 활동한 **루실 하우스**(Lucille House)는 1950년에 영화 〈트리폴리, Tripoli〉에서 모린 오하라(Maureen O'Hara, 1939년 참고)의 스턴트 대역을 했다.

마저리 베스트가 만든 드레스를 입은
엘리자베스 테일러

성우인 **준 포레이**(June Foray)는 80년이 넘는 엄청나게 긴 커리어 동안 약 300편이 넘는 크레디트에 이름을 올렸다. 1950년대 영화 〈신데렐라, Cinderella〉에서 루시퍼 목소리 연출을 한 그녀는 〈날다람쥐 록키, Rocky the Flying Squirrel〉를 포함한 다른 친숙한 캐릭터들도 연기를 했고 애니상(Annie Award, 1972년 참고)을 설립했다. 그리고 오스카 애니메이션상이 설립되는 데 큰 원동력이 되었다. 그녀에 대해서는 다음과 같은 말이 있다. "준 포레이는 여자 멜 블랭크(Mel Blanc)가 아니다. 멜 블랭크가 남자 준 포레이이다."

1951

6번이나 여우조연상 후보에 오른 영화배우인 **델마 리터**(Thelma Ritter)는 〈이브의 모든 것, All About Eve〉으로 1951년에 처음으로 후보에 올랐다. 40년 이상의 경력을 쌓으며 토니상을 받은 그녀는 강한 뉴욕 악센트와 근로자 계층 여성으로서의 모습으로 사람들에게 기억된다.

로데오 퍼포먼스와 프로 로데오 명예의 전당, 미국 국립 카우보이 명예의 전당의 입성자로 알려져 있는 스턴트우먼인 **에디스 해피 (코넬리)**[Edith Happy (Connelly)]는 1951년 영화 〈서부로 가는 여군, Westward the Women〉에 출연했다. 그녀의 딸인 보니 해피(Bonnie Happy, 1985년 참고)와 그녀의 며느리인 마거리트 해피(Marguerite Happy, 1991년 참고) 역시 스턴트우먼으로 활동한다.

크젠지 오몬드(Czenzi Ormonde)는 알프레드 히치콕(Alfred Hitchcock) 감독의 1951년 스릴러 영화 〈열차 안의 낯선 자들, Strangers on a Train〉의 시나리오를 썼다.

〈이브의 모든 것〉에서 베티 데이비스(Bette Davis)와 델마 리터

시나리오 작가인 **에드나 안할트**(Edna Anhalt)는 그녀의 남편인 에드워드 안할트(Edward Anhalt)와 공동으로 오스카 각본상 후보에 2번 올랐다. 첫 번째로 1951년에 오른 작품은 〈거리의 공황, Panic in the Streets〉이었다(이 작품은 수상까지 했다). 1953년에는 〈스나이퍼, The Sniper〉를 통해 두 번째로 오스카 후보에 올랐다.

주디 홀리데이(Judy Holliday)는 브로드웨이에서 성공을 거둔 역할을 영화 〈귀여운 빌리, Born Yesterday〉에서 다시 맡았고, 1951년에 오스카 여우주연상을 수상했다.

본래 연극배우였던 **조시핀 헐**(Josephine Hull)은 영화 〈하비, Harvey〉에서의 연기로 1951년에 오스카 여우조연상을 수상했다. 그 영화에서 맡은 역할은 그녀가 원래 무대에서 맡았던 역할이었다.

40년이 넘는 커리어 동안 코스튬 디자이너로 활동한 **그웬 웨이크링**(Gwen Wakeling)은 세실 B. 드밀(Cecil B. DeMille)이 가장 아끼는 사람이었는데, 1951년에 〈삼손과 데릴라, Samson and Delilah〉로 오스카 의상상 컬러 부문을 공동 수상했다.

로레타 영이 그웬 웨이크링이
디자인한 드레스를 입고 있는 모습

〈삼손과 데릴라〉에서 헤디 라머

의상 디자이너인 **엘로이스 젠슨**(Elois Jenssen)은 1951년에 〈삼손과 데릴라, Samson and Delilah〉로 오스카 의상상 컬러 부문을 공동 수상했다. 이후 1983년에 영화 〈트론, TRON〉으로 의상상 후보에 올랐다. 그녀는 루실 볼(Lucille Ball, 1931년 참고)이 출연하는 텔레비전 시트콤 〈왈가닥 루시, I Love Lucy〉의 의상 디자이너로 2년간 활동했다.

'1,000개의 얼굴을 가진 여자'라고 불린 영화배우 **엘리노 파커**(Eleanor Parker)는 3번이나 오스카 여우주연상에 후보로 올랐다. 첫 번째는 1951년에 영화 〈케이지드, Caged〉를 통해서였다. 그 후 1952년에 〈형사 이야기, Detective Story〉로, 1956년에 〈중단된 멜로디, Interrupted Melody〉로 2번 더 후보에 올랐다.

1952

의상 디자이너인 **아이린 세러프**(Irene Sharaff)는 무대예술 분야(연극, 오페라, 댄스, 영화)에서 활동했는데, 전문 분야와 관련해서 오스카상 후보에 15번 올라서 5번 수상했다. 그녀는 1952년에 〈파리의 아메리카인, An American in Paris〉으로 의상상 컬러 부문을 처음 수상했다. 그 후 〈왕과 나, The King and I, 1957년 수상〉, 〈웨스트 사이드 스토리, West Side Story, 1962년 수상〉, 〈클레오파트라, Cleopatra, 1964년 수상〉, 〈누가 버지니아 울프를 두려워하랴, Who's Afraid of Virginia Woolf?, 1967년 수상〉로 수상했다.

아이린 세러프 연극 발전 펀드상은 의상 디자인 커뮤니티의 구성원들을 위해 1993년에 설립되었다. 아이린 세러프는 취임상을 받았다. 그 후의 수상자들은 세러프가 보여 준 우수한 자질(예민한 색채 감각, 옷감과 직물에 대한 감각, 모양과 형태에 대한 심미안, 확실한 공예 능력)을 구현할 수 있을 것으로 기대를 받았다.

> **세련됨과 고상함은 얻을 수 있지만,**
> **스타일이란 얻기 어려운 것이죠.**
>
> –아이린 세러프

〈욕망이라는 이름의 전차〉 중
킴 헌터와 말론 브랜도

영화계에 뛰어들기 전에 뛰어난 여성 승마자로 활동했던 **메이 보스**(May Boss)는 1957년 영화 〈윌 로저스의 이야기, The Story of Will Rogers〉에서 처음으로 스턴트 역할을 했다. 그녀는 40년이 넘는 커리어 동안 샌드라 디(Sandra Dee, 1957년 참고), 리타 헤이워드(Rita Hayworth, 1946년 참고), 도리스 데이(Doris Day, 1960년 참고)를 포함한 유명한 영화배우의 스턴트 역할을 해 왔다.

킴 헌터(Kim Hunter)는 〈욕망이라는 이름의 전차, A Streetcar Named Desire〉 오리지널 브로드웨이 무대에서 스텔라 코왈스키(Stella Kowalski)의 역할을 맡고 이후 같은 이름의 영화에서 코왈스키 역을 또 맡았다. 그 역할로 1952년에 오스카 여우조연상을 수상했다.

1953

스턴트우먼인 **도나 홀**(Donna Hall)은 로데오를 하는 가정에서 자랐으며 40년 동안 스턴트를 해 왔다. 그녀는 나이 8살에 처음으로 스턴트를 했다. 뛰어난 기수인 그녀는 어려운 동작들도 할 수 있었는데 역마차, 기차와 왜건, 말 등을 갈아타는 동작들을 할 수 있었다. 1953년, 그녀는 영화 〈캘러미티 제인, Calamity Jane!〉에서 도리스 데이(Doris Day, 1960년 참고)의 스턴트 역할을 하기도 했다. 폴리 버슨(Polly Burson, 1947년 참고)의 지도를 받은 홀은 영화 스턴트우먼 협회의 창립 멤버이기도 하다.

45년간 애니메이터로 활동한 **필리스 크레이그**(Phyllis Craig)는 1953년 작 〈피터 팬, Peter Pan〉의 화가로 커리어를 시작했다. 커리어 초반에는 〈잠자는 숲속의 공주, Sleeping Beauty〉와 〈101마리의 달마시안 개, 101 Dalmatians〉 작업을 했다. 1993년에 그녀는 처음으로 애니상(Annie Award, 1972년 참고)을 수상한 컬러 키 아티스트가 되었다. 단체 '위민 인 애니메이션'(Women in Animation, 필리스 크레이그가 창업 멤버)은 그녀가 죽고 나서 필리스 크레이그 장학 단체를 설립했다. 이 장학금은 애니메이션 산업에 종사하고 교육을 추구하는 여성들에게 수여된다.

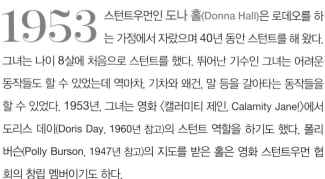

작가이자 영화 각본가인 몰리 그레고리(Mollie Gregory)는 이렇게 말했다. "스턴트가 중요할까요? 스턴트는 중요를 넘어서 반드시 필요해요. 액션 영화에 미스터리와 흥분 그리고 스릴을 더하는 데 아주 필수적인 요소예요. 그리고 그런 느낌을 이끌어 내는 것을 도와주는 이들이 스턴트우먼이죠."

본래 연극배우였던 **셜리 부스**(Shirley Booth)는 1953년에 〈사랑하는 시바여 돌아오라, Come Back, Little Sheba〉에서 맡은 롤라 델라니(Lola Delaney) 역할로 여우주연상을 수상했다. 같은 역할로 브로드웨이에서 토니상을 수상하기도 했다.

오스트리아 작가이자 영화 각본가인 **지나 카우스**(Gina Kaus)는 제2차 세계 대전의 발발을 계기로 미국으로 이민을 왔다. 그녀가 각색한 1953년 작 영화 〈성의, The Robe〉는 2개의 오스카상을 받았고 추가로 작품상을 포함한 오스카상 세 부문에 후보로 올랐다.

1944년에 영화 데뷔를 한 **글로리아 그레이엄**(Gloria Grahame)은 1946년 작 〈멋진 인생, It's a Wonderful Life〉에 출연했다. 1948년에는 〈십자 포화, Crossfire〉로 오스카 여우조연상 후보에 올랐고 1953년에는 〈배드 앤 뷰티, The Bad and the Beautiful〉로 오스카 여우조연상을 수상했다.

100편의 영화 크레디트에 이름을 올린 의상 디자이너인 **헬렌 로즈**(Helen Rose)는 〈배드 앤 뷰티, The Bad and the Beautiful〉를 통해 1953년에 처음으로 오스카 의상상 흑백 부문에서 수상을 했다. 같은 상을 1956년에 〈크라이 투마로우, I'll Cry Tomorrow〉로 1번 더 수상했다. 그녀는 흑백 영화와 컬러 영화 부문을 합쳐 8번 더 후보에 올랐다.

1954

60년 동안 영화 각본가, 작사가 그리고 리브레토 작가로 활동한 **벳티 콤든**(Betty Comden)은 아돌프 그린(Adolph Green)과의 합작으로 성공적인 뮤지컬 영화를 만들었다. 그 둘은 오스카 각본상 후보에 2번 올랐는데, 첫 번째는 1954년에 〈밴드 웨곤, The Band Wagon〉으로, 두 번째는 1956년에 〈언제나 맑음, It's Always Fair Weather〉으로 수상 후보에 올랐다. 그들은 〈사랑은 비를 타고, Singin' in the Rain〉, 〈춤추는 대뉴욕, On the Town〉, 〈벨스 아 링잉, Bells are Ringing〉과 같은 유명한 영화에서 공동 작업을 했다.

시나리오 작가이자 작곡자인 **헬렌 도이치**(Helen Deutsch)는 〈릴리, Lili〉를 통해 1954년에 오스카 각색상 후보에 올랐다. 또한 그녀는 영화 속 노래 가사를 쓰기도 했다.

벳티 콤든과 아돌프 그린

수많은 상을 수상한 사진가이자 감독, 작가이자 편집자인 **러스 오킨**(Ruth Orkin)은 1954년에 〈어린 도망자, Little Fugitive〉로 오스카 원작상에 공동으로 후보에 올랐다. 이 영화는 미국 국회 도서관 국립 영화 보관소(1988년 참고)의 보관 목록에 추가됐다.

작곡가이자 작사가인 **실비아 파인**(Sylvia Fine)은 1954년에 처음으로 오스카 주제가상 후보에 올랐는데, 영화 〈문 이스 블루, The Moon is Blue〉에 삽입된 같은 이름의 노래, 'The Moon is Blue'를 통해 공동으로 후보에 올랐다. 그녀는 1960년에 전과 같은 수상 부문인 주제가상 부문에 영화 〈파이브 펜스, The Five Pennies〉에 삽입된 같은 이름의 노래, 'The Five Pennies'로 후보에 올랐다. 남편은 영화배우인 대니 카에(Danny Kaye)이다.

도나 리드(Donna Reed)는 1954년에 〈지상에서 영원으로, From Here to Eternity〉를 통해 오스카 여우조연상을 수상했다. 그녀는 또한 1946년 영화 〈멋진 인생, It's a Wonderful Life〉으로 사람들에게 기억된다.

〈멋진 인생〉 중
제임스 스튜어트(James Stewart)와 도나 리드

1954

미국 영화 연구소(1999년 참고)가 할리우드 황금기 시절의 세 번째 최고 여성 영화배우로 선정한 영국 태생의 **오드리 헵번**(Audrey Hepburn)은 1954년에 〈로마의 휴일, Roman Holiday〉로 오스카 여우주연상을 수상했다. 그녀는 1955년에 〈사브리나, Sabrina〉, 1960년에 〈파계, The Nun's Story〉, 1962년에 〈티파니에서 아침을, Breakfast at Tiffany's〉 그리고 1968년에 〈어두워질 때까지, Wait Until Dark〉를 통해 추가로 오스카 여우주연상 후보에 4번 더 올랐다. 1993년에는 진 허숄트 박애상(1956년 참고)을 수상했다. 오드리 헵번은 미국 우표에 등장하기도 했으며 유니세프 친선 대사 활동으로 미국 대통령 자유 훈장을 수상하기도 했다.

1955

연예계 커리어가 70년 이상이나 되는 영화배우 에바 마리 세인트(Eva Marie Saint)는 〈워터프론트, On the Waterfront〉로 오스카 여우조연상을 수상했다.

시나리오 작가인 **메리 루스(Mary Loos)**는 그녀의 이모인 아니타 루스(Anita Loos, 1912년 참고)가 쓴 소설을 바탕으로 1955년 작 영화인 〈젠틀맨 메리 브뤼네트, Gentlemen Marry Brunettes〉의 각본을 썼다.

영화 각본가인 **도로시 킹슬리(Dorothy Kingsley)**는 영화계로 오기 전에 라디오에서 일을 했다. 그녀는 1955년에 〈7인의 신부, Seven Brides for Seven Brothers〉로 오스카 각색상 후보에 올랐다.

로자 파크스(Rosa Parks)는 앨마배마주 몽고메리의 한 버스에서 좌석을 양보하라는 지시를 거부했다. 그녀의 이런 행동이 미국 내에서 1년 동안 몽고메리 버스 보이콧을 불러일으켰는데 이로 인해 흑인 인권 운동이 큰 성공을 거둘 수 있었다.

1954년에 처음 영화 계약을 한 영화배우 **킴 노박**(Kim Novak)은 1955년에 〈피크닉, Picnic〉으로 비평가들이 극찬한 여배우의 자리에 올랐으며 많은 돈을 벌어 들였다.

그레이스 켈리(Grace Kelly)는 〈회상 속의 여인, The Country Girl〉으로 1955년에 오스카 여우주연상을 수상했다. 그 바로 전년에는 〈모감보, Mogambo〉로 여우조연상 후보에 올랐다. 미국 우표에 등장하기도 했다.

흑인 여성 중 첫 번째로 오스카 여우주연상 후보에 올랐던 **도로시 댄드릿지**(Dorothy Dandridge)는 1955년에 〈카르멘 존스, Carmen Jones〉에서의 활약으로 그 영예를 따냈다. 영화계에서 거의 30년간 일했으나, 인종 차별주의와 그로 인한 기회의 부족으로 인해 그녀가 선택할 수 있는 영화의 수는 적었다.

1943년에 4살의 나이로 영화계에 데뷔를 하고 몇 년 뒤에 〈34번가의 기적, Miracle on 34th Street〉으로 대중의 관심을 이끈 **나탈리 우드**(Natalie Wood)는 첫 여우조연상 후보 지명을 1956년, 〈이유없는 반항, Rebel Without a Cause〉을 통해 받았다. 다른 2번의 후보 지명은 1962년 〈초원의 빛, Splendor in the Grass〉과 1964년 〈러브 위드 더 프로퍼 스트레인저, Love with the Proper Stranger〉를 통해서이다. 그녀의 영화 커리어는 비극적인 죽음 때문에 막을 내린다.

1930년대에 돈을 가장 많이 받는 시나리오 작가 중 한 명이었던 **소냐 레비엔**(Sonya Levien)은 첫 원고를 1919년에 팔았다. 그녀는 무성 영화에서 유성 영화로 성공적인 전환을 했는데 1956년에는 〈중단된 멜로디, Interrupted Melody〉로 오스카 각본상을 공동으로 수상하기도 했다. 이전에는 1934년에 〈어느 박람회장에서 생긴 일, State Fair〉을 통해 각색상 후보에 올랐다.

안나 마냐니(Anna Magnani)는 1956년에 〈장미 문신, The Rose Tattoo〉으로 오스카 여우주연상을 수상했다. 1958년에는 〈와일드 이즈 더 윈드, Wild is the Wind〉로 오스카 여우주연상 후보에 올랐다.

────── 1 9 5 6 ──────

작가, 프로듀서, 감독인 **낸시 해밀턴**(Nancy Hamilton)은 〈그녀의 이야기 속의 헬렌 켈러, Helen Keller in Her Story〉로(원래 제목은 〈운명을 이긴 사람, The Unconquered〉이다). 1956년에 장편 다큐멘터리상을 수상했다. 그녀는 여성 최초로 이 상을 수상했다.

영화계로 오기 이전에 토니상을 수상한 연극 배우 **조 반 플리트**(Jo Van Fleet)는 1956년에 〈에덴의 동쪽, East of Eden〉으로 오스카 여우조연상을 수상했다.

50년 동안 소프라노로 활동한 **마니 닉슨**(Marni Nixon)은 많은 여배우를 대신해서 노래를 불렀다. 하지만 이는 대중, 가끔은 그 영화배우들에게 조차도 밝혀지지 않았다. 그녀가 노래를 부른 대표 영화로는 〈왕과 나, The King and I, 1956년 작이며 데보라 커 역〉, 〈웨스트 사이드 스토리, West Side Story, 1961년 작이며 나탈리 우드와 리타 모레노 역〉 그리고 〈마이 페어 레이디, My Fair Lady, 1964년 작이며 오드리 헵번 역〉가 있다.

> **여성은 남성만큼 성공적인 시나리오 작가가 될 수 있어요. 여성이라는 점은 그 어떤 불편함과 어려움을 만들어 내지 않죠. 여성들은 영화 산업과 항상 친밀한 관계에 있습니다.**
>
> —소냐 레비엔

진 허숄트 박애상(Jean Hersholt Humanitarian Award)은 1915년에 미국 영화계에서 커리어를 시작한 덴마크 배우 진 허숄트를 기리기 위해 영화 예술과학 아카데미가 1956년에 도입한 상이다. 허숄트는 18년 동안 영화 구호기금(Motion Picture Relief Fund)의 회장으로 일했고, 예술과학 아카데미 회장으로도 일을 해 왔다. 이 상은 박애주의 노력으로 영화계에 큰 기여를 한 개인에게 주어지는 상인데 1957년에 최초 수상자가 나왔다.

현재까지의 여성 수상자는 다음과 같다

마사 레이(Martha Raye)—1969

로사린드 러셀(Rosalind Russell)—1973

오드리 헵번(Audrey Hepburn)—1993

엘리자베스 테일러(Elizabeth Taylor)—1993

셰리 랜싱(Sherry Lansing)—2007

오프라 윈프리(Oprah Winfrey)—2012

안젤리나 졸리(Angelina Jolie)—2014

데비 레이놀즈(Debbie Reynolds)—2016

시나리오 작가인 **이소벨 레나트**(Isobel Lennart)는 그녀의 시나리오로 오스카 각색상 후보에 2번 올랐다. 첫 번째는 1956년에 〈사랑하거나 떠나거나, Love me or Leave Me〉를 통해서, 두 번째는 1961년에 〈방랑자, The Sundowners〉를 통해서였다.

편집자인 **엘머 매크로리**(Alma MacRorie)는 〈원한의 도곡리 다리, The Bridges at Toko-Ri〉로 1956년 오스카 편집상 후보에 올랐다.

1957

실험적인 영화 제작자이자 감독, 그리고 촬영 기사이자 여배우인 **마리 멘켄**(Marie Menken)은 〈정원에 머무는 시선, Glimpse of the Garden〉을 감독했다. 이 영화는 미국 국회 도서관 국립 영화 보관소의 보관 목록에 추가됐다.

도로시 말론(Dorothy Malone)은 〈바람에 쓴 편지, Written on the Wind〉로 1957년에 오스카 여우조연상을 수상했다. 그녀는 50년 이상 커리어를 쌓았다.

1957년, 영화배우인 **샌드라 디**(Sandra Dee)는 그녀의 첫 영화인 〈배가 떠날 때까지, Until They Sail〉에 출연했는데 이를 통해 골든 글로브상을 1958년에 수상했다. 1959년에는 〈기젯, Gidget〉과 〈슬픔은 그대 가슴에, Imitation of Life〉로 국민 배우가 되었다.

월트 디즈니의 둘도 없는 친구인 **하젤 조지**(Hazel George)는 질 조지(Gil George, Gilman은 그녀의 결혼 전 성)라는 펜명으로 종종 노래를 작곡했다. 그녀는 1957년 작 〈올드 옐러, Old Yeller〉와 1959년 작 〈쉐기 독, The Shaggy Dog〉을 포함한 몇몇 고전 영화의 작곡을 맡았다.

1958

아카데미 시상식에서 상을 처음으로 수상한 동양계 미국인인 여배우 **우메키 미요시**(Miyoshi Umeki) 는 〈사요나라, Sayonara〉로 1958년에 오스카 여우조연상을 수상했다.

바이타그래프 영화 스튜디오 초기의 필름 편집자였던 **비올라 로렌스** (Viola Lawrence, 사진에서 왼쪽)는 1912년에 처음 필름 편집을 했다. 그녀는 커리어 대부분을 콜롬비아 픽처스에서 보냈으며, 그곳에서 필름 편집 감독으로 승진을 했다.

로렌스는 오스카 편집상 공동 후보로 2번 올랐는데 1958년에 〈팔 조이, Pal Joey〉를, 1961년에 〈페페, Pepe〉를 통해서였다. 그녀는 다음과 같이 말했다. "매우 당연한 것이지만 저는 직업에 관해서는 여성 편이에요. 저는 여성 필름 편집자가 많다고 생각하지 않아요. 저는 여성이 이 분야에서는 동정심과 감성이 더 많다고 생각해요. 자, 이제 우리 우락부락한 동기들이 방금 제가 한 말을 들을 때 소리치는 것 좀 들어 보세요!"

조앤 우드워드(Joanne Woodward)는 1958년, 〈이브의 세 얼굴, The Three Faces of Eve〉로 여우주연상을 수상했다. 그녀는 50년이 넘는 커리어 동안 오스카 후보에 3번 더 올랐다.

〈페이튼 플레이스, Peyton Place〉에서의 역할로 1958년 여우주연상 후보에 오른 **라나 터너**(Lana Turner)는 50년의 커리어를 보유하고 있다. 1937년에 데뷔한 그녀는 핀업 걸이자 순정 소녀, 팜므 파탈, 그리고 매우 진지한 영화배우이다.

1959 가수이자 배우인 펄 베일리(Pearl Bailey)는 〈포기와 베스, Porgy and Bess〉에 출연했다.

수잔 헤이워드(Susan Hayward)는 1959년에 〈나는 살고 싶다, I Want to Live!〉로 오스카 여우주연상을 수상했다. 이 외에도 그녀는 같은 상에 4번이나 후보로 오른 이력이 있다. 영화 커리어는 35년간 지속되었다.

이전에 연극배우로 활동했으며 대영제국 훈장 수여자인 웬디 힐러(Wendy Hiller)는 〈애수의 여로, Separate Tables〉로 1959년에 오스카 여우조연상을 수상했다. 다른 오스카 후보 지명은 1939년에 〈피그말리온, Pygmalion, 여우주연상〉, 1967년에 〈사계의 사나이, A Man for All Seasons, 여우조연상〉를 통해 받았다.

에이드리언 파잔(Adrienne Fazan)은 거의 40년에 다다르는 편집 커리어 동안 오스카 편집상을 1번 수상하고 1번 후보에 오른 이력이 있다. 그녀의 수상은 1959년 〈지지, Gigi〉를 통해서였으며, 1952년에는 〈파리의 아메리카인, An American in Paris〉으로 처음으로 후보에 올랐다. 그녀는 오스카 수상에 대해 "일을 잘했다는 또 다른 증표이죠"라고 말했다.

토니상을 수상한 연극배우인 모린 스태플톤(Maureen Stapleton)은 영화 데뷔작인 〈론리하트, Lonelyhearts〉를 통해 1959년에 처음으로 오스카 여우조연상 후보에 올랐다. 그녀는 〈레즈, Reds〉로 1982년에 오스카 여우조연상을 수상하기 이전에 2번 더 오스카 후보에 올랐다.

" 우리가 에이드리언을 선택한 이유는 바로 그녀의 명성 때문이었어요. … 그녀는 꺾이지 않는 강인한 정신을 가지고 있어요. 포기하는 것을 거부했죠. 저는 그녀와 일하는 게 정말 좋았어요. "

–조지 시튼

1950년대 최고의 섹스 심볼 중 한 명이었던 **마릴린 먼로**(Marilyn Monroe)는 1946년에 처음으로 영화 계약을 했다. 1950년 영화 〈이브의 모든 것, All About Eve〉에 등장한 이후로, 20세기 폭스(20th Century Fox)는 그녀와 7년 계약을 체결했다. 1953년 작인 〈나이아가라, Niagara〉와 〈신사는 금발을 좋아한다, Gentlemen Prefer Blondes〉에서의 연기로 섹스 심볼로 등극한 그녀는, 더 발전하기를 원해 연기 학원에 등록했다. 1959년에는 〈뜨거운 것이 좋아, Some Like It Hot〉에 출연했다.

그녀의 마지막 영화인 〈기인들, The Misfits, 1961년 작〉은 공동 주연이었던 클라크 게이블(Clark Gable)의 마지막 작품이기도 하다. 그 둘은 갑작스러운 죽음에 이르러서 다른 영화에 출연할 수 없었다. 마릴린 먼로는 중추신경 안정제인 바르비튜레이트 과다 복용으로, 클라크 게이블은 심장마비로 사망했다. 마릴린 먼로는 미국 우표에 실리기도 했다.

시나리오 작가이자 프로듀서인 **페이 케닌**(Fay Kanin)은 영화 예술과학 아카데미의 회장으로 1979년부터 1983년까지 일을 했다. 1959년에는 〈선생님의 애완 동물, Teacher's Pet〉로 각본상 후보에 올랐다. 그녀는 다음과 같이 말했다. "여자의 이야기라는 말은 없다고 봐요, 저는 남자들이 감정은 여자의 전유물이라고 말하는 게 매우 불쾌해요. 제가 가장 좋아하는 남자는 바로 감정을 나타내는 남자들이에요. 만약 이런 방식으로 두 성별을 구별하려고 한다면 남녀 모두는 잃을 것이 참 많죠".

프로듀싱에 관해서는 "저는 현재(1980년대 중반) 공동 제작을 지향해요. 제가 좋아하는 협동이라는 행위를 하게 만들어 주니까요. 작가로서 저는 이 방식이 영화 제작에 더 좋다고 생각해요."라고 말했다.

피터 글렌빌(Peter Glenville)이 배우들에게 이야기하는 중. 페이 케닌은 왼쪽에 앉아 있다.

줄리 앤드류스

1960s

변화의 시대

영화계는 1960년대에 일어났던 성(性)의 혁명과 베트남전, 여성 운동, 그리고 기타 다른 사회적 변화의 영향을 받지 않을 수가 없었다.

1960년대에 만들어졌던 많은 영화 작품, 예를 들면 〈졸업, The Graduate〉과 〈초대받지 않은 손님, Guess Who's Coming to Dinner〉은 이 시대의 이슈와 관련성을 유지하기 위해 노력했고 뮤지컬 또한 이와 같이 노력을 해 크게 성공했다. 그러나 많은 작품들이 오스카 작품상을 수상했음에도, 그 작품 중 소수만이 여배우들을 오스카 수상으로 이끌었다.

주목할 만한 사실은 1969년에 바브라 스트라이샌드(Barbra Streisand)의 뮤지컬 코미디 〈화니 걸, Funny Girl〉과 캐서린 헵번(Katharine Hepburn)의 드라마 〈겨울의 라이온, The Lion in Winter〉이 여우주연상 수상에서 같은 수의 표를 얻어 동점이 되었다는 점이다.

이 시대에는 새로운 현상이 나타났다. 10대의 구매력이 증가했는데, 특히 10대 소녀들이 그러했다. 할리우드가 이 신시장을 환영하면서 새로운 카테고리의 영화를 만들기 시작했다. 그 결과로 샌드라 디(Sandra Dee), 앤-마가렛(Ann-Margret), 튜즈데이 웰드(Tuesday Weld)를 포함한 어린 스타들이 10대의 여왕으로 등극했다. 그녀들은 메이크업이나 연애에 대해 말하고 때로는 영화 속에서 진지한 역할을 하기도 했다.

이 시대에는 영화계가 많은 경제적 어려움을 겪었다. 텔레비전이 성행하면서 영화 관람객의 수가 줄었기 때문이다. 때문에 미국 영화 회사도 레코드나 텔레비전 쇼 제작으로 다양화를 시도하기 시작했다. 비록 영화로 박스오피스에서 돈을 많이 벌거나 스타 반열에 오른 여배우들은 많았지만, 사실 그 여성들은 영화 산업 그 속에서는 영향력이 없었다.

여성들은 계속해서 시나리오 작가로 활동했지만 그 수는 1950년대보다 적었고 글쓰기 분야에서는 후보에 올라간 여성 그 누구도 오스카상을 수상하지 못했다. 인원이 줄어 가던 여성 편집자들 내에서도 몇몇이 오스카상 후보에 이름을 올렸지만 오직 단 한 명, 앤 V. 코츠(Anne V. Coates)만이 〈아라비아의 로렌스, Lawrence of Arabia〉로 1963년에 수상을 했다.

여성은 미술상 및 의상상 부문에서 성공했는데 이는 바느질이나 예술이 여성의 일이라고 간주되었기 때문이다. 의상상 부문에서 에디스 헤드(Edith Head)는 오스카 수상과 후보 지명을 계속해서 받았다. 이 분야에서는 많은 여성들이 인정을 받고 영향력을 키웠는데 1960년대에는 매년 다수의 여성들이 수상 후보에 올랐다.

1960년대의 문화적 혼란은 영화계나 사회에서 여성들이 영향력을 키우는 데 어려움을 겪게 했다.

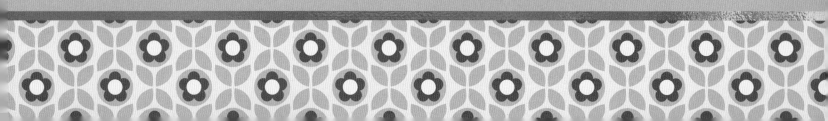

의상 디자이너인 앨리스 데이비스(Alice Davis)는 월트 디즈니에 고용되어서 1960년 영화 〈토비 타일러, Toby Tyler〉의 의상 제작을 맡게 되었다. 그녀는 메리 블레어(Mary Blair, 1946년 참고)와 함께 1964/1965년 세계 박람회에서 월트 디즈니사의 작은 세상(It's a Small World)의 전시를 담당했다. 그녀는 2004년에 디즈니의 전설로 명명되었다.

여배우인 주아니타 무어(Juanita Moore)는 흑인 여성으로서는 세 번째로 오스카 여우조연상 후보에 올랐다. 1960년에 〈슬픔은 그대 가슴에, Imitation of Life〉를 통해 후보에 올랐다.

시몬느 시뇨레(Simone Signoret)는 〈꼭대기 방, Room at the Top〉으로 1960년에 오스카 여우주연상을 수상했다. 오스카를 받은 최초의 프랑스 여성인 그녀는 1966년에 〈바보들의 배, Ship of Fools〉로 또 후보에 올랐다. 시뇨레는 가장 위대한 프랑스 영화 스타 중 한 명으로 여겨진다.

1960

여우조연상과 여우주연상에 4번이나 후보에 오른 여배우 쉘리 윈터스(Shelley Winters)는 그 중 첫 오스카상(여우조연상) 수상을 1960년에 〈안네의 일기, The Diary of Anne Frank〉로 받았다. 두 번째 여우조연상 수상은 1966년에 〈패치 오브 블루, A Patch of Blue〉를 통해서였다.

할리우드에서 소득이 높았던 가수이자 배우인 도리스 데이(Doris Day)는 〈필로우 토크, Pillow Talk〉를 통해서 오스카 여우주연상을 수상했다.

100개의 크레디트를 보유한 세트 데코레이터 루비 레빗(Ruby Levitt)은 오스카 미술상 공동 후보에 4번 올랐다. 추천됐던 작품들은 〈필로우 토크, Pillow Talk, 1960년 추천〉, 〈사운드 오브 뮤직, The Sound of Music, 1966년 추천〉, 〈안드로메다의 위기, The Andromeda Strain, 1972년 추천〉, 〈차이나타운, Chinatown, 1975년 추천〉이다.

> 저는 초반에 남자 동료들과 문제가 생길 것을 염려했어요. 그런데 여자들과 일하기 싫어하는 그런 종류의 남자들은 아예 우리와 함께 하지 않는다는 사실을 알았어요. 곧 우리는 다른 성별을 가진 자들로서가 아닌 사람 대 사람으로서 일하기 시작했어요.
> —셜리 클락

감독이자 편집자, 프로듀서로 활동한 **셜리 클락**(Shirley Clarke)은 〈스카이스크래퍼, Skyscraper〉로 1960년에 오스카 단편 실사 영화상 후보에 올랐다. 1963년에는 〈로버트 프로스트: 어 러버스 쿼럴 위드 더 월드, Robert Frost: A Lover's Quarrel with the World〉를 감독했다. 그녀는 다음과 같이 말했다. "저는 단 한 번도 언더그라운드에 속했던 적도, 할리우드에 속했던 적도 없어요. 제가 소속된 그룹 자체가 없었죠. 저는 언제나 저에게 적합한 곳을 찾아 들어가기를 원했지만, 단 한 번도 그렇게 되지 않았어요."

"저는 스튜디오 영화보다 독립 영화를 더 추구해요. 스튜디오의 경우 사람들이 무엇을 봐야 할지 정했는데 그것이 싫었기 때문이죠. 저는 단 한 번도 독립 영화를 만든다는 것이 얼마나 어려운지 생각하지 않았어요. 오히려 제 문제는 영화 만드는 법을 배우는 것에 있었죠. 제가 알고 싶은 것에 대해 제작하는 게 아니라면 그 영화는 만들고 싶지 않아요."

"여성이 영화 제작을 함으로써 여성들에게 완전히 새로운 방식으로 뜻깊은 메시지를 전달할 수 있기를 희망해요. 제가 말하고자 하는 건 여성이 그냥 단순히 어떻게 아기를 가지는지가 아니라 여성으로서, 흑인으로서 이중의 시각을 가진 사람으로서의 감수성과 관련된 것이죠. 그들은 우리에게 보이도록 허락된 것보다 더 넓은 시각을 표현하고 인간에 대한 이해가 아닌 인류 전체에 대해 더 큰 이해를 하도록 돕죠."

1960년대에 들어서서 여성의 역할이 많이 바뀌었다. 그녀들은 주류에 서거나 가장으로서 예전에는 오직 남성으로만 이루어졌던 역할들을 해내고 공권력을 행사할 수 있는 자리에 올랐다. 여성은 1960년에 노동력의 38%를 차지했다.

첫 피임약이 이 시기에 미국에서 판매 승인을 얻었다.

감독이자 제작자인 **매들린 앤더슨**(Madeline Anderson)이 1950년 시민 인권 운동에 관한 영화 〈인터그레이션 리포트, Integration Report One〉를 만들었다. 그녀는 1970년에 처음으로 흑인이 감독과 제작을 한 다큐멘터리 영화 중 하나인 〈아이 엠 썸바디, I Am Somebody〉로 유명해졌다.

의상 디자이너인 **엘리자베스 하펜든**(Eliza-beth Haffenden)은 1960년에 〈벤허, Ben Hur〉를 통해 처음으로 의상상 컬러 부문을 수상했다. 두 번째 의상상 수상은 1967년에 〈사계의 사나이, A Man for All Seasons〉를 통해서이다. 이때는 공동 수상을 했다.

영화배우 캐롤 마쉬(Carol Marsh, 오른쪽)가
엘리자베스 하펜든이 만든 옷을 입어 보고 있는 모습

1961
영국 영화배우인 **헤일리 밀즈**(Hayley Mills)는 영화 〈폴리애나, Pollyanna〉에서 보여 준 기량으로 '1960년에 가장 뛰어난 아역 연기를 선보였다고' 인정받아 그 다음 년도인 1961년에 아카데미로부터 아역상을 수상했다. 1961년에 그녀는 쌍둥이로 출연을 하는데 이후 1998년에는 디즈니 레전드로 불리게 된다.

영화 평론가이자 작가인 **루스 워터버리**(Ruth Waterbury)는 1920년대에 이르러 영화 산업 분야를 담당했다. 그녀는 『포토플레이』와 『실버 스크린(Silver Screen)』 잡지사에서 편집자로 활동을 했는데 한때는 루엘라 파슨즈(Louella Parsons, 1914년 참고)의 조수로 일하기도 했다. 할리우드 여성 기자 클럽(Hollywood Women's Press Club)의 회장직을 5번이나 역임한 그녀가 쓴 엘리자베스 테일러에 대한 1961년 전기의 제목은 『엘리자베스 테일러: 그녀의 삶, 연애, 미래(Elizabeth Taylor: Her Life, Her Loves, Her Future)』이다.

2번이나 오스카상 후보에 오른 영화배우이자 가수 겸 댄서인 앤-마가렛(Ann-Margret)은 1961년에 베티 데이비스(Bette Davis, 1936년 참고)와 함께 〈포켓에 가득찬 행복, Pocketful of Miracles〉에 출연하며 데뷔했다.

뮤지컬 〈오클라호마, Oklahoma!, 1955년 작〉와 〈회전목마, Carousel, 1956년 작〉에서 주연을 맡은 뒤, 셜리 존스(Shirley Jones, 셜리 템플의 이름을 땀, 1935년 참고)는 1961년에 〈엘머 갠트리, Elmer Gantry〉로 오스카 여우조연상을 수상했다.

자넷 리(Janet Leigh)는 〈싸이코, Psycho〉로 오스카 여우조연상 후보에 올랐다. 그녀는 노마 시어러(Norma Shearer, 1930년 참고)가 발굴해 냈는데, 미국의 영화 제작사인 MGM(메트로-골드윈-메이어)에서 스크린 테스트를 하기까지 했다. 50편이 넘는 영화를 찍었다.

━ 1961 ━

미국 영화 연구소가 스크린 레전드 중 한 명으로 뽑은 엘리자베스 테일러(Elizabeth Taylor)는 1942년에 영화 〈귀로, There's One Born Every Minute〉의 아역 배우로서 스크린 데뷔를 했다.

보랏빛 눈동자와 빼어난 아름다움으로 이름이 알려진 그녀는 고작 10대 때 1944년 영화 〈녹원의 천사, National Velvet〉에서 획기적인 역할을 맡았다. 성인 역할로 전환하면서 그녀는 오스카 후보에 3번 올랐고 그와 별도로 2번의 수상을 받았다. 첫 오스카였던 여우주연상을 1961년에 〈버터필드 8, Butterfield 8〉로 수상했다. 그녀의 두 번째 오스카 여우주연상 수상은 1967년에 〈누가 버지니아 울프를 두려워하랴, Who's Afraid of Virginia Woolf?〉를 통해서였다. 그녀는 보석 컬렉션과 연애사, 결혼으로 이름이 잘 알려져 있는데, 일곱 명의 남자와 8번의 결혼을 했다. 1993년에는 진 허숄트 박애상(1956년 참고)을 수상했다.

로레인 핸스버리(Lorraine Hansberry)는 그녀가 원작으로 쓴 연극의 영화 버전인 〈태양의 계절, A Raisin in the Sun〉의 시나리오를 맡았다. 미국 국립 여성 명예의 전당에 추대됐다.

1962

파이퍼 로리(Piper Laurie)는 〈허슬러, The Hustler〉에서 맡은 역할로 1962년에 여우주연상 후보에 올랐는데 3번의 아카데미상 후보 지명 이력 중 첫 번째이다. 그녀는 1977년과 1987년에 각각 〈캐리, Carrie〉와 〈작은 신의 아이들, Children of a Lesser God〉로 여우조연상 후보에 올랐다.

도리 프레빈과 앙드레 프레빈

작사 작곡가이자 가수인 도리 프레빈(Dory Previn)은 오스카 주제가상 후보에 3번 올랐다. 처음 2번의 후보 지명은 1961년에 당시의 남편이었던 앙드레 프레빈(André Previn)과 함께 영화 〈페페, Pepe〉에 삽입된 곡 'Faraway Part of Town'으로, 그리고 1963년에 영화 〈투 포 더 시쏘, Two for the Seesaw〉에 삽입된 곡 'Song from Two for the Seesaw(Second Chance)'를 통해 받았다. 그녀의 세 번째 오스카 공동 후보 지명은 1970년에 영화 〈푸키, The Sterile Cuckoo〉에 삽입된 곡 'Come Saturday Morning'을 통해서이다.

〈썸머 앤 스모크〉 중
우나 머켈(왼쪽)과 제라르딘 페이지

여배우인 우나 머켈(Una Merkel)은 40년간의 영화 커리어를 1928년 영화 〈바람, The Wind〉 속 릴리언 기시(Lillian Gish, 1912년 참고)의 대역으로 시작했다. 1962년에는 〈썸머 앤 스모크, Summer and Smoke〉로 오스카 여우조연상 후보에 올랐다.

소피아 로렌(Sophia Loren)은 외국어 영화로 오스카상을 받은 최초의 여배우가 됐다. 1962년에는 〈두 여인, Two Women〉으로 오스카 여우주연상을 수상하고 1965년에는 〈이탈리아식 결혼, Marriage Italian Style〉으로 오스카 여우주연상에 후보로 올랐다. 로렌은 1991년에 아카데미로부터 공로상을 수여받았는데 이때, '영화계를 더 빛나게 하는 기억할 만한 연기를 하며, 꽉 찬 커리어를 가진 여배우'라는 찬사를 받았다. 60년에 걸친 연예계 커리어를 가지고 있다.

오스카상, 그래미상, 에미상, 그리고 토니상을 수상한 소수의 아티스트 중 한 명이자 라틴계 여성 최초로 이러한 이력을 보유한 영화배우이자 가수, 댄서인 리타 모레노(Rita Moreno)는 1962년에 〈웨스트 사이드 스토리, West Side Story〉로 오스카 여우조연상을 수상했다. 미국 대통령 자유 훈장 수상자인 모레노는 오늘날까지도 여전히 활발하게 활동하고 있는데 커리어가 60년을 넘는다.

"하하, 제가 그들에게 보여 줬어요. 오스카를 수상한 뒤에도 7년 동안 영화를 찍지 않았다는 사실을 말이에요. … 〈웨스트 사이드 스토리〉를 찍기 전에는 틀에 박힌 라틴계 여성 역할만 받았죠. 서양의 콘치타라던가 로리타라던가. 저는 언제나 맨발이었어요. 매우 굴욕적이었고 창피했어요. 하지만 이 외에는 아무것도 없었기 때문에 그 역할을 해야만 했어요. 〈웨스트 사이드 스토리〉 이후에는 들어오는 거의 모든 역할이 비슷했죠. 많은 수의 갱단 이야기들이라든지 말이에요."

〈웨스트 사이드 스토리〉 속의
리타 모레노(앞 정중앙)

1963

애니메이터이자 감독, 프로듀서이자 작가인 **페이스 허블리**(Faith Hubley)와 그녀의 남편인 존 허블리(John Hubley)는 스토리보드 스튜디오 (Storyboard Studios)를 창립하고 단편 영화를 함께 제작했다. 1960년에는 그녀가 프로듀싱하고 남편이 감독한 〈문버드, Moonbird〉가 오스카 단편 애니메이션상을 수상했다. 그녀와 그녀의 남편은 오스카상을 총 2번 수상하고 4번이나 더 후보에 올랐다. 그들은 〈더 홀, The Hole, 1963년 수상〉과 〈허브 앨퍼트와 티후아나 브라스 더블 피처, A Herb Alpert & the Tijuana Brass Double Feature, 1967년 수상〉로 오스카 단편 애니메이션상을 수상했다. 그녀는 1975년에 윈저 맥케이상(1972년 참고)을 수상했다.

60년이라는 커리어를 가진 편집자 **앤 V. 코츠**(Anne V. Coates)는 오스카 편집상 후보에 5번 올랐고 2017년에는 아카데미로부터 평생 공로상을 받았다. 그녀는 〈아라비아의 로렌스, Lawrence of Arabia〉로 1963년에 오스카상을 수상했으며, 이후 〈베킷, Becket, 1965년 추천〉, 〈엘리펀트 맨, The Elephant Man, 1981년 추천〉, 〈사선에서, In the Line of Fire, 1994년 추천〉, 〈표적, Out of Sight, 1999년 추천〉으로 후보에 올랐다. 평생 공로상 표창장에는 "60년이 넘는 영화 편집자 생활 동안 그녀는 많은 대표 감독들과 어깨를 나란히 하며 놀라울 정도로 넓은 범위의 영화를 함께 작업해 왔습니다."라고 적혀 있다.

그녀는 다음과 같이 말했다. "어떤 면에서는 저는 단 한 번도 저를 사업을 하는 여성이라고 생각한 적이 없어요. 저는 그냥 제 자신을 편집자라고 생각했어요. 저는 당연히 여성이라는 이유로 몇 번 거절을 당했어요, 하지만 어떤 때는 그들이 여성 편집자를 원했기 때문에 뽑힌 적도 있었죠."

의상 디자이너인 **노마 코치**(Norma Koch)는 〈제인의 말로, What Ever Happened to Baby Jane?〉로 1963년에 오스카 의상상 흑백 부문에서 수상을 했다. 1965년에는 같은 부문에 〈허쉬 … 허쉬, 스윗 샤롯, Hush … Hush, Sweet Charlotte〉으로 후보에 올랐다. 1973년에는 수잔 드 패즈(Suzanne De Passe, 1973년 참고)가 시나리오를 쓴 〈레이디 싱스 더 블루스, Lady Sings the Blues〉로 오스카 의상상 후보에 올랐다.

> **당신의 신념에 대한 용기를 가져야 해요. 편집을 할 때는 매일 수천 가지의 결정을 내려야 하죠. 이런 때 항상 문제를 해결하지 않고 방관하면 당신은 아무 것도 얻을 수 없을 거예요.**
>
> –앤 V. 코츠

40년이라는 할리우드 커리어를 가진 의상 디자이너 **메리 윌즈**(Mary Wills)는 '멋진 윌즈 아가씨'로 알려졌는데 바로 그녀의 옷 디자인 때문이었다. 그녀의 첫 번째 작업은 〈바람과 함께 사라지다, Gone with the Wind〉의 몽타주를 따는 일이었다. 이후 그녀는 1963년에 〈그림 형제의 황홀한 세상, The Wonderful World of the Brothers Grimm〉으로 오스카 의상상 컬러 부문을 수상했다. 이 외에, 오스카 후보에 6번 올랐는데 그중 첫 번째는 1953년에 있었고 마지막은 1977년에 있었다.

영화 〈여왕과 로올리경, The Virgin Queen〉 속 엘리자베스 여왕 역할을 맡은 베티 데이비스의 의상 스케치, 메리 윌즈가 그림

1963

1963년, **앤 밴크로프트**(Anne Bancroft)는 〈미라클 워커, The Miracle Worker〉에서 보여 준 앤 설리번 메시(Anne Sullivan Macy)의 묘사로 오스카 여주연상을 수상했다. 50년의 커리어 동안 여주연상 후보에 4번 더 올랐다.

여배우인 **패티 듀크**(Patty Duke)는 영화 〈미라클 워커, The Miracle Worker〉에서의 헬렌 켈러 연기로 1963년에 오스카 여우조연상을 수상했다. 그녀는 1985년부터 1988년까지 영화배우 길드의 회장을 역임했다.

처음에는 체조선수였던 스턴트우먼 **파울라 델**(Paula Dell)은 1960년대에 스턴트우먼들을 위해 영화계를 개척했다. 그녀의 첫 영화 〈건망증 선생님 2, Son of Flubber〉는 1963년에 나왔다. 특별히 기억에 남는 그녀의 스턴트는 캐롤 채닝(Carol Channing, 1968년 참고)의 스턴트 대역으로 〈모던 밀리, Thoroughly Modern Millie〉 중 몸이 대포에서 나가는 장면을 연기했을 때이다. 델은 1967년 영화 스턴트우먼 협회를 창립한 사람 중 한 명이다. 그녀가 2017년 죽음의 무렵에 이르렀을 때, 현직에 있는 스턴트우먼 한 명은 다음과 같이 말했다. "우리 스턴트우먼들의 커리어가 있기까지에는 그녀의 공이 참 큽니다."

1964
시나리오 작가이자 프로듀서인 **해리엇 프랭크 주니어**(Harriet Frank Jr.)는 폴 뉴먼(Paul Newman) 주연의 〈허드, Hud〉를 통해 1964년에 각색상 후보에 처음으로 올랐다. 1980년, 그녀는 같은 부문 후보에 〈노마 레이, Norma Rae〉를 통해 올랐다.

대영제국 데임 작위를 수여받은 성격파 배우인 **마가렛 러더포드**(Margaret Rutherford)는 1964년에 〈VIP, The V.I.P.s〉로 오스카 여우조연상을 받았다. 연극배우로 알려져 있는 그녀이지만 40편이 넘는 영화에 출연하기도 했다.

명성 있는 영국 연극배우인 **에디스 에반스**(Edith Evans)는 무성 영화와 유성 영화 모두에 출연했다. 그녀는 1964년에 〈톰 존스의 화려한 모험, Tom Jones〉으로 여우조연상, 1965년에 〈초크 가든, The Chalk Garden〉으로 여우조연상, 1968년에 〈위스퍼러스, The Whisperers〉로 여우주연상 후보에 오르며 오스카 후보에 3번 올랐다.

영국 의상 디자이너이자 무대와 영화 미술 디자이너로 30년이 넘게 활동한 **조셀린 허버트**(Jocelyn Herbert)는 〈톰 존스의 화려한 모험, Tom Jones〉으로 1964년에 미술상 컬러 부문 공동 후보에 올랐다.

포비 에프론(Phoebe Ephron)은 1964년에 〈캡틴 뉴먼, M.D, Captain Newman, M.D.〉로 그녀의 남편과 협력자인 헨리 에프론과 함께 오스카 각색상에 공동으로 후보에 올랐다. 포비는 노라 에프론(Nora Ephron, 1984년 참고)과 델리아 에프론(Delia Ephron, 1998년 참고)의 어머니이다.

> 1964년에 공공장소, 정부기관, 직장에서의 흑인 차별을 금지하는 공민권 법안이 제정됐다.

영화배우이자 토니상을 수상한 경력이 있는 연극배우인 **패트리샤 닐**(Patricia Neal)은 1964년에 영화 〈허드, Hud〉를 통해 오스카 여우주연상을 수상했다. 이후 뇌졸중을 극복한 뒤에 1969년에 〈서브젝트 워스 로지스, The Subject Was Roses〉를 통해 다시 후보에 올랐다.

영화 〈클레오파트라〉 중 엘리자베스 테일러

의상 디자이너인 **레니**(Renié)는 〈클레오파트라, Cleopatra〉로 1964년에 오스카 의상상 컬러 부문을 수상했다. 그녀의 인생 첫 오스카 의상상 후보 지명은 1952년에 흑백 영화 〈모델과 중매장이, The Model and the Marriage Broker〉를 통해서였다. 1954년, 그녀는 동일한 부문 후보에 〈대통령의 여인, The President's Lady〉으로 1번 더 올랐다. 그녀는 1960년에는 〈성 베드로, The Big Fisherman〉를 통해서 오스카 의상상 컬러 부문 후보에 올랐다. 1979년에 풍운의 캐러밴, Caravans〉으로 마지막 후보 지명을 받음으로써 의상계에서의 장수를 증명했다.

1965

미국 감독 길드 장학금을 받은 최초의 여성이자 프로듀서이면서 감독 겸 작가인 **스테파니 로스먼**(Stephanie Rothman)은 1965년에 영화 〈비치 볼, Beach Ball〉을 제작했다. 1979년에 그녀는 다음과 같이 말했다.

"그것은 남자가 결정할 수 있는 게 아니에요. … 그리고 남자들은 이제 여성들도 자기가 원하는 역할을 할 수 있다는 사실을 알아야 해요. 만일 그 역할이 본래 여성의 역할이라고 해도."

"저는 여성 해방 운동이 남성 해방 운동을 뒤따를 수 있기를 바랍니다. … 저는 제 작품이 본질로서 평가되기를 원해요. 하지만 동시에 제가 여성이라고 사람들에게 말하고 다니면 다른 여성들이 자기도 감독이 될 수 있다고 생각하는 데 도움을 준다는 느낌이 들어요. 저도 마찬가지예요. 제가 영화 학교를 1965년에 떠났을 때, 남자들이 독점한 필드에서 고군분투하는 셜리 클락(Shirley Clarke)을 보면서 나도 그녀처럼 할 수 있다고 제 자신을 고무시켰어요."

> " 이 시대 여성들이 가지고 있는 많은 문제점은 바로 그녀들이 변화를 요구하지 않는다는 거예요. 당신이 불만을 표출하지 않으면 아무도 당신이 불만을 가진 줄 몰라요. 여성들이 미래에 어떤 역할을 할지는 그녀들 자신이 어떤 미래를 그리느냐에 달려 있어요. "
>
> ─스테파니 로스먼

러시아 출신 프랑스 여배우인 **릴라 케드로바**(Lila Kedrova)는 그녀가 맡은 첫 영문 영화인 〈희랍인 조르바, Zorba the Greek〉로 1965년에 오스카 여우조연상을 수상했다. 그녀는 괴짜와 미치광이 캐릭터를 남은 커리어 동안 전문적으로 연기했다.

1968년부터 1991년까지 뉴욕 매거진의 영화평론가로 활동한 **폴린 카엘**(Pauline Kael)은 1965년에 그녀가 쓴 초기의 영화 리뷰를 전부 모은 책인 『I Lost It at the Movies』를 출판했다.

영국 가수, 댄서이자 여배우인 **줄리 앤드류스**(Julie Andrews)는 그녀의 영화 데뷔작인 〈메리 포핀스, Mary Poppins〉에서 메리 포핀스 역할을 맡아 오스카 여우주연상을 수상했다. 1966년에는 〈사운드 오브 뮤직, The Sound of Music〉으로, 1983년에는 〈빅터 빅토리아, Victor/Victoria〉로 오스카 여우주연상 후보에 올랐다. 대영제국 데임 작위를 수여받은 그녀는 50년이 넘는 세월 동안 영화계에 종사해 왔다.

1965

데비 레이놀즈(Debbie Reynolds)는 〈몰리 브라운, The Unsinkable Molly Brown〉으로 1965년에 오스카 여우주연상 후보에 올랐다. 2016년에는 진 허숄트 박애상(1956년 참고)을 받기도 했으며, 50년이 넘는 연예 커리어 동안 에미상과 토니상 후보에도 올랐다. 캐리 피셔(Carrie Fisher, 1977년 참고)의 엄마이기도 하다.

1966 의상 디자이너인 **필리스 달톤**(Phyllis Dalton)은 1966년 〈닥터 지바고, Doctor Zhivago〉로 처음으로 오스카 의상상 컬러 부문을 수상했다. 두 번째 오스카는 1990년에 〈헨리 5세, Henry V〉를 통해서 받았는데, 의상상 부문에서 1번 더 수상을 받았다. 이 외에도 1969년에 〈올리버, Oliver!〉로 오스카 의상상 후보에 올랐다.

필리스 달톤이 리차드 토드(Richard Todd)가 입고 있는 〈롭 로이, Rob Roy: The Highland Rogue〉 의상을 수선 중이다.

줄리 크리스티(Julie Christie)는 1966년에 〈달링, Darling〉으로 오스카 여우주연상을 수상했다. 그녀는 여우주연상 후보에 3번 더 올랐는데 〈맥케이브와 밀러 부인, McCabe & Mrs. Miller, 1972년 추천〉, 〈회상, Afterglow, 1998년 추천〉, 〈어웨이 프롬 허, Away from Her, 2008년 추천〉를 통해서였다.

전미 여성 연합회는 여성의 동등함 확보, 차별 제거, 임신과 출산에 대한 기본권을 보호, 여성에 대한 모든 형태의 폭력 근절이라는 목표를 가지고 설립되었다.

1966년에 **로나 베렛**(Rona Barrett)은 로스앤젤레스 텔레비전 방송국인 KABC-TV에서 할리우드에 대한 가십거리를 방송하기 시작했다. 그녀는 텔레비전 특별 프로그램을 제작하고 할리우드에서 일어나는 일에 대한 잡지를 출판하면서 영화에 카메오로 출연하고 자서전을 쓰는 활동을 했다.

의상 디자이너인 **줄리 해리스**(Julie Harris)는 1966년에 영화 〈달링, Darling〉으로 오스카 의상상 흑백 부문을 수상했다. 그녀는 2개의 비틀즈 영화인 〈비틀즈: 하드 데이즈 나이트, A Hard Day's Night〉와 〈헬프!, Help!〉, 그리고 제임스 본드 영화에 참여했다.

1967

미국 대통령인 린든 베인스 존슨 (Lyndon Baines Johnson)은 차별을 받아 온 소수 민족이나 여성의 고용을 추진하는 행정 명령 11375에 서명을 했다.

45년간 스턴트우먼으로 활동했으며 스턴트우먼 가운데 보수가 가장 높았던 줄리 앤 존슨(Julie Ann Johnson)은 최초의 여성 스턴트 코디네이터 중 한 명이다. 존슨은 영화 스턴트우먼 협회의 창립 멤버이자 전문 스턴트우먼 협회의 공동 설립자이다. 1967년, 그녀는 〈닥터 두리틀, Doctor Dolittle〉에서 스턴트 연기를 했다. 그녀에 대해서 누군가는 다음과 같이 말했다. "줄리는 제가 아는 사람 중에서 가장 용감한 여성 중 한 명이에요. 그녀의 용기와 결심이 할리우드를 더 좋고 안전한 일터이자 사는 곳으로 만들어 놨다는 사실을 저는 의심치 않아요. 이 시대의 스턴트우먼과 미래의 스턴트우먼 모두 그녀에게 은혜를 입었어요."

> **" 한 번 스턴트우먼은 영원한 스턴트우먼입니다. "** —줄리 앤 존슨

본래 연극배우였던 **샌디 데니스**(Sandy Dennis)는 1967년에 〈누가 버지니아 울프를 두려워하랴, Who's Afraid of Virginia Woolf?〉로 오스카 여우조연상을 수상했다.

영화 스턴트우먼 협회(Stuntwomen's Association of Motion Pictures)가 창립되었다.

〈사계의 사나이〉 속 수잔나 요크(Susannah York)

의상 디자이너인 **조안 브릿지**(Joan Bridge)는 〈사계의 사나이, A Man For All Seasons〉로 1967년에 오스카 의상상 컬러 부문을 수상했다.

린 레드그레이브(Lynn Redgrave)는 〈조지 걸, Georgy Girl〉을 통해 1967년에 생애 처음으로 오스카 여우주연상 후보에 올랐다. 그녀는 1999년에 〈갓 앤 몬스터, Gods and Monsters〉로 오스카 여우조연상에 1번 더 후보에 올랐다. 바네사 레드그레이브(Vanessa Redgrave, 1978년 참고)와 자매이다.

의상 디자이너인 데아도라 밴 런클(Theadora Van Runkle)은 30년이 넘는 커리어 동안 오스카상 후보에 3번 올랐다. 첫 후보 지명은 1968년에 〈우리에게 내일은 없다, Bonnie and Clyde〉로 받았다. 다른 2번의 후보 지명은 〈대부 2, The Godfather: Part II, 1975년 추천〉와 〈페기 수 결혼하다, Peggy Sue Got Married, 1987년 추천〉로 받았다. 그녀는 2002년에 의상 디자이너 길드 평생 공로상을 받았다.

왼쪽에서 오른쪽으로 〈우리에게 내일은 없다〉 중 진 핵크만(Gene Hackman), 에스텔 파르손즈, 워렌 비티(Warren Beatty), 페이 더너웨이(Faye Dunaway), 마이클 J. 폴라드(Michael J. Pollard)

1968

무대, 영화, 텔레비전 모두를 섭렵한 에스텔 파르손즈(Estelle Parsons, 사진 속 왼쪽에서 두 번째)는 1968년 〈우리에게 내일은 없다, Bonnie and Clyde〉로 오스카 여우조연상을 수상했다. 그녀는 그 다음 해에 〈레이첼 레이첼, Rachel, Rachel〉로 같은 부문에서 다시 후보에 올랐다.

캐롤 채닝(Carol Channing)은 〈모던 밀리, Thoroughly Modern Millie〉로 1968년 오스카 여우조연상 후보에 올랐다. 50년 이상 커리어를 쌓았다.

여배우 캐서린 로스(Katharine Ross)는 〈졸업, The Graduate〉으로 1968년에 오스카 여우조연상 후보에 올랐다.

전무후무한 아프리카계 미국인 여배우인 **베아 리처즈**(Beah Richards)는 1968년에 〈초대받지 않은 손님, Guess Who's Coming to Dinner〉으로 오스카 여우조연상 후보에 올랐다. 연예계에서 50년이 넘는 커리어를 쌓으며 토니상 후보에도 올랐고 에미상도 2번 수상했다.

1969

역대 최고의 스턴트우먼 중 한 명으로 손꼽히는 **지니 엡퍼**(Jeannie Epper)는 스턴트를 하는 가정[스테파니 엡퍼(Stephanie Epper, 1970년 참고), 유린 엡퍼(Eurlyne Epper, 1983년 참고)]에서 자랐다. 그녀는 150개가 넘는 크레디트에 이름을 올렸다. 1969년에는 〈헬로, 돌리, Hello Dolly!〉에서 스턴트를 맡았다. 그녀는 텔레비전 시리즈 〈원더우먼, Wonder Woman〉의 주연인 린다 카터(Lynda Carter)의 스턴트 대역으로 가장 잘 알려져 있다. 엡퍼는 영화 스턴트우먼 협회(1967년 참고)의 창립 멤버이다.

지니 엡퍼와 시나리오 작가 칼 포먼(Carl Foreman), 〈멕켄나의 황금, Mackenna's Gold〉 촬영 현장에서

'큰 입'이라는 별명을 가진 코미디 배우 **마사 레이**(Martha Raye)는 영화, 텔레비전, 무대 위에서 50년 동안 경력을 쌓았다. 1969년 그녀는 아카데미로부터 군인들을 위한 봉사 노력과 서비스를 인정받아 진 허숄트 박애상(1956년 참고)을 받았다.

작사가이자 작곡가인 **마릴린 버그먼**(Marilyn Bergman)과 그녀의 남편인 앨런 버그먼(Alan Bergman)은 거의 30년 동안 계속해서 오스카 후보에 이름을 올렸다. 그 시간 동안 이 강력한 팀은 오스카상을 3번 수상하고 추가로 10번이나 후보에 올랐다. 첫 주제가상 수상은 1969년에 있었는데, 영화 〈토마스 크라운 어페어, The Thomas Crown Affair〉에 삽입된 곡 'The Windmills of Your Mind'로 받았다. 1974년에는 같은 부문에서 노래 'The Way We Were'로 수상을 했다. 이 부부는 1984년에 미셸 르그랑(Michel Legrand)과 함께 영화 〈옌틀, Yentl〉로 음악상을 공동 수상했다.

영화배우이자 시나리오 작가인 **루스 고든**(Ruth Gordon)은 다섯 번째 후보 지명에서 처음으로 오스카를 수상했다. 1969년에 〈로즈메리의 아기, Rosemary's Baby〉로 여우조연상을 수상했다. 70년 동안 연예계에서 활동한 고든은 연기와 극작 부문 후보에도 오른 적이 있다. 그녀는 다음과 같이 말했다. "저에 대해 혹평을 하고 역할을 주지 않고, 인쇄되는 것마다 다 저를 비난해도 저는 꼭 성공해 낼 거예요. 왜냐고요? 저는 제가 그럴 것이라고 믿으니까요. 믿는다는 말은 당신이 상상력을 가졌다는 것을 의미해요. 사실을 직시하지 않는 거죠. 무엇이 당신을 막을 수 있을까요? 그리고 한 가지 더 말하자면, 진짜 운이 안 좋은 날, 누가 '너는 예쁘지 않아, 그래서 안 돼.'라고 말한다면 저를 생각해 보시고 포기하지 마세요!"

글렌 클로즈(Glenn Close, 1983년 참고)는 그녀에 대해 "그녀는 매 순간을 즐기는 능력이 있어요, 바로 그게 그녀를 늙지 않게 해 주었죠."라고 말했다.

한때 바바라 스탠윅(Barbara Stanwyck, 1938년 참고)의 스턴트 대역을 맡았던 **스티비 마이어스**(Stevie Myers)는 영화, 광고, 텔레비전에 출연하는 동물들을 위한 조련사가 됐다. 그녀는 1969년 작 〈진정한 용기, True Grit〉에서 존 웨인(John Wayne)이 탔던 말의 소유주이기도 하다.

편집자인 **이브 뉴먼**(Eve Newman)은 오스카 편집상 후보에 2번 올랐다. 1969년에 〈와일드 인 더 스트리트, Wild in the Streets〉로, 1977년에 〈2분 경고, Two-Minute Warning〉로 후보에 올랐다.

> 저에 대해서 말하자면,
> 저는 영화가 인류의 발전에 긍정적인 변화와
> 끊임없는 잠재력을 가져다 줄 수 있을 때까지
> 헌신할 것입니다. "
> –바브라 스트라이샌드

가수, 작가, 감독, 프로듀서이자 영화배우인 **바브라 스트라이샌드**(Barbra Streisand)는 1969년에 〈화니 걸, Funny Girl〉로 오스카 여우주연상을 수상했다. 그녀의 두 번째 오스카 수상은 1977년 주제가상 부문에서이다. 그녀는 1983년 작인 〈엔틀, Yentl〉을 만들었는데 이로써 대형 영화의 프로듀싱, 공동 집필, 출연 그리고 노래까지 맡은 최초의 사람이 됐다.

그녀는 작품상, 여우주연상, 주제가상 부문에서도 오스카 후보에 오른 이력이 있다. 오스카상, 그래미상, 에미상, 토니상을 모두 수상한 소수의 사람 중 한 명이며, 연예 사업에서 가장 성공한 인물 가운데 한 명인 그녀는 피바디상을 수상했고 미국 대통령 자유훈장과 케네디 센터상을 받았다. 영화 〈엔틀〉로 감독상 후보에 오르지 못한 것에 대해 그녀는 이렇게 말했다. "이상하죠, 그러나 저는 한 가지 이유 때문에 그렇게 개의치 않아요. 이 계기로 여성에 대한 차별이 명확하게 드러났어요. 제가 후보에 오르지 않음으로써 그 이슈에 대해 스포트라이트를 켰죠. 저는 생각했어요. '와, 진짜 명백한 차별이다.'라고요."

카메라 뒤에 서기로 한 결정에 대해 그녀는 이렇게 말했다. "이 결정이 그동안 여성들이 올라갈 수 없었던, 눈에 보이지 않던 장벽이었던 거죠. 저는 그냥 그들이 여성은 돈을 다루거나 비즈니스 여성이 될 능력이 없다고 믿는 것이라고 생각했어요. 몇 년 전에 저는 이런 말을 들었죠. '그렇게 통제가 하고 싶어? 여자가? 그건 미친 거야!'"

1969

캐나다인 댄서이자 안무가인 **오나 화이트**(Onna White, 사진에서 오른쪽)는 〈올리버, Oliver!〉에서 보여 준 멋진 안무로 1969년에 아카데미로부터 공로상을 수상했다.

루실 볼(Lucille Ball, 왼쪽) 그리고 오나 화이트

캐리 피셔

1970s

컴백의 시작

이 시기에는 여성들이 영화계에서 성 평등을 위해 행한 노력의 결실을 천천히 거두어들이기 시작했다. 이러한 변화는 여성들이 노동 시장에 진입하는 트렌드와 함께 병행됐다. 영화 산업 초기의 여성들을 모방하며, 이 시기의 여성들은 멀티태스킹을 통해 그녀들이 원하는 프로젝트를 얻어 낼 수 있었다. 자신의 프로덕션 회사를 설립하거나 각본가나 영화 촬영 기사가 된 그녀들은 그녀들이 감독하거나 제작한 영화에서 연기를 할 수 있었다.

더욱 더 많은 여성들이 시나리오 작가로 고용되어 역량을 대중에게 알렸는데, 가장 대표적인 예로는 낸시 도드(Nancy Dowd)의 하키 영화 〈슬랩 샷, Slap Shot〉이 있다. 이 영화 이후 그녀는 1979년에 〈귀향, Coming Home〉으로 한번 더 오스카상을 수상했다. 10년 동안 여성 작가들은 10번의 아카데미상 시상식에서 9번 후보에 오르거나 오스카상을 수상했다.

여성 편집자들도 목소리를 냈는데 그들은 점점 영향력을 넓혔고 아카데미로부터 인정도 받게된다. 도드의 영화 〈슬랩 샷, Slap Shot〉을 편집한 디디 알렌(Dede Allen)은 가장 성공한 여성 편집자중 한 명이었으며, 영화 수익의 일부분을 요구하고 또 받아내기까지도 한 최초의 여성이기도 하다. 한편, 마가렛 부스(Margaret Booth)의 평생에 걸친 편집 커리어는 1978년 아카데미로부터 공로상을 받음으로써 인정받았다.

비록 영화 초창기에는 여성 영화 프로듀서들이 많았지만 그중 한 명이 1970년대에 여성들의 진입 장벽을 부쉈다. 바로 줄리아 필립스(Julia Phillips)인데, 그녀는 1974년 〈스팅, The Sting〉을 통해 오스카 작품상을 공동으로 수상하며 오스카 작품상을 수상한 최초의 여성 프로듀서가 됐다. 1977년에는 〈택시 드라이버, Taxi Driver〉로 공동으로 후보에 올랐다.

또한 이 시대에는 매우 비약적인 진보가 일어났는데 바로 리나 베르트뮬러(Lina Wertmuller)가 여성 최초로 오스카 감독상 후보에 오른 것이다. 그녀는 〈세븐 뷰티스, Seven Beauties〉라는 작품으로 1977년에 후보에 올랐다. 그녀는 같은 영화로 오스카 각본상 후보에 오르며 두 번째 후보 지명을 받았다.

그러나, 버지니아 반 우프(Virginia Van Upp)가 1940년대에 프로덕션 이사직의 자리에 올랐지만 1970년대가 되기 전까지 프로덕션 임원직에 있는 여성은 거의 없었다.

몇십 년의 불평등이 지난 후에야 할리우드 여성들은 다시 한번 도약을 할 수 있었다.

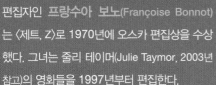

편집자인 **프랑수아 보노**(Françoise Bonnot)는 〈제트, Z〉로 1970년에 오스카 편집상을 수상했다. 그녀는 줄리 테이머(Julie Taymor, 2003년 참고)의 영화들을 1997년부터 편집한다.

대영제국 데임 작위 수여자인 **매기 스미스**(Maggie Smith)는 당대의 가장 존경받는 여배우 중한 명으로, 1970년에 〈미스 진 브로디의 전성기, The Prime of Miss Jean Brodie〉를 통해처음으로 오스카 여우주연상을 수상했다. 그녀는 1979년에 〈캘리포니아의 다섯 부부, California Suite〉로 오스카 여우조연상을 수상했으며, 추가적으로 후보에 4번 더 올랐다.

다이안 캐넌(Dyan Cannon)은 1977년 작 〈넘버 원, Number One〉을 통해 최초로 오스카 단편 실사 영화상 후보에 오른 여배우이다. 그녀는이 영화를 감독하고 프로듀싱하면서 집필과 편집을 하고 노래도 만들었다. 그녀는 첫 오스카 여우조연상 후보 지명을 1970년에 〈파트너 체인지, Bob & Carol & Ted & Alice〉로 받았으며, 두 번째 후보 지명은 1979년에 〈천국의 사도, Heaven Can Wait〉를 통해서 받았다.

1970

의상 디자이너인 **마가렛 퍼스**(Margaret Furse)는 〈천일의 앤, Anne of a Thousand Days〉으로 1970년에 오스카 의상상을 수상했다. 그녀는 〈머드락, The Mudlark, 1952년 추천〉, 〈베킷, Becket, 1965년 추천〉, 〈겨울의 라이온, The Lion in Winter, 1969년 추천〉, 〈스크루지, Scrooge, 1971년 추천〉, 〈비운의 여왕 메리, Mary Queen of Scots, 1972년 추천〉를 통해 추가로 후보에 5번 더 올랐다. 영국 시민으로서 이루어 낸 성과를 높이 사 그녀의 자화상이 영국 국립 초상화 박물관에 전시되어 있다.

〈천일의 앤〉 중 앤 불린 역을 맡은 주느비에브 뷔졸드(Genevieve Bujold)

골디 혼(Goldie Hawn)은 〈선인장 꽃, Cactus Flower〉으로 오스카 여우조연상을 수상했다. 이후 그녀는 1981년에 〈벤자민 일등병, Private Benjamin〉으로 오스카 여우주연상 후보에 올랐다. 혼은 1980년부터 영화를 제작해 왔다.

릴리언 기시(Lillian Gish, 1912년 참고)가 말했다. "영화 산업 초반에는 대다수의 시나리오 작가들은 여성이었어요. 프란세스 마리온(Frances Marion)은 메리 픽포드(Mary Pickford)의 영화 상당 부분을 썼어요. 준 마디스(June Mathis)는 발렌티노의 이야기를 썼고 아니타 루스(Anita Loos)는 더글러스 페어뱅스(Douglas Fairbanks)를 위해 글을 썼죠. 요즘(1970년대 초반) 영화 산업은 남성들 위주로 운영되고 영화 자체도 남성들을 위해 만들어지죠. 그리고 그들은 인간관계를 모독하는 양 싶어요. 하지만 언제나 그런 건 아니었죠. 데이비드 워크 그리피스(D.W. Griffith)는 여성들이 영화를 좋아하지 않으면 그 영화는 망한 거라고 생각했어요. 반대로 여성들이 좋아하면 그 영화는 성공이라고 생각했죠. 여성 관객의 존재는 잊어버리셨나요? 만약 그렇다면 여성스러움과 남성스러움 사이의 문제보다는 사업과 예술 방면에서의 문제 같아요."

아서 밀러(Arthur Miller), 바바라 로든,
제이슨 로바즈 주니어(Jason Robards Jr.)

1971

클린트 이스트우드(Clint Eastwood)와 종종 협작을 해 온 시나리오 작가인 **조 하임스**(Jo Heims)는 1971년 영화 〈어둠 속에 벨이 울릴 때, Play Misty for Me〉의 스토리와 시나리오를 맡았다.

워너 브러더스 스튜디오의 수석 캐스팅 감독인 **네사 하이암스**(Nessa Hyams)는 1971년 〈42년의 여름, Summer of '42〉의 캐스팅을 맡았다. 이후 그녀는 콜롬비아 픽처스의 서부 부사장직을 역임했다.

영화 스턴트우먼 협회의 창립 멤버 중 한 명인 스턴트우먼 **레지나 파튼**(Regina Parton)은 1971년 작 〈더티 해리, Dirty Harry〉를 포함하여 영화 속 스턴트 대역을 20년이 넘는 세월 동안 했다.

시나리오 작가인 **캐롤 이스트만**(Carole Eastman)은 그녀를 1971년 오스카 각본상 후보에 오르게 해 준 영화 〈잃어버린 전주곡, Five Easy Pieces〉을 포함하여, 잭 니콜슨(Jack Nicholson)의 영화 5편의 대본을 썼다.

여배우 **바바라 로든**(Barbara Loden)은 1970년 영화 〈완다, Wanda〉를 감독하고 대본을 썼다. 심지어 출연하기까지 했다.

지니 엡퍼(Jeannie Epper, 1969년 참고)의 자매이자 유린 엡퍼(Eurlyne Epper, 1983년 참고)의 고모인 **스테파니 엡퍼**(Stephanie epper)는 스턴트 가정에서 태어났다. 그녀는 스턴트 대역 커리어를 텔레비전 쇼 〈마이 프렌드 프릭카, My Friend Flicka〉로 시작했다. 영화 커리어를 30년 동안 쌓은 그녀는 1970년 작 영화인 〈작은 거인, Little Big Man〉에서 스턴트 연기를 펼쳤다. 영화 스턴트우먼 협회(1967년 참고)의 창립 멤버이기도 하다.

프로듀서인 **조안 켈러 스턴**(Joan Keller Stern)은 1970년에 〈매직 머신, The Magic Machines〉으로 단편 다큐멘터리상 후보에 올랐고, 단편 실사 영화상을 수상했다.

제인 알렉산더(Jane Alexander)는 4번의 오스카 여우주연상 후보 지명 중 첫 번째를 1971년에 〈위대한 희망, The Great White Hope〉을 통해서 받았다. 무대와 텔레비전뿐 아니라 영화에도 출연한 배우인 그녀는 국립 예술 기금(National Endowment for the Arts)의 감독으로 일했다.

1970-1

여배우 **알리 맥그로우**(Ali MacGraw)는 1969년 작 〈굿바이 컬럼버스, Goodbye, Columbus〉로 관객들의 눈에 띄게 된다. 1971년에는 〈러브 스토리, Love Story〉로 오스카 여우주연상 후보에 올랐다.

〈잃어버린 전주곡〉의 잭 니콜슨(Jack Nicholson)과 카렌 블랙

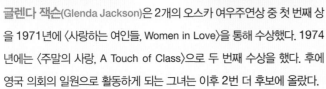

글렌다 잭슨(Glenda Jackson)은 2개의 오스카 여우주연상 중 첫 번째 상을 1971년에 〈사랑하는 여인들, Women in Love〉을 통해 수상했다. 1974년에는 〈주말의 사랑, A Touch of Class〉으로 두 번째 수상을 했다. 후에 영국 의회의 일원으로 활동하게 되는 그녀는 이후 2번 더 후보에 올랐다.

200개의 크레디트에 이름을 올린 여배우이자 시나리오 작가인 **카렌 블랙**(Karen Black)은 1971년 〈잃어버린 전주곡, Five Easy Pieces〉으로 오스카 여우조연상 후보에 이름을 올렸다.

1972

제인 폰다(Jane Fonda)는 1972년에 〈콜걸, Klute〉이라는 작품으로 처음으로 오스카 여우주연상을 수상했다. 그녀는 1979년에 〈귀향, Coming Home〉으로 오스카상을 1번 더 받았으며, 추가적으로 오스카상 후보에 5번 올랐다.

1985년에, 그녀는 다음과 같이 말했다. "저는 그저 영화배우뿐이고 싶었어요. 저는 그 일을 위해 트레이닝을 해 왔거든요. 아무도 제가 결국에 타협을 하고 제작을 할 것이라고 말해 주지 않았지만 어쩌다 보니 그렇게 됐네요. 지금 저는 45세가 넘었고 재미있는 역할을 받기 어렵다고 느껴요. 그래서 제가 직접 창조하는 중이랍니다. 스튜디오 시스템이 침체하면서 좋은 점과 나쁜 점 둘 다 공존하지만, 이제는 여배우들이 자기 자신의 프로젝트를 제작해야 해요. 〈귀향〉, 〈차이나 신드롬, The China Syndrome〉, 〈나인 투 파이브, Nine to Five〉, 〈황금 연못, On Golden Pond〉, 〈화려한 음모, Rollover〉는 모두 우리가 창조하고 제작한 영화들이에요. 정말 보람이 있었죠."

> "지금 저는 45세가 넘었고 재미있는 역할을 받기 어렵다고 느껴요. 그래서 제가 직접 창조하는 중이랍니다.
>
> —제인 폰다

의상 디자이너인 **이본느 블레이크**(Yvonne Blake)는 〈니콜라스와 알렉산드라, Nicholas and Alexandra〉로 1972년에 오스카 의상상을 수상했다. 1976년에는 〈사총사, The Four Musketeers〉로 같은 부문에 후보로 올랐다.

미국 작가 길드(Writers Guild of America)는 업계의 여성 작가들에 대한 차별 철폐 수단을 제공하고 영화, 텔레비전, 라디오에서 여성의 이미지를 개선하기 위해 노력하며, 예술 및 영화 시장에 대한 지식을 증진시키기 위해 계획된 행사를 후원하는 여성위원회를 설립했다.

할리우드: 그녀들의 이야기 219

애니상(Annie Award)은 국제 애니메이션 영화 협회의 로스앤젤레스 지점이 영화 애니메이션의 우수성을 인정하기 위해 만든 상이다. 준 포레이(June Foray, 1950년 참고)가 애니메이션 부문에서의 수상을 처음 고안해 냈다.

윈저 맥케이상(Winsor McCay Award)이 국제 애니메이션 영화 협회(International Animated Film Society)에 의해 만들어졌다. 이 상은 평생 또는 경력 동안 애니메이션 부문에서의 공헌을 인정받은 개인에게 주어진다. 애니메이션 분야에서의 선구자를 기리기 위해 윈저 맥케이라고 이름 붙여졌다.

> **가슴 속에 있는 말을 못 꺼내는 것보다 더 고통스러운 것은 없어요.**
>
> —마야 안젤루

작가이자 여배우인 **마야 안젤루**(Maya Angelou)는 1972년 〈조지아 조지아, Georgia, Georgia〉가 만들어지면서 각본 제작을 한 최초의 아프리카계 미국인 여성이 되었다. 미국 감독 길드의 멤버인 그녀는 이렇게 말했다. "여자로서 의견을 주장하면 그건 고집스러운 것이지만 남자가 그렇게 한다면 그건 끈기 있는 것이라고 사람들은 생각하죠. 그리고 180cm가 넘는 흑인 여자가 그런다면, 어휴! 말도 마세요." 안젤루는 미국 국립 여성 명예의 전당에 이름을 올렸다.

1973

프로듀서인 **마르티나 위그노 반 데르 린덴**(Martina Huguenot van der Linden)은 〈이 작은 세상, This Tiny World〉으로 1973년에 오스카 단편 다큐멘터리상을 공동으로 수상했다. 그녀는 1963년에는 〈빅 시티 블루스, Big City Blues〉로 단편 실사 영화상 후보에 올랐다.

〈잭슨가의 사람들, The Jacksons: An American Dream〉의 출연진과 수잔 드 패즈

아프리카계 미국인 프로듀서이자 음악, 텔레비전 방송 간부, 시나리오 작가인 **수잔 드 패즈**(Suzanne de Passe)는 1973년에 〈레이디 싱스 더 블루스, Lady Sings the Blues〉로 오스카 각본상 후보에 올랐다.

클로리스 리치먼(Cloris Leachman)은 1972년에 〈마지막 영화관, The Last Picture Show〉으로 오스카 여우조연상을 수상했다.

리브 울만(Liv Ullmann)은 오스카 후보에 2번 올랐다. 1973년에 〈우트반드라나, 영문명은 The Emigrants〉를 통해, 1977년에 〈고독한 여심, Face to Face〉을 통해 여우주연상 후보에 올랐다.

> "미국에 있는 그 누구도 성별로 인해 정부의 보조를 받는 프로그램이나 활동으로부터 차별받을 수 없다." 미국 1964년 인민법 중 1972년 교육 수정법 제9장

캐릭터 배우인 에일린 헤커트(Eileen Heck-art)는 〈나쁜 종자, The Bad Seed〉로 1957년에 오스카 여우조연상 후보에 올랐고, 1973년에 〈나비의 외출, Butterflies are Free〉로 오스카 여우조연상을 수상했다.

작가이자 감독, 프로듀서인 사라 케노컨(Sar-ah Kernochan)은 2개의 오스카 가운데 첫 번째 상을 1973년에 수상했다. 〈마르조, Marjoe〉를 통해 받았으며 장편 다큐멘터리상을 수상했다. 두 번째 상은 2002년에 〈토트, Thoth〉를 통해 받았으며, 단편 다큐멘터리상을 수상했다.

애니메이터인 앤 구엔더(Ann Guenther)는 〈잠자는 숲속의 공주. Sleeping Beauty〉로 커리어를 시작했다. 1973년에는 〈로빈 훗. Robin Hood〉의 배경 예술가로 활동했다.

1973

〈사운더, Sounder〉로 1973년 오스카 여우주연상 후보에 이름을 올린 시실리 타이슨(Cicely Tyson)은 50년이 넘는 시간 동안 영화계에 종사했다. 무대와 텔레비전 경력이 그녀에게 토니상과 에미상을 수상할 수 있는 기회를 마련했다.

프로듀서인 **로실린 헬러**(Rosilyn Heller)는 1973년 콜롬비아 픽처스에 부회장으로 취임했다. 이때는 여성 스튜디오 간부가 많지 않았던 시절이었다. 콜롬비아 픽처스에 있던 시절에 그녀가 만든 영화는 〈택시 드라이버, Taxi Driver〉, 〈줄리아, Julia〉, 〈미지와의 조우, Close Encounters of the Third Kind〉 등이다.

시나리오 작가인 **제이 프레슨 알렌**(Jay Presson Allen, 아래 사진에서 오른쪽)은 1973년 〈캬바레, Cabaret〉로 오스카 각색상 후보에 올랐다. 이후 그녀는 1982년에 같은 부문에 〈도시의 제왕, Prince of the City〉으로 다시 한번 후보로 올랐다. 1964년 작인 알프레드 히치콕(Alfred Hitchcock)의 영화 〈마니, Marnie〉를 쓰면서 시작한 커리어 동안 그녀는 시나리오를 써서 생계를 이어가는 소수 여성 중 한 명이 되었다. 또한 그녀는 바브라 스트라이샌드(Barbra Streisand, 1969년 참고)가 출연하는 〈화니 레이디, Funny Lady〉의 시나리오도 담당했다.

주디 갈랜드(Judy Garland, 1940년 참고)의 딸인 **라이자 미넬리**(Liza Minnelli)는 〈캬바레, Cabaret〉로 1973년에 오스카 여우주연상을 수상했다. 이전에는 1970년에 〈푸키, The Sterile Cuckoo〉를 통해 여우주연상 후보에 올랐다.

다이애나 로스(Diana Ross)는 1973년에, 〈레이디 싱스 더 블루스, Lady Sings the Blues〉에서의 연기로 오스카 여우주연상 후보에 올랐다.

" 왜 남성들이 우리를 차별했는지 저는 좀 알 것 같아요. 이걸 자신들만 누리고 싶었던 거죠. 이런 막중한 임무를 맡는다는 건 참 좋은 거예요. "

—마시아 나사티어

1974 1974년에 **마시아 나사티어**(Marcia Nasatir)는 유나이티드 아티스트 미디어 그룹의 첫 여성 부회장이 되었다. 그녀는 그곳에서 〈새로운 탄생, The Big Chill〉, 〈캐리, Carrie〉, 〈록키, Rocky〉와 〈귀향, Coming Home〉을 만드는 데 도움을 주었다. 그녀의 이야기는 2016년 다큐멘터리 〈어 클래시 브로드, A Classy Broad〉에서도 들을 수 있다. 그녀는 다음과 같이 말했다. "제가 20년 후에만 태어났더라면, 스튜디오의 수장이 되었겠지요. 그것 참 좋았을 텐데. 하지만 저는 다른 여성들이 이 산업을 더 촉진시키는 모습을 보면 기분이 좋아요."

"그들은 저에게 스토리 편집자를 하면 어떻겠냐고 제안했어요. 하지만 저는 부회장직이 아니라면 안 하겠다고 거절을 했지요. 제가 거절을 하자 그들은 여성들이 그런 직업을 가진 적이 없었기 때문에 선례에 어긋난다고 말을 했어요. 그러나 지위는 필수적인 거예요. 그 누구도 당신의 말에 반대하도록 내버려 두지 마세요. 저는 제가 최소한 부회장이 되지 않는다면, 그 누구도 저와 협상을 하지 않을 것이라고 생각했어요. 그래서 고집을 피웠죠."

영화 평론가이자 작가인 몰리 해스켈(Molly Haskell)은 『빌리지 보이스(The Village Voice)』, 『뉴욕(New York)』, 『보그(Vogue)』지에 영화 평론을 썼다. 그녀가 1974년에 낸 책(1987년에 개편)의 제목은 『숭배에서 강간까지: 영화에 나타난 여성상(From Reverence to Rape: The Treatment of Women in the Movies)』이다.

오스카 작품상을 수상한 최초의 여성 프로듀서인 줄리아 필립스(Julia Phillips)는 그 영예를 1974년 〈스팅, The Sting〉을 통해 떠안았다. 그녀는 1977년 〈택시 운전사, Taxi Driver〉로 다시 한번 작품상 후보에 올랐다.

작가이자 프로듀서인 글로리아 카츠(Gloria Katz)는 1974년에 영화 〈청춘 낙서, American Graffiti〉로 오스카 각본상을 수상했다. 그녀의 단골 공동 제작자인 조지 루카스(George Lucas)와 그녀의 남편이자 협력자인 윌러드 휴익(Willard Huyck)과 함께 공동으로 수상했다.

―――――― 1974 ――――――

여배우이자 코미디언인 매들린 칸(Madeline Kahn)은 2년간 오스카 여우조연상 후보에 2번 올랐다. 첫 번째는 1974년에 〈페이퍼 문, Paper Moon〉을 통해서였고 두 번째는 1975년에 〈브레이징 새들스, Blazing Saddles〉를 통해서였다.

마사 메이슨(Marsha Mason)은 오스카 여우주연상 후보에 4번 올랐는데, 첫 번째 후보 지명을 1974년에 〈신데렐라 리버티, Cinderella Liberty〉를 통해 받았다. 그녀는 1978년에는 〈굿바이 걸, The Goodbye Girl〉로, 1980년에는 〈인생 2장, Chapter Two〉으로, 1982년에는 〈허울 좋은 여자, Only When I Laugh〉로 수상 후보에 올랐다.

프랑스 작가이자 감독인 수잔 쉬프만(Suzanne Schiffman)은 프랑수아 트뤼포(François Truffaut) 감독과 종종 함께 작업했는데, 그들은 영화 〈아메리카의 밤, Day for Night〉으로 오스카 각본상 공동 후보에 올랐다.

♪ **린다 매카트니**(Linda McCartney)는 1974년에 동명의 영화에 삽입된 곡 'Live and Let Die'로 전 비틀즈 맴버였던 그녀의 남편 폴 매카트니(Paul McCartney)와 함께 오스카 주제가상 후보에 공동으로 올랐다.

🎭 여배우인 **팜 그리어**(Pam Grier)는 1974년 〈폭시 브라운, Foxy Brown〉에 출연을 했다. 그녀는 영화계 역사에서 가장 위대한 액션 배우 중 한 명으로 여겨진다.

🖌 월트 디즈니 스튜디오의 작화가인 **그레이스 고디노**(Grace Godino)는 1974년 〈고양이 프리츠의 9가지 삶, The Nine Lives of Fritz the Cat〉을 작업했다. 르네상스 여성인 그녀는 영화 〈길다, Gilda, 1946년 작〉와 〈카르맨의 사랑, The Loves of Carmen, 1948년 작〉에서 리타 헤이워드(Rita Hayworth, 1946년 참고)의 대역으로 활동했다.

〈페이퍼 문〉 속 테이텀 오닐

🎭 가장 어린 나이에 아카데미상을 받은 인물인 **테이텀 오닐**(Tatum O'neal)은 〈페이퍼 문, Paper Moon〉으로 오스카 여우조연상을 10살에 움켜쥐었다.

📖 **시우-화 베**(Siew-Hwa Beh)는 새로운 잡지사인 『위민 인 필름(Women in Film)』을 창간했다.

1975

시나리오 작가 겸 감독, 프로듀서 겸 영화배우인 조안 터퀘스버리(Joan Tewkesbury)는 〈내쉬빌, Nashville〉의 대본을 썼는데, 이 작품이 오스카 작품상 후보에 올랐다. 여성의 감성에 관해 그녀는 이렇게 말했다. "저는 여성의 시점이라는 말이 싫어요. 시점은 시점일 뿐이에요. 우리들의 시점은 성별보다는 다른 것들로 영향을 더 받아요. 자신이 어디서 자라고, 누구와 함께 시간을 보내고, 누구를 사랑하고, 그 사랑이 좋았는지 나빴는지에 의해 결정되는 것이 바로 시점이라고요."

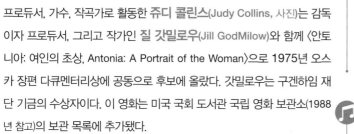

프로듀서, 가수, 작곡가로 활동한 쥬디 콜린스(Judy Collins, 사진)는 감독이자 프로듀서, 그리고 작가인 질 갓밀로우(Jill GodMilow)와 함께 〈안토니아: 여인의 초상, Antonia: A Portrait of the Woman〉으로 1975년 오스카 장편 다큐멘터리상에 공동으로 후보에 올랐다. 갓밀로우는 구겐하임 재단 기금의 수상자이다. 이 영화는 미국 국회 도서관 국립 영화 보관소(1988년 참고)의 보관 목록에 추가됐다.

다이안 래드(Diane Ladd)는 거의 70년이 넘는 연예계 생활 동안 여우조연상 후보에 3번 이름을 올렸다. 그중 첫 번째는 1975년에 〈엘리스는 이제 여기 살지 않는다, Alice Doesn't Live Here Anymore〉를 통해 올렸다.

작곡가 겸 지휘자인 안젤라 몰리(Angela Morley)는 오스카상에 2번 후보로 올랐다. 트랜스젠더 최초로 오스카상 후보에 올랐다고 알려졌는데 1975년에 〈어린 왕자, The Little Prince〉, 1978년에 영화 〈슬리퍼 앤 더 로즈, The Slipper and the Rose: The Story of Cinderella〉를 통해 음악상 후보에 올랐다.

스턴트우먼인 키티 오닐(Kitty O'Neil)은 1975년 영화 〈에어플레인, Airplane〉에서 스턴트 연기를 했다. 아기일 때 청력을 잃은 그녀는 이후 남편이 될 남자 친구의 권유로 수영과 다이빙을 하는 법을 배웠다. 그녀는 스턴트 언리미티드 협회(Stunts Unlimited)의 첫 멤버이다. 1979년에 스톡카드 채닝(Stockard Channing)이 주연을 맡은, 그녀의 이야기를 담은 영화 〈사일런트 빅토리, Silent Victory: The Kitty O'Neil Story〉가 개봉했다. 키티 오닐은 영화에서 많은 스턴트 연기를 도맡아 했다.

의상 디자이너인 데오니 알드리지(Theoni Aldredge)는 1975년에 〈위대한 개츠비, The Great Gatsby〉로 오스카 의상상을 수상했다. 그녀가 영화 속에서 보여 준 디자인들은 약간씩 수정되어 미국 쇼핑몰인 블루밍데일즈에서 판매됐다. 그녀는 1961년에 〈일요일은 참으세요, Pote tin Kyriaki, 영문명은 Never On Sunday〉로, 1963년에 〈페드라, Phaedra〉로 오스카 의상상 흑백 부문 후보에 오른 이력이 있다. 그녀는 다음과 같이 말했다. "의상은 프로듀서의 비전과 감독의 시각, 그리고 가장 중요하게는 배우의 편안함을 위해 만들어져야 해요. 제가 생각하는 좋은 디자인은 바로 전에 알지 못했던 디자인이에요."

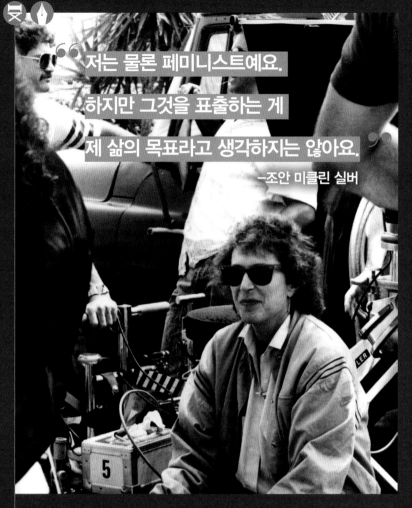

> " 저는 물론 페미니스트예요.
> 하지만 그것을 표출하는 게
> 제 삶의 목표라고 생각하지는 않아요.
> —조안 미클린 실버

감독이자 작가인 조안 미클린 실버(Joan Micklin Silver)는 캐롤 케인(Carol Kane)이 여우주연상을 수상한 1975년 작 〈헤스터 스트리트, Hester Street〉와 1988년 작 〈결혼 소동, Crossing Delancey〉으로 가장 잘 알려져 있다. 1980년에, 그녀는 다음과 같이 말했다. "저는 물론 페미니스트예요. 하지만 그것을 표현하는 게 제 삶의 목표라고 생각하지는 않아요. 저는 다양한 이야기를 들려주고 싶어요. 물론 제 정치적 주관에 반하는 성차별적인 영화는 찍고 싶지 않을 것 같지만요. 한편으로는 저는 영향력 있는 여성 또는 시련을 겪고 다시 일어나는 여성의 모습을 보여 주는 것도 제 임무라고 생각하지 않아요. 제가 그 특정한 이야기를 하고 싶은 게 아니라면요."

카메라 오퍼레이터의 움직임을 줄이고 불규칙한 표면에서도 부드러운 샷을 찍을 수 있는 스테디캠이 발명됐다. 발명가 개릿 브라운(Garrett Brown)은 이 발명품으로 이후에 아카데미상을 수상했다.

영화배우인 **탈리아 샤이어**(Talia Shire)는 영화 〈록키, Rocky〉와 〈대부, The Godfather〉에서 맡은 역할로 유명하다. 그녀는 〈대부 2, The Godfather: Part II〉로 1975년에 오스카 여우조연상 후보에 올랐고 1977년에 〈록키〉로 오스카 여우주연상 후보에 올랐다.

제나 로우랜즈(Gena Rowlands)는 〈영향 아래 있는 여자, A Woman Under the Influence, 1975년 추천〉와 〈글로리아, Gloria, 1981년 추천〉로 오스카 여우주연상 후보에 올랐다. 2016년에 그녀만의 독특한 연기를 인정받아 오스카 공로상을 수상했다.

다이안 캐롤(Diahann Carroll)은 〈클라우딘, Claudine〉으로 1975년에 오스카 여우주연상을 수상했다.

영화배우이자 스턴트우먼인 **수잔 백클리니**(Susan Backlinie)는 1975년 영화 〈죠스, Jaws〉에서 첫 번째 상어 희생자로 등장한다.

엘렌 버스틴(Ellen Burstyn)은 1975년 〈엘리스는 이제 여기 살지 않는다, Alice Doesn't Live Here Anymore〉로 오스카 여우주연상을 수상했다. 그녀는 30년에 걸쳐 추가로 후보에 5번 올랐다. 처음 오른 것은 1972년에 〈마지막 영화관, The Last Picture Show〉을 통해 오른 것이며, 가장 최근에는 2001년에 〈레퀴엠, Requiem for a Dream〉으로 후보에 올랐다.

1976

텔레비전 프로그램인 〈로완 & 마틴 쇼, Rowan & Martin's Laugh-In〉로 이름을 알린 후 **릴리 톰린**(Lily Tomlin)은 본격적으로 영화 커리어를 쌓기 시작했다. 1976년에는 처음으로 출연한 영화 〈내쉬빌, Nashville〉로 오스카 여우조연상 후보에 올랐다. 영화배우이자 코미디언인 톰린은 무대, 텔레비전, 영화 커리어를 50년 동안 함께 쌓았다. 그 시간 동안 그녀는 에미상과 토니상, 그래미상, 영화배우 길드에서 주는 평생 공로상을 수상했다.

돌리 파튼(왼쪽), 릴리 톰린 그리고 제인 폰다

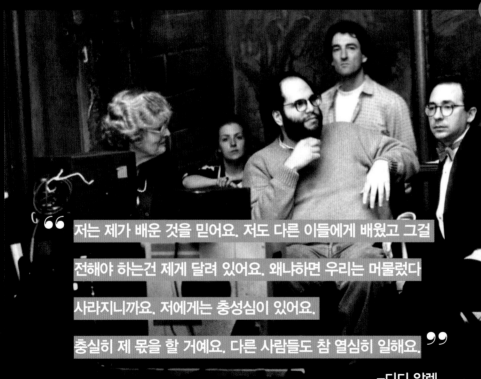

60년이 넘는 영화 편집 커리어를 가진 **디디 알렌**(Dede Allen)은 오스카 후보에 3번 올랐다. 3개의 작품 〈뜨거운 오후, Dog Day Afternoon, 1976년 추천〉, 〈레즈, Reds, 1982년 추천〉, 〈원더 보이즈, Wonder Boys, 2001년 추천〉 모두 편집상 후보에 올랐다.

수익의 일부분을 받기를 협상한 최초 편집자 중 한 명인 알렌은 영화 편집자 길드가 선정한 75개의 베스트 영화 가운데 〈우리에게 내일은 없다, Bonnie and Clyde〉, 〈뜨거운 오후〉 그리고 〈레즈〉 이 3편을 만들었다.

> 저는 제가 배운 것을 믿어요. 저도 다른 이들에게 배웠고 그걸 전해야 하는건 제게 달려 있어요. 왜냐하면 우리는 머물렀다 사라지니까요. 저에게는 충성심이 있어요. 충실히 제 몫을 할 거예요. 다른 사람들도 참 열심히 일해요.
>
> —디디 알렌

디디 알렌(왼쪽), 스콧 루딘(Scott Rudin, 가운데), 배리 소넨펠드(Barry Sonnenfeld, 오른쪽), 〈아담스 패밀리, The Addams Family〉 세트장에서

의상 디자이너인 밀레나 카노네로(Milena Canonero)는 4개의 오스카 중 첫 번째 상을 1976년에 얻었다. 1976년에 〈배리 린든, Barry Lyndon〉으로 의상상을 수상했다. 이 외에도 〈불의 전차, Chariots of Fire, 1982년 수상〉, 〈마리 앙투아네트, Marie Antoinette, 2007년 수상〉, 〈그랜드 부다페스트 호텔, The Grand Budapest Hotel, 2015년 수상〉을 통해서 오스카상을 받았다. 추가로 후보에 5번 더 올랐다.

루이즈 플레처(Louise Fletcher)는 1976년에 〈뻐꾸기 둥지 위로 날아간 새, One Flew Over the Cuckoo's Nest〉에서의 수간호사 레취드 역으로 오스카 여우주연상을 수상했다.

존 디디온(Joan Didion)은 1976년 영화 〈스타 탄생, A Star is Born〉의 대본을 썼다.

66 우리는 살기 위해 우리 자신에게 이야기를 들려 주죠. 99

—존 디디온

영화배우이자 감독, 프로듀서인 **리 그랜트**(Lee Grant)는 1976년에 〈바람둥이 미용사, Shampoo〉로 오스카 여우조연상을 수상했다. 그녀는 다른 영화로 3번 더 같은 부문 후보에 올랐는데, 그중 첫 번째는 1952년에 〈형사 이야기, Detective Story〉를 통해서였다. 1964년까지 12년 동안, 그녀는 블랙리스트에 올라 연기를 할 수 없었다.

> **"** 저는 언제나 아웃사이더라는 느낌을 받았어요.
> 그러나 그 자리에 있을 때 행복하다면 그게 저한테 맞다고 생각했죠.
> 저는 언제나 제 커리어를 다 잃을 수 있는 엄청나게 큰 모험을
> 해왔어요. 저는 진짜 모든 걸 잃었었죠. 제가 블랙리스트에
> 올랐을 때는 … 심경이 정말 복잡했어요.
> 한편으로는 상처입고 망가졌지만,
> 또 다른 한편으로는 엄청난 자유를 얻은 느낌이었어요. **"**
>
> −리 그랜트

편집자인 **린지 클링먼**(Lynzee Klingman)은 〈뻐꾸기 둥지 위로 날아간 새, One Flew Over the Cuckoo's Nest〉로 1976년 오스카 편집상 후보에 올랐다.

스턴트우먼인 **레즐리 호프맨**(Leslie Hoffman)은 1976년에 조합원이 되었다. 그녀는 1984년 영화 〈나이트메어, A Nightmare on Elm Street〉에서 스턴트 연기를 했다. 1981년 그녀는 영화배우 길드의 이사회 일원으로 추대됐다.

편집자인 **베르나 필즈**(Verna Fields)는 감독인 피터 보그다노비치(Peter Bogdanovich), 조지 루카스(George Lucas), 스티븐 스필버그(Steven Spielberg)에게 '대모 필름 편집자'라 알려져 있다. 〈연애 대소동, What's Up, Doc?〉, 〈청춘 낙서, American Graffiti〉, 〈죠스, Jaws〉를 포함한 그녀가 편집한 필름들이 상업적 성공을 거두자 필즈는 유니버설 스튜디오 특별 제작팀의 부회장으로 등극했다. 그녀가 오스카 편집상 후보에 오르게 해 준 첫 영화는 〈청춘 낙서〉이며 1974년에 후보에 올랐다. 1976년에는 같은 부문에서 〈죠스〉로 오스카상을 수상했다. 그녀는 이렇게 말했다. "제가 제작한 영화가 매우 자랑스러워요. 저는 영화를 살렸고 그 공로를 인정받았어요. 저는 감독이 통제를 한다고 해서 저의 창조적 의견이 거부된다고 생각하지 않아요." 영화 〈죠스〉에 관한 언급에서는 이렇게 말했다. "저는 스튜디오에서 스티븐 스필버그와 연락을 주고받는 것을 담당했어요. 상어가 뜻대로 움직여 주지 않았을 때는 포기할까 하는 생각도 했었지만 제가 그들에게 말했죠. '계속 해야 해요, 미니어처를 쓰는 한이 있더라도.'라고요."

스턴트우먼인 **메리 피터스 (스캐넬)**[Mary Peters (Scannell)]은 30년 동안 스턴트 연기를 했다. 그녀의 첫 영화는 1976년 작인 〈캐리, Carrie〉이다.

 40년이 넘는 스턴트 커리어를 쌓으며 100개 이상의 크레디트에 이름을 올린 **글로리아 피오라몬티**(Glory Fioramonti)는 1976년, 〈록키, Rocky〉와 〈캐리, Carrie〉에서 스턴트 연기를 했다.

 여배우 겸 프로듀서 **클레어 윌버**(Claire Wilbur)는 1976년에 〈디 엔드 오브 더 게임, The End of the Game〉으로 오스카 단편 다큐멘터리상을 수상했다. 1977년에는 〈나이트 라이프, Nightlife〉로 단편 실사 영화상 후보에 올랐다. 여배우로서의 모습은 오프 브로드웨이 연극 중 엘비라라는 역할과 영화 단일극인 〈스코어, Score〉에서 보여 준 모습으로 가장 잘 알려져 있다.

 시나리오 작가인 **글래디스 힐**(Gladys Hill)은 1976년에 〈왕이 되려던 사나이, The Man Who Would Be King〉로 존 휴스턴(John Huston)과 공동으로 오스카 각색상 후보에 올랐다. 그녀는 20년간 그의 보조로 일했다.

 의상 디자이너인 **울라—브릿 쇼더룬드**(Ulla-Britt Söderlund)는 〈배리 린든, Barry Lyndon〉으로 1976년에 오스카 의상상을 수상했다.

애니메이터, 감독이자 프로듀서인 **캐롤라인 리프**(Caroline Leaf)는 1977년 〈거리, The Street〉로 오스카 단편 애니메이션상 후보에 이름을 올렸다. 캐나다 국립 영화 위원회에서 오랜 기간 동안 봉사한 일로 명성이 높은 그녀는 모래 애니메이션을 선보이거나 유리 위에 그림을 그리는 등 새로운 기술로 신애니메이션을 창조했다. 2017년에 그녀는 애니메이션에 기여한 공으로 윈저 맥케이상(1972년 참고)을 수상했다.

 1977 작사가인 **캐롤 코너스**(Carol Connors)와 **아인 로빈스**(Ayn Robbins)는 오스카 주제가상 후보에 2번 올랐다. 첫 번째 후보 지명은 〈록키, Rocky〉에 삽입된 곡 'Gonna Fly Now'로 받았다. 두 번째 후보 지명은 공동 후보이며 1978년에 영화 〈생쥐 구조대, The Rescuers〉에 삽입된 곡 'Someone is Waiting for You'로 받았다.

모나코의 시나리오 작가이자 감독인 **다니엘르 톰슨**(Danièle Thompson)은 〈사촌들, Cousin Cousine〉로 1977년 오스카 각본상에 공동으로 후보에 올랐다.

1977년에 감독이자 작가인 **리나 베르트뮬러**(Lina Wertmuller)는 〈세븐 뷰티스, Pasqualino Settebellezze, 영문명은 Seven Beauties〉로 오스카 감독상 후보에 오른 최초의 여성이 되었다. 그녀는 같은 영화로 오스카 각본상 후보에 오르기도 했다.

> 제가 여성이어서 성공을 했다는 현실은
> 저를 정말 슬프게 만들 거예요.
> —리나 베르트뮬러

여배우 **페이 더너웨이**(Faye Dunaway)는 1977년에 〈네트워크, Network〉로 오스카 여우주연상을 수상했다. 이전에는 〈우리에게 내일은 없다, Bonnie & Clyde〉와 〈차이나타운, Chinatown〉으로 같은 부문에서 오스카 후보에 올랐다.

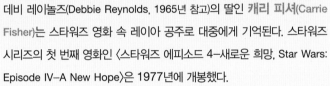

〈스타워즈〉를 찍는 동안
캐리 피셔와 마크 해밀(Mark Hamill)

데비 레이놀즈(Debbie Reynolds, 1965년 참고)의 딸인 캐리 피셔(Carrie Fisher)는 스타워즈 영화 속 레이아 공주로 대중에게 기억된다. 스타워즈 시리즈의 첫 번째 영화인 〈스타워즈 에피소드 4-새로운 희망, Star Wars: Episode IV-A New Hope〉은 1977년에 개봉했다.

베아트리스 스트레이트(Beatrice Straight)는 1977년에 〈네트워크, Network〉로 오스카 여우조연상을 수상한다. 영화 속에서 5분이 채 안 되는 연기로 상을 수상했다.

감독, 프로듀서이자 작가인 린 리트맨(Lynne Littman)은 〈넘버 아워 데이즈, Number Our days〉로 1977년에 오스카 단편 다큐멘터리상을 수상했다. 그녀의 움직이는 영상 컬렉션은 아카데미 영화 아카이브에 소장되어 있다.

프로듀서이자 작가인 바바라 마이어호프(Barbara Myerhoff)는 1977년에 오스카상을 수상한 단편 다큐멘터리 〈넘버 아워 데이즈, Number Our Days〉의 시나리오와 프로듀싱을 맡았다.

감독이자 프로듀서인 바바라 코플(Barbara Kopple)은 오스카 장편 다큐멘터리상을 2개 수상했다. 1977년에 〈할란 카운티 USA, Harlan County, USA〉로, 1991년에 〈아메리칸 드림, American Dream〉으로 상을 받았다.

프로듀서인 **수잔 베이커**(Suzanne Baker)는 1977년에 단편 영화 〈레저, Leisure〉로 오스카 단편 애니메이션상을 수상하여 아카데미상을 수상한 최초의 호주인 여성이 되었다.

스턴트우먼으로서 20년간 활동한 **장 콜터**(Jean Coulter)는 1977년 영화 〈에어포트 77, Airport '77〉을 포함한 영화와 텔레비전에서 스턴트 연기를 뽐냈다.

1978
최초의 아프리카계 미국인 여성 애니메이터 중 한 명인 **브렌다 뱅크스**(Brenda Banks)는 1978년 영화 〈로드 오브 링스, The Lord of the Rings〉의 핵심 애니메이터이다. 그녀는 25년이 넘는 세월 동안 애니메이션 분야에서 활동했다.

애니메이터인 **루스 키세인**(Ruth Kissane)은 30년 동안 이 업계에서 일을 하면서 텔레비전 특별 프로그램 피너츠를 많이 제작했다. 1978년에 그녀는 〈워터십 다운의 토끼들, Watership Down〉을 작업했다.

영화 편집자인 **마시아 루카스**(Marcia Lucas)는 1978년에 〈스타워즈, Star Wars〉로 오스카 편집상을 공동으로 수상했다. 1974년에는 〈청춘 낙서, American Graffiti〉를 통해서 같은 부문에서 공동으로 후보에 올랐다. 그녀는 영화 학교를 다닐 때 조지 루카스(George Lucas)를 만나 1969년부터 1983년까지 결혼 생활을 유지했다.

바네사 레드그레이브(Vanessa Redgrave)는 〈줄리아, Julia〉로 오스카 여우조연상을 1978년에 수상했다. 이 외에도 여우조연상과 여우주연상 모두 합쳐 5번 후보에 오른 이력이 있는 그녀는 토니상을 수상했고 대영제국 데임 작위를 수여받기도 했다. 린 레드그레이브(Lynn Redgrave, 1967년 참고)와 자매이다.

여배우이자 감독, 프로듀서인 **다이안 키튼**(Diane Keaton)은 〈애니 홀, Annie Hall〉로 오스카 여우주연상을 수상했다. 그녀는 여우주연상 후보에 3번 더 올랐는데 〈레즈, Reds, 1982년 추천〉, 〈마빈의 방, Marvin's Room, 1997년 추천〉, 〈사랑할 때 버려야 할 아까운 것들, Something's Gotta Give, 2004년 추천〉을 통해서였다.

스턴트우먼인 **이블린 커피**(Evelyne Cuffee)는 1978년 영화 〈위대한 스턴트맨, Hooper〉에서 스턴트 연기를 했다. 그녀는 오토바이 타기, 높은 곳에서 떨어지기, 말 타기, 수영을 포함한 연기를 했다. 1967년에 창립된 흑인 스턴트맨 협회에 들어간 최초의 여성이다.

> **스턴트 그룹이 전체 영화 산업에**
> **영향을 미쳤다고 생각해요.**
> **우리가 없었더라면, 다른 문은**
> **열리지 않았을 것입니다.**
>
> —이블린 커피

미국 독립 영화 운동의 대모라고 불리는 **줄리아 레이처트**(Julia Reichert)는 아카데미상 3개 부문 후보에 올랐다. 그녀의 영화 〈그로잉 업 피메일, Growing Up Female〉은 오늘날의 여성 운동을 보여 주는 최초의 다큐멘터리라고 알려져 있으며, 최근 미국 국립 영화 보관소(1988년 참고)의 추가 보관 목록에 선별됐다. 첫 번째로 후보에 오른 때는 1978년이며 오스카 장편 다큐멘터리상 부문 후보에 공동으로 올랐는데, 영화 〈유니언 메이즈, Union Maids〉를 통해서였다. 그녀는 〈시잉 레드, Seeing Red〉로 1984년에 같은 부문에 공동 후보로 올랐다. 2010년에는 〈마지막 트럭: GM공장의 마감, The Last Truck: Closing of a GM Plant〉으로 오스카 단편 다큐멘터리상 부문에 공동으로 후보에 올랐다.

캐나다 국립 영화 위원회에서 커리어 대부분을 보낸 프로듀서인 **베벌리 세이퍼**(Beverly Shaffer)는 1978년에 〈아이 윌 파인드 어 웨이, I'll Find a Way〉로 오스카 단편 실사 영화상을 편집자이자 프로듀서인 **요시다 유키**(Yuki Yoshida)와 공동으로 수상했다.

시나리오 작가이자 여배우, 감독으로 활동한 **일레인 메이**(Elaine May)는 1978년 작 〈천국의 사도, Heaven Can Wait〉를 통해 오스카 각색상 후보에 오르며 처음으로 오스카상 후보에 올랐다. 이후 1999년에 〈프라이머리 컬러스, Primary Colors〉로 두 번째로 후보에 올랐다. 그녀는 다음과 같이 말했다. "이 세상에는 '당신은 참 괜찮은 여자야. 남자처럼 생각하니까.'라고 말하는 바보가 있죠. 맙소사, 저는 지성에는 여자 남자의 구분이 필요 없다고 언제나 생각해 왔는데 말이죠."

그녀는 또 이렇게 말했다. "감독을 할 때는 아무거나 다 해요. 부탁하고 소리 지르고 협의하고, 아무 말도 안 하거나 장난을 치거나. 정말 아무거나 다 해요. 저는 감독으로서 프로는 아니지만 영화에 관해 생각할 때는 프로예요. 적어도 영화에 대해 말하는 것에 대해서는 전문가죠. 아무 영화나 저한테 물어보셔도 저는 영화 전문어를 써서 다 대답할 수 있어요. 영화의 예산, 일정, 총이익 또는 순이익 분배 … 아마 그게 영화에서 전부일 거예요. 이 일들을 할 수 있으면 아무 때나 채용되기가 쉽죠."

1978

1979

감독이자 작가인 **클로디아 웨일**(Claudia Weill)은 감독으로서 처음 제작한 작품인 〈걸프렌즈, Girl-friends〉로 국제 오스카(도나텔로 영화제)를 수상했다. 영화 역사가인 엘리 에커(Ally Acker)는 〈걸프렌즈〉에 대해 이렇게 말했다. "… 웨일은 〈걸프렌즈〉라는 작품으로 영화계에서 받아들이지 않았던 금기를 깼어요. 이 영화는 여성의 사생활이 영화관에서 상영하기 충분한 주제라는 인식을 가져다주었죠. 사생활과 관련된 모든 게 상영 가능해요. 이제 여성에게도 운이 트이나 봅니다."

미국 남가주 영화 학교를 다닌 최초의 흑인 여성인 **프란세스 E. 윌리엄스**(Frances E. Williams)는 영화배우이면서 인권 운동가이다. 그녀는 영화배우 길드와 배우 조합의 이사직을 겸임했다. 1979년, 그녀가 첫 영화에 출연한 지 40년이 되는 그해에 윌리엄스는 스티브 마틴(Steve Martin)과 〈바보 네이빈, The Jerk〉에서 합을 맞춘다.

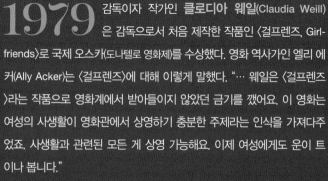

HBO와 시네맥스의 다큐멘터리 및 가족오락 부분 회장인 프로듀서 **쉐일라 네빈스**(Sheila Nevins)는 1979년, HBO에 입사했다. 그녀가 이곳에 재직하던 중 만들어진 다큐멘터리들은 총 26개의 아카데미상을 수상했다. 2011년에는 미국 감독 길드에서 그녀가 다큐멘터리 영화 제작자들에게 보여 준 확고한 집념과 다큐멘터리라는 장르의 진보를 인정하여 상을 수여했다.

의상 디자이너이자 프로덕션 디자이너 **패트리시아 노리스**(Patricia Norris)는 45년이 넘는 커리어 동안 오스카 의상상에 6번 후보에 올랐다. 〈천국의 나날들, Days of Heaven, 1979년 추천〉, 〈엘리펀트 맨, The Elephant Man, 1981년 추천〉, 〈빅터 빅토리아, Victor/Victoria, 1983년 추천〉, 〈2010 우주 여행, 2010, 1985년 추천〉, 〈할리우드 차차차, Sunset, 1989년 추천〉, 〈노예 12년, 12 Years a Slave, 2014년 추천〉을 통해서 올랐다. 의상 디자인 길드와 미술 감독 길드 모두에서 평생 공로상을 수상한 유일한 사람이다.

질 클레이버그(Jill Clayburgh)는 1979년에 〈독신녀 에리카, An Unmarried Woman〉로 처음으로 오스카 여우조연상 후보에 올랐다. 그녀는 1980년 〈사랑의 새출발, Starting Over〉로 두 번째로 후보에 올랐다

프로듀서, 편집자, 영화 촬영 기사인 **자클린 필립스 셰드**(Jacqueline Phillips Shedd)는 〈최초의 비행기 고서머 콘돌의 비행, The Flight of the Gossamer Condor〉으로 1979년에 단편 다큐멘터리상을 수상했다.

시나리오 작가인 **낸시 도드**(Nancy Dowd)는 〈슬랩 샷, Slap Shot〉과 〈귀향, Coming Home〉으로 가장 잘 알려져 있다. 그녀는 〈귀향〉으로 1979년에 각본상을 공동으로 수상했다.

애니메이터, 프로듀서, 작가로 활동한 **유니스 매컬리**(Eunice Macaulay)는 〈특별한 배달, Special Delivery〉로 1979년에 오스카 단편 애니메이션상을 수상했다. 그녀는 1988년에 〈조지 앤 로즈마리, George and Rosemary〉로 같은 부문에 1번 더 후보로 올랐다.

큰 빌딩에서 점프하고 떨어지는 장면을 전문으로 하는 스턴트우먼인 **제이디 데이비드**(Jadie David)는 팜 그리어(Pam Grier, 1974년 참고)의 스턴트 대역을 주로 했다. 1979년, 그녀는 〈미래의 추적자, Time After Time〉에서 연기를 했다. 그녀는 다음과 같이 말했다. "정신이 신체를 견뎌 내야 해요. 제가 빌딩 위에서 뛰어 내리려고 하면 제 머릿속에서 '안 돼, 이러지 마.'라고 말해요. 하지만 액션이라는 소리가 들리면 제 신체는 바로 자동 비행 조종 모드로 돌입합니다. 인간으로서 당연히 느끼는 위기감을 무시해 버리는 거죠."

시나리오 작가인 **진 로젠버그**(Jeanne Rosenberg)는 1979년 영화 〈검은 종마, The Black Stallion〉의 각본을 썼다. 1991년에는 〈늑대 개, White Fang〉를 썼다.

오프라 윈프리

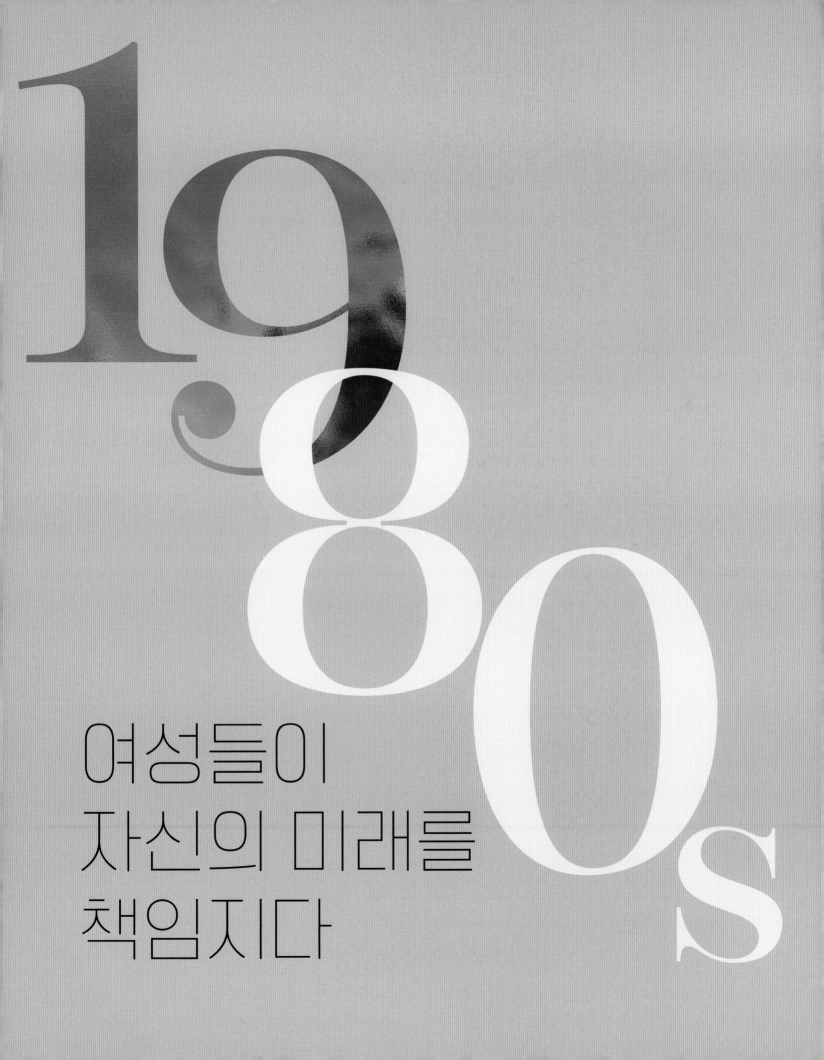

1980s

여성들이
자신의 미래를
책임지다

1980년에는 셰리 랜싱(Sherry Lansing)이 20세기 폭스의 회장으로 등극하면서 여성들에게 큰 영향을 끼치게 되었다. 랜싱의 발자취를 따라 여성들은 주요 영화 제작사에서 결정을 내릴 수 있는 위치에 고용되기 시작했다.

여성들은 자기가 흥미를 느끼는 영화를 만들기 위해 계속해서 멀티태스킹을 했다. 바브라 스트라이샌드(Barbra Streisand)는 〈엔틀, Yentl, 1983년 작〉의 공동 집필, 감독, 프로듀싱, 출연까지 도맡아 했으며, 게일 앤 허드(Gale Anne Hurd)는 〈터미네이터, The Terminator, 1984년 작〉를 공동으로 집필하고 제작했다. 그녀들은 이제 겨우 나아가기 시작했을 뿐이었다.

80년대에는 여배우들이 많은 인상적인 연기를 보여 주었다. 이 시대에 뮤지컬은 거의 없었지만 그래미상 수상자인 셰어(Cher)는 연기자의 길로 들어가서 〈문스트럭, Moonstruck〉에서의 연기로 오스카 여우주연상을 1988년에 수상했다. 한편 메릴 스트립(Meryl Streep)은 1980년대에 후보에 7번 올랐는데 첫 번째는 1980년에 〈크레이머 대 크레이머, Kramer vs. Kramer〉로 여우조연상, 두 번째는 1983년에 〈소피의 선택, Sophie's Choice〉으로 여우주연상 후보에 오른 것이다. 그녀는 오스카 후보에 21번 오르는 기록을 세웠는데 그중 3번이나 수상을 했다.

편집 분야의 경우, 이 10년이라는 시간 동안 여성들이 영화 편집 부문에서 오스카 후보에 9번 오르면서 여성들이 모든 종류의 영화를 편집할 수 있는 능력을 인정받았다. 특히 두 명의 여성이 오스카 편집상을 수상했는데 1987년에 〈플래툰, Platoon〉을 통해 받은 클레어 심슨(Claire Simpson)과 1988년에 〈마지막 황제, The Last Emperor〉를 통해 받은 게브리엘라 크리스티아니(Gabriella Cristiani)가 그녀들이다(두 영화는 작품상도 받았다). 또한 여성들은 이 10년 동안 6번이나 오스카 작품상 후보에 올랐으며, 장편 및 단편 다큐멘터리 부문에서도 후보에 오르거나 수상을 했다.

여성들은 자기 자신들이 어떤 내용의 이야기라도 쓸 수 있다는 사실을 보여 주었고 심지어 그녀들의 시나리오로 아카데미상 후보에 오르기도 했다. 노라 에프론(Nora Ephron)은 로맨틱 코미디를 주 분야로 삼았으며, 루스 프라워 자브발라(Ruth Prawer Jhabvala)는 〈전망 좋은 방, A Room with a View〉으로 1987년에 오스카 각색상을 수상했다. 그리고 이 영화로 제니 비번(Jenny Beavan)은 오스카 의상상을 수상했다. 의상 디자인 분야에서 일하는 여성들도 1980년대에 계속해서 성공했는데 매년 후보에 오르고 종종 오스카를 수상했다. 한편 수잔 M. 벤슨(Suzanne M. Benson)은 1987년에 작품 〈에이리언 2, Aliens〉를 통해 여성 최초로 오스카 시각 효과상을 수상했다.

비록 몇몇 여성 감독들이 박스오피스 히트를 쳤지만 이 시대에는 아카데미가 여성에게 감독상 후보에 오르는 영예를 주지는 않았다.

여성들은 영화 산업에서 빠르게 전진하고 있었지만 아직도 가야 할 길은 멀었다.

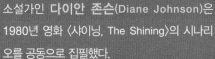

소설가인 **다이안 존슨**(Diane Johnson)은 1980년 영화 〈샤이닝, The Shining〉의 시나리오를 공동으로 집필했다.

'신이 내려 주신 엠 아가씨'라고 불리는 가수이자 코미디언, 여배우인 **베트 미들러**(Bette Midler)는 1980년에 〈로즈, The Rose〉를 통해 처음으로 오스카 여우주연상 후보에 올랐다. 두 번째 후보 지명은 1992년에 〈용사들을 위하여, For the Boys〉를 통해서 받았다.

패트리샤 레스닉(Patricia Resnick)은 1980년에 제인 폰다(Jane Fonda, 1972년 참고), 릴리 톰린(Lily Tomlin, 1976년 참고), 돌리 파튼(Dolly Parton, 1981년 참고)이 등장하는 영화 〈나인 투 파이브, Nine to Five〉의 대본을 썼다.

1980

40년이 넘는 커리어 동안 100개가 넘는 크레디트를 보유한 스턴트우먼 **산드라 리 김펠**(Sandra Lee Gimpel)은 1980년 영화 〈에어플레인, Airplane!〉에서 스턴트 연기를 했다.

샐리 필드(Sally Field)는 1980년에 〈노마 레이, Norma Rae〉로 그녀의 2개의 오스카 여우주연상 중 첫 여우주연상을 수상했다. 그녀는 1985년에 〈마음의 고향, Places in the Heart〉으로 다시 수상했다.

여배우이자 스턴트우먼인 **샤론 샤퍼**(Sharon Schaffer)는 1980년 영화 〈블루스 브라더스, The Blues Brothers〉에서 스턴트 연기를 했다.

탄야 산도발 러셀(Tanya Sandoval Russel)은 1980년 영화 〈블루스 브라더스, The Blues Brothers〉에서 스턴트 연기를 했다. 그녀는 첫 라틴계 여성으로서 많은 이들에게 기회를 주었다. 유나이티드 스턴트우먼 협회의 설립자이기도 하다.

25년간 카메라우먼으로 활동한 메들린 모스트(Madelyn Most)는 1980년 영화 〈스타워즈 에피소드 5-제국의 역습, Star Wars: Episode V-The Empire Strikes Back〉의 제2 보조를 맡았다.

30년이 넘는 커리어를 가진 스턴트우먼인 자넷 브레디(Janet Brady)는 1980년에 〈블루스 브라더스, The Blues Brothers〉를 포함한 100개가 넘는 영화에서 대역을 맡았다. 그녀는 1977년과 1980년 〈스모키 밴디트, Smokey and the Bandit〉에서 샐리 필드(Sally Field, 1980년 참고)의 대역을 맡았다.

20년간 스턴트우먼으로 활동한 글린 루빈(Glynn Rubin)은 1980년 영화인 〈벤자민 일등병, Private Benjamin〉의 스턴트 코디이다.

아카데미 시상식 역사상 가장 많이 후보로 지명(총 21번)된 메릴 스트립(Meryl Streep)은 1977년 〈줄리아, Julia〉로 데뷔했다. 그녀는 1980년에 〈크레이머 대 크레이머, Kramer vs. Kramer〉로 처음으로 여우조연상을 수상했다. 이후 〈소피의 선택, Sophie's Choice, 1983년 수상〉, 〈철의 여인, The Iron Lady, 2012년 수상〉으로 여우주연상을 수상했다. 그녀는 이렇게 말했다. "저는 여성이기 때문에 여성을 대변할 수 있다고 생각해요. 영화계의 맨 꼭대기와 아래에 존재하는 임금 불평등과 불균형을 봐요. 이 점은 어느 업계나 문화에서도 보이는 현상이죠. … 저는 여성에게 권한을 주는 것만 생각하는 것이 아니라, 인간성을 높이는 것을 생각해요."

스트립에 대해 노라 에프론(Nora Ephron, 1984년 참고)은 이렇게 말했다. "메릴 스트립이 당신을 연기하는 걸 적극적으로 추천해요. 그녀는 우리가 우리 자신을 직접 연기하는 것보다 더 잘 연기할 수 있어요. 물론 그녀와 오디션에서 붙으면 질 것이라는 사실이 좀 슬프긴 하지만요. 연기를 하기가 힘들 때 저는 그녀에게 전화를 걸어요. 그럼 그녀가 와서 저 대신 뛰어 줘요. 그녀는 정말 잘해서 다른 사람들이 알아차리지 못해요. 제가 하루를 마무리할 때 그녀에게 전화를 걸어서 오늘 내 연기가 어땠냐고 물으면 예상한 대로 그날 연기는 최고였다는 말을 들어요."

작가이면서 감독, 편집자인 **캐틀린 콜린스**(Kathleen Collins)는 1980년에 흑인 여성 최초로 장편 영화 〈크루즈 브라더스와 말리 아가씨, The Cruz Brothers and Miss Malloy〉를 프로듀싱하고 감독했다. 그녀는 줄리 대쉬(Julie Dash, 1991년 참고)가 배급업자를 찾는 일을 도와준 공로가 있다.

> 저는 다른 사람들이 저를 어떻게 생각할지 고민하는 데 시간을 많이 쓰지 않아요. 예술가는 기본적으로 솔직해야 하죠. 당신이 사로잡아야 할 것은 그녀나 그의 마음이에요. 그 마음을 사로잡지 못하고 다른 것을 사로잡는다면 그들은 먼저 자신을 속이고 그 다음, 그들은 당신을 속이죠.

—캐틀린 콜린스

1980년, 콜롬비아에서 프로덕션 부회장으로, MGM에서 스토리 편집 임원으로 일하고 난 뒤 **셰리 랜싱**(Sherry Lansing)은 35살의 나이에 할리우드 스튜디오 역사상 회장직을 역임한(20세기 폭스) 최초의 여성이 됐다. 1988년에는 〈위험한 정사, Fatal Attraction〉로 오스카 작품상 공동 후보에 올랐다. 1992년부터 2005년, 랜싱은 파라마운트 픽처스의 회장이자 CEO로 선출되어 업무를 했다. 2007년에는 암에 관한 연구 후원으로 진 허숄트 박애상을 수상하고 2017년에는 미국 국립 여성 명예의 전당에 입성했다.

그녀는 다음과 같이 말했다. "저는 제가 겪은 실패들이 제가 여성이어서 겪은 것이라고 생각한 적이 한 번도 없어요. 열정과 확신, 정말로 할 수 있다고 믿는 마음만 있다면 결국에는 할 수 있을 거예요. 제가 처음으로 연기자가 됐을 때, 저는 세트에 올라 주위를 둘러보며 이렇게 말했죠. '저는 여배우이고 싶지 않아요. 다른 사람들이 하는 게 더 재미있어 보여요.'라고요. 연출 스크립터, 감독 그리고 카메라맨 모두 저보다 더 재미있어 보였어요. 그들은 마음과 감정을 쓰면서 제가 편안하다고 느끼는 방식으로 일하고 있었어요.… 게다가 저는 연기 실력이 끔찍해요."

프로듀서인 **사라 필스버리**(Sarah Pillsbury)는 1980년에 〈보드 앤 케어, Board and Care〉로 오스카 단편 실사 영화상을 수상했다. 그녀의 장편 영화에는 〈마돈나의 수잔을 찾아서, Desperately Seeking Susan〉와 〈리버스 엣지, River's Edge〉 등이 있다.

스턴트우먼이자 여자 기수인 **새미 털만 (브레큰버리)**[Sammy Thurman (Brackenbury)]는 1980년에 〈블루스 브라더스, The Blues Brothers〉에서 스턴트 연기를 했다. 그녀는 2012년 로데오 명예의 전당에 이름을 올렸다.

세트 데코레이터인 **린다 데스세나**(Linda Descenna)는 오스카 미술상에 5번 공동 후보에 오른 이력이 있다. 첫 번째는 1980년에 〈스타 트랙, Star Trek: The Motion Picture〉을 통해서였다. 이후에는 〈블레이드 러너, Blade Runner, 1983년 추천〉, 〈컬러 퍼플, The Color Purple, 1986년 추천〉, 〈레인 맨, Rain Man, 1989년 추천〉, 〈토이즈, Toys, 1993년 추천〉로 올랐다.

프로듀서인 **폴라 웨인스타인**(Paula Weinstein)은 유나이티드 아티스트 미디어 그룹의 프로덕션 부문 회장으로 등극했다. 그녀가 만든 영화 중 하나가 1989년 작 〈사랑의 행로, The Fabulous Baker Boys〉이다.

1981
파라마운트 픽처스 뉴욕 지점의 응접실에서 잭 니콜슨(Jack Nicholson)에 의해 발탁된 이후 영화를 찍은 **메리 스틴버겐**(Mary Steenburgen)은 그녀의 세 번째 영화 〈멜빈과 하워드, Melvin and Howard〉를 통해 1981년에 여우조연상을 수상했다.

영화 평론가이자 주간 신문 『오스틴 연대기(Austin Chronicle)』에 기여한 작가인 **마조리 바움가튼**(Marjorie Baumgarten)은 25년 동안 신문에 영화 리뷰를 올렸다.

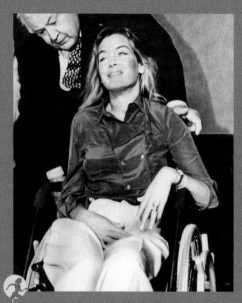

♪ 가수이자 작곡가인 레슬리 고어(Lesley Gore)는 영화 〈페임, Fame〉에 삽입된 곡 'Out Here on My Own'으로 오스카 주제가상 후보에 올랐다.

영화 〈캐리, Carrie〉로 1977년에 그녀의 6번의 오스카 여우주연상 후보 지명 이력 중 처음으로 후보에 오른 씨씨 스페이식(Sissy Spacek)은 1981년, 그녀가 그래미상 후보에 오르게 해 준 작품 〈광부의 딸, Coal Miner's Daughter〉로 오스카 여우주연상을 수상했다.

스턴트우먼인 **하이디 본 벨츠**(Heidi Von Beltz)는 1981년에 〈캐논볼, The Cannonball Run〉에서 스턴트 연기를 하다가 하반신 마비 부상을 입었다. 그녀의 소송 제기를 계기로 영화 제작 동안 적용되는 새로운 안전 규정이 만들어졌다.

1981

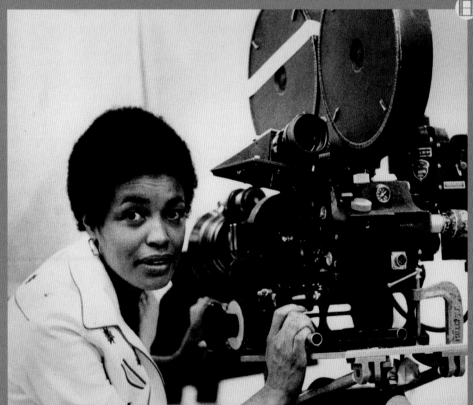

편집자, 촬영 기사, 감독으로 활동한 **제시 메이플**(Jessie Maple)은 1981년 장편 영화 〈윌, Will〉을 발표했다. 길고 긴 소송 끝에 겨우 뉴욕 카메라 오퍼레이터 노동조합에 들어갈 수 있게 된 최초의 흑인 여성이 된 그녀는 남편과 함께 다큐멘터리를 찍기 위해 제작사를 설립했다. 〈윌〉의 발표와 동시에 메이플은 미국 공민권 운동 시대 이후에 장편 영화를 감독한 최초의 감독이 됐다.

영화 편집자인 **셀마 슈메이커**(Thelma Schoonmaker)는 40년이 넘게 마틴 스코세이지(Martin Scorsese)를 위해 일했다. 그 시간 동안 그녀는 오스카 편집상을 3번 수상하고 추가로 4번 후보에 올랐다. 〈성난 황소, Raging Bull, 1981년 수상〉, 〈에비에이터, The Aviator, 2005년 수상〉, 〈디파티드, The Departed, 2007년 수상〉로 오스카상을 수상했다.

그녀는 다음과 같이 말했다. "처음 마틴과 일했던 그 순간, 그는 제가 그의 영화를 위해 알맞은 일을 할 것이라는 걸, 그리고 제 자존심이 문제가 되지 않는다는 걸 깨달았던 것 같아요. 그 이후로 점점 더 저의 고집을 믿고 의지하기 시작했어요. 제가 경험을 쌓기 시작하면서 그도 점점 저의 판단력을 믿었죠. 같이 일을 할 때는 정말 최고의 시간을 보냈어요. 우리는 편집실에서 편집 외에도 모든 것에 대해 이야기해요. 매우 생산적인 협동이죠. 그와 일을 한 저는 정말 운이 좋은 사람이에요."

> 저는 편집의 창의적인 부분이 좋아요.
>
> 편집하는 데는 엄청난 제어가 필요하죠.
>
> 그러나 큰 세트장, 몇 백 명에 달하는 배우, 엄청난 수의 스태프와 일하지 않아도 되고
>
> 스트레스를 받아가면서 결정을 하지 않아도 되고
>
> 자기가 원하는 것을 얻지 못해서 다른 것으로 만족하지 않아도 돼요.

—셀마 슈메이커

시나리오 작가이자 감독인 **제인 와그너**(Jane Wagner)는 그녀의 파트너이자 이후 아내가 되는 릴리 톰린(Lily Tomlin, 1976년 참고)이 출연하는 많은 작품들을 썼다. 와그너는 1981년 영화 〈엄마가 작아졌어요, The Incredible Shrinking Woman〉를 썼다.

〈모먼트 바이 모먼트, Moment by Moment〉를 촬영하고 있는 존 트라볼타(John Travolta), 제인 와그너, 릴리 톰린

돌리 파튼(Dolly Parton)은 1981년에 〈나인 투 파이브, Nine to Five〉에 삽입된 같은 이름의 곡 'Nine to Five'로 처음으로 오스카 주제가상 후보에 이름을 올렸다. 그녀는 2006년에 영화 〈트랜스아메리카, Transamerica〉에 삽입된 곡 'Travelin' Thru'로 다시 후보에 올랐다. 파튼은 몇 개의 그래미상을 수상하고 에미상 후보에도 올랐다.

> " 무지개를 보고 싶다면
> 비를 견뎌야 해요.
> 저는 그렇게 생각해요. "
>
> —돌리 파튼

텔레비전 시트콤에서 맡은 역할로 대중들에게 알려진 영화배우 메리 테일러 무어(Mary Tyler Moore)는 영화에도 출연을 했다. 1981년에 〈보통 사람들, Ordinary People〉로 오스카 여우주연상 후보에 올랐다.

1982

촬영 기사인 **브라이언 머피**(Brianne Murphy)는 주요 할리우드 스튜디오에서 최초로 촬영 기사가 된 사람이다. 1982년, 그녀는 MISI 카메라 차량과 프로세서 트레일러에 대한 아이디어, 디자인, 제작으로 아카데미상을 수상했다. 이 차량은 연속되는 액션 장면을 촬영하는 중 움직이는 차량을 가까이서 촬영하는 기술자들의 안전을 위해 특별히 디자인된 차이다. 1980년, 그녀는 미국 촬영 기사 협회(American Society of Cinematographers)에 초청을 받은 최초의 여성이 되었다. 그녀는 이 단체에서 15년 동안 홀로 여성 멤버로서 자리를 지켰다.

여성 영화인들의 단체인 위민 인 필름(Women in Film, 줄여서 WIF)의 창립자인 머피는 영화 기술자로 일하는 여성들의 단체인 비하인드 더 렌즈(Behind the Lens)의 창립 멤버이기도 하다. 그녀는 이렇게 말했다. "제가 노동조합에 들어가려고 할 때마다 그들은 여자는 카메라 감독을 할 수 없다고 말했죠. 저는 당연히 미국 촬영 기사 협회에 들어가기를 소망했어요. 촬영 기사라면 누구나 오르고 싶은 사다리인걸요."

> ❝ 롤 모델도, 영화 학교도 없었어요. 어떻게 촬영을 해야 하는지에 관한 비법은 대대로 전해졌지만, 사실상 아버지에게서 아들한테로 넘어왔죠. 그래서 여성들은 먼 길을 왔어요. 하지만 우리는 계속해서 여성들에게 사람들이 가지 않는 길을 택해 진출하려는 노력이 가치가 있다고 말해 줘야 해요. ❞
>
> —브라이언 머피

감독, 프로듀서, 애니메이터이자 작가인 **아요카 첸지라**(Ayoka Chenzira)는 초기의 아프리카계 미국인 여성 애니메이터이자 조지아 공대로부터 디지털 미디어 박사 학위를 받은 최초의 아프리카계 미국인이다. 그녀는 1982년 작품인 〈헤어 피스, Hair Piece: A Film for Nappyheaded People〉로 가장 유명하다.

> ❝ 저는 밥을 먹으면서 보는 그런 류의 영화에는 관심이 없어요. 사람들이 제 영화에 완벽하게 집중할 수 있었으면 좋겠어요. ❞
>
> —아요카 첸지라

1982

"여성이 카메라를 잡으면 특별한 상황을 만들어 내죠. 카메라 팀에게는 각자 구체적으로 자신들이 맡은 임무들이 있어요. 그래서 그들은 급이 다르고 할 수 있는 일과 할 수 없는 일이 나뉘죠. 카메라 팀은 촬영 감독(촬영 기사), 카메라 오퍼레이터, 제1 보조, 제2 보조로 구성되어 있는데, 촬영 감독(촬영 기사)은 영화 전체의 느낌과 조명을 관리하고 카메라 오퍼레이터는 직접 카메라를 다뤄요. 제1 보조는 장비를 도맡아 촬영 내내 초점이 맞는지 확인하거나 사물에 줌인을 해요. 제2 보조는 슬레이트를 치고 대개 제1 보조를 보조하는 역할을 하죠. 카메라 팀은 하나의 공동체로 함께 일하긴 하지만, 그 사이에서도 계급이 갈리죠. 이곳에서는 계층, 지위, 계급 등 뭐라 부르든지 간에 그 존재가 명확해요. 동업자 간의 경쟁의식도 수면 위로 종종 떠오르죠. 위로 올라가는 일은 어렵고, 권장하지도 않아요. 그곳은 아주 복잡한 규율로 이루어져 있어요."

"남성인 멤버들은 '여성이 설 자리'에 대해 자신의 경험으로 강화된 그들만의 생각을 가지고 있습니다. 오랫동안 남성들로만 구성된 팀이었으니까요. 대부분은 여성을 같은 레벨의 동료로 보는 일은 고사하고 여성과 같은 세트에서 일하는 것에 대해서도 익숙하지 않아요."

—알렉시스 크라실로브키(Alexis Krasilovsky)

스턴트우먼인 **리타 이글레스톤**(Rita Egleston, 사진에서 오른쪽)은 1982년 발표된 〈트론, TRON〉과 〈블레이드 러너, Blade Runner〉에서 연기를 했다. 그녀는 린제이 와그너(Lindsay Wagner, 사진에서 왼쪽)의 대역으로 텔레비전 쇼 〈소머즈, Bionic Woman〉를 촬영했다.

감독, 작가, 프로듀서인 **에이미 해커링**(Amy Heckerling)은 1982년 영화 〈리치몬드 연애 소동, Fast Times at Ridgemont High〉를 감독했다. 1995년, 해커링은 〈클루리스, Clueless〉의 대본을 집필하고 감독을 했다.

1982

디온느 워윅(Dionne Warwick, 앞)과 루더 밴드로스(Luther Vandross, 앞), 버트 바카락(Burt Bacharach, 뒤)과 캐롤 베이어 세이거(뒤)

작곡가인 **캐롤 베이어 세이거**(Carole Bayer Sager)는 커리어를 쌓는 동안 오스카 주제가상을 1개 공동으로 수상하고 추가로 공동 후보로 5번 올랐다. 그녀는 1982년에 영화 〈미스터 아더, Arthur〉에 삽입된 곡 'Arthur's Theme(Best That You CanDo)'로 공동 수상을 했다.

 스턴트우먼인 **파울라 무디**(Paula Moody)는 〈스타 트랙 2-칸의 분노, Star Trek II: The Wrath of Kahn〉에서 스턴트 연기를 했다. 그녀가 1991년 세트장에서 당한 부상은 스턴트우먼 재단[애니 앨리스(Annie Ellis, 1987년 참고)가 창립]이 설립된 원인 중 하나이기도 하다. 이 재단은 부상으로 더 이상 일을 할 수 없는 스턴트우먼들을 위해 자금을 제공한다.

 감독이자 프로듀서인 **셸리 레빈슨**(Shelley Levinson)은 〈바이올렛, Violet〉으로 1982년에 오스카 단편 실사 영화상을 수상했다.

 스턴트우먼인 **신디 포커선**(Cindy Folkerson)은 업계에서 20년간 일을 했다. 1982년에 그녀는 〈폴터가이스트, Poltergeist〉에서 스턴트 연기를 했다.

30년 경력이 넘는 스턴트우먼인 **유린 엡퍼**(Eurlyne Epper)는 1983년 영화 〈스카페이스, Scarface〉에서 스턴트 연기를 했다. 그녀는 지니 엡퍼(Jeannie Epper, 1969년 참고)와 스테파니 엡퍼(Stephanie Epper, 1970년 참고)가 있는 스턴트 가정에서 태어났다.

앰블린 엔터테인먼트의 공동 설립자이자 할리우드에서 가장 성공한 프로듀서 중 한 명인 **캐슬린 케네디**(Kathleen Kennedy)는 오스카 작품상 후보에 8번 올랐다. 그중 첫 번째는 〈E.T., E.T. the Extra Terrestrial〉를 통해서이며, 1983년에 후보에 올랐다.

제시카 랭(Jessica Lange)은 1983년에 〈투씨, Tootsie〉를 통해 처음으로 오스카 여우조연상을 수상했다. 그녀는 같은 연도에 〈여배우 프란시스, Frances〉로 오스카 여우주연상에 후보로 올랐는데, 이 일로 인해 그녀는 40년 만에 처음으로 동일 연도에 2번 후보에 오른 최초의 영화배우가 됐다. 그녀는 〈블루 스카이, Blue Sky〉로 1995년에 수상을 했다.

시나리오 작가, 프로듀서이자 감독으로 활동한 **낸시 마이어스**(Nancy Meyers)는 〈벤자민 일등병, Private Benjamin〉으로 오스카 각본상에 공동으로 후보에 오른 이력이 있다. 그녀는 영화와 시리즈물로 나온 〈벤자민 일등병〉 외에 〈페어런트 트랩, The Parent Trap, 1998년 작〉, 〈사랑할 때 버려야 할 아까운 것들, Something's Gotta Give, 2003년 작〉, 〈인턴, The Intern, 2015년 작〉으로 영화계에서 큰 성공을 거두었다. 골디 혼(Goldie Hawn, 1970년 참고)은 〈벤자민 일등병〉에 대해 다음과 같이 말했다. "〈벤자민 일등병〉은 영화계에 한 획을 그은 대단한 영화입니다. 왜냐하면 여성들은 그 시대에 남성 파트너 없이는 리더십을 발휘할 수 있는 자리에 등극하지 못했거든요."

다이안 키튼(Diane Keaton, 1977년 참고)은 마이어스에 대해 이렇게 말했다. "그녀는 중년 여성들을 대표하는 데 있어서는 선구자 격인 사람이에요. 나이 55살 이상의 여성들에게 환상을 주는 사람은 그녀밖에 없으니까요."

스턴트우먼인 **빅토리아 밴더클루트**(Victoria Vanderkloot)는 1983년 영화 〈플래시댄스, Flashdance〉에서 제니퍼 빌즈(Jennifer Beals)의 스턴트 대역을 맡았다.

프로듀서인 **크리스틴 오스트레이처**(Christine Oestreicher)는 〈쇼킹 엑시던트, A Shocking Accident〉로 1983년 오스카 단편 실사 영화상을 수상했다. 이는 1982년 〈커플과 도둑, Couples and Robbers〉에 이은 두 번째 후보 지명이다.

아일랜드인 메이크업 아티스트인 **미쉘 버크**(Michèle Burke)는 1983년에 〈불을 찾아서, Quest for Fire〉로, 1993년에 〈드라큐라, Bram Stoker's Dracula〉로 오스카 분장상을 공동으로 수상했다. 그녀는 〈에이라의 전설, The Clan of the Cave Bear, 1987년 추천〉, 〈시라노, Cyrano de Bergerac, 1991년 추천〉, 〈오스틴 파워, Austin Powers: The Spy Who Shagged Me, 2000년 추천〉, 〈더 셀, The Cell, 2001년 추천〉로 후보에 올랐다.

40년 경력의 메이크업 아티스트인 **사라 몬자니**(Sarah Monzani)는 영화 〈불을 찾아서, Quest for Fire〉로 1983년에 오스카 분장상을 공동으로 수상했다.

영화 편집자 길드의 전 회장이었던 편집자 **캐롤 리틀톤**(Carol Littleton)은 1983년 〈E.T., E.T. the Extra Terrestrial〉로 오스카 편집상 후보에 올랐다.

> 저는 여성 편집자들의 전통을 이어 가고 있다고 느껴요. 하지만 제가 선구자라고 생각하지는 않아요. 제가 생각하는 선구자들은 영화 편집에 혁명을 가지고 온 마가렛 부스(Margaret Booth)나 디디 알렌(Dede Allen)이에요.
>
> –캐롤 리틀톤

시나리오 작가이자 프로듀서인 **멜리사 머디슨**(Melissa Mathison)은 〈E.T., E.T. the Extra Terrestrial〉로 1983년에 오스카 각본상 후보에 올랐다.

멜리사 머디슨과 그 당시 남편인 해리슨 포드(Harrison Ford, 오른쪽), 스티븐 스필버그가 함께 로스앤젤레스의 집에 있는 모습

1983

편집자, 감독이자 작가인 **테르 네쉬** (Terre Nash)는 1983년에 〈이프 유 러 브 디스 플래닛, If You Love This Planet〉으로 오스카 단편 다큐멘터리상을 수 상했다.

가수, 작곡가이자 작사가인 버피 세 인트-마리(Buffy Sainte-Marie)는 1983년에 영화 〈사관과 신사, An Officer and a Gentleman〉에 삽입 된 곡인 'Up Where We Belong' 으로 오스카 주제가상을 공동으로 수상했다.

여배우인 **글렌 클로즈**(Glenn Close)는 그녀 가 이전에 브로드웨이에서 연기한 〈가프, The World According to Garp〉를 영화로 다시 찍 으면서 처음으로 오스카 여우조연상 후보에 올 랐다. 영화계에 몸을 담은 40년이 넘는 세월 동 안 그녀는 오스카 연기 부문에 후보로 5번 더 올랐다.

데브라 윙거(Debra Winger)는 오스카 여우주연상 후보에 3번 올랐다. 첫 후보 지명은 1983년에 〈사관과 신사, An Officer and A Gentleman〉로 받았다. 이후에는 〈애정의 조건, Terms of Endearment, 1984년 추천〉과 〈샤도우랜드, Shadowlands, 1994년 추천〉를 통해 후보에 올랐다.

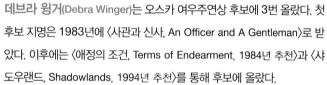

1984 캐나다인 작가이자 감독, 프로듀서인 **신시아 스콧**(Cynthia Scott)은 1984년에 〈플라멩코 앳 5:15, Flamenco at 5:15〉으로 오스카 단편 다큐멘터리상을 수상했다.

시나리오 작가인 **엘리스 알렌**(Alice Arlen)은 1984년에 노라 에프론(Nora Ephron, 1984년 참고)과 함께 〈실크우드, Silkwood〉로 오스카 각본상 공동 후보로 올랐다.

영국계 세트 데코레이터인 **테사 데이비스**(Tessa Davies)는 1984년에 〈엔틀, Yentl〉로 오스카 미술상에 공동으로 후보에 올랐다.

프로듀서이자 프로덕션 디자이너인 **폴리 플랫**(Polly Platt)은 1984년에 〈애정의 조건, Terms of Endearment〉으로 오스카 미술상에 공동으로 후보에 올랐다. 사람들은 그녀에 대해 다음과 같이 말했다. "플랫은 주유소에 가도 기름만 채우고 나오는 사람이 아니라 항상 누구를 멘토링하곤 했죠. 영화는 팀 스포츠예요. 그녀는 팀이 함께 뭉쳐서 작업을 할 수 있게 도와줬어요. 그녀는 또한 어머니의 역할도 자처했죠. 영화에 모두 쏟아부었고, 자존심은 부리지 않았어요."

> **성공하고 싶은 여성이라면 함께 따라오는 끔찍한 대가가 있다는 걸 알아야 해요. 그리고 간단하게 이겨내기는 어렵겠지만, 그 대가를 꼭 극복해야 하죠.**
>
> —노라 에프론

작가, 감독, 프로듀서인 **노라 에프론**(Nora Ephron)은 각본상 부문 후보에 3번 올랐는데, 그중 첫 후보 지명을 1984년에 〈실크우드, Silkwood〉를 통해 받았다. 1990년에는 〈해리가 샐리를 만났을 때, When Harry Met Sally〉로, 1994년에는 〈시애틀의 잠 못 이루는 밤, Sleepless in Seattle〉으로 후보에 올랐다. 그녀의 마지막 영화는 〈줄리 & 줄리아, Julie & Julia〉이다.

2013년, 트라이베카 영화제는 그녀를 기념하기 위해 노라 에프론상을 설립해 매년 여성 작가들과 감독에게 수여했다. 그녀는 포비 에프론(Phoebe Ephron, 1964년 참고)의 딸이며, 델리아 에프론(Delia Ephron, 1998년 참고)과 자매 사이이다. 영화 제작의 어려움에 관해서 에프론은 다음과 같이 말했다. "저는 영화가 항상 '이 영화가 OO스튜디오에서 만들어지는 것을 막았습니다.'라는 로고로 시작해야 한다고 생각해요."

그녀는 또 이렇게 말했다. "제가 발견한 바로는 대부분의 감독들은 그들이 작업하는 영화의 시나리오가 반드시 남자와 연관이 있어야 한다고 확신하더군요. 여자 캐릭터가 남자 캐릭터와 동일하거나 더 괜찮은 역할을 맡도록 대본을 쓰면 조금 까탈스럽더라고요. … 감독 명단을 보면 다 남자들이에요. 제가 시나리오 작가로 시작을 할 때만 해도 특히 더 그랬죠. 그래서 저는 '난 그냥 감독이 돼야지. 그게 더 나을 거야.'라고 생각했어요."

에프론이 죽고 난 뒤 수잔 세이들먼(Susan Seidelman, 1994년 참고)은 이렇게 말했다.

"저는 노라로부터 몇 가지를 배웠습니다."

- 감독, 작가도 모피 코트와 미니 블랙드레스를 입고 완벽하게 세팅한 머리와 매니큐어를 하고 회의를 가도 사람들이 진지하게 받아들일 수 있다는 점
- 스타일과 품위를 가진 채 나이가 들 수 있고, 젊음을 칭송하는 업계에서도 존경받을 수 있다는 점
- 열심히 일하는 감독도 여전히 헌신적인 아내나 엄마로서의 시간과 에너지를 가질 수 있다는 점

"저는 영화 산업에 몸을 담고 있는 여성 중, 바쁜 살림과 일을 동시에 잘 해내는 소수의 여성들을 알아요. 그래서 노라가 어떻게 했는지 매우 주의 깊게 봤죠, 그녀의 아파트에서 대본 미팅을 하던 일이 기억나네요. 그녀의 아들들이 방으로 이리 저리 왔다 갔다 했고 심지어는 우리가 하는 대화에 참여하기까지 했어요. 일과 가정의 혼합이 지극히 자연스럽고 꾸밈이 없어 보였어요."

〈유브 갓 메일〉을 촬영 중인
톰 행크스(Tom Hanks)와 노라 에프론

"영화 산업은 매우 남성 중심적인 산업이에요. 그 산업의 대부분이⋯ 뭐 1943년의 미국 군대 같다고 할까요."
—노라 에프론

시나리오 작가인 **바바라 베네덱**(Barbara Benedek)은 1984년에 〈새로운 탄생, The Big Chill〉으로 각본상 후보에 올랐다.

1980년부터 스턴트 연기를 해 왔던 **마리안 그린**(Marian Green)은 1984년 영화 〈터미네이터, The Terminator〉에서 스턴트 연기를 했다. 그녀는 〈스파이더맨: 홈커밍, Spider-Man: Homecoming〉과 〈헝거게임: 더 파이널, The Hunger Games: Mockingjay-Part 2〉을 포함한 100여 개가 넘는 영화에서 스턴트 연기를 했다.

30년 연기 경력을 가진 스턴트우먼 **도나 키건**(Donna Keegan)은 감독이자 프로듀서이다. 영화배우 길드의 임원으로서, 그녀는 'Stunts and Safety'의 전국 위원장으로 활동하며 영화 세트에서 죽음이나 부상이 일어나면 전문 증인으로 일했다. 커리어 초기인 1984년에 키건은 〈인디아나 존스, Indiana Jones and the Temple of Doom〉에서 스턴트 연기를 했다.

시나리오 작가이자 프로듀서인 **게일 앤 허드**(Gale Anne Hurd)는 경영직 비서로 영화계에서 일을 시작했는데 이후 영화 제작에도 참여하게 된다. 그녀는 1982년에 퍼시픽 웨스턴 프로덕션을 설립하고, 1984년 영화 〈터미네이터, The Terminator〉의 대본을 집필하고 제작을 맡았다. 이 외에도 1987년 시상식에서 5개 부문에 후보로 오르고 2개의 오스카상을 받은 〈에이리언 2, Aliens〉와, 1990년 시상식에서 3개 부문에 후보로 오르고 1개의 오스카상을 받은 〈심연, The Abyss〉을 제작했다. 영화계에서 특유의 리더십으로 널리 존경받던 그녀는 2011년, 영화 예술과학 아카데미의 총재가 되었다. 그녀의 고모는 스턴트우먼인 지웰 조던 (메이슨)[Jewell Jordan (Mason), 1937년 참고]이다.

캐슬린 로웰(Kathleen Rowell)은 1984년 영화인 〈조이 오브 섹스, Joy of Sex〉를 집필했다.

 스웨덴 출신 프로덕션 디자이너인 **안나 아습**(Anna Asp)과 미술 감독인 **수잔 링하임**(Susanne Lingheim)은 1984년에 영화 〈화니와 알렉산더, Fanny and Alexander〉로 오스카 미술상을 공동으로 수상했다.

시각 효과 아티스트로 30년이 넘도록 일한 **로렐 클릭**(Laurel Klick)은 1984년에 〈터미네이터, The Terminator〉의 제작에 참여했다.

 영화 편집자로 업계에서 40년이 넘게 활동한 **리사 프러치먼**(Lisa Fruchtman)은 〈필사의 도전, The Right Stuff〉으로 1984년에 오스카 편집상을 수상했다. 그녀는 〈지옥의 묵시록, Apocalypse Now, 1980년 추천〉과 〈대부 3, The Godfather: Part III, 1991년 추천〉으로 편집상 후보에 올랐다.

여배우이자 작곡가인 **아이린 카라**(Irene Cara)는 1984년 영화 〈플래시 댄스, Flashdance〉에 삽입된 곡 'Flashdance … What a Feeling'으로 주제가상을 공동으로 수상했다. 그녀는 이 영화에서 연기와 노래를 했다.

셜리 맥클레인(Shirley MacLaine)은 1955년, 60년이 넘는 그녀의 커리어를 처음 시작했다. 그녀는 〈애정의 조건, Terms of Endearment〉으로 1984년에 여우주연상을 수상하기 이전에 아카데미상 후보에 5번 올랐다.

 프로듀서인 **제니스 플래트**(Janice Platt)는 〈보이즈 앤 걸즈, Boys and Girls〉로 1984년에 단편 실사 영화상을 수상했다. 그녀는 1985년에 같은 부문에서 〈더 페인티드 도어, The Painted Door〉로 수상 후보에 올랐다.

영화계에서 40년 동안 활동한
여배우 **알프리 우다드(Alfre
Woodard)**는 1984년에 〈크로
스 크리크, Cross Creek〉로
오스카 여우조연상 후보에 올
랐다.

캐릭터 여배우인 **린다 헌트(Linda Hunt)**가 〈가장 위험한 해, The Year of Liv-
ing Dangerously〉에서 남자 빌리 콴(Billy Kwan) 역을 맡으면서 스타 반열에 올
랐다. 그리고 이 계기로 1984년에 오스카 여우조연상을 수상했다.

로버트 듀발(Robert Duvall), 셜리 맥클레인, 린다 헌트, 잭 니콜슨

35년 이상의 스턴트 경력을 가진 **킴 워싱턴 롱기노**(Kym Washington Longino)는 오프라 윈프리(Oprah Winfrey), 우피 골드버그(Whoopi Goldberg), 할리 베리(Halle Berry)를 포함한 많은 여배우들의 스턴트 대역을 해 왔다. 그녀는 1985년 영화 〈컬러 퍼플, The Color Purple〉에서 스턴트 연기를 했다.

프로덕션 디자이너인 **패트리지아 본 브랜던스타인**(Patrizia von Brandenstein)은 1985년 〈아마데우스, Amadeus〉로 오스카 미술상을 공동 수상했다. 그녀는 1982년에 〈래그타임, Ragtime〉으로, 1988년에 〈언터처블, The Untouchables〉로 같은 부문에 공동으로 후보에 올랐다.

레오라 바리쉬(Leora Barish)는 1985년 영화 〈마돈나의 수잔을 찾아서, Desperately Seeking Susan〉의 대본을 맡아 집필했다.

1985

1985년에 〈위험한 유혹, Swing Shift〉으로 여우조연상 후보에 오른 **크리스틴 라티**(Christine Lahti)는 1996년, 그녀가 감독한 〈리버맨 인 러브, Lieberman in Love〉로 오스카 단편 실사 영화상을 수상했다.

대영제국 데임 작위를 수여받았으며 주로 무대배우로 활동한 **페기 애쉬크로프트**(Peggy Ashcroft)는 1985년에 〈인도로 가는 길, A Passage to India〉로 오스카 여우조연상을 수상했다.

감독이자 프로듀서인 **니마 바네티**(Neema Barnette)는 1985년 영화 〈스카이 캡틴, Sky Captain〉으로 감독 데뷔를 했다. 이후 그녀는 소니 픽처스와 계약하면서 주요 영화 제작소와 계약을 체결한 최초의 흑인 여성이 되었다.

수중 촬영과 산꼭대기 촬영을 전문으로 하는 카메라 오퍼레이터인 **수잔 월시**(Susan Walsh)는 1985년 영화 〈실버라도, Silverado〉의 제1 보조를 맡았다.

 스턴트우먼인 **마리 알비**(Mary Albee)는 1985년 〈피-위의 대모험, Pee-wee's Big Adventure〉에서 스턴트 연기를 했다.

 스턴트우먼인 **시모네 보이스리**(Simone Boisseree)는 20년 커리어 동안 1985년 작 〈람보 2, Rambo: First Blood Part II〉를 포함해 유명 영화에서 스턴트 연기를 했다.

 오스카를 수상한 최초의 음향 편집자인 **케이 로즈**(Kay Rose)는 1985년에 〈살아가는 나날들, The River〉로 특별 업적상을 받았다.

 캐나다 최초의 여성 스턴트 연기자이자 스턴트 코디네이터, 제2 보조인 **베티 토마스 퀴**(Betty Thomas Quee)는 1985년 영화 〈창공의 도전자, The Aviator〉에서 스턴트 연기를 했다.

 편집자인 **네나 다네빅**(Nena Danevic)은 1985년에 〈아마데우스, Amadeus〉로 오스카 편집상 후보에 올랐다.

만화가인 **앨리슨 벡델**(Alison Bechdel)은 소설 작품이나 영화가 여성에 대해 어떤 태도를 가지는지를 평가하기 위해 벡델 테스트로 작품들을 검사했다. 합격하기 위해서는 아래의 기준이 충족되어야 한다.

(1) 여성이 두 명 출연을 하는가
(2) 이 여성들이 서로 대화를 나누는가
(3) 남자에 관한 대화가 아닌 다른 주제의 대화를 나누는가

가끔 네 번째 기준이 추가되기도 하는데 바로 출연하는 두 여성이 이름을 가지는가이다. 놀랍게도 많은 수의 박스오피스 영화들이 이 테스트를 통과하지 못했다.

 감독, 프로듀서, 작가인 **마조리 헌트**(Marjorie Hunt)는 〈더 스톤 카버스, The Stone Carvers〉로 1985년에 오스카 단편 다큐멘터리상을 수상했다.

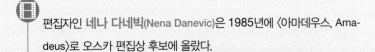 프로듀서인 **로렌 슐러 도너**(Lauren Shuler Donner)는 1985년에 〈레이디 호크, Ladyhawke〉와 〈열정, St. Elmo's Fire〉을 감독했다. 그녀는 이후 엑스맨(X-Men) 시리즈로 유명해지는데 전 세계적으로 막대한 수익을 벌어들었다.

스턴트 가정에서 태어난 스턴트우먼인 **보니 해피**(Bonnie Happy)는 1985년 영화 〈실버라도, Silverado〉에서 스턴트 연기를 했다. 그녀는 캘리포니아 로데오 샐리나스 명예의 전당에 입성했다. 그녀의 엄마는 에디스 해피 (코넬리)[Edith Happy (Connelly), 1951년 참고]이고 시누이는 마거리트 해피(Marguerite Happy, 1991년 참고)이다.

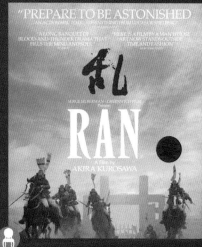

일본계 프로덕션 디자이너인 **무라키 시노부**(Shinobu Muraki)는 〈란, Ran〉으로 1986년에 오스카 미술상에 공동 후보로 올랐다.

시나리오 작가인 **자넷 로치**(Janet Roach)는 〈프리찌스 오너, Prizzi's Honor〉로 1986년 오스카 각색상에 공동 후보로 올랐다.

조 칼슨(Jo Carson)은 시각 효과 분야에서 카메라 오퍼레이터로 25년간 일해 왔다. 제작한 영화로 1986년 영화 〈스타 트랙 4—귀환의 항로, Star Trek IV: The Voyage Home〉 등이 있다. 그녀는 전문 여성 촬영 기사 단체인 비하인드 더 렌즈(Behind the Lens)의 회장직을 역임한다.

1986 작가이자 프로듀서인 **빅토리아 머드**(Victoria Mudd)와 작가이자 감독, 편집자, 프로듀서인 **마리아 플로리오**(Maria Florio)는 〈브로큰 레인보, Broken Rainbow〉로 1986년에 오스카 장편 다큐멘터리상을 공동으로 수상했다.

소설가이자 시나리오 작가인 **파멜라 월라스**(Pamela Wallace)는 1986년에 〈위트니스, Witness〉로 오스카 각본상을 수상했다.

작가 겸 감독인 **조이스 초프라**(Joyce Chopra)는 그녀의 첫 장편 영화이자 1986년에 선댄스 영화제에서 상을 수상한 영화인 〈커니의 성인식, Smooth Talk〉으로 유명하다.

아르헨티나계 시나리오 작가인 **아이다 보트닉**(Aida Bortnik)은 1986년에 〈오피셜 스토리, La historia oficial〉로 오스카 각본상에 공동으로 후보에 올랐다. 40년간 작가로 활동한 보트닉은 외국어 영화상 후보에 오르게 되는 첫 아르헨티나 영화인 〈휴전, The Truce, 1975년 추천〉의 대본을 썼다. 이후 그녀는 1986년에 〈오피셜 스토리〉로 같은 부문에서 처음으로 상을 수상했다.

7번의 후보 지명 끝에, **제라르딘 페이지**(Geraldine Page)는 1986년에 〈바운티풀 가는 길, The Trip to Bountiful〉로 오스카 여우주연상을 수상했다. 그녀의 첫 여우조연상 후보 지명은 1954년에 영화 〈혼도, Hondo〉를 통해서였다.

의상 디자이너인 **와다 에미**(Emi Wada)는 1986년에 〈란, Ran〉으로 오스카 의상상을 수상했다.

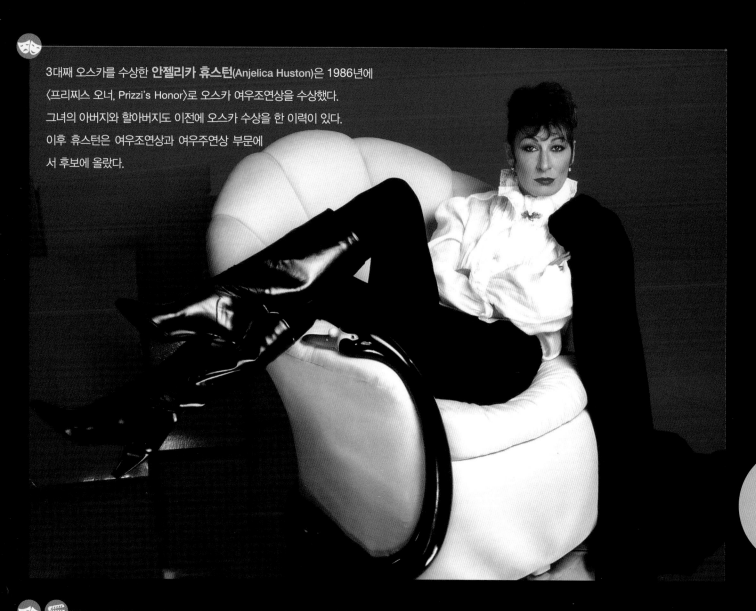

3대째 오스카를 수상한 **안젤리카 휴스턴**(Anjelica Huston)은 1986년에
〈프리찌스 오너, Prizzi's Honor〉로 오스카 여우조연상을 수상했다.
그녀의 아버지와 할아버지도 이전에 오스카 수상을 한 이력이 있다.
이후 휴스턴은 여우조연상과 여우주연상 부문에
서 후보에 올랐다.

1986

1986년, 영화계의 거물이자 영화배우와 프
로듀서로 활동한 **오프라 윈프리**(Oprah
Winfrey)는 영화 〈컬러 퍼플, The Color Pur-
ple〉을 통해 처음으로 오스카 여우조연상 후
보에 올랐다. 그녀는 진 허숄트 박애상도 수
상했으며 프로듀서로서 영화 〈셀마, Selma〉
를 통해 작품상 후보에 올랐다. 그녀는 미국
국립 여성 명예의 전당에 이름을 올렸다.

윌러드 퍼프(Willard Pugh)와 오프라 윈프리, 〈컬러 퍼플〉에서

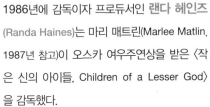

1986년에 감독이자 프로듀서인 **랜다 헤인즈**(Randa Haines)는 마리 매트린(Marlee Matlin, 1987년 참고)이 오스카 여우주연상을 받은 〈작은 신의 아이들, Children of a Lesser God〉을 감독했다.

바바라 드 피나(Barbara De Fina)는 1986년에 〈컬러 오브 머니, The Color of Money〉를 제작했다. 이 영화는 하나의 오스카 수상을 하고 세 부문에 후보로 올랐다. 폴 뉴먼(Paul Newman)이 이 영화를 통해 남우주연상을 수상하고, 영화는 여우조연상, 미술상, 각색상에 후보로 올랐다.

영화계에서 40년이 넘는 시간 동안 일을 해 온 아일랜드계 세트 데코레이터인 **조시 맥아빈**(Josie MacAvin)은 오스카 공동 후보에 2번 올랐고 미술상을 1번 수상했다. 수상은 1986년에 〈아웃 오브 아프리카, Out of Africa〉로 했다. 그녀는 1964년에 〈톰 존스의 화려한 모험, Tom Jones〉, 1966년에 〈추운 곳에서 온 스파이, The Spy Who Came in from the Cold〉를 통해 후보에 올랐다.

1987

프로듀서이자 스튜디오 임원인 **돈 스틸**(Dawn Steel)은 1987년에 콜롬비아 픽처스의 회장이 되었다. 그녀는 1978년에 파라마운트 픽처스의 허가 및 홍보 판매 부문 책임자로 영화계에 진입했다. 그녀는 콜롬비아 픽처스에 회장으로 오기 이전에 파라마운트 픽처스에서 계속해서 승진했다. 콜롬비아 픽처스에 있을 때 만든 영화 중 하나가 〈해리가 샐리를 만났을 때, When Harry Met Sally〉이다.

그녀에 대해 노라 에프론(Nora Ephron, 1984년 참고)은 다음과 같이 말했다. "돈은 최초로 할리우드에서 강한 영향력을 가지게 된 여성은 아니에요. 하지만 그녀는 어떻게 하면 많은 여성들이 영향력을 가질 수 있을지에 대해 본인의 책임감이 필요하다는 사실을 이해한 첫 번째 여성이에요. 그녀는 여성들을 이사직 또는 프로듀서나 감독, 마케팅 하는 사람으로 채용했어요. 많은 여성들이 높은 자리에 있는 오늘날의 이 상황은 그녀 덕분이에요."

캐서린 터너(Kathleen Turner)는 1987년에 〈페기 수 결혼하다, Peggy Sue Got Married〉로 오스카 여우주연상 후보에 올랐다. 그녀는 1981년의 영화 〈보디 히트, Body Heat〉로 스타 반열에 올랐다.

200개의 크레디트를 보유한 스턴트 우먼이자 스턴트 코디인 앨리슨 레이드(Alison Reid)는 1987년에 〈야행, Adventures in Babysitting〉에서 스턴트 연기를 했다. 이후 자기 회사를 설립해서 영화를 감독하는 데 집중한다.

편집자인 수잔 E. 모스(Susan E. Morse)는 우디 앨런(Woody Allen)과 20년 이상 함께 일했다. 그 기간 동안 그녀는 〈한나와 그 자매들, Hannah and Her Sisters〉로 1987년 오스카 편집상 후보에 올랐다.

캐나다계 감독이자 작가, 프로듀서인 브리짓 버맨(Brigitte Berman)은 다큐멘터리 〈아티 쇼, Artie Shaw: Time is All You've Got〉로 1987년에 오스카 장편 다큐멘터리상을 수상했다.

프로듀서이자 작가인 레슬리 딕슨(Leslie Dixon)은 사진작가인 도로시아 랭(Dorothea Lange)의 손녀로, 대공황 시절인 1987년의 영화 〈환상의 커플, Overboard〉을 집필했다.

프로듀서 겸 감독인 비비엔느 버돈-로(Vivienne Verdon-Roe)는 1987년에 〈미국을 위한 여성, 세계를 위한 여성, Women-for America, for the World〉으로 오스카 단편 다큐멘터리상을 수상했다. 이전 1984년에는 〈핵 그림자 안에서: 아이들은 우리에게 무엇을 말할 수 있을까?, In the Nuclear Shadow: What Can the Children Tell Us?〉로 같은 부문 후보에 올랐다.

마리 매트린(Marlee Matlin)은 〈작은 신의 아이들, Children of a Lesser God〉로 1987년에 오스카 여우주연상을 수상했다. 그녀는 현재까지 상을 수상한 유일한 청각 장애인 여배우이다.

작가이자 영화 각본가인 루스 프라워 자브발라(Ruth Prawer Jhabvala)는 오스카 각색상을 2번 수상했다. 1987년에 〈전망 좋은 방, A Room with a View〉을 통해 처음으로 수상을 했다. 이후 1993년에는 〈하워즈 엔드, Howard's End〉로 각색상을 다시 수상했다. 세 번째 후보 지명은 1994년에 〈남아있는 나날, The Remains of the Day〉로 받았다.

1987

의상 디자이너인 **제니 비번**(Jenny Beavan)은 오스카 의상상 후보에 총 10번 올라서 2개의 상을 받았다. 〈전망 좋은 방, A Room with a View, 1987년 수상〉, 〈매드맥스: 분노의 도로, Mad Max: Fury Road, 2016년 수상〉로 수상을 했다.

제니 비번이
〈에버 애프터, Ever After〉를 위해 디자인한 의상

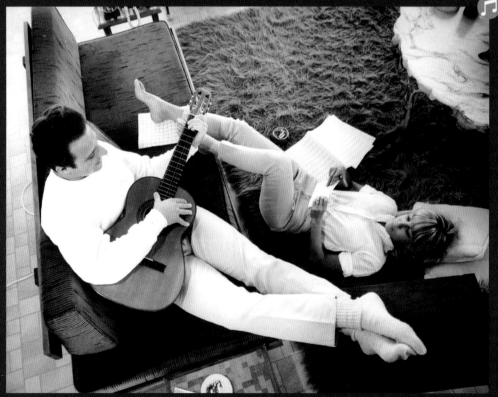

작곡가인 **신시아 윌**(Cynthia Weil)은 영화 〈피블의 모험, An American Tail〉에 삽입된 곡 'Somewhere Out There'로 1987년에 오스카 주제가상 공동 후보에 올랐다. 그녀는 작곡가이자 함께 후보에 오른 베리 만(Barry Mann)과 결혼했다. 둘은 함께 그래미상을 수상했다.

베리 만과 신시아 윌

디디 알렌(Dede Allen, 1976년 참고)에게 교육을 받은 편집자인 **클레어 심슨**(Claire Simpson)은 〈플래툰, Platoon〉으로 1987년에 오스카 편집상을 수상했다. 그녀는 〈콘스탄트 가드너, The Constant Gardener〉로 2006년에 다시 후보에 올랐다. 그녀는 이렇게 말했다. "편집실을 어둡고 우울한 곳으로 생각한다면 결국 우울한 곳이 되어 버려요. 노력, 교양 있는 취향, 날카로운 본능과 감각 이 모든 게 제 편집 커리어를 비롯해서 삶에 중요한 재료가 되었죠. 그리고 혹여 운에 대해서 평가절하한다면, 절대 운의 가치를 얕잡아 보지 마세요. 저는 매우 뛰어난 능력을 가졌지만 운이 없어서 아카데미상을 못 받는 사람들을 많이 알아요. 오해하지는 마세요. 상을 받는다는 것은 매우 보람된 일이에요. 하지만 더 중요한 것은 일을 할 때마다 감독에게 자기가 찍는 작품에 대해 솔직하게 의견을 말하는 거예요. 이 행동을 할 수 없다면 그 일을 선택하지 마세요."

클레어 심슨과 올리버 스톤(Oliver Stone) 감독

> **❝ 노력, 교양 있는 취향, 날카로운 본능과 감각 이 모든 것은 제 커리어에서 필수예요. ❞**
>
> —클레어 심슨

 시각 효과 아티스트인 **수잔 M. 벤슨**(Suzanne M. Benson)은 최초로 오스카 시각 효과상을 수상한 여성이다. 이 공동 수상은 1987년에 〈에이리언2, Aliens〉를 통해 받았다.

 30년이 넘는 경력 동안 100개의 크레디트에 이름을 올린 스턴트우먼인 **애니 앨리스**(Annie Ellis)는 1987년 영화 〈위험한 정사, Fatal Attraction〉에서 연기했다.

 벨기에 프로듀서이자 시나리오 작가, 애니메이터인 **린다 반 툴댄**(Linda Van Tulden)은 1987년에 〈그리스의 세 여신, A Greek Tragedy〉으로 오스카 단편 애니메이션상을 공동 수상했다.

 카메라우먼인 **알리시아 크래프트 세링**(Alicia Craft Sehring)은 1987년 영화 〈라 밤바, La Bamba〉를 촬영했다.

 150개 이상의 크레디트에 이름을 올린 스턴트우먼인 **도나 에반스**(Donna Evans)는 1987년에 〈리썰 웨폰, Lethal Weapon〉과 〈이스트윅의 마녀들, The Witches of Eastwick〉에서 스턴트 연기를 했다.

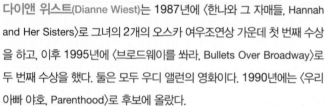

〈한나와 그 자매들〉의
세트장

다이앤 위스트(Dianne Wiest)는 1987년에 〈한나와 그 자매들, Hannah and Her Sisters〉로 그녀의 2개의 오스카 여우조연상 가운데 첫 번째 수상을 하고, 이후 1995년에 〈브로드웨이를 쏴라, Bullets Over Broadway〉로 두 번째 수상을 했다. 둘은 모두 우디 앨런의 영화이다. 1990년에는 〈우리 아빠 야호, Parenthood〉로 후보에 올랐다.

세트 데코레이터인 캐롤 조페(Carol Joffe)는 공동으로 총 2번 후보에 올랐다. 첫 번째 후보 지명은 〈한나와 그 자매들, Hannah and Her Sisters〉을 통해 받았는데, 1987년에 오스카 미술상 후보에 올랐다. 두 번째 후보 지명은 〈라디오 데이즈, Radio Days〉를 통해서이며 1988년에 후보에 올랐다.

시고니 위버(Sigourney Weaver)는 1987년, 영화 〈에이리언 2, Aliens〉로 처음으로 오스카 여우주연상 후보에 올랐다. 이후에 그녀는 〈정글 속의 고릴라, Gorillas in the Mist, 1989년 추천〉로 여우주연상 후보에, 〈워킹 걸, Working Girl, 1989년 추천〉로 여우조연상 후보에 올랐다.

영국인 세트 데코레이터인 **조앤 울러드**(Jo-anne Woollard)는 1988년, 영화 〈희망과 영광, Hope and Glory〉으로 처음으로 오스카 미술상 공동 후보에 올랐다. 이후 2014년에 영화 〈그래비티, Gravity〉로 오스카 프로덕션 디자인상에 공동 후보로 올랐다.

감독이자 프로듀서인 **데보라 딕슨**(Deborah Dickson)은 오스카 후보에 3번 올랐다. 첫 번째는 1988년이며 단편 다큐멘터리상에 〈프란시스 스텔로프, Frances Steloff: Memoirs of a Bookseller〉로 추천됐다. 다른 후보 지명은 모두 공동 후보이며 장편 다큐멘터리상 후보에 올랐다. 추천 작품들은 〈수잔 패럴, Suzanne Farrell: Elusive Muse, 1997년 추천〉과 〈라리스 킨, LaLee's Kin: The Legacy of Cotton, 2002년 추천〉이다.

시나리오 작가이자 감독인 **메리 아그네스 도노휴**(Mary Agnes Donoghue)는 1988년 작 〈두 여인, Beaches〉의 시나리오를 맡았다.

1988

프로듀서 겸 감독인 **자나 수 메멜**(Jana Sue Memel)은 1988년에 〈레이즈 메일 헤레로섹슈얼 댄스 홀, Ray's Male Heterosexual Dance Hall〉로 첫 번째 오스카 단편 실사 영화상을 수상하고 1996년에 〈리버맨 인 러브, Lieberman in Love〉로 두 번째 단편 실사 영화상을 수상했다. 1993년에는 〈컨택트, Contact〉로, 1994년에는 〈파트너즈, Partners〉로 같은 부문 후보에 올랐다.

에이미 홀든 존스(Amy Holden Jones)는 1988년 영화인 〈미스틱 피자, Mystic Pizza〉의 시나리오를 집필했다. 이 영화의 출연자 중에는 주연으로 출연해 이름을 알린 줄리아 로버츠(Julia Roberts, 2001년 참고)가 있다.

가수이자 여배우인 **셰어**(Cher)는 1988년에 〈문스트럭, Moonstruck〉에서의 역할로 오스카 여우주연상을 수상했다. 그녀는 1984년에 〈실크우드, Silkwood〉로 오스카 여우조연상 후보에 오른 이력이 있다.

미국 국립 영화 보관소(The National Film Registry, 줄여서 NFR)는 문화적, 역사적 혹은 미적으로 중요한 영화를 보관하기 위해서 설립되었다. 매년 최다 25개의 영화가 추가되는데 소장되는 영화들은 발표가 된 지 최소 10년이 지나야 한다. 미국 국립 영화 보관소는 국회 도서관 국가 필름 보존 위원회의 후원을 받는다.

프로듀서이자 감독인 **파멜라 콘**(Pamela Conn, 사진에서 왼쪽)과 **수 막스**(Sue Marx, 사진에서 오른쪽)는 〈영 앳 하트, Young at Heart〉로 오스카 단편 다큐멘터리상을 수상했다.

업계에 30년간 몸을 담은 스턴트우먼 **트레이시 킨 데쉬너**(Tracy Keehn Dashnaw)는 1988년에 〈새엄마는 외계인, My Stepmother is an Alien〉에서 김 베이싱어(Kim Basinger, 1998년 참고)의 스턴트 대역을 맡았다.

프로듀서이자 감독인 **아비바 슬레신**(Aviva Slesin)은 〈10년의 점심식사: 알곤킨 원탁의 위트와 전설, The Ten-Year Lunch: The Wit and Legend of the Algonquin Round Table〉로 1988년에 오스카 장편 다큐멘터리상을 수상했다. 작가이자 영화 각본가인 도로시 파커(Dorothy Parker, 1938년 참고)는 뉴욕의 유명 작가 모임인 알곤킨 라운드 테이블의 창시자이며 이 다큐멘터리에서 주연을 했다.

이탈리아계 편집자인 **게브리엘라 크리스티아니**(Gabriella Cristiani)는 1988년에 〈마지막 황제, The Last Emperor〉로 오스카 편집상을 수상했다.

여배우 **올림피아 듀카키스**(Olympia Dukakis)는 영화 〈문스트럭, Moonstruck〉에서 맡은, 셰어(Cher, 1988년 참고)의 엄마 역할로 오스카 여우조연상을 수상했다.

영화배우, 감독이자 프로듀서인 **페니 마샬**(Penny Marshall)은 1988년, 여성이 감독한 영화 가운데 최초로 박스오피스에서 1억 달러 이상의 수익을 거둔 영화인 〈빅, Big〉의 감독을 맡았다. 이 작품은 오스카 여우주연상과 각본상 후보에 올랐다. 그녀가 1990년에 감독한 〈사랑의 기적, Awakenings〉은 작품상과 남우주연상을 포함하여 3개의 아카데미상 후보에 올랐다. 또한 그녀는 지나 데이비스(Geena Davis, 1989년 참고), 마돈나(Madonna), 로지 오도넬(Rosie O'Donnell)이 출연한 1992년 영화 〈그들만의 리그, A League of Their Own〉를 감독했다.

> 저는 대담함과 자신감 결여가 공존하는, 이상한 조합의 성격을 가지고 있어요.
>
> —페니 마샬

1988

3년 동안 계속해서 금년의 작곡가라는 칭호를 받고 그래미상과 에미상을 수상한 **다이안 워렌**(Diane Warren)은 오스카 주제가상 후보에 총 9번 올랐다. 그녀가 처음 공동으로 후보에 오른 것은 1988년이며 영화 〈마네킨, Mannequin〉에 삽입된 곡 'Nothing's Gonna Stop Us Now'를 통해서이다. 2018년에는 영화 〈마셜, Marshall〉에 삽입된 곡인 'Stand Up for Something'으로 후보에 올랐다.

가수 마야(Mya)와
녹음하고 있는 다이안 워렌

글로리아 알레드(Gloria Allred)는 다음과 같이 말했다. "카메라우먼들은 수가 대체로 매우 적죠. 그래서 그녀들은 승진 누락, 해고 등으로 보복을 당할까 봐 기본적 권리인 성 평등을 주장하지 못해요. 소송을 제기한 용감한 여성들이 이전에 있었기 때문에 우리 여성들이 카메라 감독이 될 수 있었던 것이랍니다."

감독, 프로듀서 겸 촬영 기사인 **크리스틴 초이**(Christine Choy)는 1989년에 〈후 킬드 빈센트 친?, Who Killed Vincent Chin?〉으로 오스카 장편 다큐멘터리상 후보에 올랐다. 그녀는 다음과 같이 말했다. "저는 1976년 이후부터 영화를 제작하기 시작했어요. 제가 만드는 대부분의 영화들은 사회 변화에 관한 것이죠. 어떤 이들은 저를 정치적 영화감독이라고 낙인찍어요. 그게 맞는 분류인지는 모르겠지만 말이에요. 이 외에도 저는 항상 이런 식의 분류를 당했어요. 처음에는 이민자, 이후에는 동양인, 그 후에는 소수자 또는 유색인종으로 말이에요."

〈위험한 관계〉의
미셸 파이퍼와 존 말코비치(John Malkovich)

1989
스티븐 스필버그(Steven Spielberg)의 여동생인 **앤 스필버그**(Anne Spielberg)는 작가 겸 프로듀서이다. 1989년에 〈빅, Big〉으로 오스카 각본상 후보에 올랐다.

미셸 파이퍼(Michelle Pfeiffer)는 〈위험한 관계, Dangerous Liasons〉로 오스카 여우조연상 후보에 처음으로 올랐다. 1990년에는 〈사랑의 행로, The Fabulous Baker Boys〉로, 1993년에는 〈러브 필드, Love Field〉로 오스카 여우주연상 후보에 올랐다.

가수이자 작곡·작사가인 **칼리 사이먼**(Carly Simon)은 영화 〈워킹 걸, Working Girl〉에 삽입된 곡 'Let the River Run'으로 1989년에 오스카 주제가상을 수상했다. 그녀는 자신이 작사·작곡을 하고 노래까지 부른 곡을 통해 오스카상, 그래미상, 골든 글로브상을 모두 수상한 최초의 아티스트이다.

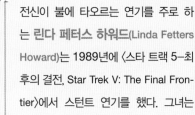

전신이 불에 타오르는 연기를 주로 하는 **린다 페터스 하워드**(Linda Fetters Howard)는 1989년에 〈스타 트랙 5-최후의 결전, Star Trek V: The Final Frontier〉에서 스턴트 연기를 했다. 그녀는 1990년 중반, 영화 스턴트우먼 협회의 회장직에 취임했다.

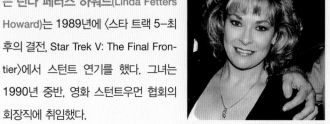

35년간 메이크업 아티스트로 일해 온 **바리 드레이밴드-버먼**(Bari Dreiband-Burman)은 1989년에 〈스크루지, Scrooged〉로 오스카 분장상 공동 후보에 올랐다.

40년 경력의 메이크업 아티스트인 **비 닐**(Ve Neill)은 오스카 분장상을 3번 공동 수상하고 5번이나 추가로 후보에 올랐다. 〈비틀쥬스, Beetlejuice, 1989년 수상〉, 〈미세스 다웃파이어, Mrs. Doubtfire, 1994년 수상〉, 〈에드 우드, Ed Wood, 1995년 수상〉로 수상했다.

지나 데이비스(Geena Davis)는 〈우연한 방문객, The Accidental Tourist〉으로 1989년에 오스카 여우조연상을 수상했다. 여성 인권 운동가이자 영화 프로듀서인 그녀는 '지나 데이비스의 미디어 속 성 연구소(Geena Davis institute on Gender in Media)'를 설립했다. 이 재단은 미디어 속 여성의 이미지를 바꾸는 데 일조하는 연구 기관이다.

작가, 감독 그리고 프로듀서인 **유잔 팔시**(Euzhan Palcy)는 1989년에 흑인 여성 감독 최초로 할리우드 스튜디오에서 프로듀싱한 영화를 감독했다. 그 영화는 〈백색의 계절, A Dry White Season〉로, 말론 브란도(Marlon Brando)에게 영화 출연을 부탁했는데 이후 그는 이 영화를 통해 오스카상 남우조연상 후보가 되었다. 이로써 팔시는 출연하는 배우가 오스카 후보에 오를 수 있게 도와준 최초의 흑인 감독이 되었다.

그녀는 다음과 같이 말했다. "베트남에 관해 이야기를 하면 다들 항상 백인 영웅이 있어야 한다고들 하죠. 하지만 이렇게 말하는 사람에게는 소리를 지르고 싶어요. 당신들은 글을 더 써 보고, 저와 함께 돈 있고 영화를 제작할 수 있는 힘을 가진 사람들과 싸워야 한다고요."

또 팔시는 이렇게 말했다. "저는 제 영화에서 흑인들의 고충에 대해 이야기하고 싶어요. 하지만 제 영화는 흑인 사람들만을 위한 영화가 아니에요. 각본에 백인이 출연을 안 한다는 소리도 아니에요. 그저 저는 피부색을 보지 않고 사람을 볼 뿐이에요."

> **"저는 사람들을 더 나빠지게 만드는 게 아니라 더 나아지도록 만드는 영화를 제작하고 싶다는 생각을 항상 해 왔어요.**
>
> **—조디 포스터**

여배우, 감독, 프로듀서로 활동한 **조디 포스터**(Jodie Foster)는 〈피고인, The Accused〉으로 1989년에 오스카 여우주연상을 수상했다. 이후 그녀는 〈양들의 침묵, The Silence of the Lambs〉으로 1992년에 다시 한번 오스카 여우주연상을 수상했다.

그녀의 첫 오스카상 후보 지명은 1977년에 〈택시 드라이버, Taxi Driver〉를 통해서이며, 오스카 여우조연상 후보에 올랐다. 1995년에는 〈넬, Nell〉이라는 작품으로 여우주연상 후보에 다시 올랐다. 1991년에 포스터는 〈꼬마 천재 테이트, Little Man Tate〉를 감독했다.

그녀는 다음과 같이 말했다. "제가 영화감독으로서 만드는 영화들은 다 제가 경험해 보고, 이해하는 인물이며, 제가 믿는 것에 관한 것이에요. 한편 제가 여배우로서 촬영하는 영화는 제가 아닌 것, 제가 되어 보지 않았던 것, 제가 항상 궁금해 했던 것들에 대한 영화죠. 감독으로서 만드는 영화와 배우로서 찍는 영화는 매우 다른 과정을 거칩니다. … 제가 생각할 때, 저는 배우로서는 주로 솔직한 스토리 위주의 영화나, 한 사람의 인생기, 여행기 같은 영화를 찍는 것 같아요(그녀의 나이 이때 35살)."

"한편 현재 제 인생에서 감독으로서 흥미가 가는 주제는 사람과 사람 간의 교류에 관한 것과 그게 얼마나 복잡한지에 관한 것들이에요. 그리고 이 문제를 풀어 나갈 방법이 없다는 사실에도 흥미가 가요. 저는 사람들 간의 그 뭔가 미묘한 부분의 회색지대, 블랙과 화이트가 섞인 애매모호한 회색 앙상블이 훨씬 더 흥미로워요. 왜 그런지는 설명하기 힘들지만, 확실한 사실은 저는 감독일 때는 영화배우일 때와는 다른 목소리를 내는 것 같아요."

영향력이 강한 여성에 대해 글을 쓰는 **애나 해밀턴 펠런**(Anna Hamilton Phelan)은 〈정글 속의 고릴라, Gorillas in the Mist: The Story of Dian Fossey〉로 1989년 각색상 후보에 올랐다. 그 영화의 주연인 시고니 위버(Sigourney Weaver, 1987년 참고)는 펠런에게 "당신과 다른 작가들이 여자 캐릭터를 만들지 않으면 우리들의 딸들과 손녀들이 영화 속에서 공감하고, 알아볼 수 있는 캐릭터가 없을 거예요."라고 말했다.

주디 덴치

1990s

박스오피스의
성공과 오스카 수상

1990년대의 많은 영화들은 대부분 비싼 주연, 특수 효과 그리고 거대한 자본이 투자된 영화들로, 〈타이타닉, Titanic, 1997년 작으로, 오스카상 12개 부문 후보에 올라 9개의 상을 수상〉과 같은 블록버스터였다. 작은 독립 영화 제작사에서 성공한 영화의 예를 들면, 〈셰익스피어 인 러브, Shakespeare in Love, 1998년 작〉 같은 영화가 있다. 이 작품은 13개 부문 후보에 올라 7개의 상을 수상했다.

세리 랜싱(Sherry Lansing)은 1992년에 파라마운트 모션 픽처스 그룹의 사장으로 있다가 독립 영화 제작으로 돌아왔는데, 이 무모하다고 생각되는 행동이 대성공을 거둔 영화 〈포레스트 검프, Forrest Gump, 1994년 작〉를 제작할 수 있게 했다. 〈포레스트 검프〉는 이 시대에 이익을 가장 많이 남긴 5개의 영화 중 하나가 되었는데 전 세계적으로 6억 달러를 거둬들였다. 이 작품은 아카데미 시상식에서 5개의 상을 수상하고 프로듀서 웬디 피너먼(Wendy Finerman)이 오스카 작품상을 받을 수 있게 만들어 줬다.

페니 마샬(Penny Marshall)은 〈그들만의 리그, A League of Their Own, 1992년 작〉로 1억 달러 이상의 수익을 거둬들인 영화를 만든 최초의 여성 감독이 되었다. 하지만 페넬로프 스피어리스(Penelope Spheeris)가 감독한 영화 〈웨인즈 월드, Wayne's World, 1992년 작〉가 1억 2천만 달러의 수익을 달성하면서 이 기록은 얼마 가지 못해 깨지게 된다.

로라 지스킨(Laura Ziskin)은 대박을 터트린 1990년 영화 〈귀여운 여인, Pretty Woman〉의 독립 프로듀서로, 1994년에 그녀가 20세기 폭스에서 영화부의 회장이 되기 전까지 이 영화로 전 세계적으로 4억 5천만 달러를 벌어들였다. 한편 캐슬린 캐네디(Kathleen Kennedy)는 엠블린을 떠나 파라마운트에서 자신만의 제작 부서를 차렸다. 그녀는 전 세계 박스오피스에서 약 10억 달러의 이익을 남긴 1993년 영화 〈쥬라기 공원, Jurassic Park〉을 프로듀싱했다.

해티 맥대니얼(Hattie McDaniel)이 오스카 여우조연상을 수상하고 51년이 지난 후 우피 골드버그(Whoopi Goldberg)는 〈사랑과 영혼, Ghost, 1991년 수상〉에서의 역할로 오스카 여우조연상을 수상한 두 번째 아프리카계 미국인 여성으로 등극했다. 1994년 제인 캠피온(Jane Campion)은 〈피아노, The Piano〉로 오스카 감독상 후보에 오른 두 번째 여성이 되었다. 캠피온은 또한 오스카 각본상도 수상했다.

1990년대는 애너 벨머(Anna Behlmer)가 〈브레이브하트, Braveheart〉로 여성 최초로 오스카 음향 효과상 후보에 오른(1996년에 추천) 시기이다. 그리고 여성들이 오스카 작품상을 3번이나 수상하기도 했다. 릴리 피니 자눅(Lili Fini Zanuck)이 〈드라이빙 미스 데이지, Driving Miss Daisy, 1990년 수상〉로, 웬디 피너먼(Wendy Finerman)이 〈포레스트 검프, Forrest Gump, 1995년 수상〉로, 돈나 지글리오티(Donna Gigliotti)가 〈셰익스피어 인 러브, Shakespeare in Love, 1999년 수상〉로 수상을 했다.

위에서 나온 모든 여성들은 영화계가 나아가야 할 방향을 다시 한번 잡아 주었다.

업계에서 25년간 활동한 세트 데코레이터인 앤 컬지앤(Anne Kuljian)은 〈심연, The Abyss〉으로 1990년, 오스카 미술상 후보에 올랐다.

감독이자 프로듀서인 릴리 피니 자눅(Lili Fini Zanuck)이 〈드라이빙 미스 데이지, Driving Miss Daisy〉로 1990년에 오스카 작품상을 수상했을 때, 그녀는 이 상을 수상한 두 번째 여성이 되었다. 그녀가 제작한 첫 영화는 매우 성공적이었던 1985년 작 〈코쿤, Cocoon〉이다.

프로듀서이자 작가인 로라 지스킨(Laura Ziskin)은 1990년에 〈귀여운 여인, Pretty Woman〉의 책임 프로듀서로 참여했다. 1991년에는 〈밥에게 무슨 일이 생겼나, What About Bob?〉를 제작했다.

---- 1 9 9 0 ----

촬영 기사인 아네트 햄믹크(Anette Haellmigk)는 1990년 영화인 〈토탈 리콜, Total Recall〉의 카메라 오퍼레이터를 맡았다.

카메라 오퍼레이터인 리즈 (엘리자베스) 지글러[Liz (Elizabeth) Ziegler]는 1990년 영화인 〈사랑과 영혼, Ghost〉에서 스테디캠(1975년 참고) 조작자로 크레디트에 이름을 올렸다.

200개의 크레디트에 이름을 올린 스턴트우먼인 멜리사 스텁스(Melissa Stubbs)는 1990년 영화 〈전선 위의 참새, Bird on a Wire〉에서 스턴트 연기를 했다. 싸움 동작을 전문으로 하는 그녀는 스턴트 코디네이터나 제2 보조로 활동한다.

캐롤라인 톰슨(Caroline Thompson)은 1990년 영화인 〈가위손, Edward Scissorhands〉을 집필하고 프로듀싱했다.

데니스 디 노비가 영화 〈언포겟터블, Unforgettable〉 촬영 중 제프 스털츠(Geoff Stults)를 묶는 모습

프로듀서이자 감독인 데니스 디 노비(Denise Di Novi)는 1990년 영화 〈가위손, Edward Scissorhands〉을 제작했다.

여배우 멕 라이언(Meg Ryan)은 노라 에프론(Nora Ephron, 1984년 참고)이 집필한 〈해리가 샐리를 만났을 때, When Harry Met Sally〉로 스타 반열에 오르고 골든 글로브상을 포함한 다른 상에 후보로 올랐다.

제시카 탠디(Jessica Tandy)는 1932년, 영국 영화로 스크린에 데뷔하고 1942년에 할리우드에 데뷔했다. 그녀는 커리어 내내 영화와 무대에 번갈아 가면서 출연을 했다. 1980년 중반 그녀는 영화계로 복귀했는데 이 계기로 오스카 후보에 올랐다. 이후 〈드라이빙 미스 데이지, Driving Miss Daisy〉로 1990년에 오스카 여우주연상을 받으면서 이때까지 이 상을 수상한 여배우 중 나이가 가장 많은 여배우가 됐다. 이 외에도 탠디는 1992년에 〈프라이드 그린 토마토, Fried Green Tomatoes〉로 여우조연상 후보에 올랐다. 60년 이상의 커리어를 쌓은 연기 베테랑인 탠디는 에미상, 토니상, 오스카상을 수상했다.

1990

어느 날, 로스앤젤레스 타임즈는 '여성과 할리우드: 여전히 좋지 않은 관계'라는 헤드라인 기사를 썼다. 영화배우 길드의 보고서에 따르면 이 시대에는 장편 영화 출연 배우 중에서 남자가 71%를 차지하고 여성은 고작 29%를 차지했다고 했다. 이 통계를 바탕으로 메릴 스트립(Meryl Streep, 1980년 참고)은 이렇게 말했다. "이런 트렌드가 지속된다면 2010년에는 영화계에서 우린 아예 사라질 거예요!"

아일랜드 여성으로서 처음으로 아카데미상을 수여받은 브렌다 프리커(Brenda Fricker)는 1990년에 〈나의 왼발, My Left Foot: The Story of Christy Brown〉로 오스카 여우조연상을 수상했다.

스턴트우먼으로 30년 동안 활동한 **크리스틴 앤 바우**(Christine Anne Baur)는 1990년에 〈다이 하드 2, Die Hard 2〉에서 스턴트 연기를 했다.

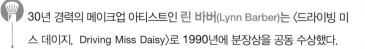

30년 경력의 메이크업 아티스트인 **린 바버**(Lynn Barber)는 〈드라이빙 미스 데이지, Driving Miss Daisy〉로 1990년에 분장상을 공동 수상했다.

카메라 오퍼레이터인 **미쉘 크렌쇼**(Michelle Crenshaw)는 1990년에 〈나홀로 집에, Home Alone〉를 촬영했다. 그녀는 "저는 1987년부터 노동자 조합에 있었어요. 저는 계급을 쌓으면서 올라왔지요. 인턴이었다가, 필름 로딩을 했고, 제1 보조로 일했고 후에는 카메라 오퍼레이터가 됐죠."라고 말했다.

할리우드 스턴트우먼 명예의 전당에 올랐으며, 릴 카우보이 실버 수상자인 **마거리트 해피**(Marguerite Happy)는 로데오 가정에서 태어나 스턴트 가정으로 시집을 왔다. 그녀는 1979년부터 영화계에서 스턴트 연기를 시작했다. 1991년에는 〈델마와 루이스, Thelma & Louise〉에서 루이스 역할을 맡은 수잔 서랜든(Susan Sarandon)의 스턴트 대역을 맡았다. 시어머니는 에디스 해피 (코넬리)[Edith Happy (Connelly), 1951년 참고]이고 시누이는 보니 해피(Bonnie Happy, 1985년 참고)이다.

프란카 스콰르차피노가 디자인한
〈발레: 잠자는 숲속의 공주, La Bella Addormentata〉의 의상

무대, 오페라, 영화 의상 디자이너로 활동한 이탈리아계 사람인 **프란카 스콰르차피노**(Franca Squarciapino)는 〈시라노, Cyrano de Bergerac〉로 1991년에 오스카 의상상을 수상했다.

1991

아네트 베닝(Annette Bening)은 오스카상 후보에 4번 올랐다. 그중 첫 번째는 1991년에 〈그리프터스, The Grifters〉를 통해서이며, 여우조연상 부문에서 후보에 올랐다. 다른 3개 후보 지명은 여우주연상 부문에서 받았다.

세트 데코레이터인 **리사 딘 캐버너**(Lisa Dean Kavanaugh)는 오스카 미술상 공동 후보에 2번 올랐다. 첫 번째 후보 지명은 1991년에 〈늑대와 춤을, Dances with Wolves〉을 통해 받은 것이며 두 번째는 1999년에 〈라이언 일병 구하기, Saving Private Ryan〉를 통해 받은 것이다.

작가인 **린다 울버턴**(Linda Woolverton)은 1991년, 〈미녀와 야수, Beauty and the Beast〉의 애니메이션 버전을 집필했다.

오토바이를 6살의 나이에 타기 시작한 오토바이 선수 출신 스턴트우먼인 데비 에반스(Debbie Evans)는 오토바이를 세우지 않은 채로 그 안장 위에서 물구나무서기를 하는 능력으로 유명하다. 300개의 크레디트에 이름을 올린 그녀는 업계에서 톱 스턴트우먼이라 여겨진다. 1991년 그녀는 〈터미네이터 2: 심판의 날, Terminator 2: Judgment Day〉에서 린다 해밀턴(Linda Hamilton)의 대역을 맡았다.

스턴트우먼인 소니아 이졸레나(Sonia Izzolena, 실명은 Sonia Jo McDancer)는 그녀의 첫 영화인 1991년 작 〈총알탄 사나이 2, The Naked Gun 2 1/2: The Smell Of Fear〉에서 스턴트 연기를 했다.

〈사랑과 영혼, Ghost〉에서의 연기로 1991년에 오스카 여우조연상을 수상한 우피 골드버그(Whoopi Goldberg)는 1986년에 〈컬러 퍼플, The Color Purple〉을 통해서 오스카 여우주연상 후보에 오른 이력도 있다.

1987년, 세실리아 홀(Cecelia Hall)은 〈탑건, Top Gun〉으로 오스카 음향 편집상 후보에 오른 첫 여성이 되었다. 1991년에는 〈붉은 10월, The Hunt for Red October〉로 오스카 음향 편집상을 수상했다. 파라마운트 픽처스의 후반 제작 음향 부문 수석 부사장인 그녀는 후에 음향 디자인 교수가 된다.

시각 효과 아티스트, 감독이자 작가인 베시 브롬버그(Betzy Bromberg)는 1991년에 〈터미네이터 2: 심판의 날, Terminator 2: Judgment Day〉의 시각 효과 지휘와 영화 효과를 도맡았다.

케시 베이츠(Kathy Bates)는 1991년에 〈미저리, Misery〉로 오스카 여우주연상을 수상했다. 그녀는 오스카상과 에미상 후보에 2번 더 올랐다.

1991년에 감독, 작가, 프로듀서인 줄리 대쉬(Julie Dash)가 전국 발매용 장편 영화를 갖게 된 최초의 흑인 여성이 되었다. 이 영화는 〈먼지의 딸들, Daughters of the Dust〉이라는 작품인데 선댄스 영화제에서 처음 공개됐다. 이 영화는 미국 국회 도서관 국립 영화 보관소에서 보관하고 있다.

감독이자 프로듀서, 작가인 **마샤 쿨리지**(Martha Coolidge)의 영화 〈넝쿨 장미, Rambling Rose〉가 나왔다. 이 작품은 2개의 오스카상 후보에[로라 던(Laura Dern, 1992년 참고)이 여우주연상에, 로라 던의 엄마인 다이안 래드(Diane Ladd, 1975년 참고)가 여우조연상에] 올랐다. 쿨리지는 2002년부터 2003년까지 미국 감독 길드 최초의 여성 회장으로 일했다.

1990년에 그녀는 다음과 같이 말했다. "10년 전에는 여성을 결정권이 있는 지위에 올려도 아무런 효과가 없었어요. 하지만 오늘날, 이런 결과는 매우 큰 차이를 만들어 냅니다. 여성들은 변화하고 있어요. 지위를 가진 여성들도 변화하고 있죠. 그녀들이 믿고 의지할 수 있는 관계들과 그녀들을 대하는 태도가 미래를 변화시키고 있어요."

> 아무도 편집됐다는 걸 알아차리지 못하는 영화가 바로 잘 편집된 영화예요. 왜냐하면 당신이 그걸 알아차리지 못하도록 노력했으니까요.
>
> —마샤 쿨리지

1992

메이크업 아티스트로 45년간 일해 온 **크리스티나 스미스**(Christina Smith)는 1992년에 〈후크, Hook〉로, 1994년에 〈쉰들러 리스트, Schindler's List〉로 오스카 분장상에 공동으로 후보에 올랐다.

음향 효과 편집자인 **글로리아 보더스**(Gloria Borders)는 1992년 〈터미네이터 2: 심판의 날, Terminator 2: Judgment Day〉로 오스카 음향 편집상을 공동 수상했다. 그녀는 1995년 〈포레스트 검프, Forrest Gump〉로 같은 부문에 공동으로 후보에 올랐다.

소수의 아프리카계 미국인 여성 촬영 기사 중 한 명인 **사브리나 시몬스**(Sabrina Simmons)는 1992년 영화 〈덩크 숏, White Men Can't Jump〉의 제1 보조를 맡았다. 그녀는 다음과 같이 말했다. "제가 보기에는 1,800명의 사람들이 '카메라 보조 트레이닝 프로그램'을 치룬 것 같아요. 그중 오직 7명만 뽑혔죠. … 그 시절에 실사 촬영 부문에서 뽑힌 여성은 제가 유일했어요."

작가, 감독, 프로듀서인 페넬로프 스피어리스(Penelope Spheeris)는 1992년 영화인 〈웨인즈 월드, Wayne's World〉를 감독했다. 〈웨인즈 월드〉는 이 시기에 여성이 감독한 영화 중에서 가장 높은 수익을 창출했다.

메르세데스 룰(Mercedes Ruehl)은 〈피셔 킹, The Fisher King〉으로 1992년에 오스카 여우조연상을 수상했다.

감독, 시나리오 작가이자 프로듀서인 레슬리 해리스(Leslie Harris)는 선댄스 영화제에서 심사 위원 특별상을 수상한 최초의 아프리카계 미국인 여성이다. 그녀가 제작한 1992년 영화 〈저스트 어나더 걸 온 더 I.R.T, Just Another Girl on the I.R.T〉는 미라맥스(Miramax)를 통해 미국 전역 및 해외로 유통됐다.

감독, 프로듀서이자 편집자인 앨리 라이트(Allie light)는 〈인 더 샤도우 오브 더 스타스, In the Shadow of the Stars〉로 1992년에 오스카 장편 다큐멘터리상을 수상했다.

감독, 프로듀서, 편집자이자 촬영 기사인 바버라 해머(Barbara Hammer)는 레즈비언 영화를 개척한 몇 안 되는 아방가르드 영화감독이다. 그녀의 첫 장편 영화 〈질산염 키스, Nitrate Kisses〉는 1992년에 개봉했다.

감독, 작가이자 프로듀서인 데브라 차스노프(Debra Chasnoff)는 〈치명적인 속임수: 일반 전기, 핵무기 및 우리 환경, Deadly Deception: General Electric, Nuclear Weapons and Our Environment〉으로 1992년에 오스카 단편 다큐멘터리상을 수상했다.

세트 데코레이터인 낸시 헤이그(Nancy Haigh)는 〈벅시, Bugsy〉로 1992년에 오스카 미술상을 공동 수상했다. 1992년에 그녀는 〈벅시〉를 포함해 후보에 2번 올랐는데, 다른 후보 지명은 〈바톤 핑크, Barton Fink〉로 받았다. 헤이그는 2017년 〈헤일, 시저!, Hail, Caesar!〉로 후보에 오르며 5번이나 공동 오스카상 후보에 올랐다.

거의 50년의 경력을 가진 폴란드 감독이자 시나리오 작가인 아그네츠카 홀란드(Agnieszka Holland)는 〈유로파 유로파, Europa Europa〉로 1992년에 오스카 각색상 후보에 올랐다. 그녀는 유럽 영화 자문 위원회(European Film Advisory Board)의 의장으로 일했다.

1992

영화관에 영화를 보러 가서 '와, 저 여자 캐릭터 정말 흥미롭다.'라고

생각하는 일은 아주 드물어요. 할리우드 영화에서 여성에게

주어진 역할들은 심각할 정도로 고정 관념에 얽매어 있죠.

여자친구, 와이프, 정부, 창녀, 성폭력 피해자, 암으로 죽는 여성과 같은

역할 말이에요. 저는 이런 역할 이외의 다른 역할을 하고 싶었어요. "

—캘리 쿠리

작가이자 감독, 프로듀서인 **캘리 쿠리** (Callie Khouri)는 그녀가 공동 프로듀싱을 한 〈델마와 루이스, Thelma & Louise〉로 1992년에 오스카 각본상을 수상했다.

사람들이 그녀의 영화에 대한 생각을 말하자 그녀는 이렇게 말했다. "제 영화를 그냥 보지는 말아 주셨으면 해요. 영화 속의 여성들을 통해서, 현재 사회에 만연한 태도를 비평하면서, 비평하는 하나의 방법으로 제 영화를 봐 주셨으면 좋겠어요. 〈델마와 루이스〉는 페미니트스에 관한 영화가 아니에요. 범죄자들에 관한 영화이죠. 우린 남자들이 다수 출연하는 이런 장르를 많이 봐 왔어요. 여성들이 이 장르에 출연하는 게 왜 문제가 되는지 모르겠어요."

프로듀서인 **린다 옵스트**(Lynda Obst)는 1992년에 〈행복 찾기, This is My Life〉를 제작했다. 할리우드에 발을 담은 20년이 넘는 세월 동안 그녀의 영화는 총 2개의 오스카를 수상했으며 11번의 추가적인 후보 지명을 받았다. 그녀는 다음과 같이 말했다. "영화 산업에서 감독 일은 여성에게 있어서 마지막 개척지 같은 느낌이죠. 우리는 영화사 사장이고, 프로듀서이고, 작가들이죠. 하지만 감독은 많이 없어요."

"하지만 제 생각에는 여성들이 '난 이 일을 원해.'라고 말하지 않아서 이런 현상이 나오는 것 같기도 해요. 정말 오랜 기간 동안 영향력이 있는 여성들은 재능 있는 사람으로 지내지 않고, 재능 있는 사람을 키우는 역할을 해 왔어요. 그리고 어쩌다 보니, 여성들은 '내가 이 영화를 만들 테니 돈을 주세요!'라고 말할 수 없게 되어 버렸어요."

린다 옵스트와 캐이티 홈즈(Katie Holmes)

애니메이터인 수 크로이어(Sue Kroyer)는 월트 디즈니 스튜디오에서 일했으며, 1987년에 그녀의 남편인 빌 크로이어(Bill Kroyer)와 크로이어 필름스(Kroyer Films)를 창립하기 이전에 다른 스튜디오에서 일했다. 1989년 오스카 단편 애니메이션상 후보에 오른 작품 〈테크노로지 컬 트렛, Technological Threat〉과 1992년 작품 〈푸른 골짜기, FernGully: The Last Rainforest〉를 함께 제작한 이 둘은 2017년에 준 포레이상(1995년 참고)을 수상했다.

뒷줄: 시실리 타이슨,
매리 스튜어트 매스터슨(Mary Stuart Masterson),
매리 루이스 파커(Mary Louise Parker)
앞줄: 캐시 베이츠, 파니 플래그, 제시카 탠디

파니 플래그(Fannie Flagg)와 캐롤 소비스키(Carol Sobieski)는 〈프라이드 그린 토마토, Fried Green Tomatoes〉를 통해 1992년에 오스카 각색상에 공동 후보로 올랐다.

1992

웬디 틸바이
(왼쪽)와
아만다
포비스(오른쪽)

캐나다인 감독이자 작가, 애니메이터인 웬디 틸바이(Wendy Tilby)는 1992년에 그녀의 첫 단편 애니메이션 영화인 〈현, Strings〉으로 오스카 후보에 올랐다. 그녀는 〈아침이 밝아 올 때, When the Day Breaks, 2000년 추천〉, 〈야생의 삶, Wild Life, 2012년 추천〉을 통해 2번의 공동 후보 지명을 아만다 포비스(Amanda Forbis, 2000년 참고)와 함께 받았다.

다이안 래드(Diane Ladd, 1975년 참고)의 딸인 로라 던(Laura Dern)은 어머니인 래드의 영화 중 하나인 〈화이트 라이팅, White Lightning〉으로 1973년에 데뷔했다. 1992년에 〈넝쿨 장미, Rambling Rose〉로 오스카 여우주연상 후보에, 2015년에 〈와일드, Wild〉로 오스카 여우조연상 후보에 오른 그녀는 40년이 지난 현재까지도 활동하고 있다.

리사 헨슨과 엘모(Elmo),
인형 조종사 케빈 클래쉬(Kevin Clash)가
함께 있는 모습

1993

일본계 의상 디자이너인 **이시오카 아이코**(Eiko Ishioka)는 〈드라큐라, Bram Stoker's Dracula)로 1993년에 오스카 의상상을 수상했다. 그녀는 사후 2013년에 〈백설공주, Mirror Mirror)로 오스카 의상상 후보에 올랐다.

워너 브러더스의 전 임원이었던 프로듀서 **리사 헨슨**(Lisa Henson)은 1993년, 33살의 역대 가장 어린 나이로 콜롬비아 픽처스의 회장직에 취임했다. 그곳에서 그녀는 〈작은 아씨들, Little Women〉, 〈불멸의 연인, Immortal Beloved〉, 〈센스 앤 센서빌러티, Sense and Sensibility〉 등의 영화 제작을 감독했다. 그녀는 머펫(Muppets)을 창조한 짐 헨슨(Jim Henson)의 딸이다.

작곡가인 **린다 톰슨**(Linda Thompson)은 영화 〈보디가드, The Bodyguard〉에 삽입된 곡인 'I Have Nothing'으로 1993년 오스카 주제가상에 공동으로 후보에 올랐다.

감독, 제작자이자 애니메이터인 **조앤 그라츠**(Joan Gratz)는 〈모나 리자 데센딩 스테얼케이스, Mona Lisa Descending a Staircase〉로 1993년에 오스카 단편 애니메이션상을 수상했다. 그라츠는 클레이 페인팅이라고 부르는 애니메이션 기법을 발전시켰다.

감독이자 프로듀서인 **제럴딘 우즈버그**(Gerardine Wurzburg)는 1993년에 〈에듀케이팅 피터, Educating Peter〉로 오스카 단편 다큐멘터리상을 수상했다. 그녀는 2005년에 〈자폐증은 하나의 세계이다, Autism is a World〉로 같은 부문에서 1번 더 후보에 올랐다.

1993년에 **크리스틴 글로버**(Kristin Glover)는 〈호커스 포커스, Hocus Pocus〉 촬영 중 주요 카메라를 조작할 수 있는 최초의 여성이 된다.

 영화 촬영 기사이자 프로듀서인 **조이 포시트**(Joey Forsyte)는 1993년 영화인 〈네이키드 인 뉴욕, Naked in New York〉의 촬영을 맡았다.

> **저는 단순한 카메라 작업에 참여하지 않았어요. 왜냐하면 카메라 기술자가 되고 싶었기 때문이에요. 제가 뛰어난 시각적인 능력을 가졌기 때문에 그 능력을 쓰고 싶었어요.**
>
> –크리스틴 글로버

 프로듀서이자 감독인 **바바라 트렌트**(Barbara Trent)는 〈파나마 사기극, The Panama Deception〉으로 1993년에 오스카 장편 다큐멘터리상을 수상했다.

체코계 애니메이터이자 감독인 **미카엘라 파브라토바**(Michaela Pavlatova)는 1993년에 〈말 말 말, Reci, reci, reci〉로 오스카 단편 애니메이션상에 후보로 올랐다.

스턴트우먼인 **소냐 데이비스**(Sonja Davis)는 1993년 영화인 〈사랑의 동반자, Heart and Souls〉에서 스턴트 연기를 했다. 안타깝게도 1994년에 촬영장에서 32살의 나이로 죽음을 맞이했다.

〈하워즈 엔드〉의 세트장에서

프로덕션 디자이너이자 오스트레일리아 훈장 협회의 멤버인 **루치아나 아리기**(Luciana Arrighi)는 〈하워즈 엔드, Howards End〉로 1993년에 오스카 미술상을 공동 수상했다. 그녀는 추가로 오스카상 후보에 공동으로 2번 올랐는데, 바로 〈남아있는 나날, The Remains of the Day, 1994년 추천〉, 〈애나 앤드 킹, Anna and the King, 2000년 추천〉으로 올랐다.

마리사 토메이(Marisa Tomei)는 1993년에 〈나의 사촌 비니, My Cousin Vinny〉로 오스카 여우조연상을 수상했다. 그녀는 2002년에 〈침실에서, In The Bedroom〉, 2009년에 〈더 레슬러, The Wrestler〉를 통해 같은 부문 후보에 올랐다.

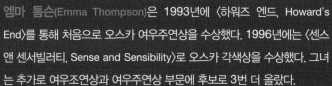

엠마 톰슨(Emma Thompson)은 1993년에 〈하워즈 엔드, Howard's End〉를 통해 처음으로 오스카 여우주연상을 수상했다. 1996년에는 〈센스 앤 센서빌러티, Sense and Sensibility〉로 오스카 각색상을 수상했다. 그녀는 추가로 여우조연상과 여우주연상 부문에 후보로 3번 더 올랐다.

의상 디자이너인 루스 E. 카터(Ruth E. Carter)는 1993년에 〈말콤 X, Malcolm X〉를 통해, 1998년에 〈아미스타드, Amistad〉를 통해 오스카 의상상 후보에 2번 올랐다.

1994 음반이 가장 잘 팔리는 현대 음악 가수이자 작사가인 자넷 잭슨(Janet Jackson)은 영화 〈포이틱 저스티스, Poetic Justice〉에 삽입된 곡 'Again'으로 오스카 주제가상 후보에 올랐다.

시각 예술가인 **파멜라 이슬리**(Pamela Easley)는 영화 〈클리프행어, Cliffhanger〉로 1994년에 오스카 시각 효과상 공동 후보로 올랐다.

 오스트리아계 영화 편집자인 **베로니카 제넷**(Veronika Jenet)은 1994년에 영화 〈피아노, The Piano〉로 오스카 편집상 후보에 올랐다.

  작가이자 감독, 영화 기록 보관자인 **펄 바우저**(Pearl Bowser)는 초기 아프리카계 미국인 영화 제작자들을 기록해 왔다. 그녀는 영화 제작자인 오스카 미쇼(Oscar Micheaux)를 재발견해 냈다. 또한 1994년 다큐멘터리인 〈미드나잇 램블, Midnight Ramble〉의 공동 감독과 해설을 맡았다.

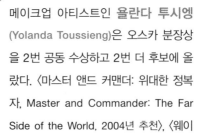 

  메이크업 아티스트인 **욜란다 투시엥**(Yolanda Toussieng)은 오스카 분장상을 2번 공동 수상하고 2번 더 후보에 올랐다. 〈마스터 앤드 커맨더: 위대한 정복자, Master and Commander: The Far Side of the World, 2004년 추천〉, 〈웨이 백, The Way back, 2011년 추천〉으로 공동으로 후보에 올랐다. 35년이 넘는 커리어 동안 60개 이상의 영화를 작업했다.

 프로듀서이자 감독인 **마가렛 라자러스**(Margaret Lazarus)는 1994년에 〈디펜딩 아워 라이브스, Defending Our Lives〉로 오스카 단편 다큐멘터리상을 수상했다.

〈여인의 초상〉에서의 니콜 키드만

오스트리아계 의상 디자이너인 **자넷 패터슨**(Janet Patterson)은 30년이 넘는 커리어 동안 오스카상 후보에 총 4번 올랐다. 그중 첫 번째는 1994년에 〈피아노, The Piano〉로 올랐다. 이후에는 작품 〈여인의 초상, The Portrait of a Lady, 1997년 추천〉, 〈오스카와 루신다, Oscar and Lucinda, 1998년 추천〉, 〈브라이트 스타, Bright Star, 2010년 추천〉를 통해 올랐다.

로지 페레즈(Rosie Perez)는 1994년에 〈공포 탈출, Fearless〉로 여우조연상 후보에 올랐다. 1989년에 그녀가 안무를 짠 〈똑바로 살아라, Do the Right Thing〉로 스타 반열에 올랐다.

리나 베르트뮬러(Lina Wertmuller, 1977년 참고)에 이어 아카데미 역사상 오스카 감독상 후보에 오른 두 번째 여성이자 뉴질랜드계 작가, 감독, 프로듀서인 **제인 캠피온**(Jane Campion)은 〈피아노, The Piano〉로 1994년에 그 상에 후보로 올랐다. 그녀는 같은 영화로 그해에 오스카 각본상을 수상했다. 또한 칸 영화제에서 가장 높은 상인 황금종려상을 수상하는 최초의 여성 영화 제작자가 되었다. 뉴질랜드 공로 훈장을 수여받은 그녀는 "스튜디오 시스템은 나이가 든 남성들로 구성된 시스템인데, 그들은 여성의 능력을 믿으려고 하지 않죠."라고 말했다.

2009년에는 다음과 같이 말했다. "저는 현재 여성들을 위해 동등하게 지원을 해 주고 있다고 생각하지 않아요. 80년대에는 이런 지원들을 어렵게 얻기라도 했죠. 하지만 지금은 다 없어졌어요. 현재에 와서 더 나아진 것이라고는 하나도 없는 거 같다고 생각해요. 일반적으로 봤을 때 전의 여성들만큼이나 힘든 것 같아요…."

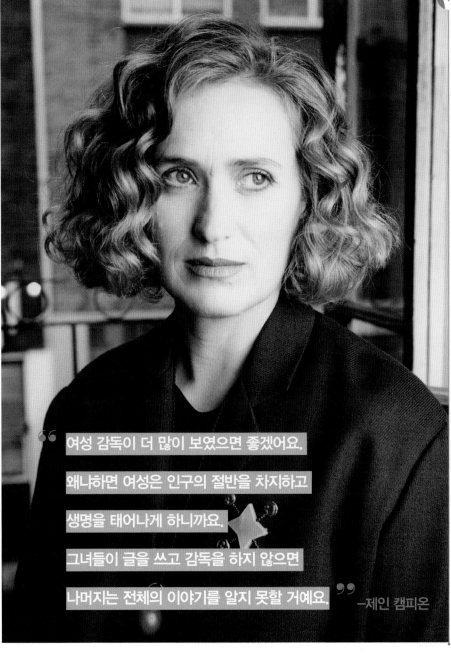

> 여성 감독이 더 많이 보였으면 좋겠어요. 왜냐하면 여성은 인구의 절반을 차지하고 생명을 태어나게 하니까요. 그녀들이 글을 쓰고 감독을 하지 않으면 나머지는 전체의 이야기를 알지 못할 거예요.
>
> —제인 캠피온

1994

감독, 프로듀서이자 작가인 **수잔 레이몬드**(Susan Raymond)는 1994년에 〈나는 약속이다: 샌턴 초등학교의 아이들, I Am a Promise: The Children of Stanton Elementary School〉로 오스카 장편 다큐멘터리상을 수상한 뒤, 1992년에 〈두잉 타임: 라이프 인사이드 더 빅 하우스, Doing Time: Life Inside the Big House〉로 같은 부문 후보에 올랐다.

감독이자 프로듀서인 **수잔 세이들먼**(Susan Se-idelman)은 1994년에 〈더치 마스터, The Dutch Master〉로 오스카 단편 실사 영화상 후보에 올랐다. 뉴욕대학교 영화 학교 합격에 대해서 그녀는 다음과 같이 말했다.

"그때는 여성으로서 우리가 해 왔던 많은 투쟁 이후에 많은 변화가 일어난 직후였어요. 그 시절 있었던 여성 운동의 혜택을 얻어서 저는 제가 감독이 될 수 있을 것이라고 생각했어요. 제가 될 수 없을 거라고 전혀 의심하지 않았어요, 결국에는 제가 좀 무식했던 것이지만요. 하지만 저는 무식이 축복이라고 생각해요. 그 당시에는 여성들의 수가 얼마나 적었는지 알지 못했죠."

폴란드계 의상 디자이너인 **안나 B. 쉐파드**(Anna B. Sheppard)는 오스카 의상상 후보에 총 3번 올랐다. 그중 첫 번째는 1994년에 〈쉰들러 리스트, Schindler's List〉를 통해 올랐다. 이후에는 〈피아니스트, The Pianist, 2003년 추천〉와 〈말레피센트, Malefi-cent, 2015년 추천〉를 통해서 올랐다.

폴란드계 세트 데코레이터인 **에바 브라운**(Ewa Braun)은 1994년에 〈쉰들러 리스트, Schindler's List〉로 오스카 미술상을 공동으로 수상했다. 그녀는 1960년 후반부터 영화계에서 종사했다.

헤어 스타일리스트인 **주디스 A. 코리**(Judith A. Cory)는 1994년에는 〈쉰들러 리스트, Schindler's List〉로, 1995년에는 〈포레스트 검프, Forrest Gump〉로 오스카 분장상에 공동 후보로 올랐다.

〈쉰들러 리스트〉에서 랄프 피인즈(Ralph Fiennes, 중앙 왼쪽)와 리암 니슨(Liam Neeson, 중앙)

감독, 작가, 프로듀서인 **질리안 암스트롱** (Gillian Armstrong)은 1994년, 영화 버전의 〈작은 아씨들, Little Women〉을 감독했다.

뉴질랜드계 여배우인 **안나 파킨**(Anna Paquin, 사진에서 앞쪽)은 제인 캠피온(Jane Campion, 1994년 참고)이 감독한 〈피아노, The Piano〉로 11살의 나이에 오스카 여우조 연상을 수상했다.

홀리 헌터(Holly Hunter)는 1994년에 〈피아노, The Piano〉로 오스카 여우주연상을 수상했다. 같은 해에 그녀는 영화 〈야망의 함정, The Firm〉으로 오스카 여우조연상 후보에 올랐다. 그녀는 연기 부문 오스카 후보에 2번 더 올랐다.

이탈리아계 의상 디자이너인 **가브리엘라 페스쿠 치**(Gabriella Pescucci)는 1994년에 〈순수의 시 대, The Age of Innocence〉로 오스카 의상상을 받았다. 그녀는 추가로 〈바론의 대모험, The Adventures of Baron Munchausen, 1990년 추천〉, 〈찰리와 초콜릿 공장, Charlie and the Chocolate Factory, 2006년 추천〉으로 오스카 의상상 후보에 올랐다.

영화 〈순수의 시대〉에서 위노나 라이더(Winona Ryder)가 입었던, 가브리엘라 페스쿠치가 제작한 드레스(정중앙)

1995

카메라 오퍼레이터인 **보니 블레이크**(Bonnie Blake)는 오스카를 수상한 1995년 영화 〈라스베가스를 떠나며, Leaving Las Vegas〉 제작에 참여했다. 그녀는 카메라 오퍼레이터가 되는 합동 시험을 본 뒤, 리사 린즐러(Lisa Rinzler, 2000년 참고)에게 고용됐다. 보니 블레이크가 린즐러와 처음 제작한 〈신부는 왼손잡이, True Love〉는 선댄스 영화제에서 심사 위원 대상을 수상했다.

> **"이 사업에서는 누구를 만나느냐에 따라 돈을 얼마나 벌 수 있는지가 갈려요. 당신은 아주 처음부터 계속 네트워크를 만들어 나가야 합니다."**
>
> –보니 블레이크

 **샤론 칼라한**(Sharon Calahan)은 1994년에 픽사(Pixar)에 입사하여 1995년 작인 〈토이 스토리, Toy Story〉의 조명 감독으로 일했다. 그 외에도 〈벅스 라이프, A Bug's Life〉, 〈토이 스토리 2, Toy Story 2〉, 〈니모를 찾아서, Finding Nemo〉 등의 영화 제작에 참여했다.

애니메이터, 감독, 프로듀서, 시나리오 작가이자 여배우인 **앨리슨 스노우든**(Alison Snowden)은 1995년에 〈밥스 벌스데이, Bob's Birthday〉로 오스카 단편 애니메이션상을 수상했다. 1986년에는 〈세컨드 클래스 메일, Second Class Mail〉로 같은 부문 후보에 올랐었다.

메이크업 아티스트인 **할리 다모어**(Hallie D'Amore)는 영화 〈포레스트 검프, Forrest Gump〉로 1995년 오스카 분장상에 공동으로 후보에 올랐다.

세트 데코레이터인 **캐롤린 스콧**(Carolyn Scott)은 1995년 〈조지 왕의 광기, The Madness of King George〉로 오스카 미술상을 공동 수상했다.

스턴트우먼인 **라페이 베이커**(LaFaye Baker)는 1995년에 〈클루리스, Clueless〉와 〈세븐, Se7en〉 등의 많은 영화에서 스턴트 연기를 펼쳤다.

유리 천장 위원회(Glass Ceiling Commission, 보이지 않는 차별 위원회)의 보고에 의하면 미국 기업의 고위 관리직에 오른 사람 중에서 95~97%가 백인 남자라고 한다.

〈팬〉 세트장에서의
웬디 피너먼과
토니 스콧(Tony Scott)

의상 디자이너인 **리지 가디너**(Lizzy Gardiner)는 〈프리실라, The Adven-tures of Priscilla, Queen of the Desert〉로 1995년에 오스카 의상상을 수상했다.

프로듀서인 **웬디 피너먼**(Wendy Finerman)은 〈포레스트 검프, Forrest Gump〉로 1995년에 오스카 작품상을 수상했다. 〈악마는 프라다를 입는다, The Devil Wears Prada〉의 프로듀서이기도 한 그녀는 자기자신의 제작 회사인 웬디 피너먼 프로덕션(Wendy Finerman Productions)을 운영했다.

에델 베리모어(Ethel Barrymore, 1945년 참고), 돌로레스 코스텔로(Dolores Costello, 1926년 참고), 핼렌 코스텔로(Helene Costello, 1928년 참고) 가문에서 태어난 여배우이자 프로듀서인 **드류 베리모어**(Drew Barrymore)는 1982년 영화 〈E.T., E.T. the Extra Terrestrial〉에 나온 아역 스타이다. 1995년 그녀는 제작 회사 플라워 필름스(Flower Films)를 설립했다. 이후에는 〈미녀 삼총사, Charlie's An-gels〉, 〈그는 당신에게 반하지 않았다, He's Just Not That Into You〉, 〈미녀 삼총사 2: 맥시멈 스피드, Charlie's Angels: Full Throttle〉 등의 영화를 다수 제작했다.

영화 제작자인 **샐리 멘키**(Sally Menke)는 1995년에 〈펄프 픽션, Pulp Fiction〉으로 처음으로 오스카 편집상 후보에 올랐다. 2010년에 〈바스터즈: 거친 녀석들, Inglourious Basterds〉로 같은 부문 후보에 오른 그녀는 2010년에 죽기 전까지 쿠엔틴 타란티노(Quentin Tarantino)의 영화들을 편집했다.

감독, 작가이자 프로듀서인 **프리다 리 모크** (Freida Lee Mock)는 1995년에 〈마야 린의 비전, Maya Lin: A Strong Clear Vision〉으로 오스카 장편 다큐멘터리상을 수상했다. 모크는 1983년, 1991년, 1996년, 2002년에 단편 다큐멘터리 부문 후보에 올랐다.

프로듀서인 **루스 켄리-렛츠**(Ruth Kenley-Letts)는 〈프란스 카프카즈 잇츠 어 원더풀 라이프, Franz Kafka's It's a Wonderful Life〉로 1995년에 오스카 단편 실사 영화상을 수상했다.

싱어송라이터인 **패티 스미스**(Patty Smyth)는 영화 〈주니어, Junior〉에 삽입된 곡 'Look What Love Has Done'으로 1995년 오스카 주제가상에 공동으로 후보에 올랐다.

준 포레이(June Foray, 1950년 참고)상이 국제 애니메이션 영화 협회에 의해 설립됐다. 이 상은 애니메이션 업계에서 자선 활동을 하거나 중요한 임팩트를 남긴 개인에게 주는 상이다. 1995년 수상자는 준 포레이였다.

감독이자 프로듀서인 **페기 라스키**(Peggy Rajski)는 영화 〈트레버, Trevor〉로 1995년에 오스카 단편 실사 영화상을 공동으로 수상했다.

1996

영화계에 발은 담은 후 50년 이상이 넘는 커리어 동안, 여배우 수 잔 서랜든(Susan Sarandon, 〈델마와 루이스〉에서 데이비스와 함께 찍은 사진 중 왼쪽)은 오스카 여우주연상을 1번 수상했으며, 추가적으로 후보에 4번 올랐다. 〈아틀란틱 시티, Atlantic City, USA, 1982년 추천〉, 〈델마와 루이스, Thelma & Louise, 1992년 추천〉, 〈로렌조 오일, Lorenzo's Oil, 1993년 추천〉, 〈의뢰인, The Client, 1995년 추천〉을 통해 후보에 올랐다. 1996년에는 〈데드 맨 워킹, Dead Man Walking〉으로 오스카 여우주연상을 수상했다.

100개의 크레디트에 이름을 올린 스턴트우먼이자 스 턴트 코디네이터였던 린 살바토리(Lynn Salvatori)는 1996년 영화 〈인디펜던스 데이, Independence Day〉 에서 스턴트 연기를 했다.

30년이 넘는 세월 동안 영화계에서 활동해 온 스턴트우먼인 엘리자 콜맨(Eliza Cole-man)은 1996년 영화 〈인디펜던스 데이, Independence Day〉에서 스턴트 연기를 했다.

영국계 메이크업 아티스트인 로이스 버웰(Lois Burwell)은 〈브레이브하트, Braveheart〉로 1996년 에 오스카 분장상을 공동으로 수상했다. 1999년에 그녀는 〈라이언 일병 구하기, Saving Private Ryan〉 로 분장상에 공동으로 후보에 올랐다.

곡예사이자 스턴트우먼인 낸시 리 터스턴(Nancy Lee Thurston)은 긴 스턴트 커리어 동안 100개가 넘 는 크레디트에 이름을 올렸다. 1996년, 그녀는 〈말뚝 상사 빌코, Sgt. Bilko〉에서 스턴트 연기를 했다.

1996년, 사운드 엔지니어인 **애너 벨머**(Anna Behlmer)는 오스카 음향 부문 후보에 오른 최초의 여성이 되었다. 〈브레이브하트, Braveheart, 1996년 추천〉, 〈에비타, Evita, 1997년 추천〉, 〈LA 컨피덴셜, L.A. Confidential, 1998년 추천〉, 〈씬 레드 라인, The Thin Red Line, 1999년 추천〉, 〈물랑 루즈, Moulin Rouge!, 2002년 추천〉, 〈씨비스킷, Seabiscuit, 2004년 추천〉, 〈라스트 사무라이, The Last Samurai, 2004년 추천〉, 〈우주 전쟁, War of the Worlds, 2006년 추천〉, 〈블러드 다이아몬드, Blood Diamond, 2007년 추천〉, 〈스타 트렉, Star Trek, 2010년 추천〉으로 후보에 총 10번 공동으로 올랐다. 그녀는 150개의 영화 크레디트에 이름을 올렸다.

〈레모니 스니켓의 위험한 대결〉 세트장에서

세트 데코레이터인 **세릴 카라식**(Cheryl Carasik)은 미술상 부문에 공동 후보로 5번 올랐다. 그 작품들은 〈소공녀, A Little Princess, 1996년 추천〉, 〈버드케이지, The Birdcage, 1997년 추천〉, 〈맨 인 블랙, Men in Black, 1998년 추천〉, 〈레모니 스니켓의 위험한 대결, Lemony Snicket's A Series of Unfortunate Events, 2005년 추천〉, 〈캐리비안의 해적: 망자의 함, Pirates of the Caribbean: Dead Man's Chest, 2007년 추천〉이다.

 조안 알렌(Joan Allen)은 1996년에 〈닉슨, Nixon〉으로 3번의 연기 부문 오스카 후보 지명 중, 첫 번째 후보 지명(여우조연상)을 받았다. 1997년에는 〈크루서블, The Crucible〉로 여우조연상에, 2001년에는 〈컨텐더, The Contender, 2001년 추천〉를 통해 여우주연상 후보에 올랐다.

감독인 안나 포레스터,
〈언더월드: 블러드 워〉 세트장에서

 영화 촬영 기사이며 시각 효과 아티스트이자 감독인 **안나 포레스터**(Anna Foerster)는 1996년 영화 〈인디펜던스 데이, Independence Day〉의 사진 감독으로 일했다. 그녀가 감독으로서 데뷔를 한 유명 작품은 2016년 작인 〈언더월드: 블러드 워, Underworld: Blood Wars〉이다. 그녀는 미국 촬영 기사 협회의 멤버이다.

스턴트우먼인 **제니퍼 램**(Jennifer Lamb)은 1996년 〈인디펜던스 데이, Independence Day〉와 〈파고, Fargo〉 제작에 참여했다.

니키 로코(Nikki Rocco)는 유니버설 픽처스의 유통부 회장직을 19년간 역임했다. 2014년에 은퇴를 하기 전까지 그녀는, 영화계에서 매우 긴 기간인 47년 동안 유니버설 픽처스에서 일했다.

30년간 스턴트우먼을 해 온 조니 에이버리(Joni Avery)는 1997년 영화 〈타이타닉, Titanic〉에서 스턴트 연기를 했다. 이후 그녀는 스턴트 코디네이터가 되었다. 임금 평등에 관해 그녀는 다음과 같이 말했다. "대체적으로 남자들이 더 많이 받아요.'라는 말을 들으면 저는 이렇게 반박해요. '여자는 미니스커트에 하이힐까지 신고 있으니까 저는 바지와 재킷을 입는 당신보다 여자에게 더 높은 임금을 지불할 거에요'라고 말이에요."

> " **매번 다른 일이라서 이 직업은 재밌어요.** "
>
> —조니 에이버리

미라 소르비노(Mira Sorvino)는 〈마이티 아프로디테, Mighty Aphrodite〉로 1996년에 오스카 여우조연상을 수상했다.

1996-7

1997 스턴트우먼인 소피아 크로포드(Sophia Crawford)는 30년이 넘는 스턴트 경력을 가지고 있으며 1997년 작 〈스크림 2, Scream 2〉 영화 등에 출연해 스턴트 연기를 했다.

프로레슬러이자 스턴트우먼인 스테파니 피노키오(Stephanie Finochio)는 1997년 영화 〈아나콘다, Anaconda〉에서 스턴트 대역을 맡았다.

100개의 크레디트에 이름을 올린 의상 디자이너 **앤 로스**(Ann Roth)는 〈잉글리쉬 페이션트, The English Patient〉로 1997년에 오스카 의상상을 수상했다. 추가로 의상상 후보에 3번 더 올랐는데 그중 첫 번째는 1985년이며 〈마음의 고향, Places in the Heart〉을 통해서 후보에 올랐다.

〈디 아워스〉에서 앤 로스가 제작한 의상. 디자인 전문학교 FIDM에 전시되어 있다.

1997

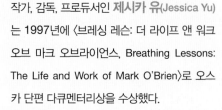

작가, 감독, 프로듀서인 **제시카 유**(Jessica Yu)는 1997년에 〈브레싱 레슨: 더 라이프 앤 워크 오브 마크 오브라이언스, Breathing Lessons: The Life and Work of Mark O'Brien〉로 오스카 단편 다큐멘터리상을 수상했다.

여배우, 작가이자 감독인 **카시 레몬즈**(Kasi Lemmons)는 〈이브의 시선, Eve's Bayou〉을 공개함으로써 감독으로서의 데뷔를 알렸다. 이 작품은 좋은 리뷰를 받고 다수의 상을 수상했다.

세계 트렘펄린 챔피언인 **리 헨니시**(Leigh Hennessy)는 영화계에서 20년이 넘는 세월 동안 스턴트 연기를 해 왔다. 그녀는 1997년 작품 〈지. 아이. 제인, G.I.Jane〉에서 데미 무어(Demi Moore)의 스턴트 연기를 했다. 이후 스턴트 코디가 되어 다른 스턴트 연기자들을 가르친다.

1997년, **프란시스 맥도맨드**(Frances McDormand)는 〈파고, Fargo〉로 오스카 여우주연상을 수상했다. 2018년에는 같은 부문에서 〈쓰리 빌보드, Three Billboards Outside Ebbing, Missouri〉로 오스카를 1번 더 수상했다. 그녀는 오스카 여우조연상 후보에는 총 3번 올랐다.

작곡가인 **레이첼 포트만**(Rachel Portman)은 1997년에 영화 〈엠마, Emma〉로 오스카 음악상을 수상했다. 그녀는 2000년에 〈사이더 하우스, The Cider House Rules〉로, 2001년에 〈초콜릿, Chocolat〉으로 음악상 후보에 2번 더 올랐다.

프랑스계 여배우, 예술가이자 댄서인 **줄리엣 비노쉬**(Juliette Binoche)는 1997년에 〈잉글리쉬 페이션트, The English Patient〉에서의 역할로 오스카 여우조연상을 수상했다. 2001년에는 영화 〈초콜릿, Chocolat〉으로 여우주연상 후보로 올랐다.

스턴트우먼이자 코디네이터인 도렌다 무어(Dorenda Moore)는 1997년 영화 〈에이리언 4, Alien: Resurrection〉에서 스턴트 연기를 했다. 2010년, 그녀는 뛰어난 스턴트 코디네이터 에미상을 수여받는 최초의 여성이 되었다.

30년간 업계에 몸을 담근 세트 데코레이더인 스테파니 맥밀런(Stephenie McMillan)은 1997년에 〈잉글리쉬 페이션트, The English Patient〉로 오스카 미술상을 공동으로 수상했다. 그녀는 같은 부문에서 해리 포터 영화로 4번 더 후보에 올랐다. 그 영화들은 〈해리 포터와 마법사의 돌, Harry Potter and the Sorcerer's Stone, 2002년 추천〉, 〈해리 포터와 불의 잔, Harry Potter and the Goblet of Fire, 2006년 추천〉, 〈해리 포터와 죽음의 성물–1부, Harry Potter and the Deathly Hallows: Part 1, 2011년 추천〉, 〈해리 포터와 죽음의 성물–2부, Harry Potter and the Deathly Hallows: Part 2, 2012년 추천〉이다. 사람들은 그녀에 대해 "매우 꼼꼼했고 세세한 점들이 영화의 스토리를 좌지우지한다는 점을 알았어요. 이런 분별력이 그녀의 작품을 돋보이게 했죠."라고 말했다.

> 저는 충분한 돈과 시간을 가지고 해리 포터 시리즈를 위한, 이렇게 대단하고 멋진 세트를 꾸밀 수 있는 기회를 가지게 되어서 매우 운이 좋다고 생각해요. 그래서 더 잘해야겠지요. 감독에게 맞고 배우들이 편안함을 느끼는 세트장을 만드는 게 제가 추구하는 목표예요.

—스테파니 맥밀런

감독, 작가이자 편집자인 필리파 (핍) 카멜[Philippa (pip) Karmel]은 1997년에 〈샤인, Shine〉으로 오스카 편집상 후보에 올랐다.

1998 영국계 여배우인 헬레나 본햄 카터(Helena Bonham Carter)는 오스카상 후보에 2번 올랐다. 1998년에 그녀는 〈도브, The Wings of the Dove〉로 여우주연상 후보에 처음으로 올랐고, 두 번째는 2011년에 〈킹스 스피치, The King's Speech〉를 통해 올랐다. 그녀는 대영제국 데임 작위를 수여받았다.

" **오래되고 고전적인 동화들은 언제나 무섭고 어두워요.** "

—헬레나 본햄 카터

〈이보다 더 좋을 순 없다〉에서 헬렌 헌트와 잭 니콜슨

헬렌 헌트(Helen Hunt)는 1998년에 〈이보다 더 좋을 순 없다, As Good As It Gets〉로 오스카 여우주연상을 수상했다. 40년 동안 영화에 참여한 그녀는 2013년에 〈세션: 이 남자가 사랑하는 법, The Sessions〉으로 오스카 여우조연상 후보에 올랐다.

영화 촬영 기사인 낸시 슈라이버(Nancy Schreiber)는 1998년에 〈스와핑, Your Friends & Neighbors〉을 촬영했다. 미국 영화 촬영 기사 협회에 들어가게 된 네 번째 여성인 그녀는 이렇게 말했다. "이 시대는 여성들에게 너무 힘겨워요. 여성들은 오직 뉴스나 다큐멘터리만 촬영했죠. 살아남기 위해서는 얼굴이 두꺼워야 하고 체력과 끈기가 있어야 해요."

" **힘든 길이 될 거예요. 초반에는 자신의 개인적인 삶을 희생하고 아무 일이나 받아서 경험을 쌓아야 해요.** " —낸시 슈라이버

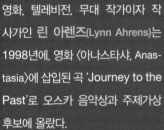

영화, 텔레비전, 무대 작가이자 작사가인 **린 아렌즈**(Lynn Ahrens)는 1998년에, 영화 〈아나스타샤, Anastasia〉에 삽입된 곡 'Journey to the Past'로 오스카 음악상과 주제가상 후보에 올랐다.

프로덕션 디자이너로 35년이 넘게 활동한 **지닌 클로디아 오프월**(Jeannine Claudia Oppewall)은 오스카 미술상에 공동으로 4번 후보에 올랐다. 〈LA 컨피덴셜, L.A. Confidential, 1998년 추천〉, 플레전트빌, pleasantville, 1999년 추천〉, 〈씨비스킷, Seabiscuit, 2004년 추천〉, 〈굿 셰퍼드, The Good Shepherd, 2007년 추천〉를 통해 올랐다.

시나리오 작가인 **델리아 에프론**(Delia Ephron)은 자매인 노라 에프론(Nora Ehpron, 1984년 참고)과 같이 1998년 영화인 〈유브 갓 메일, You've Got Mail〉을 집필했다. 그녀는 1993년 영화 〈시애틀의 잠 못 이루는 밤, Sleepless in Seattle〉을 집필하는 데 도움을 주었다. 그녀의 엄마는 포비 에프론(Phoebe Ephron, 1964년 참고)이다.

리사 웨스트콧과 줄리 다트넬

영국계 메이크업 아티스트인 **리사 웨스트콧**(Lisa Westcott)은 1998년에 〈미세스 브라운, Mrs. Brown〉으로 오스카 분장상 후보에 공동으로 올랐다. 그녀는 1999년 같은 부문에서 〈셰익스피어 인 러브, Shakespeare in Love〉로 후보에 오른 뒤 2013년에 〈레미제라블, Les Miserables〉로 분장상을 공동으로 수상했다.

프로듀서이자 감독인 **도나 드웨이**(Donna Dewey, 사진)와 프로듀서인 **캐롤 파스터낙**(Carol Pasternak)은 1998년에 〈스토리 오브 힐링, A Story of Healing〉으로 오스카 단편 다큐멘터리상을 수상했다.

의상 디자이너인 **데보라 린 스콧**(Deborah Lynn Scott)은 영화 〈타이타닉, Titanic〉으로 1998년에 오스카 의상상을 수상했다.

작곡가이자 관현악 편곡자인 **데보라 루리**(Deborah Lurie)는 1998년 영화 〈X파일-미래와의 전쟁, The X Files〉의 관현악 편곡을 맡았다. 그녀는 또한 영화 〈샬롯의 거미줄, Charlotte's Web〉과 〈드림걸즈, Dreamgirls〉 등의 작품에 곡을 제공했다.

작곡가인 **앤 더들리**(Anne Dudley)는 1998년에 영화 〈풀 몬티, The Full Monty〉로 오스카 음악상을 수상했다. 그녀가 작곡한 음악은 40개 이상의 영화에 나왔다.

킴 베이싱어(Kim Basinger)는 1998년에 〈LA 컨피덴셜, L.A. Confidential〉로 오스카 여우조연상을 수상했다. 현재 그녀의 연기 경력은 40년이 넘었다.

가수인 앨리슨 무어러(Allison Moorer)는 영화 〈호스 위스퍼러, The Horse Whisperer〉에 삽입된 곡 'A Soft Place to Fall'로 1999년에 오스카 주제가상 공동 후보에 올랐다.

영화 편집자인 알리사 렙셀터(Alisa Lepselter)는 〈미드나잇 인 파리, Midnight in Paris〉, 〈블루 재스민, Blue Jasmine〉과 같은 우디 앨런 (Woody Allen)의 영화를 편집했다.

1998년, 다니엘 파인버그(Danielle Feinberg)는 영화 〈벅스 라이프, A Bug's Life〉의 조명과 시각 효과를 담당했다. 이후 그녀는 2018년 장편 애니메이션상을 수상한 〈코코, Coco〉의 사진과 조명 감독을 맡았다.

1999 〈씬 레드 라인, The Thin Red Line〉으로 1999년에 오스카 편집상 후보에 오른 **레슬리 존스**(Leslie Jones)는 25년의 커리어 동안 25개 이상의 작품을 편집했다.

이탈리아인인 **시모나 파지**(Simona Paggi)는 〈인생은 아름다워, Life is Beautiful〉로 오스카 편집상 후보에 올랐다. 그녀는 1991년 〈어린이 도둑, The Stolen Children〉을 편집하면서 도나텔로상을 받았다.

영국계 메이크업 아티스트인 **제니 쉬코어**(Jenny Shircore)는 1999년에 〈엘리자베스, Elizabeth〉로 오스카 분장상을 수상했다. 그녀는 2010년에 〈영 빅토리아, The Young Victoria〉로 분장상에 공동으로 후보에 올랐다.

영국계 여배우인 **주디 덴치**(Judi Dench)는 1999년에 〈셰익스피어 인 러브, Shakespeare in Love〉로 오스카 여우조연상을 수상했다. 여우조연상과 여우주연상 모두에서 수상 후보에 다수 오른 이력이 있고 대영제국 데임 작위를 받았다.

기네스 팰트로(Gwyneth Paltrow)는 〈셰익스피어 인 러브, Shakespeare in Love〉로 1999년에 오스카 여우주연상을 수상했다.

1999

의상 디자이너인 **샌디 파웰**(Sandy Powell)은 오스카를 3번 수상했고 추가로 후보에 9번 올랐다. 그녀는 〈셰익스피어 인 러브, Shakespeare in Love, 1999년 수상〉, 〈에비에이터, The Aviator, 2005년 수상〉, 〈영 빅토리아, The Young Victoria, 2010년 수상〉로 의상상을 수상했다.

1999년에 미국 영화 연구소(American Film Institute)는 영화사 100년 중 스크린 레전드 50명의 명단(여성 25명 남성 25명)을 공개했다. 이 리스트에 실린 여성은 차례대로 다음과 같다.

1. 캐서린 헵번(Katharine Hepburn)
2. 베티 데이비스(Bette Davis)
3. 오드리 헵번(Audrey Hepburn)
4. 잉그리드 버그만(Ingrid Bergman)
5. 그레타 가르보(Greta Garbo)
6. 마릴린 먼로(Marilyn Monroe)
7. 엘리자베스 테일러(Elizabeth Taylor)
8. 주디 갈랜드(Judy Garland)
9. 마를렌 디트리히(Marlene Dietrich)

10. 조안 크로포드(Joan Crawford)
11. 바바라 스탠윅(Barbara Stanwyck)
12. 클로데트 콜베르(Claudette Colbert)
13. 그레이스 켈리(Grace Kelly)
14. 진저 로저스(Ginger Rogers)
15. 매 웨스트(Mae West)
16. 비비안 리(Vivien Leigh)
17. 릴리언 기시(Lillian Gish)
18. 셜리 템플(Shirley Temple)

19. 리타 헤이워드(Rita Hayworth)
20. 로렌 바콜(Lauren Bacall)
21. 소피아 로렌(Sophia Loren)
22. 진 할로우(Jean Harlow)
23. 캐롤 롬바드(Carole Lombard)
24. 메리 픽포드(Mary Pickford)
25. 에바 가드너(Ava Gardner)

1999

4번이나 후보에 오른 프로듀서인 **돈나 지글리오티**(Donna Gigliotti)는 1999년에 〈셰익스피어 인 러브, Shakespeare in Love〉로 오스카 작품상을 수상했다. 또한 같은 부문에서 〈더 리더: 책 읽어주는 남자, The Reader, 2009년 추천〉, 〈실버라이닝 플레이북, Silver Linings Playbook, 2013년 추천〉, 〈히든 피겨스, Hidden Figures, 2017년 추천〉를 통해 후보에 올랐다.

감독이자 편집자, 프로듀서인 **이비 케이코**(Keiko Ibi)는 〈퍼스널스, The Personals〉로 1999년에 오스카 단편 다큐멘터리상을 수상했다.

영국 출신 세트 데코레이터인 **질 쿼티어**(Jill Quertier)는 1999년에 〈셰익스피어 인 러브, Shakespeare in Love〉로 오스카 미술상을 공동으로 수상했다. 2001년에는 〈퀼스, Quills〉로 같은 부문에서 오스카 후보에 올랐다.

프로듀서, 작가이자 감독인 **이본 웰본**(Yvonne Welbon)은 그녀의 1999년 다큐멘터리인 〈리빙 위드 프라이드, Living With Pride: Ruth C. Ellis @ 100〉로 유명하다. 그녀는 〈영화 속의 자매들, Sisters in Cinema〉에서 아프리카계 미국인 여성 영화 제작자들의 역사를 기록했다.

프로듀서이자 편집자인 **메리 스위니**(Mary Swee-ney)는 〈스트레이트 스토리, The Straight Story, 1999년 작〉, 〈멀홀랜드 드라이브, Mulholland Drive, 2001년 작〉로 가장 잘 알려져 있다.

〈해리 포터와 마법사의 돌〉의 덤블도어 의상과 함께 있는 주디아나 마코브스키

의상 디자이너인 **주디아나 마코브스키**(Judianna Makovsky)는 오스카 의상상 부문 후보에 3번 올랐는데, 1999년에 〈플레전트빌, Pleasantville〉로 처음으로 후보에 올랐다. 30년 이상을 이 업계에서 활동한 그녀는 〈해리 포터와 마법사의 돌, Harry Potter and the Sorcerer's Stone, 2002년 추천〉, 〈씨비스킷, Seabiscuit, 2004년 추천〉을 통해서도 후보에 올랐다.

여배우인 글로리아 포스터 (Gloria Foster)는 40년간 영화에 출연했다. 그녀는 1999년, 〈매트릭스, The Matrix〉에서 오라클을 연기하고 2003년 〈매트릭스 2-리로디드, The Matrix Reloaded〉에 다시 출연했다.

〈매트릭스 2-리로디드〉 속 키아누 리브스(Keanu Reeves)와 글로리아 포스터

감독, 작가이자 프로듀서인 패트리샤 로제마(Patricia Rozema)는 1999년 영화인 〈맨스필드 파크, Mansfield Park〉를 집필했다. 그녀의 데뷔작인 1987년 영화 〈인어가 노래하는 소리를 들었네, I've Heard the Mermaids Singing〉는 다수의 수상을 했다.

에이미 아담스

2000s

돌파구

2002년에 〈몬스터 볼, Monster's Ball〉에서의 역할로 할리 베리(Halle Berry)가 흑인 최초로 오스카 여우주연상을 수상하면서 인종 차별의 장벽이 비로소 무너졌다. 또한 이 시기에는 오스카 장편 애니메이션상 부문에 공동 후보로 오른 첫 여성이 나오기도 했다. 2008년에 〈페르세폴리스, Persepolis〉를 통해 후보에 오른 마르얀 사트라피(Marjane Satrapi)이다.

여성들은 그동안 영화사 전반에 걸쳐 영화 기술이 발전해 나아가는 데 중요한 역할을 해 왔는데 이 시기 또한 다름없었다. 크리스티나 존슨(Kristina Johnson) 박사는 RealD 3D 이미지를 만드는 일을 돕는 기술과 새롭게 개선된 3D 영화를 책임지는 기술 분야에서 일했다. 현재 극장에서 3D 영화를 보는 데 가장 많이 사용되는 이 기술은 〈아바타, Avatar, 2009년 작〉에 처음으로 사용됐다.

프란시스 포드 코폴라(Francis Ford Coppola) 감독의 딸인 소피아 코폴라(Sofia Coppola)는 2004년에 〈사랑도 통역이 되나요?, Lost in Translation〉를 통해 오스카 감독상 후보에 오른 세 번째 여성이 되었다. 앞서 두 명의 감독상 후보도 그랬듯이 그녀 또한 오스카 각본상 후보에도 올라 각본상을 집으로 가져갔다. 각본상을 수상한 또 한 명의 여성은 디아블로 코디(Diablo Cody)로, 2008년에 〈주노, Juno〉로 오스카 각본상을 수상했다.

여성들은 2000년부터 2008년까지 오스카 의상상을 9년간 연속해서 수상했으며 2009년에도 후보에 이름을 올렸다. 편집 부문의 경우, 셀마 슈메이커(Thelma Schoonmaker)가 2005년에 〈에비에이터, The Aviator〉와 2007년에 〈디파티드, The Departed〉를 통해서 오스카 편집상을 수상하며 2번이나 오스카를 집으로 가져간 유일한 편집자가 되었다. 또한 여성들은 분장상 부문에서도 수십 년에 걸쳐 후보에 오르고 상을 탈 만큼 훌륭했다.

캐시 슐만(Cathy Schulman)은 2006년에 〈크래쉬, Crash〉로 오스카 작품상을 공동으로 수상했으며, 〈반지의 제왕: 왕의 귀환, The Lord of the Rings: The Return of the King〉은 프랜 월시(Fran Walsh)가 2004년에 오스카상 2개를 공동으로 수상하게 했다. 하나는 작품상이고 다른 하나는 필리파 보엔스(Philippa Boyens)와 함께 수상한 각색상이다. 한편 다이아나 오사나(Diana Ossana)는 2006년, 〈브로크백 마운틴, Brokeback Mountain〉을 통해 오스카 각색상을 집으로 가져갔다.

오스카의 실적과 영화의 기술면에서 획기적인 발전이 있었던 10년이었고 여성들은 영화 산업 전반에 걸쳐 입지를 굳혔다.

내셔널 퍼블릭 라디오가 선정한, 살아 있는 작사가 중 10위 안에 드는 한 명이며 가수이자 작곡가인 **에이미 만**(Aimee Mann)은 영화 〈매그놀리아, Magnolia〉에 삽입된 곡 'Save Me'로 2000년에 오스카 주제가상 후보에 올랐다.

제작자이자 감독인 **미미 레더**(Mimi Leder)는 헬렌 헌트(1998년 참고)가 주연을 한 2000년 영화 〈아름다운 세상을 위하여, Pay It Forward〉를 감독했다.

안젤리나 졸리(Angelina Jolie)는 〈처음 만나는 자유, Girl, Interrupted〉로 2000년에 오스카 여우조연상을 수상했다. 졸리는 2009년에 〈체인질링, Changeling〉으로 오스카 여우주연상 후보에 올랐고 진 허숄트 박애상(1956년 참고)을 받았다.

— 2000 —

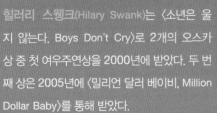

힐러리 스웽크(Hilary Swank)는 〈소년은 울지 않는다, Boys Don't Cry〉로 2개의 오스카상 중 첫 여우주연상을 2000년에 받았다. 두 번째 상은 2005년에 〈밀리언 달러 베이비, Million Dollar Baby〉를 통해 받았다.

스턴트우먼인 **에일린 웨이자이거**(Eileen Weisinger)는 2000년 영화 〈미녀 삼총사, Charlie's Angels〉에서 스턴트 연기를 했다.

텔레비전 스타이자 거의 100편의 영화에 출연한 **루시 리우**(Lucy Liu)는 2000년 영화 〈미녀 삼총사, Charlie's Angels〉의 세 주인공 중 한 명이다. 그녀는 〈킬 빌, Kill Bill〉 두 편 모두에 출연하고 〈쿵푸 팬더, Kung Fu Panda〉에서는 성우로 출연했다.

코끼리 조련사인 아버지 밑에서 태어나 서커스에서 자라난 스턴트우먼인 **달린 에바 윌리엄스**(Darlene Ava Williams)는 2000년 영화 〈올모스트 페이머스, Almost Famous〉에서 케이트 허드슨(Kate Hudson)의 스턴트 장면 배역을 했다. 동물 다루기 외에도 일반적인 스턴트 연기를 한 그녀는 특히 공중 활동 장면 기술에 능숙하다. 윌리엄스는 스턴트우먼 재단 이사회 멤버이다.

감독인 **바바라 쇼크**(Barbara Schock)와 제작자인 **타미 티엘 스테드만**(Tammy Tiehel Stedman)은 〈뉴욕에서 사탄 제자들을 꿈꾸는 나의 어머니, My Mother Dreams the satan disciples in New york〉로 2000년에 오스카 단편 실사 영화상을 수상했다.

영국 메이크업 아티스트인 **크리스틴 블런델**(Christine Blundell)은 2000년에 〈뒤죽박죽, Topsy-Turvy〉으로 분장상을 공동 수상했다. 50개 이상의 영화 크레디트에 이름을 올렸으며 영국에서 메이크업 학원을 운영한다.

제작자이자 작가, 감독인 **수잔 한나 하더리**(Susan Hannah Hadary)는 〈킹 김프, King Gimp〉로 2000년에 오스카 단편 다큐멘터리상을 수상했다.

6세에 처음으로 광고에 출연한 **글로리아 오브라이언**(Gloria O'brien)은 스턴트우먼으로 성장했다. 달리기 선수, 스쿠버 다이버, 무술가, 체조 선수 역을 한 그녀가 맡은 수많은 영화 배역 중에는 2000년 〈스크림 3, Scream 3〉에서의 스턴트 배역도 있다.

카메라 오퍼레이터인 **애니 맥이비티**(Annie McEveety)는 2000년에 〈퍼펙트 스톰, The Perfect Storm〉을 찍었다.

영화학자인 **셸리 스탬프**(Shelley Stamp)는 여성과 초기 영화 문화에 관한 선두적인 전문가이다. 그녀가 낸 여러 개의 책 중 2000년에 발간된 책의 제목은 『영화 흥행에 성공한 여자들: 니켈로디언 이후의 여성과 영화 문화(Movie-Struck Girls: Women and Motion Picture Culture after the Nickelodeon)』이다.

100편의 영화에 출연한 스턴트우먼인 **슈아나 더긴스**(Shauna Duggins)는 2000년, 〈미녀 삼총사, Charlie's Angels〉에서 카메론 디아즈(Cameron Diaz)의 스턴트 연기를 했다.

40년의 스턴트 경력을 가지고 있는 **라우리 크리치**(Lauri Creach)는 2000년 영화 〈미녀 삼총사, Charlie's Angels〉를 포함해 많은 영화에서 연기했다.

린디 헤밍이 'DC 코믹스 전시: 영웅들의 새벽'에서 전시 중인 그녀의 의상 디자인 앞에서 포즈를 취하고 있다.

의상 디자이너인 **린디 헤밍**(Lindy Hemming)은 2000년에 〈뒤죽박죽, Topsy-Turvy〉으로 오스카 의상상을 수상했다.

영국의 프로덕션 디자이너인 **이브 스튜어트**(Eve Stewart)는 오스카상에 4번 공동 후보에 올랐다. 미술상과 프로덕션 디자인상에 올랐으며, 2000년에 〈뒤죽박죽, Topsy-Turvy〉, 2011년에 〈킹스 스피치, The King's Speech〉, 2013년에 〈레미제라블, Les Miserables〉, 2016년에 〈대니쉬 걸, The Danish Girl〉을 통해 후보에 올랐다.

2000

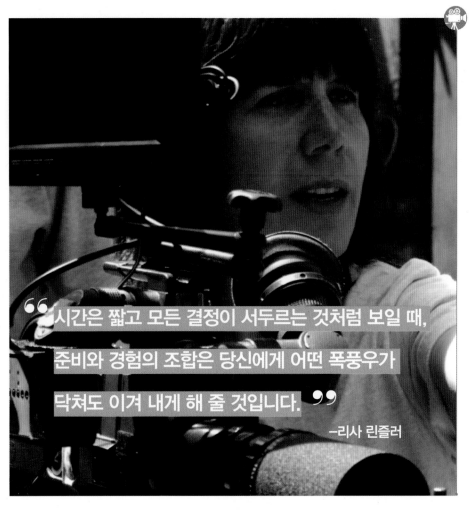

> **"시간은 짧고 모든 결정이 서두르는 것처럼 보일 때, 준비와 경험의 조합은 당신에게 어떤 폭풍우가 닥쳐도 이겨 내게 해 줄 것입니다."**
>
> —리사 린즐러

2000년에 **리사 린즐러**(Lisa Rinzler)는 〈폴락, Pollock〉의 촬영 감독을 맡았다. 그녀는 다음과 같이 말했다. "촬영 감독이 하는 일은 감독의 비전을 표현하고 장식하고 강화하는 것이에요. 그러나 자신을 아예 배제하면 안 돼요. 상황에 맞게 당신이 경험을 통해 얻은 것들을 잘 활용하세요. 그래서 감독님과 공감하고 궁합을 잘 맞추는 것이 중요해요."

"특히 모든 독립 영화들이 그렇기는 한데, 영화가 어떤 혼란을 겪는다 할지라도 제가 말한 대로 하면 여전히 의지할 토대를 갖게 될 거예요. 창의적인 믿음 체계를 가져야 하며, 당신과 당신의 스태프들이 한 팀으로 열심히 노력했고 그들 모두 당신을 위해 함께 헤쳐 왔다는 것을 알아야 해요. 시간이 짧고 모든 결정이 서두르는 것처럼 보일 때, 준비와 경험의 조합은 당신에게 어떤 폭풍우가 닥쳐도 이겨 내게 해 줄 것입니다. 이는 카메라로 찍는 것에 대해서만 적용되는 이야기가 아닙니다. 영화를 만드는 모든 사람들이 자랑스러워할 수 있는, 아름답고 도전적인 일을 하는 것에 관한 이야기입니다."

캐나다의 애니메이터이자 감독, 작가인 **아만다 포비스**(Amanda Forbis)는 오스카상 후보에 공동으로 2번 올랐다. 2번 다 단편 애니메이션 부문이며, 〈아침이 밝아 올 때, When the Day Breaks, 2000년 추천〉와 〈야생의 삶, Wild Life, 2012년 추천〉이 그 영화들이다.

웬디 틸바이(왼쪽)와
아만다 포비스(오른쪽)

리사 제노 커긴(Lisa Zeno Churgin)은 〈사이더 하우스, The Cider House Rules〉로 2000년 오스카 편집상 후보에 올랐다. 그녀는 영화 편집자 길드(Motion Picture Editors Guild)의 대표를 맡았으며, 미국 영화 편집자 협회(American Cinema Editors)의 멤버이기도 하다.

배우인 로라 리니(Laura Linney)는 오스카상 후보에 3번 올랐다. 〈유 캔 카운트 온 미, You Can Count on Me〉로 2001년 여우주연상 후보에, 〈킨제이 보고서, Kinsey〉로 2005년 여우조연상 후보에, 〈새비지스, The Savages〉로 2008년 여우주연상 후보에 올랐다.

마샤 게이 하든(Marcia Gay Harden)은 〈폴락, Pollock〉으로 2001년에 오스카 여우조연상을 수상했다. 그녀는 〈미스틱 리버, Mystic River〉로 2004년에 두 번째 후보에 올랐다.

시나리오 작가이자 감독, 제작자인 수잔나 그랜트(Susannah Grant)는 〈에린 브로코비치, Erin Brockovich〉로 2001년에 오스카 각본상 후보에 올랐다.

2001

줄리아 로버츠(Julia Roberts)는 2001년에 〈에린 브로코비치, Erin Brockovich〉로 오스카 여우주연상을 수상했다. 이 외에도 그녀는 오스카 후보에 3번 더 올랐는데, 1991년에 〈귀여운 여인, Pretty Woman〉으로 여우주연상 후보에, 1990년에 〈철목련, Steel Magnolias〉으로 여우조연상 후보에, 2014년에 〈어거스트: 가족의 초상, August: Osage County〉으로 여우조연상 후보에 올랐다.

〈벤자민 버튼의 시간은 거꾸로 간다〉

패션 디자이너의 딸이자 의상 디자이너인 **재클린 웨스트**(Jacqueline West)는 오스카 의상상 후보에 3번 올랐다. 2001년에 〈퀼스, Quills〉로, 2009년에 〈벤자민 버튼의 시간은 거꾸로 간다, The Curious Case Of Benjamin Button〉로, 2016년에 〈레버넌트: 죽음에서 돌아온 자, The Revenant〉로 후보에 올랐다.

2001

의상 디자이너인 **잔티 예이츠**(Janty Yates)는 〈글래디에이터, Gladiator〉로 2001년에 오스카 의상상을 수상했다.

제작자이자 감독인 **트레이시 세레틴**(Tracy Seretean)은 2001년에 〈빅 마마, Big Mama〉로 오스카 단편 다큐멘터리상을 수상했다.

제작자 **데보라 오펜하이머**(Deborah Oppenheimer)는 〈낯선 사람들의 품속으로, Into The Arms Of Strangers: Stories Of The Kindertransport〉로 장편 다큐멘터리상을 수상했다.

대만 시나리오 작가인 **왕 휘-링**(Hui-Ling Wang)은 〈와호장룡, Crouching Tiger, Hidden Dragon〉으로 2001년에 오스카 각색상 후보에 공동으로 올랐다.

 엘르(Elle) 매거진의 기고 편집자인 **홀리 밀레아**(Holly Millea)는 2001년에 엘르 매거진으로 들어가 영화 산업에 관해 광범위하게 글을 썼다.

 미용사인 **게일 로웰-라이언**(Gail Rowell-Ryan)은 〈그린치, How the Grinch Stole Christmas〉로 2001년에 오스카 분장상을 공동 수상했다. 그녀는 영화 및 텔레비전 분야에서 약 50년 동안 헤어 스타일리스트로 활동한 경험을 가지고 있다.

 2002 프랑스인 세트 데코레이터인 **마리-로레 벨라**(Marie-Laure Valla)는 〈아멜리에, Amélie〉로 앨리네 보네토(Aline Bonetto)와 함께 2002년 오스카 미술상 후보에 공동으로 올랐다.

 배우이자 제작자인 **리사 블런트**(Lisa Blount)는 〈어카운턴트, The Accountant〉로 2002년 오스카 단편 실사 영화상을 수상했다.

스턴트우먼인 **쇼나 타보데우**(Shawnna Thibodeau)는 2002년 〈스튜어트 리틀 2, Stuart Little 2〉에서 지나 데이비스(Geena Davis, 1989년 참고)의 스턴트 배역을 했다.

제작자인 **린 애펠**(Lynn Appelle)은 〈토트, Thoth〉로 2002년에 오스카 단편 다큐멘터리상을 수상했다. 후에 줄리안 무어(Julianne Moore, 2015년 참고)가 오스카 여우주연상을 수상하는 〈스틸 앨리스, Still Alice〉를 제작했다.

세계적인 주요 영화 편집자로 알려진 **질 빌콕**(Jill Bilcock)은 〈물랑 루즈, Moulin Rouge!〉로 2002년 오스카 편집상 후보에 올랐다. 그녀는 미국 영화 편집자 협회(American Cinema Editors)의 멤버로 선출됐다.

독일계 멕시코인 프로덕션 디자이너이자 세트 장식가, 미술 감독인 **브리짓 브로치**(Brigitte Broch)는 〈물랑 루즈, Moulin Rouge!〉로 2002년에 오스카 미술상 부문에서 첫 오스카를 수상했다[캐서린 마틴(Catherine Martin, 2002년 참고)과 공동 수상]. 그녀는 1997년에 캐서린 마틴과 함께 〈로미오와 줄리엣, Romeo and Juliet〉으로 같은 부문 후보에 올랐다.

2002년에 영화 음향 편집자 **도디 돈**(Dody Dorn)이 〈메멘토, Memento〉로 오스카 편집상 후보에 올랐다.

🎵 2002년에, 아일랜드 작사가인 **로마 쉐인 라이언** (Roma Shane Ryan)과 아일랜드 작곡가인 **엔야** (Enya, 사진 속 인물)는 〈반지의 제왕: 반지 원정대, The Lord Of The Rings: The Fellowship Of The Ring〉에 삽입된 곡 'May It Be'로 오스카 주제가상 후보에 올랐다.

제작자이자 의상 디자이너, 세트 디자이너이 자 프로덕션 디자이너인 **캐서린 마틴**(Catherine Martin)은 오스카상을 4번 수상했으며 2번 더 후보 에 올랐다. 2002년에 〈물랑 루즈, Moulin Rouge!〉 로 오스카 의상상과 미술상[브리짓 브로치(Brigitte Broch, 2002년 참고)]을 수상했다.

2014년에는 〈위대한 개츠비, The Great Gatsby〉 로 2개의 오스카상을 수상했는데 의상상과 프로덕 션 디자인상[베벌리 던(Beverly Dunn, 2014년 참고)과 공동 수상] 부문에서 수상했다. 그녀의 첫 오스카 후 보 지명은 브리짓 브로치와 함께 1997년에 〈로미오 와 줄리엣, Romeo and Juliet〉을 통해 받은 것으로, 미술상 부문에서 공동으로 후보에 올랐다.

제작자인 **루시 피셔**(Lucy Fisher)는 소니 스튜디오의 중역(부사장)을 포함해 워너 브러더스(전 세계 프로덕션 담당 부사장), 지오트로피 스튜디오(프로덕션 본부장), 20세기 폭스사(프로덕션 부사장)에서 중요 직책을 역임했다. 〈위대한 개츠비, The Great Gatsby〉와 〈게이샤의 추억, Memoirs of a Geisha〉을 포함해 그녀가 제작한 영화들은 아카데미상들을 받았다. 2002년에 〈스튜어트 리틀 2, Stuart Little 2〉를 제작했다.

그녀는 "여성 중역들은 여성 감독들과 돈독한 관계를 유지해야 해요. 워너 브러더스의 정상에는 여자들이 없었으나, 세 명의 부사장들의 존재가 여성들이 만든 영화를 받아들이는 분위기를 북돋아 왔어요."라고 말했다.

〈자헤드–그들만의 전쟁, Jarhead〉 촬영 중
루시 피셔와 제이크 질렌할(Jake Gyllenhaal)

여배우인 **아메리카 페레라**(America Ferrera)는 〈리얼 위민 해브 커브, Real Women Have Curves〉로 2002년에 데뷔했다.

할리 베리(Halle Berry)는 2002년에 〈몬스터 볼, Monster's Ball〉로 흑인으로서는 처음으로 오스카 여우주연상을 수상하는 영예를 안았다.

제니퍼 코넬리(Jennifer Connelly)는 〈뷰티풀 마인드, A Beautiful Mind〉로 2002년에 오스카 여우주연상을 받았다. 그녀는 30년이 넘는 영화 경력을 가지고 있다.

2003

지젤 참마(Giselle Chamma)는 2003년 영화인 〈해피 아워, Happy Hour〉의 촬영 기사로 일했다.

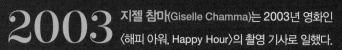

가수이자 제작자, 배우인 **퀸 라티파**(Queen Latifah)는 2003년에 〈시카고, Chicago〉로 오스카 여우조연상 후보에 올랐다.

**❝ 저는 일찍이,
왕관을 쓰고
바르게 행동하며
저 스스로를 여왕처럼
대하면서
세상을 다스리기로
결심했어요. ❞**

–퀸 라티파

배우이자 작가, 제작자인 **니아 발다로스**(Nia Vardalos)는 〈나의 그리스식 웨딩, My Big Fat Greek Wedding〉으로 2003년 오스카 각본상 후보에 올랐다.

멕시코의 메이크업 아티스트인 **베아트리스 드 알바**(Beatrice De Alba, 사진에서 왼쪽)는 셀마 헤이엑(Salma Hayek, 사진에서 오른쪽) 주연인 〈프리다, Frida〉로 2003년에 오스카 분장상을 공동 수상했다.

독일의 감독 겸 작가인 **카롤리네 링크**(Caroline Link)는 〈러브 인 아프리카, Nowhere in Africa〉로 2003년에 오스카 외국어 영화상을 받았다.

덴마크 제작자 겸 작가인 **미 안드레슨**(Mie Andreasen)은 〈이 매력있는 남자, This Charming Man〉로 2003년에 오스카 단편 실사 영화상을 수상했다.

배우이자 감독인 **리사 게이 해밀튼**(Lisa gay Hamilton)은 2003년, 배우인 베아 리처즈(Beah Richards)의 삶을 다룬 다큐멘터리 〈베아: 흑인 여성이 말하다, Beah: A Black Woman Speaks〉를 감독했다.

뉴질랜드 태생 배우이자 스턴트우먼인 **조 벨**(Zoe Bell)은 2003년에 〈킬 빌-1부, Kill Bill: Vol.1〉, 2004년에 〈킬 빌-2부, Kill Bill: Vol.2〉에서 스턴트 연기를 했다.

100편 이상의 영화에 출연한 스턴트우먼인 **스테이시 카리노**(Stacey Carino)는 2003년에 〈브루스 올마이티, Bruce Almighty〉에서 처음으로 스턴트 연기를 했다.

캐서린 제타-존스(Catherine Zeta-Jones)는 〈시카고, Chicago〉로 오스카 여우조연상을 받았다. 주목할 만한 역은 1998년에 〈마스크 오브 조로, The Mask of Zorro〉에서 맡은 역할이다. 대영제국 데임 작위를 받았다.

2003

연극 무대에서 잘 알려진 감독이자 제작자, 작가인 **줄리 테이머**(Julie Taymor)는 2003년에 'Frida'로 오스카 주제가상 후보에 올랐다. 이 곡은 그녀가 직접 가사를 썼다. 동명의 영화 〈프리다, Frida〉는 그녀가 감독을 했는데 음악상과 분장상을 수상하고 미술상과 의상상 후보에도 올랐으며, 셀마 헤이엑(Salma Hayek)도 여우주연상 후보에 올렸다.

〈프리다〉 세트에서
줄리 테이머와 셀마 헤이엑

의상 디자이너인 **콜린 앳우드**(Colleen Atwood)는 오스카 의상상 후보에 12번 올랐고 그중 4번을 수상했다. 2003년에 〈시카고, Chicago〉, 2006년에 〈게이샤의 추억, Memoirs of a Geisha〉, 2011년에 〈이상한 나라의 앨리스, Alice in Wonderland〉, 2017년에 〈신비한 동물사전, Fantastic Beasts and Where to Find Them〉으로 수상했다.

니콜 키드먼(Nicole Kidman)은 2003년에 〈디 아워스, The Hours〉로 오스카 여우주연상을 수상했다. 그녀는 오스카에 3번 더 후보로 올랐다. 또한 키드먼은 영화 제작도 한다.

2004
케리 워싱턴(Kerry Washington)은 2004년 영화인 〈레이, Ray〉에서 맡은 역할로 호평을 받았다.

배우이자 작곡가인 **아네트 오툴**(Annette O'toole)은 2004년 〈마이티 윈드, A Mighty Wind〉에 삽입된 곡 'A Kiss at the End of the Rainbow'로 오스카 주제가상 후보에 올랐다.

감독이자 제작자인 **매리안 델레오**(Maryann Deleo)는 〈체르노빌의 아이들, Chernobyl Heart〉로 2004년 오스카 단편 다큐멘터리상을 수상했다.

세상에서 가장 훌륭한 스턴트우먼 중 한 명이며 백 명의 배우들의 이중 배역을 한 **리사 호일**(Lisa Hoyle)은 2003년에 〈캐리비안의 해적: 블랙 펄의 저주, Pirates of the Caribbean: The Curse of the Black Pearl〉에서 키이라 나이틀리(Keira Knightley)의 스턴트 연기를 했다.

그녀는 "스턴트를 하는 사람들은 에이전트가 없어요. 그래서 우리는 소위 '뒤치다꺼리'라 불리는 일을 해야 하지요. 이 분야는 경쟁이 더 치열해졌어요. 하지만 제가 딱히 할 만한 다른 일은 그리 없어요. 이 세상 최고의 직업이니까요."라고 말했다.

뉴질랜드 태생의 시나리오 작가, 제작자이자 작사가인 프랜 월시(Fran Walsh)는 오스카에 7번 후보로 올랐고 3번 수상했는데, 그 대부분이 반지의 제왕 3부작과 관련되어 있다. 2004년에 그녀는 〈반지의 제왕: 왕의 귀환, The Lord of the Rings: The Return of the King)으로 오스카 작품상, 각색상, 주제가상을 수상했다.

뉴질랜드 태생의 시나리오 작가이자 제작자. 뉴질랜드 공로 훈장(New zealand Order of Merit) 수상자인 필리파 보엔스(Philippa Boyens) 는 〈반지의 제왕: 왕의 귀환, The Lord of the Rings: The Return of the King)으로 오스카 각색상을 수상했다. 보엔스는 2002년에 〈반지의 제왕: 반지 원정대, The Lord Of The Rings: The Fellowship Of The Ring)로 오스카 각색상 후보에 올랐다.

뉴질랜드 의상 디자이너인 엔길라 딕슨(Ngila Dickson)은 2004년에 〈반지의 제왕: 왕의 귀환, The Lord of the Rings: The Return of the King)으로 오스카 의상상을 수상했다. 또한 그해에 〈라스트 사무라이, The Last Samurai)로 같은 상 후보에 올랐다. 2002년에는 〈반지의 제왕: 반지 원정대, The Lord Of The Rings: The Fellowship Of The Ring)로 같은 부문에 후보로 올랐었다.

2004

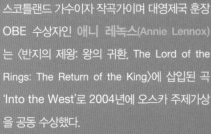

스코틀랜드 가수이자 작곡가이며 대영제국 훈장 OBE 수상자인 애니 레녹스(Annie Lennox) 는 〈반지의 제왕: 왕의 귀환, The Lord of the Rings: The Return of the King)에 삽입된 곡 'Into the West'로 2004년에 오스카 주제가상을 공동 수상했다.

오스카상 후보에 3번 오른 르네 젤위거 (Renée Zellweger)는 2004년에 〈콜드 마운틴, Cold Mountain)으로 오스카 여우조연상을 수상했다. 그녀는 2007년에 할리우드에서 가장 높은 급여를 받은 여배우 중 한 명이다.

남아공 태생인 샤를리즈 테론(Charlize Theron)은 〈몬스터, Monster)로 2004년에 오스카 여우주연상을 수상했다. 두 번째는 2006년에 〈노스 컨츄리, North Country)를 통해서 후보에 올랐다. 그녀는 자신의 제작사를 설립하여 소유하고 있다.

시나리오 작가, 배우, 감독 겸 프로듀서인 **소피아 코폴라**(Sofia Coppola)는 2004년에 〈사랑도 통역이 되나요?, Lost in Translation〉로 오스카 각본상을 수상했다. 제작자이자 작가인 프란시스 포드 코폴라(Francis Ford Coppola) 감독의 딸인 그녀는 이 영화로 오스카 작품상과 감독상 2개 부문에 후보로 더 올랐다.

그녀는 "저는 창조하는 자신감을 갖지 못한 상태에 제 자신을 놓아 본 적이 없어요. 아버지로부터 배운 교훈은 '어떤 것에든 너의 마음을 담아라, 자신이 만드는 것을 보호해야 한다.'였어요. 저는 항상 최대한의 자유를 갖기 위해 가능한 한 예산을 적게 유지하는 것을 좋아해요."라고 말했다.

〈마리 앙투아네트, Marie Antoinette〉의 세트장에서 소피아 코폴라(중앙)

오스카 여우주연상 후보에 2번 오른 영국의 배우이자 제작자인 **나오미 왓츠**(Naomi Watts)는 〈21그램, 21 Grams〉을 통해 2004년에 처음으로 후보에 올랐다. 두 번째 후보 지명은 2013년에 〈더 임파서블, Lo imposible〉을 통해 받았다.

〈킹콩, King Kong〉에서 나오미 왓츠와 잭 블랙(Jack Black)

〈오페라의 유령〉 세트장에서

2005

영국의 세트 데코레이터이자 미술 감독인 **셀리아 보박**(Celia Bobak)은 오스카상 후보에 2번 올랐는데, 공동으로 올랐다. 2005년에 〈오페라의 유령, The Phantom of the Opera〉으로 미술상 후보에 올랐고 2016년에 〈마션, The Martian〉으로 프로덕션 디자인상 후보에 올랐다.

스턴트우먼인 **제니퍼 카푸토**(Jennifer Caputo)는 2005년 영화인 〈렌트, Rent〉에서 로사리오 도슨(Rosario Dawson, 2006년 참고)의 스턴트 연기를 했다.

영국의 감독, 작가이자 촬영 기사인 **자나 브리스키**(Zana Briski)는 2005년에 〈꿈꾸는 카메라―사창가에서 태어나, Born Into Brothels: Calcutta's Red Light Kids〉로 오스카 장편 다큐멘터리상을 공동 수상했다.

메이크업 아티스트인 **발리 오레일리**(Valli O'reilly)는 〈레모니 스니켓의 위험한 대결, Lemony Snicket's A Series Of Unfortunate Events〉로 2005년에 오스카 분장상을 공동으로 수상했다.

오스트레일리아 배우인 **케이트 블란쳇**(Cate Blanchett)은 〈에비에이터, The Aviator〉로 오스카 여우조연상을 받았다. 그녀의 첫 오스카 후보 지명은 1999년에 〈엘리자베스, Elizabeth〉를 통해 여우주연상 부문에서 받은 것이었다. 그녀는 〈블루 재스민, Blue Jasmine〉으로 2014년에 여우주연상을 받았다.

2005

35년 이상의 경력을 가진 이탈리아 세트 데코레이터인 **프란세스카 로 쉬아보**(Francesca Lo Schiavo)는 오스카상을 공동으로 3번 수상하고 추가적으로 후보에 5번 올랐는데, 그녀의 남편인 단테 페레티(Dante Ferretti)와 함께였다. 3번의 오스카상 수상은 모두 미술상 부문이었다. 수상은 2005년에 〈에비에이터, The Aviator〉, 2008년에 〈스위니 토드: 어느 잔혹한 이발사 이야기, Sweeney Todd : The Demon Barber of Fleet Street〉, 2012년에 〈휴고, Hugo〉를 통해서 했다.

배우이자 감독, 제작자, 시나리오 작가, 작곡가인 줄리 델피(Julie Delpy)는 오스카 각색상에 2번이나 공동으로 후보에 올랐다. 2005년에 〈비포 선셋, Before Sunset〉, 2014년에 〈비포 미드나잇, Before Midnight〉을 통해 후보에 올랐다. 그녀는 또한 아그네츠카 홀란드(Agnieszka Holland, 1992년 참고)가 감독했고 오스카 후보에 오른 영화 〈유로파 유로파, Europa Europa〉에서 주연을 맡았다.

2005

배우이자 제작자인 안드레아 아놀드(Andrea Arnold)는 〈말벌, Wasp〉로 2005년에 오스카 단편 실사 영화상을 수상했다. 이후 그녀는 장편 영화로 관심을 돌린다.

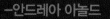 연극적으로 보았을 때, 저는 어둠을 좋아하고 의견 대립도 좋아해요. 하지만 그것들로 세상이 정의되는 것은 아닌 것 같아요.

—안드레아 아놀드

미셸 윌리엄스(Michelle Williams)는 〈브로크 백 마운틴, Brokeback Mountain〉에서의 역할로 2006년, 오스카 여우조연상 후보에 처음으로 올랐다. 이후 2011년에 〈블루 발렌타인, Blue Valentine〉과 2012년에 〈마릴린 먼로와 함께한 일주일, My Week with Marilyn〉로 오스카 여우주연상 후보에, 2017년에 〈맨체스터 바이 더 씨, Manchester by the Sea〉로 오스카 여우조연상 후보에 올랐다.

보철 메이크업 아티스트인 타미 레인(Tami Lane)은 〈나니아 연대기: 사자, 마녀 그리고 옷장, The Chronicles of Narnia: The Lion, the Witch & the Wardrobe〉으로 2006년에 오스카 분장상을 공동 수상했다. 그녀는 42명의 사람들로 구성된 프로테틱 분장팀을 이끄는 아티스트이다. 그녀는 2013년에 〈호빗: 뜻밖의 여정, The Hobbit: An Unexpected Journey〉을 통해 분장상에 공동으로 후보에 올랐다.

여배우 에이미 아담스(Amy Adams)는 오스카 여우조연상 후보에 4번 올랐는데, 〈준벅, Junebug〉으로 2006년에 처음으로 올랐다. 이후 2009년에 〈다우트, Doubt〉, 2011년에 〈파이터, The Fighter〉, 2013년에 〈마스터, The Master〉로 올랐다. 2014년에는 〈아메리칸 허슬, American Hustle〉로 오스카 여우주연상 후보에 올랐다. 1999년에 〈드롭 데드 고저스, Drop Dead Gorgeous〉로 영화에 데뷔한 그녀가 맡았던 주목할 만한 역은 2007년 영화 〈마법에 걸린 사랑, Enchanted〉에서 맡은 역할이다.

┝ 2 0 0 6 ┥

2006

로사리오 도슨(Rosario Dawson)은 1995년에 〈키즈, Kids〉로 데뷔했다. 2006년에 〈렌트, Rent〉에서 보여 준 역할로 호평을 받았다.

제작자인 캐시 슐만(Cathy Schulman)은 〈크래쉬, Crash〉로 2006년에 오스카 작품상을 받았다. 그녀는 영화 〈일루셔니스트, The Illusionist〉와 〈더 포리너, The Foreigner〉로도 유명하다.

제작자이자 회사 간부인 에이미 파스칼(Amy Pascal)은 소니 픽처스(Sony Pictures)의 모션 픽처스 그룹 회장이며 2006년부터 2015년까지 소니 픽처스의 공동 회장을 역임했다. 그곳에서 그녀가 출시한 영화로는 〈스파이더맨, Spider-Man〉, 〈다빈치 코드, The Da vinci Code〉, 〈제로 다크 서티, Zero Dark Thirty〉 등이 있다.

배우이자 제작자인 **리즈 위더스푼**(Reese Witherspoon)은 2006년에 〈앙코르, Walk the Line〉로 오스카 여우주연상을 받았다. 2015년에는 〈와일드, Wild〉로 같은 부문에 후보로 올랐다. 자신의 제작사를 소유하고 있으며 여성과 아이들의 지지자이다.

스턴트우먼이며 배우인 **나타샤 홉킨스**(Natascha Hopkins)는 2006년 영화 〈드림걸즈, Dreamgirls〉에서 스턴트 연기를 했다.

〈게이샤의 추억〉

세트 데코레이터인 **그레첸 라우**(Gretchen Rau)는 〈게이샤의 추억, Memoirs of a Geisha〉을 통해 2006년 오스카 미술상 공동 수상을 했다. 그 외에도 〈라스트 사무라이, The Last Samurai〉로 2004년 오스카 미술상 후보에 공동으로 올랐으며, 〈굿 셰퍼드, The Good Shepherd〉로 2007년에도 오스카 미술상 후보에 공동으로 올랐다.

프로테틱(Prosthetic) 분장(특수 효과 분장이나 SFX로 불린다)은 성형 효과를 만들어 내기 위한 몰딩이나 조각, 주조기법 등을 의미한다. 〈혹성탈출, Planet of the Apes〉과 〈작은 거인, Little Big Man〉 같은 영화를 찍을 때 혁명적이었다.

전직 최고의 프로 레슬러였던 스턴트우먼인 **카린 모워**(Caryn Mower)는 100편 이상의 영화에 출연했다. 2006년에 〈포세이돈, Poseidon〉에서 스턴트 연기를 했다.

제작자이자 감독인 **페기 스턴**(Peggy Stern)은 〈달과 아들: 상상 속의 대화, The Moon and the Son: An Imagined Conversation〉로 2006년에 오스카 단편 애니메이션상을 수상했다.

시나리오 작가인 알레한드로 아메나바르 (Alejandro Amenábar)와 레이첼 와이즈

프로덕션 디자이너인 **사라 그린우드**(Sarah Greenwood)와 세트 데코레이터인 **케이티 스펜서**(Katie Spencer)는 오스카에 6번 공동으로 후보에 올랐다. 2006년, 〈오만과 편견, Pride & Prejudice〉으로 오스카 미술상에 오른 것이 첫 번째이고 그 후 2번은 같은 부문에서 2008년에 〈어톤먼트, Atonement〉, 2010년에 〈셜록홈즈, Sherlock Holmes〉를 통해 후보에 올랐다. 그녀들의 3번의 공동 후보 지명은 프로덕션 디자인상에서 받았는데, 〈안나 카레니나, Anna Karenina, 2013년 추천〉, 〈미녀와 야수, Beauty and the Beast, 2018년 추천〉, 〈다키스트 아워, Darkest Hour, 2018년 추천〉로 후보에 올랐다.

영국 배우인 **레이첼 와이즈**(Rachel Weisz)는 1996년에 〈체인 리액션, Chain Reaction〉으로 데뷔를 했다. 2006년에 〈콘스탄트 가드너, The Constant Gardener〉로 오스카 여우조연상을 받았다.

사라 그린우드(왼쪽)와 케이티 스펜서(오른쪽)

시나리오 작가이자 제작자인 **다이아나 오사나**(Diana Ossana)는 〈브로크백 마운틴, Brokeback Mountain〉으로 2006년에 오스카 각색상을 공동으로 수상하고 오스카 작품상 후보에 올랐다.

다이아나 오사나와 공동 작가 래리 맥머트리

 캐릭터 배우이자 작사가, 작곡가인 **캐슬린 요크**(Kathleen York)는 〈크래쉬, Crash〉에 삽입된 곡 'In the Deep'으로 2006년 오스카 주제가상에 공동으로 후보에 올랐다.

제작자인 **코린 마리난**(Corinne Marrinan)은 2006년에 〈노트 오브 트럼프, A Note of Triumph: The Golden Age of Norman Corwin〉로 오스카 단편 다큐멘터리상을 공동으로 수상했다.

2007 스페인 메이크업 아티스트인 **몬체 리베**(Montse Ribe)는 2007년에 〈판의 미로-오필리아와 세 개의 열쇠, Pan's Labyrinth〉로 오스카 분장상을 공동으로 수상했다.

 아일랜드 의상 디자이너인 **콘소라타 보일**(Consolata Boyle)은 2007년에 〈더 퀸, The Queen〉으로 의상상 세 번의 후보 지명 이력 중 처음으로 후보에 올랐다.

2007년에 가수이자 작곡가인 **시다 가렛**(Siedah Garrett)은 〈드림걸즈, Dreamgirls〉에 삽입된 곡 'Love You I do'로, 처음으로 오스카 주제가상에 공동으로 후보에 올랐다. 두 번째 오스카 후보 지명은 〈리오, Rio〉에 삽입된 곡 'Real in Rio'를 통해서이며 2012년에 공동으로 후보로 올랐다. 두 곡 모두 노랫말도 직접 썼다.

작가인 **야마시타 아이리스**(Iris Yamashita)는 2007년 〈이오지마에서 온 편지, Letters From Iwo Jima〉로 오스카 각본상에 공동으로 후보에 올랐다.

촬영 기사인 폴리 모건(Polly Morgan)은 2007년에 〈헤어스프레이, Hairspray〉의 보조 카메라를 담당했다. 그녀는 2016년, 와치(Watch) 버라이어티 부문에 열 명의 촬영 기사 중 한 명으로 이름을 올렸다.

가수이자 작곡가인 멜리사 에서리지(Melissa Etheridge)는 〈불편한 진실, An Inconvenient Truth〉에 삽입된 곡 'I Need To Wake Up'으로 오스카 주제가상을 수상했다.

작곡가인 앤 프리벤(Anne Preven)은 〈드림걸즈, Dreamgirls〉에 삽입된 곡 'Listen'으로 2007년에 오스카 주제가상 후보에 올랐다.

2007

스페인 세트 데코레이터인 필라 레부엘타(Pilar Revuelta)는 〈판의 미로-오필리아와 세 개의 열쇠, Pan's Labyrinth〉로 2007년에 미술상을 공동 수상했다.

필라 레부엘타와 공동 수상자인 유제니오 카발레로(Eugenio Caballero)

영국 배우인 **헬렌 미렌**(Helen Mirren)은 2007년에 〈더 퀸, The Queen〉으로 여우주연상을 받았다. 그녀는 1995년에 〈조지 왕의 광기, The Madness of King George〉, 2002년에 〈고스포드 파크, Gosford Park〉, 2010년에 〈톨스토이의 마지막 인생, The Last Station〉으로 여우주연상과 여우조연상에 3번 더 후보에 올랐다. 50년이 넘는 경력을 가지고 있으며 대영제국 데임 작위를 받았다.

2007

가수이자 배우인 **제니퍼 허드슨** (Jennifer Hudson)은 2007년에 〈드림걸즈, Dreamgirls〉로 오스카 여우조연상을 수상했다.

영화 편집자인 **데이너 글로버맨**(Dana Glau-berman)은 2007년에 〈주노, Juno〉, 2009년에 〈인 디 에어, Up in the Air〉를 편집했다.

원래 홍콩 출신인 편집자, 감독, 제작자 **루비 양**(Ruby Yang)은 2007년에 〈양쯔강의 에이즈 고아, The Blood of Yingzhou District〉로 오스카 단편 다큐멘터리상을 수상했다. 그녀는 2011년에 〈구강위사, The Warriors of Qi-ugang〉로 같은 부문에 후보로 올랐다. 그녀는 미국 감독 길드의 일원이며 홍콩대학교 다큐멘터리 기획부의 수장이다.

작가이자 감독, 제작자인 **프란시스-앤 솔로몬**(Frances-Anne Solomon)은 영화 프로젝트를 맡았을 뿐만 아니라, 영화 축제를 열고 제작자들을 위한 마케팅 훈련을 제공하며 캐리비안을 주제로 한 영화의 판매 및 마케팅을 하는 캐리비안 테일(Caribbean Tales)의 설립자이자 CEO이다. 그녀는 2007년에 〈겨울 이야기, A Winter Tale〉를 감독했다.

노르웨이 출신의 캐나다 애니메이터인 **토릴 코브**(Torill Kove)는 2007년에 〈덴마크 시인, The Danish Poet〉으로 오스카 단편 애니메이션상을 수상했다. 또한 2000년에는 〈할머니는 왕실 세탁부, My Grandmother Ironed the King's Shirts〉로, 2015년에는 〈미 앤 마이 몰튼, Me and My Moul-ton〉으로 같은 부분에 후보로 올랐다.

2008 15년 이상의 경력을 가진 스턴트 연기자인 **킴벌리 섀넌 머피**(Kimberly Shannon Murphy)는 〈나는 전설이다, I Am Legend〉에서 스턴트 앙상블로서 뛰어난 연기를 선보여 2008년에 영화배우 길드상을 받은 팀의 일원이다.

틸다 스윈튼(Tilda Swinton)은 〈마이클 클레이튼, Michael Clayton〉을 통해 2008년에 오스카 여우조연상을 수상했다.

제작자이자 감독인 **에바 오너(Eva Orner)**는 〈택시 투 더 다크 사이드, Taxi to the Dark Side)로 2008년에 오스카 장편 다큐멘터리상을 수상했다.

작가이자 감독, 제작자인 **지나 프린스-바이더우드(Gina Prince-Blythewood)**는 2008년에 〈벌들의 비밀생활, The Secret Life of Bees〉을 감독했다.

2008년에 **마리옹 꼬띠아르(Marion Cotillard)**는 〈라 비 앙 로즈, La Vie En Rose〉에서 프랑스어를 말하는 연기를 통해, 오스카 여우주연상을 수상한 첫 프랑스 여배우가 되었다.

시나리오 작가인 **디아블로 코디(Diablo Cody)**는 2008년에 〈주노, Juno〉로 오스카 각본상을 수상했다.

배우이자 감독, 작가인 **다넬 마틴(Darnell Martin)**은 2008년에 〈캐딜락 레코드, Cadillac Records〉를 쓰고 감독했다. 이 영화로 그녀는 주요 할리우드 스튜디오에서 제작한 장편 영화를 감독한 첫 흑인 여성이 되었다.

촬영 기사이자 영화감독인 **리드 모라노(Reed Morano)**는 2008년에 〈프로즌 리버, Frozen River〉의 촬영 감독을 맡았는데, 이 영화는 아카데미 2개 부문에 후보로 올랐다. 2013년, 36세의 나이에 그녀는 미국 촬영 기사 협회에 가입 초청을 받는데, 가장 젊은 멤버가 되었다.

다큐멘터리 〈프레이 더 데빌 백 투 헬, Pray the Devil Back to Hell〉이 **아비가일 디즈니(Abigail Disney)**에 의해 제작되어 2008년에 발표됐다. 월트 디즈니의 조카딸인 그녀는 여성을 옹호하고 여성들의 이익을 증진시키는 데 열정적이다.

영국의 의상 디자이너인 **알렉산드라 바이른(Alexandra Byrne)**은 〈골든 에이지, Elizabeth: The Golden Age〉로 2008년에 오스카 의상상을 수상했다. 같은 부문에서 1997년에 〈햄릿, Hamlet〉, 1999년에 〈엘리자베스, Elizabeth〉, 2005년에 〈네버랜드를 찾아서, Finding Neverland〉로 오스카 후보에 오른 적이 있다.

메이크업 아티스트인 **잔 아치볼드**(Jan Archibald)는 〈라 비 앙 로즈, La Vie En Rose〉로 2008년에 오스카 분장상을 공동으로 수상했다.

제작자인 **바네사 로스**(Vanessa Roth)는 〈프리헬드, Freeheld〉로 신시아 웨이드(Cynthia Wade, 2008년 참고)와 함께 2008년 오스카 단편 다큐멘터리상을 공동으로 수상했다.

프랑스에 살고 있는 이란 태생의 영화감독인 **마르얀 사트라피**(Marjane Satrapi)는 〈페르세폴리스, Persepolis〉로 공동으로 후보에 올랐을 때 오스카 장편 애니메이션상 후보에 오른 첫 여성이 되었다.

감독이자 제작자, 촬영 기사인 **신시아 웨이드**(Cynthia Wade)는 〈프리헬드, Freeheld〉로 2008년에 오스카 단편 다큐멘터리상을 공동 수상했다. 2013년에는 같은 부문에 〈먼디즈 엣 레신, Mondays at Racine〉으로 다시 후보에 올랐다. 웨이드는 2015년에 줄리안 무어(Julianne Moore, 2015년 참고)를 주인공으로 하는 장편 영화 〈로렐, Freeheld〉을 바네사 로스(Vanessa Roth, 2008년 참고)와 공동으로 제작했다. 라이온스게이트(Lionsgate)에 의해 보급된 이 영화는 웨이드의 오스카 수상 다큐멘터리를 바탕으로 해서 만들어진 영화이다.

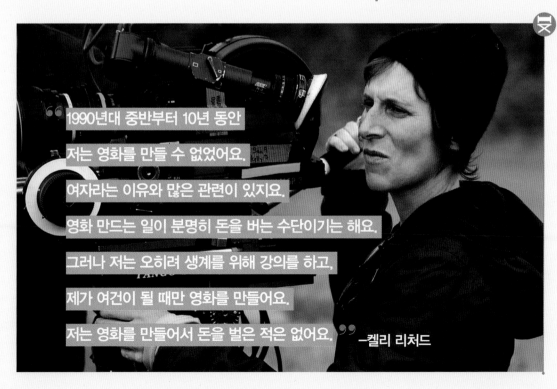

1990년대 중반부터 10년 동안 저는 영화를 만들 수 없었어요. 여자라는 이유와 많은 관련이 있지요. 영화 만드는 일이 분명히 돈을 버는 수단이기는 해요. 그러나 저는 오히려 생계를 위해 강의를 하고, 제가 여건이 될 때만 영화를 만들어요. 저는 영화를 만들어서 돈을 벌은 적은 없어요." ―켈리 리처드

감독이자 작가, 편집자인 **켈리 리처드**(Kelly Reichardt)는 미셸 윌리엄스(Michelle Williams, 2006년 참고)가 주인공으로 나와 수상한 작품인 〈웬디와 루시, Wendy and Lucy〉로 유명하다. 그녀는 이 영화의 시나리오를 쓰고 감독과 편집을 했다.

감독이자 제작자, 작가이자 프로덕션 디자이너인 **캐서린 하드윅**(Catherine Hardwicke)은
2008년 〈트와일라잇, Twilight〉을 감독했다. 이 영화는 국제적으로 상업적인 성공을 했다. 2003
년에 그녀가 쓰고 감독한 영화 〈13살의 반란, Thirteen〉은 홀리 헌터(Holly Hunter, 1994년 참고)
를 오스카 여우조연상 후보에 오르게 만들어 주었다.

크리스틴 스튜어트(Kristen Stewart),
캐서린 하드윅과 로버트 패틴슨(Robert Pattinson),
〈트와일라잇〉의 홍보 사진 속에서

아일랜드 배우인 **시얼샤 로넌**(Saoirse Ronan)은
오스카 후보에 3번 올랐는데, 2008년에 처음으로
오스카상 후보가 되었다. 〈어톤먼트, Atonement〉
로 여우조연상 후보에 올랐다. 이어서 〈브루클린,
Brooklyn, 2016년 추천〉, 〈레이디 버드, Lady Bird,
2018년 추천〉로 여우주연상 후보에 올랐다.

영국 감독이자 작가인 **수지 템플리턴** (Suzie Templeton)은 2008년에 〈피터와 늑대, Peter & The Wolf〉로 오스카 단편 애니메이션상을 공동으로 수상했다.

90편 이상의 영화 음향 편집을 한 **카렌 베 이커 랜더스**(Karen Baker Landers)는 2008년에 〈본 얼티메이텀, The Bourne Ultimatum〉으로, 2013년에 〈007 스카이 폴, Skyfall〉로 오스카 음향 편집상을 공동 수상했다.

운동선수이자 스턴트우먼인 **루시 롬버그**(Luci Romberg)는 별명이 '강 철'이다. 그녀는 2008년에 〈인디아나 존스: 크리스탈 해골의 왕국, Indiana Jones and the Kingdom of the Crystal Skull〉를 포함해 여러 영화에서 스턴트 연기를 했다.

2009 타라지 P. 헨슨(Taraji P. Henson)은 2009년 에 〈벤자민 버튼의 시간은 거꾸로 간다, The Cu- rious Case of Benjamin Button〉에서의 역할로 오스카 여우조연상 후보 에 올랐다. 그녀는 20년간 영화에 출연해 연기했다.

마르케타 이르글로바와 글렌 하사드

체코 작곡가인 **마르케타 이르글로바**(Markéta Irglová)는 2008년에 〈원 스, Once〉에 삽입된 곡 'Falling Slowly'로 글렌 하사드(Glen Hasard)와 함께 오스카 주제가상을 수상했다.

크리스티나 존슨(Kristina Johnson)의, RealD 3D 이미징에 통합된 양 극화 제어에 관한 연구는 〈아바타, Avatar〉에 처음으로 사용됐다. 존슨 박 사는 2015년에 그 기여를 인정받아 미국 국립 발명가 명예의 전당에 이 름을 올렸다.

촬영 기사인 **엘렌 쿠라스**(Ellen Kuras)는 〈비트레이얼–네락쿤, The Be-trayal – Nerakhoon〉으로 2009년에 장편 다큐멘터리상 후보에 올랐다. 이 영화는 그녀가 공동 집필, 공동 감독, 공동 제작, 촬영까지 한 영화이다. 쿠라스는 미국 촬영 기사 협회(American Society of Cinematographers)의 멤버이며 선댄스 영화제에서 많은 수상을 했다.

예명인 M.I.A로 잘 알려진 영국의 래퍼이자 작곡가인 **마야 아룰피라가삼** (Maya Arulpragasam)은 〈슬럼독 밀리어네어, Slumdog Millionaire〉에 삽입된 곡 'O Saya'로 2009년 오스카 주제가상에 공동으로 후보에 올랐다.

100편 이상의 크레디트에 이름을 올린 스턴트우먼인 **안젤라 메릴**(Ange-la Meryl)은 2009년 영화 〈옵세스, Obsessed〉에서 비욘세(Beyoncé)의 대역을 맡았다.

파울라 듀프리 페스맨(Paula Dupré Pesmen)은 〈더 코브: 슬픈 돌고래의 진실, The Cove〉을 2009년에 제작했는데, 이 영화는 2010년에 오스카 장편 다큐멘터리상을 수상했다. 그녀는 〈미세스 다웃파이어, Mrs. Doubt-fire〉와 〈해리 포터〉 1, 2, 3편의 보조 프로듀서이다.

제작자이자 감독인 **메건 마일란**(Megan Mylan)은 2009년에 〈스마일 핑키, Smile Pinki〉로 오스카 단편 다큐멘터리상을 수상했다.

영국 배우인 **케이트 윈슬렛**(Kate Winslet)은 오스카 여우주연상과 여우조연상에 모두 합쳐 7번 후보로 올랐다. 그중 〈더 리더: 책 읽어주는 남자, The Reader〉로 2009년에 여우주연상을 수상한 그녀는 대영제국 데임 작위를 받았다.

페넬로페 크루즈(Penelope Cruz)는 2009년에 〈내 남자의 아내도 좋아, Vicky Cristina Barcelona〉로 오스카 여우조연상을 받았다.

에바 두버네이

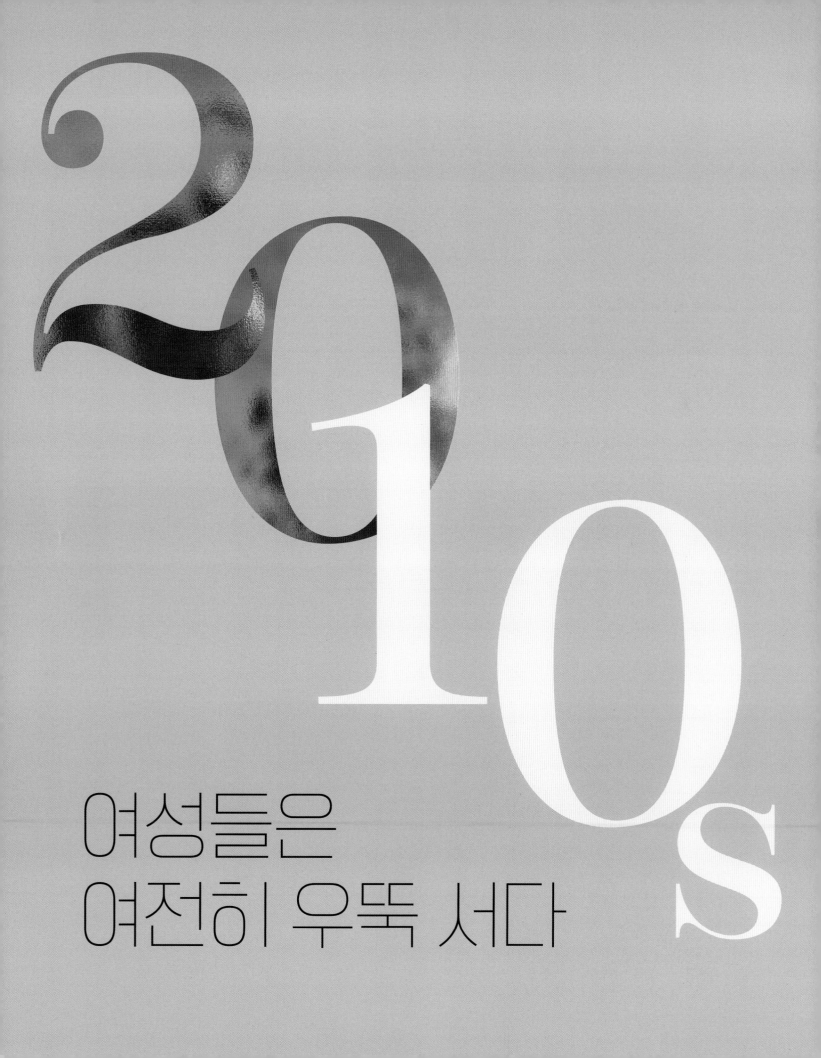

2010s

여성들은
여전히 우뚝 서다

캐서린 비글로우(Kathryn Bigelow)가 2010년에 〈허트 로커, The Hurt Locker〉로 오스카 감독상에 여성 감독으로는 네 번째로 후보에 오르고 여성으로서는 처음 감독상을 받음으로써 2010년대의 영화계는 시작부터 열광의 도가니에 빠졌다. 또한 그녀는 그날 밤 같은 영화를 통해 오스카 작품상도 가져갔다. 그레타 거윅(Greta Gerwig)은 2018년에 〈레이디 버드, Lady Bird〉를 통해 감독상 후보에 오른 다섯 번째 여성 감독이 되었으며, 앞선 네 명의 여성 후보 중 세 명과 마찬가지로 각본상 후보에도 올랐다.

2018년에는 레이첼 모리슨(Rachel Morrison)이 〈머드바운드, Mudbound〉로 오스카 촬영상 부문에 여성으로서는 처음으로 후보에 올랐다. 또한 2011년에는 로라 허쉬버그(Lora Hirschberg)가 〈인셉션, Inception〉으로 음향 효과 부문에서 여성으로서 처음으로 오스카상을 수상했다.

시각 효과 부문에서 여성으로서 세 번째 후보 지명과, 두 번째 수상은 〈엑스 마키나, Ex Machina〉를 맡은 사라 베넷(Sara Bennett)에게 2016년에 돌아갔다. 2010년대는 여성이 장편 애니메이션 부문에서도 속도를 내기 시작한 시기이다. 2013년에 브렌다 채프먼(Brenda Chapman)이 〈메리다와 마법의 숲, Brave〉으로, 2014년에 제니퍼 리(Jennifer Lee)가 〈겨울왕국, Frozen〉으로, 2018년에 달라 K. 앤더슨(Darla K. Anderson)이 〈코코, Coco〉로 수상의 영예를 안았다.

의상상 부문에서도 여성들은 오스카상 수상을 7번 하며 속도를 늦춰 갈 기미를 보이지 않았으며, 2012년에 미술상에서 프로덕션 디자인상으로 이름을 바꾼 부문에서도 여성이 오스카상을 6번 받았다. 여성들은 매년 이 두 부문에 후보에 올랐다. 특히 의상상 부문은 여성들이 후보 지명과 수상을 반복하며 지배했다.

여성들은 장편 및 단편 다큐멘터리 부문에서도 힘을 과시하고 있었다. 한편 페티 젠킨스(Patty Jenkins)는 2017년에 〈원더우먼, Wonder Woman〉을 감독했는데 이 영화는 역사상 가장 많은 수익을 올린 슈퍼히어로 원작 영화가 되었다.

이러한 승리는 영화계의 많은 여성들이 여러 해 동안 어려움을 겪으면서도 노력을 한 결과이다. 2010년대는 영화계도 사회적 변화에 의해 정의되고 자연스럽게 그 변화에 맞춰가는 시기였다. 그 일환으로 타임즈 업 운동(Time is Up Movement는 MeToo 캠페인의 연장선상에 있는 운동으로 여성을 대상으로 한 성희롱, 성폭행 등 성범죄와 성차별에 대항하는 운동이자 단체이다) 단체가 설립됐는데 연예계에서 일어나는 기회, 수익, 보수의 불균등을 주장하기 위해 2018년 1월에 출범했다. 이 단체가 설립되면서 이전에 알지 못했던, 또 오랫동안 참아야 했던 구조적인 불평등이 대중의 관심을 받게 되었고 다뤄지기 시작했다.

100년이 넘게 여성들은 놀랄 만한 업적으로 영화 산업을 향상시켜 왔다. 그녀들의 업적은 마땅히 축하받아야 한다. 다가올 새로운 시대에 여성들이 꿈을 이루고 번영할 수 있다는 희망이 넘쳐난다.

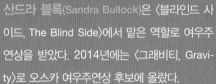

산드라 블록(Sandra Bullock)은 〈블라인드 사이드, The Blind Side〉에서 맡은 역할로 여우주연상을 받았다. 2014년에는 〈그래비티, Gravity〉로 오스카 여우주연상 후보에 올랐다.

100편 이상의 영화 크레디트에 이름을 올린 음향 편집자 그웬돌린 예이츠 휘틀(Gwendolyn Yates Whittle)은 2010년에 〈아바타, Avatar〉를, 2011년에 〈트론, Tron〉을 통해 오스카 음향 편집상에 공동으로 2번 후보에 올랐다.

모니크(Mo'nique)는 〈프레셔스, Precious〉로 오스카 여우조연상을 수상했다.

─┤ 2010 ├─

2010

2010년에 안나 켄드릭(Anna Kendrick)은 〈인 디 에어, Up in the Air〉로 오스카 여우조연상 후보에 올랐다. 그녀는 〈피치 퍼펙트, Pitch Perfect〉와 〈브레이킹 던, The Twilight Saga〉에 출연했다.

30년 경력의 메이크업 아티스트인 민디 홀(Mindy Hall)은 〈스타 트렉: 더 비기닝, Star Trek〉으로 2010년에 분장상을 공동으로 수상했다. 40명의 메이크업 아티스트 팀을 이끌고 스타트렉 영화에 나오는 로뮬런 종족의 재분장을 총괄했다.

제작자인 엘리너 버켓(Elinor Burkett)은 〈뮤직 바이 프루든스, Music by Prudence〉로 2010년에 오스카 단편 다큐멘터리상을 공동 수상했다.

저는 영화감독이 성별이 문제가 되는 직업이라고
생각하지는 않아요. 여성들이 특정한 분야에서만 잘 어울릴 것이라는
인식은 단지 고정 관념일 뿐이지요. 단순히 제한을 하는 것 뿐이에요.

—캐서린 비글로우

2010년에, 감독이자 작가, 제작자인 **캐서린 비글로우**(Kathryn Bigelow)는 〈허트 로커, The Hurt Locker〉로 감독상을 받음으로써 오스카 역사상 감독상을 받은 최초의 여성이 되었다. 그녀는 또한 같은 영화로 2010년에 작품상을 수상했다. 그녀가 감독하고 제작한 〈제로 다크 서티, Zero Dark Thirty〉는 2013년에 작품상 후보에 올랐다. 그녀는 다음과 같이 말했다. "여성이 영화를 만드는 데 특정한 저항이 있다면 저는 단지 두 가지 이유로 그 장애물을 무시하기로 선택합니다. 제가 성별을 바꿀 수도 없고 영화 만드는 일을 멈출 수가 없기 때문입니다."

2011

마샤 루젠(Martha Lauzen)은 '텔레비전과 영화에 나온 여성 연구 중앙회'(Center for the Study of women in Television and film)의 중역이며, 샌디에고 주립대학의 교수이다. 그녀는 그 단체의 자문위원으로 일하며 2011년 다큐멘터리 〈미스 리프리젠테이션, Miss Representation〉을 위해 인터뷰를 했다.

시라 펠리나 볼라(Cira Felina Bolla)는 2011년에 〈라이프 오브 레몬, Life of Lemon〉의 촬영 기사로 일했다.

독일 촬영 기사인 유타 브리즈위츠(Uta Briesewitz, 사진에서 오른쪽)는 2011년에 〈아서, Arthur〉를 찍었다.

수상 경력이 있는 촬영 기사인 에이미 빈센트(Amy Vincent)는 2011년에 영화 〈풋루즈, Footloose〉의 촬영 감독으로 일했다. 그녀는 2005년에 선댄스 영화제에서 촬영상을 받았다.

작곡가인 **힐러리 린지**(Hillary Lindsey)는 〈컨트리 스트롱, Country Strong〉에 삽입된 곡 'Coming Home'으로 2011년 오스카 주제가상에 공동으로 후보에 올랐다.

영국의 가수이자 작곡가인 **디도**(Dido)는 그녀가 직접 가사를 쓴, 〈127 시간, 127 Hours〉에 삽입된 곡 'If I Rise'로 2011년 오스카 주제가상에 공동으로 후보에 올랐다.

제작자이자 작가인 **앤 로젤리니**(Anne Rosellini)는 〈윈터스 본, Winter's Bone〉으로 2011년, 오스카 작품상과 각색상에 공동으로 후보에 올랐다.

멜리사 레오(Melissa Leo)는 〈파이터, The Fighter〉로 2011년에 오스카 여우조연상을 받았다. 100편 이상의 영화에 출연했으며 2009년에는 〈프로즌 리버, Frozen River〉로 여우주연상 후보에 올랐다.

스턴트우먼인 **크리시 웨더스비**(Chrissy Weathersby)는 〈인셉션, Inception〉에서 보여 준 뛰어난 스턴트 앙상블로 2011년에 영화배우 길드상을 받은 팀의 일원이다.

미국 영화 편집자 협회(American Cinema Editors)의 일원으로서 탁월한 솜씨를 지닌 **파멜라 마틴**(Pamela Martin)은 〈파이터, The Fighter〉로 2011년에 오스카 편집상 후보에 올랐다. 2006년에는 〈미스 리틀 선샤인, Little Miss Sunshine〉을 편집했었다.

감독이자 제작자, 작가인 **린 램지**(Lynne Ramsay)는 2011년 영화인 〈케빈에 대하여, We Need to Talk About Kevin〉의 감독, 제작, 각본을 맡았다.

제작자인 **오드리 마리 마스**(Audrey Marie Marrs)는 〈인사이드 잡, Inside Job〉으로 2011년에 오스카 장편 다큐멘터리상을 수상했다. 2008년에 같은 부문에 〈끝이 안보인다, No End in Sight〉를 통해 후보에 올랐다.

2011

작가이자 감독인 **디 리스**(Dee Rees)는 2011년 영화 〈파리아, Pariah〉로 잘 알려져 있다. 그녀는 2018년에 〈머드바운드, Mudbound〉로 오스카 각색상 후보에 올랐다. 이 영화로 레이첼 모리슨(Rachel Morrison, 2018년 참고)은 오스카 촬영상 후보에 올랐는데 촬영상 부문의 경우 오스카 역사상 여성으로서는 최초이다.

제작자인 **달라 앤더슨**(Darla Anderson)은 〈코코, Coco〉로 2018년에 오스카 장편 애니메이션상을 공동으로 수상했다. 픽사의 공식 영화 제작자인 그녀는 〈토이 스토리 3, Toy Story 3〉으로 2011년 오스카 작품상 후보에 올랐다. 미국 제작자 길드(Producers Guild of America)에서 활동적으로 일하고 있으며 그 단체의 국가 이사회에서 자리를 차지하고 있다.

감독이자 작가, 촬영 기사인 **데브라 그래닉**(Debra Granik)은 〈윈터스 본, Winter's Bone〉으로 2011년에 오스카 각색상에 공동으로 후보에 올랐다. 이 영화는 배우 제니퍼 로렌스(Jennifer Lawrence, 2013년 참고)가 여우주연상 후보에 처음으로 오르게 해 준 영화이다.

30년 이상 세트 데코레이터로 일한 **카렌 오하라**(Karen O'hara)는 〈이상한 나라의 앨리스, Alice in Wonderland〉로 2011년에 오스카 미술상을 공동으로 수상했다. 그녀는 1987년에 〈컬러 오브 머니, The Color of Money〉로 오스카 미술상에 공동으로 후보에 올랐다.

제작자이자 감독인 **카렌 굿맨**(Karen Goodman)은 〈스트레인저스 노 모어, Strangers No More〉로 2011년에 오스카 단편 다큐멘터리상을 수상했다. 그녀는 이전에 3번 더 같은 부문 오스카 후보에 오른 이력이 있다. 1989년에 〈칠드런즈 스토어프론, The Children's Storefront〉, 1991년에 〈침스: 소 라이크 어스, Chimps: So Like Us〉, 2007년에 〈리히어싱 어 드림, Rehearsing a Dream〉을 통해서 올랐다. 그녀와 그녀의 남편인 커크 사이먼(Kirk Simon)은 '사이먼 앤 굿맨 영화사'라는 제작사를 소유하고 있다.

나탈리 포트만(Natalie Portman)은 〈블랙 스완, Black Swan〉에서의 역할로 2011년에 오스카 여우주연상을 수상했다. 2번 더 후보에 오른 이력이 있는데 2017년에 〈재키, Jackie〉로 여우주연상 후보에, 2005년에 〈클로저, Closer〉로 여우조연상 후보에 올랐다.

100여 개의 영화에 참여한 음향 디자이너인 **로라 허쉬버그**(Lora Hirschberg)는 〈인셉션, Inception〉으로 2011년에 오스카 음향 효과상을 공동 수상했다. 그녀는 이 부문에서 오스카상을 수상한 첫 여성이다. 2009년에는 〈다크 나이트, The Dark Knight〉로 공동으로 후보에 올랐다.

2012

파키스탄 감독이자 제작자인 **샤민 오바이드-차노이**(Sharmeen Obaid-Chinoy)는 2012년에 〈세이빙 페이스, Saving Face〉로, 2016년에 〈어 걸 인 더 리버: 더 프라이스 오브 포기브니스, A Girl in the River: The Price of Forgiveness〉로 오스카 단편 다큐멘터리상을 공동으로 수상했다. 오바이드-차노이는 파키스탄 정부가 수여하는 두 번째로 높은 영예로운 민간인상을 받았으며 타임매거진이 선정한 세상에서 가장 영향력 있는 인물 100위 안에 든 사람이다.

옥타비아 스펜서(Octavia Spencer)는 2012년에 〈헬프, The Help〉로 오스카 여우조연상을 받았다. 그녀는 2017년에 〈히든 피겨스, Hidden Figures〉로 여우조연상 후보에 1번 더 올랐다. 상을 탄 뒤 1번 더 후보에 오른 최초의 흑인 여성인 그녀는, 2018년에 〈셰이프 오브 워터: 사랑의 모양, The Shape of Water〉으로 같은 부문에 후보로 올랐다.

제시카 차스테인(Jessica Chastain)은 2012년에 〈헬프, The Help〉로 오스카 여우조연상 후보에 처음으로 올랐다. 그녀의 두 번째 추천은 2013년에 〈제로 다크 서티, Zero Dark Thirty〉를 통해서이며, 여우주연상 부문에 후보로 올랐다.

크리스틴 위그〈왼쪽〉와 애니 머몰로

배우, 작가이자 제작자인 **애니 머몰로**(Annie Mumolo)와 배우이자 작가, 제작자인 **크리스틴 위그**(Kristen Wiig)는 〈내 여자친구의 결혼식, Brides-maids〉으로 2012년에 오스카 각본상에 공동으로 후보에 올랐다.

프랑스 편집자 **앤-소피 비온**(Anne-Sophie Bion)은 〈아티스트, The Art-ist〉로 2012년 오스카 편집상 후보에 올랐다. 이 영화는 작품상도 탄 영화이다.

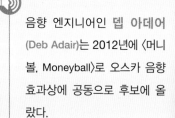

음향 엔지니어인 **뎁 아데어**(Deb Adair)는 2012년에 〈머니볼, Moneyball〉로 오스카 음향 효과상에 공동으로 후보에 올랐다.

아일랜드 출생의 제작자 **우클라 마리 조지**(Oorlagh Ma-rie George)는 〈더 쇼어, The Shore〉로 2012년에 오스카 단편 실사 영화상을 공동으로 수상했다.

감독이자 애니메이터인 **제니퍼 여 넬슨**(Jennifer Yuh Nelson)은 애니메이션 영화를 혼자서 감독한 최초의 여성인데, 그 영화는 매우 큰 수익을 올린 애니메이션 영화인 〈쿵푸 팬더 2, Kung Fu Panda 2〉이다. 그녀는 2012년에 오스카 장편 애니메이션상 후보에 올랐다. 뒤이어 2016년에 〈쿵푸 팬더 3, Kung Fu Panda 3〉을 감독했다.

제작자인 **메건 엘리슨**(Megan Ellison)은 2011년에 안나푸르나 픽처스(Annapurna Pictures)를 설립했다. 이후 그녀는 작품상 후보에 4번이나 올랐는데 2013년에 〈제로 다크 서티, Zero Dark Thirty〉, 2014년에 〈그녀, Her〉와 〈아메리칸 허슬, American Hustle〉, 2018년에 〈팬텀 스레드, Phantom Thread〉로 후보에 올랐다.

제니퍼 로렌스(Jennifer Lawrence)는 2013년에 〈실버라이닝 플레이북, Silver Linings Playbook〉으로 오스카 여우주연상을 받았다. 추가로 오스카 후보에 3번 오른 이력이 있는데 2011년에 〈윈터스 본, Winter's Bone〉, 2014년에 〈아메리칸 허슬, American Hustle〉, 2016년에 〈조이, Joy〉로 후보에 올랐다.

촬영 감독인 **크리스티나 보로스**(Christina Voros)는 2013년에 〈위험한 유혹, As I Lay Dying〉을 찍었다.

— 2 0 1 3 —

2013

제작자, 감독이자 작가인 **안드레아 닉스 파인**(Andrea Nix Fine)은 〈이노센테, Inocente〉로 2013년에 오스카 단편 다큐멘터리상을 수상했다. 그녀는 2008년에는 〈워 댄스, War Dance〉로 오스카 장편 다큐멘터리상을 받았다.

아티스트이자 애니메이터인 **로렐라이 보브**(Lorelay Bove)는 〈주먹왕 랄프, Wreck–It Ralph〉로 애니상(1972년 참고)에 공동으로 후보에 올랐다. 그녀는 픽사 애니메이션 스튜디오와 월트 디즈니 애니메이션 스튜디오에서 일한다.

작가이자 애니메이터인 **브렌다 채프먼**(Brenda Chapman)은 〈메리다와 마법의 숲, Brave〉으로 2013년에 오스카 장편 애니메이션상을 공동으로 수상했다. 그녀는 장편 애니메이션 부문에서 오스카상을 수상한 최초의 여성이다.

영국의 작가이자 감독, 배우인 **엄마 아산테**(Amma Asante, 사진에서 중앙)는 2013년 영화 〈벨, Belle〉을 감독했다. 그녀는 대영제국 5국 훈장을 받았다.

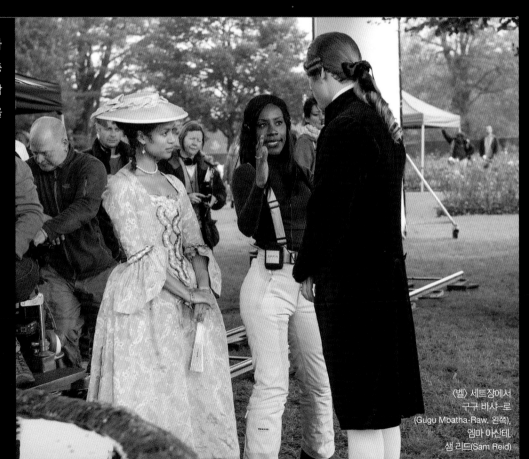

〈벨〉 세트장에서
구구 바사―로
(Gugu Mbatha-Raw, 왼쪽),
엄마 아산테,
샘 리드(Sam Reid)

40년 경력을 가진 영국 메이크업 아티스트 줄리 다트넬(Julie Dartnell)은 〈레미제라블, Les Miserables〉로 2013년에 오스카 분장상을 공동으로 수상했다.

앤 헤서웨이(Anne Hatha-way)는 〈레미제라블, Les Miserables〉로 2013년에 오스카 여우조연상을 수상했다.

의상 디자이너인 재클린 듀런(Jacqueline Durran)은 〈안나 카레니나, Anna Karenina〉로 2013년 오스카 의상상을 받았다. 그녀는 같은 부문 후보에 5번 더 올랐는데, 2006년에 〈오만과 편견, Pride & Prejudice〉, 2008년에 〈어톤먼트, Atonement〉, 2015년에 〈미스터 터너, Mr. Turner〉, 2018년에 〈다키스트 아워, Darkest Hour〉와 〈미녀와 야수, Beauty and the Beast〉로 후보에 올랐다.

> **저는 항상 남녀평등을 믿어 왔습니다. 그 어느 누구도 제게 네가 여자이기 때문에 못한다고 말할 수 없어요.** —앤 헤서웨이

〈안나 카레니나〉의 의상과 함께 있는 키이라 나이틀리(Keira Knightley)와 재클린 듀란

콜롬비아 예술 대학의 영화과 교수인 제인 게인즈(Jane Gaines)는 그녀의 책 『핑크-슬립트: 무성 영화계 여성들에게 무슨 일이 있었나?(Pink-Slipped: What Happened to Women in the Silent Film Industries?)』의 내용과 여성 영화 개척자들 디지털 보관소에 공헌한 업적으로 영화 예술과학 아카데미로부터 2013년에 학술상을 받았다. 2018년에 그녀는 영화 및 미디어 협회(Society for Cinema and Media Studies, 줄여서 SCMS)로부터 뛰어난 커리어상을 받았다.

루피타 눙(Lupita Nyong'o)은 〈노예 12년, 12 Years a Slave〉으로 2014년에 오스카 여우조연상을 수상했다.

 수상 경력이 있는 촬영 기사인 **나타샤 브레이어**(Natasha Braier)는 2014년 영화 〈더 로버, The Rover〉의 촬영 감독이다.

미술 감독이자 세트 데코레이터 **베벌리 던**(Beverly Dunn)은 〈위대한 개츠비, The Great Gatsby〉로 2014년에 프로덕션 디자인상을 공동 수상했다.

 스턴트우먼인 **니콜 칼렌더**(Nicole Callender)는 2014년 〈버드맨, Birdman or (The Unexpected Virtue of Innocence)〉에서 스턴트 연기를 했다.

애니메이터인 **리사 킨**(Lisa Keene)은 〈겨울왕국, Frozen〉의 프로덕션 디자인으로 2014년에 애니상(1972년 참고)을 공동으로 수상했다.

데드 가드너(Dede Gardner)는 오스카 작품상을 2번 수상한 최초의 여성 제작자이다. 후보에 5번 올라서 2014년에 〈노예 12년, 12 Years a Slave〉으로, 2017년에 〈문라이트, Moonlight〉로 수상을 했다. 그 외에도 2012년에 〈트리 오브 라이프, The Tree of Life〉, 2015년에 〈셀마, Selma〉, 2016년에 〈빅 쇼트, The Big Short〉로 수상 후보에 올랐다. 가드너는 플랜 B 엔터테인먼트(Plan B Entertainment) 제작사의 대표이다.

도로시 맥킴(왼쪽)과
로렌 맥멀랜

감독이자 애니메이터인 로렌 맥멀랜(Lauren MacMullan)은 〈말을 잡아라!, Get a Horse!〉로 제작자인 도로시 맥킴(Dorothy McKim)과 함께 2014년에 오스카 단편 애니메이션상에 공동으로 후보에 올랐다.

작곡가 크리스틴 앤더슨-로페즈(Kristen Anderson-Lopez)는 〈겨울왕국, Frozen)에 삽입된 곡 'Let It Go'로 그녀의 남편인 로버트 로페즈(Robert Lopez)와 함께 2014년에 오스카 주제가상을 공동으로 수상했다. 그들은 2018년에 〈코코, Coco〉에 삽입된 곡 'Remember Me'로 같은 부문에서 수상을 했다.

영국 배우인 샐리 호킨스(Sally Hawkins)는 〈블루 재스민, Blue Jasmine)으로 2014년에 오스카 여우조연상 후보에 올랐다. 2018년에는 〈셰이프 오브 워터: 사랑의 모양, The Shape of Water)으로 오스카 여우주연상 후보에 올랐다.

작가이자 감독인 제니퍼 리(Jennifer Lee)는 〈겨울왕국, Frozen)으로 2014년에 오스카 장편 애니메이션상을 수상했다. 그녀는 박스오피스 통산 10억 불 이상의 수익을 낸 장편 영화를 만든 최초의 여성 감독이다.

제작자인 케이트린 로저스(Caitrin Rogers)는 〈스타로부터 스무 발자국, Twenty Feet from Stardom)으로 2014년에 오스카 장편 다큐멘터리상을 수상했다.

한국계 미국인인 카렌 오(Karen O)는 〈그녀, Her)에 삽입된 곡 'The Moon Song'으로 2014년 오스카 주제가상에 공동으로 후보에 올랐다. 이 곡은 그녀가 작사와 작곡을 했다.

2015년에 소니 애니메이션의 사장이 된 영화 제작자 크리스틴 벨슨(Kristine Belson)은 이전에 드림웍스 애니메이션에서 일을 했었다. 그녀는 〈크루즈 패밀리, The Croods)를 통해 2014년 장편 애니메이션 부문에 공동으로 후보에 올랐다.

아드루이사 리(왼쪽)와
로빈 매튜스

헤어 스타일리스트인 아드루이사 리(Adruitha Lee)와 메이크업 아티스트인 로빈 매튜스(Robin Mathews)는 〈달라스 바이어스 클럽, Dallas Buyers Club)으로 2014년에 오스카 분장상을 공동 수상했다.

작가이자 제작자인 **아만다 실버**(Amanda Silver)는 그녀의 남편인 릭 자파(Rick Jaffa)와 공동으로 〈혹성탈출, Planet of the Apes〉의 독점 사업권을 되살렸다. 2015년에 그들은 〈쥬라기 월드, Jurassic World〉의 각본을 썼다.

가수이자 작곡가인 **다니엘 브리스부아**(Danielle Brisebois)는 〈비긴 어게인, Begin Again〉에 삽입된 곡 'Lost Stars'로 2015년에 오스카 주제가상에 공동으로 후보에 올랐다.

제작자이자 편집자인 **산드라 아데어**(Sandra Adair)는 2015년에 〈보이후드, Boyhood〉로 오스카 편집상 후보에 올랐다.

메이크업 및 헤어, 보철 성형 아티스트인 **프란시스 해논**(Frances Hannon)은 〈그랜드 부다페스트 호텔, The Grand Budapest Hotel〉로 2015년 오스카 분장상 부문에서 공동 수상을 했다.

영화계에 30년간 몸을 담은 **벡키 설리번**(Becky Sullivan)은 현재 음향 편집자로 일하고 있다. 2015년에 〈언브로큰, Unbroken〉으로 음향 편집상 후보에 공동으로 오른 그녀는 이 부문 오스카 후보에 다섯 번째로 오른 여성이다.

제작자이자 시각 효과 아티스트인 **크리스티나 리드**(Kristina Reed)는 〈피스트, Feast〉로 2015년에 오스카 단편 애니메이션상을 수상했다.

1987년에 영화에 데뷔한 여배우인 **패트리샤 아퀘트**(Patricia Arquette)는 2015년에 영화 〈보이후드, Boyhood〉로 오스카 여우조연상을 수상했다.

2015년에 **보니 아놀드**(Bonnie Arnold)는 드림웍스 애니메이션의 장편 애니메이션 공동 대표로 이름을 올렸다. 그녀의 영화 제작 경력은 1984년에 〈슬러거의 아내, The Slugger's Wife〉로 시작된다. 콜롬비아 픽처스, 디즈니, 픽사에서도 일했던 그녀는 2015년에 〈드래곤 길들이기 2, How to Train Your Dragon 2〉를 통해 장편 애니메이션상에 공동으로 후보에 올랐다.

프랑스 편집자이자 감독인 **마틸드 보네포이**(Mathilde Bonnefoy)는 〈시티즌포, Citizenfour〉로 로라 포이트러스(Laura Poitras, 2015년 참고)와 함께 2015년에 오스카 장편 다큐멘터리상을 공동으로 수상했다.

다나 페리(왼쪽)와 엘렌 구센버그 켄트

제작자이자 감독인 **엘렌 구센버그 켄트**(Ellen Goosenberg Kent)와 제작자이자 감독인 **다나 페리**(Dana Perry)는 〈크라이시스 핫라인: 베테랑스 프레스 1, Crisis Hotline: Veterans Press 1〉로 2015년에 오스카 단편 다큐멘터리상을 수상했다.

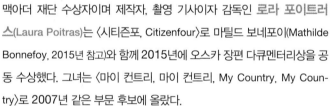

맥아더 재단 수상자이며 제작자, 촬영 기사이자 감독인 **로라 포이트러스**(Laura Poitras)는 〈시티즌포, Citizenfour〉로 마틸드 보네포이(Mathilde Bonnefoy, 2015년 참고)와 함께 2015년에 오스카 장편 다큐멘터리상을 공동 수상했다. 그녀는 〈마이 컨트리, 마이 컨트리, My Country, My Country〉로 2007년 같은 부문 후보에 올랐다.

줄리안 무어(Julianne Moore)는 2015년에 〈스틸 앨리스, Still Alice〉로 여우주연상을 받기 전까지 오스카상 후보에 4번 올랐다. 1998년에 〈부기 나이트, Boogie Nights〉, 2000년에 〈사랑의 슬픔 애수, The End of the Affair〉, 2003년에 〈디 아워스, The Hours〉와 〈파 프롬 헤븐, Far from Heaven〉으로 후보에 올랐다.

세트 데코레이터인 **애너 핀녹**(Anna Pinnock)은 〈그랜드 부다페스트 호텔, The Grand Budapest Hotel〉로 2015년에 오스카 프로덕션 디자인상을 공동으로 수상했다. 그녀는 또한 그해에 〈숲속으로, Into the Woods〉로 같은 부문 오스카상에 공동으로 후보에 올랐다. 그 외에 4개의 작품을 통해 공동으로 후보에 올랐는데 2002년에 〈고스포드 파크, Gosford Park〉, 2008년에 〈황금나침반, The Golden Compass〉, 2013년에 〈라이프 오브 파이, Life of Pi〉, 2017년에 〈신비한 동물사전, Fantastic Beasts and Where to Find Them〉을 통해 후보에 올랐다.

2016

스웨덴 여배우인 알리시아 비칸데르(Alicia Vikander)는 〈대니쉬 걸, The Danish Girl〉로 2016년에 오스카 여우조연상을 받았다.

니콜 록클린(왼쪽)과 블리 파건 파우스트

제작자인 **블리 파건 파우스트**(Blye Pagon Faust)와 **니콜 록클린**(Nicole Rocklin)은 2016년에 〈스포트라이트, Spotlight〉로 오스카 작품상을 받았다. 전직 변호사였던 그녀들은 2009년에 록클린/파우스트 제작사를 설립했다. 〈스포트라이트〉는 파우스트가 제작한 첫 영화인데, 제작에 7년이 걸렸다. 아카데미 시상식 6개 부문에 올라 오스카 각본상을 수상했다.

다큐멘터리 〈카메라를 든 사람, Cameraperson〉이 2016년에 촬영가이자 제작자 커스틴 존슨(Kirsten Johnson)에 의해 발표됐다. 그녀는 2015년에 오스카 장편 다큐멘터리상을 수상한 〈시티즌포, Citizenfour〉의 촬영 기사로 일했다(2015년 로라 포이트라스와 2015년 마틸드 보네피 참고).

엘카 와데가(왼쪽)와
레슬리 반더월트

뉴질랜드 헤어 스타일리스트이자 메이크업 아티스트인 레슬리 반더월트(Lesley Vanderwalt)와 오스트레일리아 보철 성형 메이크업 아티스트인 엘카 와데가(Elka Wardega)는 2016년에 〈매드맥스: 분노의 도로, Mad Max: Fury Road〉로 오스카 분장상을 공동 수상했다.

제작자이자 시각 효과 디자이너인 니콜 파라디스 그린들(Nicole Paradis Grindle)은 〈샌제이즈 슈퍼 팀, Sanjay's Super Team〉으로 2016년 오스카 단편 애니메이션상 후보에 올랐다. 그린들이 만든 대표작으로는 〈인크레더블, The Incredibles〉, 〈몬스터 주식회사, Monsters, Inc〉, 〈토이 스토리 3, Toy Story 3〉 등이 있다.

첫 아프리카계 미국인 여성 편집자로서 미국 영화 편집자 협회(명예 편집회)의 멤버로 선출된 릴리언 벤슨(Lillian Benson)은 아메리칸 마스터스 다큐멘터리인 〈마야 앤젤로 앤드 스틸 아이 라이즈, Maya Angelou: And Still I Rise〉를 편집했다. 이 작품은 2016년에 선댄스 영화제에서 선보여졌다.

메리 조 마키(왼쪽)와
매리앤 브랜던

2016년에 편집자인 매리앤 브랜던(Maryann Brandon)과 메리 조 마키(Mary Jo Markey)는 〈스타워즈 에피소드 7: 깨어난 포스, Star Wars: Episode VII–The Force Awakens〉로 오스카 편집상 후보에 올랐다.

스톱 모션 애니메이터이자 제작자인 로사 트란(Rosa Tran)은 〈아노말리사, Anomalisa〉로 2016년에 오스카 장편 애니메이션상 후보에 올랐다.

편집자인 마가렛 식셀(Margaret Sixel)은 2016년에 〈매드맥스: 분노의 도로, Mad Max: Fury Road〉로 오스카 편집상을 수상했다.

영국의 가수이자 작곡가인 아노니(Anohni)는 〈멸종을 막아라, Racing Extinction〉에 삽입된 곡이자 그녀가 직접 가사를 쓴 'Manta Ray'로 2016년 오스카 주제가상 후보에 올랐다.

25년간 세트 데코레이터 경력을 쌓아 온 리사 톰슨(Lisa Thompson)은 〈매드맥스: 분노의 도로, Mad Max: Fury Road〉로 2016년에 오스카 프로덕션 디자인상을 공동 수상했다.

2016년에 브리 라슨(Brie Larson)은 〈룸, Room〉으로 오스카 여우주연상을 받았다.

브리 라슨과 제이콥 트렘블레이(Jacob Tremblay)

작가인 멕 러포브(Meg LeFauve)는 2016년에 〈인사이드 아웃, Inside Out〉으로 오스카 각본상 공동 후보가 되었다. 그녀는 이전에 조디 포스터(Jodie Foster, 1989년 참고)의 에그 제작사를 운영했다.

> " 다양성을 위해 신인 여성 작가나 요즘 뜨는 유색 인종 작가를 멘토링해 주는 일이 제가 개인적으로 할 수 있는 일이라고 생각합니다. 왜냐하면 그들의 목소리를 들을 수 있을 때 놀랄 만큼 흥미로운 영화를 만들 수 있기 때문입니다. "
>
> ―멕 러포브

가수이자 작사가, 작곡가인 **레이디 가가**(Lady Gaga)
는 〈더 헌팅 그라운드, The Hunting Ground〉에 삽입
된 곡 'Til It Happens to You'로 2016년 오스카 주
제가상에 공동으로 후보에 올랐다.

레이첼 맥아담스(Rachel McAdams)는 〈스포트라이트, Spotlight〉로
2016년에 오스카 여우조연상 후보에 올랐다.

감독이자 제작자인 **세레나 아미
타지**(Serena Armitage)는 〈말더
듬이, Stutterer〉로 2016년에 오
스카 단편 실사 영화상을 수상했다.

시각 효과 아티스트인 **사라 베넷**
(Sara Bennett)은 2016년에 〈엑스
마키나, Ex Machina〉에서의 시각 효
과로 오스카 시각 효과상을 공동으로
수상했다.

2017 비올라 데이비스(Viola Davis)는 〈펜스, Fences〉에서의 연기로 2017년에 오스카 여우주연상을 수상했다. 이전에 후보로 2번 올랐는데 2012년에 〈헬프, The Help〉로 여우주연상 후보에, 2009년에 〈다우트, Doubt〉로 여우조연상 후보에 올랐었다.

> 유색 인종 여성을
> 다른 사람과 구분하는
> 유일한 기준은 기회입니다.
>
> ―비올라 데이비스

감독인 **패티 젠킨스(Patty Jenkins)**는 2017년에 〈원더우먼, Wonder Woman〉을 스크린으로 불러들였다. 이 영화는 역대 최고의 흥행 슈퍼히어로 영화가 되었다. 1억 4천 9백만 달러의 예산 편성에 대해 그녀는 다음과 같이 말했다. "사람들은 항상 왜 그렇게 많은 돈이 드는지 알기를 원해요. 하지만 제가 하려고 했던 것을 하기에는 여전히 돈이 20% 적고 시간이 20% 부족해요."

여성 감독과 돈에 관해서는 "여성이 만든 영화는 영화 산업 전반에 걸쳐, 재정적으로 안정되며 확실한 수익을 얻었습니다. … 이것이 바로 이 산업의 수수께끼입니다. 과연 돈이 문제일까요? 아니면 무엇이 문제일까요?"라고 말했다.

〈원더우먼〉을 찍는 중
갤 가돗(Gal Gadot, 왼쪽)과 패티 젠킨스

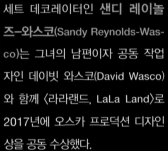

세트 데코레이터인 **샌디 레이놀즈-와스코**(Sandy Reynolds-Wasco)는 그녀의 남편이자 공동 작업자인 데이빗 와스코(David Wasco)와 함께 〈라라랜드, LaLa Land〉로 2017년에 오스카 프로덕션 디자인상을 공동 수상했다.

엠마 스톤(Emma Stone)은 2017년에 〈라라랜드, LaLa Land〉로 오스카 여우주연상을 수상했다. 2015년에는 〈버드맨, Birdman or (The Unexpected Virtue of Innocence)〉으로 여우조연상 후보에 올랐다.

영국의 작곡가인 **미카 레비**[Mica Levi, 미카추(Micachu)로도 알려졌다]는 〈재키, Jackie〉로 2017년 오스카 음악상 후보에 올랐다. 음악상 후보에 다섯 번째로 오른 여성인 미카 레비는 2014년부터 영화 음악을 작곡하기 시작했다.

영국의 제작자이자 감독, 작가인 **조안나 나타세가라**(Joanna Natasegara)는 2017년에 〈화이트 헬멧: 시리아 민방위대, White Helmets〉로 오스카 단편 다큐멘터리상을 수상했다. 2015년에는 〈브룽가, Virunga〉로 오스카 장편 다큐멘터리상에 후보로 올랐다.

제작자인 **캐롤라인 워털로**(Caroline Waterlow)는 〈O.J.: 메이드 인 아메리카, O.J.: Made in America〉로 2017년에 오스카 장편 다큐멘터리상을 수상했다.

애니메이터이자 제작자인 **아리안 수트너**(Arianne Sutner)는 〈쿠보와 전설의 악기, Kubo and the Two Strings〉로 2017년에 오스카 장편 애니메이션상 후보에 올랐다.

제작자인 **아델 로만스키**(Adele Romanski)는 〈문라이트, Moonlight〉로 2017년에 오스카 작품상을 수상했다.

헝가리 제작자인 **안나 우드바디**(Anna Udvardy)는 〈싱, Mindenki〉(헝가리어로 '누구라도'라는 의미)으로 2017년에 오스카 단편 실사 영화상을 수상했다.

〈시간의 주름〉을 찍는 동안
에바 두버네이와 스톰 레이드(Storm Reid)

골든 글로브 최고 감독상 후보에 오른 최초의 흑인 여성이자 작가, 감독, 제작자인 에바 두버네이(Ava DuVernay)는 2017년에 〈미국 수정 헌법 제13조, 13th〉로 오스카 장편 다큐멘터리상 후보에 올랐다. 두버네이는 〈셀마, Selma〉도 감독했는데 그 영화는 2015년 오스카 작품상에 후보로 올랐다. 2018년에 〈시간의 주름, A Wrinkle in Time〉이 발표되었을 때 그녀는 영화 제작비로 1억 달러를 들인 첫 흑인 감독이 되었다. 그녀는 "유리 천장(직장 내에서 충분한 능력이 있는 여성에게 승진의 최상한선을 두거나 승진 자체를 막는 상황을 비유적으로 표현한 용어)을 무시하고 당신의 할 일을 하세요. 유리 천장이나 당신이 갖지 못한 것, 혹은 한계점에 초점을 맞춘다면 당신은 정말로 한계점을 갖게 될 거예요. 제 방식은 이런 식으로 일하는 것이었어요. 단편을 만들고 … 다큐멘터리를 만들고 … 저예산 영화를 만들고 … 제 돈을 쓰고 … 직접 돈을 모으고 … 지속적으로 촬영을 하고 각 프로젝트에 집중을 해요."라고 말했다.

또한 "예술가로서 흑인이자 여자인 저는 카메라에 쉽게 접근할 수 있고, 플랫폼 보급이 가능한 시대에 살고 있다는 것에, 일반적인 할리우드 밖의 관객에게 접근하는 방식이 더 많아지는 시대에 살고 있다는 것에 대해 감사하게 생각합니다. 스토리텔러로서의 목소리와 영화감독으로서의 시각은 수십 년 동안 저멀리 소외된 창작자들을 붙잡아 온 소수 특권층의 허락 없이도 증폭될 수 있을 것입니다."라고 말했다.

> 유리 천장을 무시하고 당신의 할 일을 하세요. 유리 천장이나 당신이 갖지 못한 것, 혹은 한계점에 초점을 맞춘다면 당신은 정말로 한계점을 갖게 될 거예요.
>
> —에바 두버네이

밀드레드 라트러우 모건(왼쪽)과
아이-링 리

2017년, 편집자인 **조이 맥밀런**(Joi McMillon)은 〈문라이트, Moonlight〉를 통해 공동 후보가 되며 오스카 편집상 후보에 오른 첫 흑인 여성이 되었다.

밀드레드 라트러우 모건(Mildred Iatrou Morgan)과 아이-링 리(Ai-ling Lee)이 구성원인 팀이 〈라라랜드, La La Land〉로 2017년 오스카 음향 편집상에 모두 여성으로 구성된 팀으로는 처음으로 후보에 올랐다. 리(Lee)는 또한 같은 영화로 2017년 음향 효과상에도 공동으로 후보에 올랐다.

〈앙코르, Walk the Line〉의 시사회에서
호아킨 피닉스(Joaquin Phoenix)와 칼라 핵큰

제작자인 **칼라 핵큰**(Carla Hacken)은 〈로스트 인 더스트, Hell or High Water〉로 2017년 오스카 작품상 공동 후보가 되었다. 그녀는 Fox 2000에서 15년간 일을 했는데 처음에는 프로덕션 부사장으로 시작해 나중에는 프로덕션 중역으로서 일했다. 2014년에는 시드니 킴멜 엔터테인먼트(Sidney Kimmel Entertainment)의 프로덕션 사장이 되었다.

스턴트우먼인 데븐 맥네어(Deven MacNair)는 남자가 여자 옷을 입고 가발을 쓰고 스턴트 연기를 하는 일명 '가발 쓰기' 기술에 반대하여 스턴트우먼의 성차별에 관해 평등 고용 추진 위원회(Equal Employment Opportunity Commission)에 항의서를 제출했다. 불만 사항이 접수되었을 때는 네 곳의 스턴트맨 협회 중 그 어느 곳도 여자가 스턴트맨 협회에 일원으로 들어오는 것을 허락하지 않았다.

영국의 메이크업 아티스트인 **루시 시빅**(Lucy Sibbick)은 〈다키스트 아워, Darkest Hour〉로 2018년에 오스카 분장상을 공동으로 수상했다.

음향 디자이너인 **메리 H. 엘리스**(Mary H. Ellis)는 음향 디자인 분야에서 30년 경력을 가지고 있다. 〈베이비 드라이버, Baby Driver〉로 2018년에 오스카 음향 효과상에 공동으로 후보에 올랐다. 엘리스는 음향 효과상 후보에 오른 몇 안 되는 여성 중 한 명이다.

작가인 **바네사 테일러**(Vanessa Taylor)는 〈셰이프 오브 워터: 사랑의 모양, The Shape of Water〉으로 2018년에 오스카 각본상에 공동으로 후보에 올랐다.

2018

여배우, 작가이자 감독인 **그레타 거윅**(Greta Gerwig)은 그녀의 감독 데뷔작인 〈레이디 버드, Lady Bird〉로 2018년에 2개 부문 오스카상 후보(감독상과 각본상)에 올랐다. 거윅은 오스카 역사상 감독상 후보에 오른 다섯 번째 여성이다.

앨리슨 제니(Allison Janney)는 영화 〈아이, 토냐, I, Tonya〉로 오스카 여우조연상을 수상했다.

영국 배우이자 작가인 레이첼 센튼(Rachel Shenton)은 〈소리 없는 아이, The Silent Child〉로 2018년에 오스카 단편 실사 영화상을 공동 수상했다. 〈소리 없는 아이〉는 그녀가 직접 출연하고 글을 쓴 작품이다. 10대일 때 아버지가 돌아가시는 일을 겪은 후에 센튼은 청각 장애인의 옹호자가 된다.

2018년에 오스카 촬영상에 여성이 처음으로 후보에 올랐다. 레이첼 모리슨(Rachel Morrison)은 〈머드바운드, Mudbound〉로 상을 받았다.

배우이자 가수, 작곡가인 **메리 J. 블라이즈**(Mary J. Blige, 왼쪽 사진)
는 2018년, 2개의 오스카상에 후보로 올랐다. 그녀는 작곡가인 **타우라
스틴슨**(Taura Stinson)과 함께 〈머드바운드, Mudbound〉에 삽입된 곡
'Mighty River'로 주제가상에 공동으로 후보에 올랐다. 또한 같은 영화로
여우조연상 부문 후보에 올랐다. 그녀는 같은 해에 오스카상 연기와 음악
부문 후보에 함께 오른 첫 여성이다. 그녀의 연기 부문 후보 지명은 디 리
스(Dee Rees, 2011년 참고)를 아카데미상 후보에 오른 남배우와 여배우가
나온 영화를 감독한 최초의 흑인 여성으로 만들어 주었다.

> " 고통과 반대를 피할 수는 없지만
> 그 시련 속에서 즐겁게 지내려고
> 노력할 수는 있잖아요.
> 그 시련에 감사하고 그것을
> 이겨 낼 수 있는 힘을 주신 신에게
> 감사할 수는 있습니다. "
> —메리 J. 블라이즈

메리 J. 블라이즈

타우라 스틴슨

저는 페미니스트이자
영화를 만드는 사람이고 여성입니다.
그러나 이러한 사실이 저를 페미니스트
여성 감독으로 만들지는 않습니다. "

–아녜스 바르다

2018

〈바르다가 사랑한 얼굴들, Face Places〉을 찍는 중인 아녜스 바르다와 제이알(JR)

전설적인 프랑스 영화감독이자 편집자, 작가, 제작자인 **아녜스 바르다**(Agnes Varda)가 2018년에 아카데미로부터 공로상을 받았다. 그녀는 그 영예를 얻은 첫 여성 감독이다. 그녀는 다음과 같이 말했다. "사람들은 제게 묻곤 하지요. '여자 감독이 되는 것이 어려운가요?'라고요. 그러면 전 감독하는 매일매일이 어려웠다고 말할 겁니다. 자유롭기도 어렵고 이 시스템 안에 가라앉지 않으려고 발버둥치는 것도 어렵습니다. 영화계에는 많은 여성들이 있습니다. 그럼에도 우리가 제대로 얻지 못한 것은 의식의 측면 때문입니다."

"할리우드 영화와 제 영화에는 한 가지 다른 면이 있습니다. 할리우드에서는 돈을 벌기 위해 영화를 만들지요. 물론 저도 돈을 벌긴 하지만 그것이 동기가 되지는 않습니다. 제 즐거움은 여성들에게 그녀들의 총체적인 모습을 보여 주는 것에서 나옵니다. 그녀들의 기쁨, 문제점, 잠재성, 그리고 그 이상, 여성들이 삶을 사는 독특한 리듬을 보여 주는 것에서 나옵니다."

"저는 페미니스트이자 영화를 만드는 사람이고 여성입니다. 그러나 이러한 사실이 저를 페미니스트 여성 감독으로 만들지는 않습니다. 영화를 만드는 일은 특별한 일이고, 제가 그 일을 하기에 그 일을 잘 하려고 노력했습니다. 그러나 그 안에는 여자로서, 페미니스트로서의 제 의견을 가끔은 보여지게, 가끔은 명백하게, 때로는 암묵적으로 나타낸다는 사실도 포함되긴 합니다. … 영화 제작은 영화 제작일 뿐입니다. 머리숱이 없는 남자에게 그가 자기자신을 대머리 영화감독이라고 생각하느냐고 묻기도 하나요? 아니죠. 그는 당연히 생긴 것 그대로 그냥 머리털이 없는 남자이고 영화감독인 겁니다."

"지적인 여성을 아세요? 지적인 여성은 존재해요. 그렇죠? 그렇다면 왜 그녀들이 여태 영화에 나오지 않는 걸까요? 남성의 우정에 관한 이야기는 항상 있습니다. 브란도와 니콜슨(Brando and Nicholson), 뉴먼과 레드포드(Newman and Redford), 기타 등등. 하지만 여성들의 우정을 다룬 것은 없어요. 여성들은 항상 어머니나 매춘부였어요."

사운드 스테이지에 서 있는 여배우
파이퍼 로리

색인

참고문헌

Acker, Ally, *Reel Women: Pioneers of the Cinema, The First Hundred Years (Volume 1: 1890's – 1950's; Volume II: 1960's – 2010.* Reel Women Media Publishing: Roslyn Heights, New York, 2012.

Bobo, Jacqueline, Editor. *Black Women Film & Video Artists.* Routledge: New York, New York, 1998.

Bridges, Melody and Cheryl Robson, Silent Women: Pioneers of Cinema. Supernova Books: Twickenham, United Kingdom, 2016.

Francke, Lizzie, *script girls: Women Screenwriters in Hollywood,* British Film Institute: London, United Kingdom, 1994.

Gregory, Mollie, *Stuntwomen: The Untold Hollywood Story.* University Press of Kentucky: Lexington, Kentucky, 2015.

Kelly, Gabrielle and Cheryl Robson, Editors. Celluloid Ceiling: *Women Film Directors Breaking Through.* Supernova Books: Twickenham, United Kingdom, 2014.

Krasilovsky, Alexis, *Women Behind the Camera: Conversations with Camerawomen.* Praeger Publishers: Westport, Connecticut, 1997.

Lowe, Denise, *An Encyclopedic Dictionary of Women in Early American Films: 1895-1930.* The Haworth Press: Binghamton, New York, 2005.

Margolis, Harriet, Alexis Krasilovsky and Julia Stein, *Shooting Women: Behind the Camera, Around the World.* Intellect and The University of Chicago Press: Bristol, United Kingdom and Chicago, Illinois, 2015.

Meuel, David, *Women Film Editors: Unseen Artists of American Camera,* McFarland & Company, Inc. Publishers: Jefferson, North Carolina: , 2016.

Slide, Anthony, *The Silent Feminists: America's First Women Directors.* The Scarecrow Press, Inc.: Lanham, Maryland, 1996.

Sova, Dawn B., *Women in Hollywood: From Vamp to Studio Head,* Fromm International: New York, 1998.

Stamp, Shelley, *Movie-Struck Girls: Women and Motion Picture Culture After the Nickelodeon,* Princeton University Press: Princeton, New Jersey, 2000.

Academy of Motion Picture Arts and Sciences: www.oscars.org

IMDB: www.imdb.com

Wikipedia: en.Wikipedia.org

Women Film Pioneers Project, https://wfpp.cdrs.columbia.edu/

이미지 크레디트

Page 1
Mary Pickford: Courtesy of the Library of Congress

Page 2
Dorothy Dandridge: see 1955
Anna May Wong: see page 72
Elizabeth Taylor: Silver Screen Collection/Getty Images
Florence Vidor: see 1917
America Ferrera: see 2002
Hattie Mc Daniel: Everett Collection
Marilyn Monroe: see 1959
Edith Head: see 1950
Julia Roberts: see 2001
Greta Garbo: PictureLux/The Hollywood Archive/Alamy Stock Photo
Sharmeen Obaid-Chinoy: see 2012
Louise Brooks: Courtesy of the Library of Congress

Page 4-5
Everett Collection

Page 12
Julia Roberts: Francois Durand/Getty Images

Page 14
Alice Guy-Blaché: Wikipedia

1893
Edison's Vitascope: Courtesy of the Library of Congress
Kinetoscope, by Thomas Edison: INTERFOTO/Alamy Stock Photo

1896
Alice Guy-Blaché: PD-US
Pathe: Album/Alamy Stock Photo

1898
Aubrey Le Blond: PD-US

Page 20
Mary Pickford: Courtesy of the Library of Congress

1907
Ruth Stonehouse: Everett Collection
Florence Lawrence: Courtesy of The New York Public Library
Florence Turner: Everett Collection
Gene Gauntier: Chronicle/Alamy Stock Photo

1908
Linda Arvidson: Everett Collection
Flora Finch: Courtesy of The New York Public Library

1909
Mary Pickford: Courtesy of the Library of Congress
Stella Adams: Wikipedia
Ethel Clayton: Courtesy of the Library of Congress
Ruth Roland: Courtesy of the Library of Congress

Florence LaBadie: Courtesy of The New York Public Library
Violet Mersereau: © 20th Century Fox Film Corp. All rights reserved/Courtesy of The Everett Collection
Edith Storey: PD-US

Page 30
Lillian Gish: Courtesy of the Library of Congress

1910
Eugenie Besserer: PD-US
Kate Bruce: Courtesy of the Library of Congress
Bebe Daniels: Courtesy of the Library of Congress
Marin Sais: Wikipedia
Winifred Greenwood: Wikipedia
Alice Joyce: Courtesy of the Library of Congress

1911
Leah Baird: Courtesy of the Library of Congress
Norma Talmadge: Courtesy of the Library of Congress
Anna Nilsson: Courtesy of the Library of Congress
Dorothy Phillips: PD-US
Ann Little: Wikipedia
Marguerite Snow: Wikipedia
Tokuko Nagai Takagi: Wikipedia
Mabel Trunnelle: Wikipedia

1912
Mae Marsh: Wikipedia
Francelia Billington: Glasshouse Images/Alamy Stock Photo
Lillian Gish: Courtesy of the Library of Congress
Beverly Bayne: Wikipedia
Anita Loos: Wikipedia
Mabel Taliaferro: Courtesy of the Library of Congress
Helen Gardner: Courtesy of the Library of Congress

1913
Jeanie MacPherson: Everett Collection
Margarita Fischer: Photo 12/Alamy Stock Photo
Ella Hall: Wikipedia
Jane Novak: Wikipedia
Billie Rhodes: Wikipedia
Marie Walcamp: Popperfoto/Getty Images
Eleanor Woodruff: Courtesy of the Library of Congress
Kathlyn Williams: Wikipedia
Muriel Ostriche: History and Art Collection/Alamy Stock Photo
Arline Pretty: Hulton Archive/Getty Images

1914
Fay Tincher: Wikipedia
Minta Durfee: Wikipedia
Clara Kimball Young: Wikipedia
Phyllis Allen: Everett Collection
Tsuru Aoki: Vintage Images/Alamy Stock Photo

Marguerite Clark: Courtesy of the Library of Congress
Mary Murillo: Courtesy of The New York Public Library
Olga Petrova: Courtesy of the Library of Congress
Minnie Devereaux: Everett Collection
Eve Unsell: Historic Collection/Alamy Stock Photo
Nell Shipman: RGR Collection/Alamy Stock Photo
Bessie Eyton: Everett Collection
Cleo Madison: RGR Collection/Alamy Stock Photo
Louella Parsons: Archive PL/Alamy Stock Photo
Mabel Normand: Courtesy of the Library of Congress
Helen Holmes: Courtesy of the Library of Congress
Blanche Sweet: Courtesy of the Library of Congress
Mildred Harris: Courtesy of the Library of Congress
Pearl White: Courtesy of the Library of Congress
Princess Red Wing: Wikipedia
Mary Roberts Rinehart: Wikipedia

1915
Ouida Bergere: Everett Collection
Geraldine Farrar: Courtesy of the Library of Congress
Mary Alden: Wikipedia
Miriam Cooper: © 20th Century Fox Film Corp. All rights reserved/Courtesy of The Everett Collection
Josephine Crowell: Everett Collection
Pauline Frederick: Courtesy of the Library of Congress
Maude George: John Springer Collection/Getty Images
Juanita Hansen: Wikipedia
Dorothy Dalton: Wikipedia
Fannie Ward: Everett Collection
Seena Owen: Everett Collection
Gertrude Astor: Courtesy of the Library of Congress
Helen Gibson: Wikipedia
Lucille McVey: Wikipedia
Rose Smith: Everett Collection
Myrtle Stedman: Courtesy of the Library of Congress
Edna Purviance: Wikipedia

1916
Alma Rubens: Glasshouse Images/Alamy Stock Photo
Mary MacLaren: Archive PL/Alamy Stock Photo
Edith Johnson: Everett Collection
Edna Flugrath: Bettmann/Getty Images
Lois Weber: Courtesy of the Library of Congress
Baby Marie Osborne Yeats: Hulton Archive/Getty Images
Alla Nazimova: Courtesy of the Library of Congress
Marion Wong: Everett Collection
Hettie Grey Baker: Wikipedia
Valda Valkyrien: Courtesy of The New York Public Library
Constance Talmadge: Courtesy of the Library of Congress
Myrtle Gonzalez: Glasshouse Images/Alamy Stock Photo

Margery Wilson: Everett Collection
Margery Ordway: Courtesy of the Library of Congress
Annette Kellerman: Courtesy of the Library of Congress

1917
Marion Davies: Courtesy of the Library of Congress
Viola Dana: Courtesy of the Library of Congress
Marjorie Daw: John Springer Collection/Getty Images
Neva Gerber: Wikipedia
Delight Evans: Wikipedia
Olive Thomas: Wikipedia
Alice Howell: American Stock Archive/Getty Images
Grace Darmond: Ronald Grant Archive/Alamy Stock Photo
Grace Cunard: John Springer Collection/CORBIS/Corbis via Getty Images
Vola Vale: Wikipedia
Theda Bara: Everett Collection
Louise Fazenda: AF archive/Alamy Stock Photo
Leatrice Joy: Courtesy of the Library of Congress
Shirley Mason: Courtesy of The New York Public Library
Madge Kennedy: Courtesy of the Library of Congress
Priscilla Dean: Courtesy of the Library of Congress
Claire Du Brey: Hulton Archive/Getty Images
Dorothy Dunn: Wikipedia
Ruth Clifford: Everett Collection
Irene Castle: Courtesy of the Library of Congress
Florence Vidor: Everett Collection
Beulah Marie Dix: Courtesy of The New York Public Library
Mabel Ballin: Archive PL/Alamy Stock Photo

1918
Helen Keller: Courtesy of the Library of Congress
Bessie Barriscale: Bettmann/Getty Images
Eileen Sedgwick: Archive PL/Alamy Stock Photo
Anita Stewart: Courtesy of the Library of Congress
Dorothy Devore: Albert Witzel/Everett Collection
Rosemary Theby: Popperfoto/Getty Images
Dorothy Gish: Adolph de Meyer/Condé Nast/Getty Images
Lila Lee: Oscar White/Corbis/VCG/Getty Images
Gale Henry: American Stock/Getty Images
June Mathis: Ronald Grant Archive/Alamy Stock Photo

1919
Faire Binney: Everett Collection
Kathleen Clifford (left): Wikipedia
Kathleen Clifford (right): Historic Images/Alamy Stock Photo
Vivian Martin: Courtesy of the Library of Congress
Virginia Pearson: Courtesy of the Library of Congress
Marie Prevost: Courtesy of the Library of Congress
Pauline Starke: Courtesy of the Library of Congress
Betty Compson: Courtesy of the Library of Congress
Dolores Cassinelli: Courtesy of the Library of Congress
Mary Miles Minter: Courtesy of the Library of Congress
ZaSu Pitts: Wikipedia
Helen Jerome Eddy: Everett Collection
Paula Blackton: Courtesy of the Library of Congress

Page 72
Anna May Wong: Edward Steichen/Condé Nast via Getty Images

1920
Mary Carr: Sueddeutsche Zeitung Photo/Alamy Stock Photo
Louise Glaum: Courtesy of the Library of Congress
Evelyn Preer: Courtesy of The New York Public Library
Natalie Talmadge: Courtesy of the Library of Congress
Constance Binney: Courtesy of the Library of Congress
Carol Dempster: Chronicle/Alamy Stock Photo
Martha Mansfield: Courtesy of the Library of Congress
Lillian Chester: Everett Collection
Frances Guihan: Wikipedia
Clara Beranger: Archive PL/Alamy Stock Photo
Clare West: Glasshouse Images/Alamy Stock Photo

1921
Barbara La Marr: ullstein bild Dtl./Getty Images
Agnes Ayres: Courtesy of the Library of Congress
Betty Blythe: Courtesy of the Library of Congress
Alice Terry: Courtesy of the Library of Congress
Mary Thurman: Courtesy of the Library of Congress
Claire Windsor: Courtesy of the Library of Congress
Louise Lorraine: Everett Collection
Anita Bush: Courtesy of the Library of Congress
Margaret McWade: Everett Collection
Elinor Glyn: Courtesy of the Library of Congress
Osa Johnson: George Eastman House/Getty Images

1922
Marguerite Courtot: Everett Collection
Gladys Brockwell: Everett Collection
Nita Naldi: Courtesy of the Library of Congress
Lilyan Tashman: Courtesy of the Library of Congress
Anna May Wong: Courtesy of the Library of Congress
Madge Bellamy: Courtesy of the Library of Congress
Marion Fairfax: Everett Collection
Olive Borden: John Springer Collection/CORBIS/Getty Images
Enid Bennett: United Artists/Getty Images
Natacha Rambova: Keystone-France/Gamma-Keystone via Getty Images

1923
Dorothy Davenport Reid: Everett Collection
Patsy Ruth Miller: Courtesy of the Library of Congress
Baby Peggy Montgomery: Courtesy of the Library of Congress
Lucille Ricksen: Hulton Archive/Getty Images
Colleen Moore: Wikipedia

1924
Margaret Winkler: Wikipedia
Pola Negri: Courtesy of the Library of Congress
Aileen Pringle: Courtesy of the Library of Congress
Esther Ralston: Wikipedia
Betty Bronson: Courtesy of the Library of Congress
Elaine Hammerstein: Wikipedia
Doris Kenyon: Courtesy of the Library of Congress
Allene Ray: United Archives GmbH/Alamy Stock Photo
Dorothy Mackaill: AF archive/Alamy Stock Photo

Marian Constance Blackton: Courtesy of the Library of Congress
Mary Brian: Courtesy of the Library of Congress
Kathryn McGuire: Courtesy of the Library of Congress

1925
Katherine Hilliker: Wikipedia
Frederica Sagor Maas: Wikipedia
Edna Murphy: Everett Collection
Mary Philbin: Courtesy of the Library of Congress
Belle Bennett: John Springer Collection/CORBIS/Getty Images
Dorothy Dwan: John Springer Collection/CORBIS/Getty Images
Renee Adoree: Courtesy of the Library of Congress
Vilma Banky: Courtesy of the Library of Congress
Dolores Del Rio: Wikipedia
Jetta Goudal: Pictorial Press Ltd/Alamy Stock Photo
Mae Murray: Courtesy of the Library of Congress
Carmel Myers: Courtesy of the Library of Congress
Irene Rich: Courtesy of the Library of Congress
Virginia Valli: Courtesy of the Library of Congress
Ethel Doherty: Academy of Motion Picture Arts and Sciences
May McAvoy: Wikipedia
Carmelita Geraghty: Everett Collection
Ruth Harriet Louise: Wikipedia

1926
Lotte Reiniger: ZUMA Press, Inc./Alamy Stock Photo
Lois Wilson: Courtesy of the Library of Congress
Dorothy Farnum: Bettmann/Getty Images
Dolores Costello: Courtesy of the Library of Congress
Winifred Dunn: Wikipedia
Frances Hyland: Mary Evans/Ronald Grant/Everett Collection
Natalie Kingston: Wikipedia
Julia Faye: Glasshouse Images/Alamy Stock Photo
Laura La Plante: Hulton Archive/Getty Images
Virginia Lee Corbin: Film Favorites/Getty Images

1927
Billie Dove: Everett Collection, Inc./Alamy Stock Photo
Molly O'Day: Archive PL/Alamy Stock Photo
Clara Bow: Everett Collection
Sue Carol: Courtesy of The New York Public Library
Vera Reynolds: RGR Collection/Alamy Stock Photo

1928
Marceline Day: Courtesy of the Library of Congress
Josephine Lovett: Everett Collection
Dorothy Arzner: Hulton Archive/Getty Images
Constance Collier: Courtesy of The New York Public Library
Helene Costello: ullstein bild Dtl./Getty Images
Olga Baclanova: Photo 12/Alamy Stock Photo
Evelyn Brent: Courtesy of the Library of Congress
Eleanor Boardman: Courtesy of the Library of Congress

1929
Joan Bennett: Pictorial Press Ltd/Alamy Stock Photo
Jeanette MacDonald: Everett Collection
Hallelujah Poster: AF archive/Alamy Stock Photo
Nina Mae McKinney: Pictorial Press Ltd/Alamy Stock Photo
Louise Brooks: Courtesy of the Library of Congress

Gloria Swanson: Edward Steichen/Condé Nast via Getty Images
Lina Basquette: George Rinhart/Corbis via Getty Images
Doris Anderson: John Mahler/Toronto Star via Getty Images
Janet Gaynor (left): Courtesy of the Library of Congress
Janet Gaynor (right): Everett Collection

Page 108
Greta Garbo: Archive PL/Alamy Stock Photo

1930
Beryl Mercer: Glasshouse Images/Alamy Stock Photo
Polly Moran: PD-US
Bessie Love: Courtesy of the Library of Congress
Joan Blondell: Wikipedia
Bess Meredyth: John Springer Collection/CORBIS/Corbis via Getty Images
Beatrice Van: Wikipedia
Corinne Griffith: Courtesy of the Library of Congress
Jean Harlow: George Hurrell/John Kobal Foundation/Getty Images

1931
Frances Marion: General Photographic Agency/Getty Images
Norma Shearer: Courtesy of the Library of Congress
Dorothy Howell: Wikipedia
Dana Suesse: Used by the permission of the University of Missouri-Kansas City Libraries, Dr. Kenneth J. LaBudde Department of Special Collections
Mae Questel: John Springer Collection/CORBIS/Corbis via Getty Images
Thelma Todd: Wikipedia
Heather Angel: Courtesy of The New York Public Library
Maude Fulton: University of Washington Libraries, Special Collections, JWS20432
Greta Garbo: Donaldson Collection/Getty Images
Marlene Dietrich: Clarence Sinclair Bull/John Kobal Foundation/Getty Images
Maude Adams: Courtesy of the Library of Congress

1932
Marie Dressler (left): PD-US
Marie Dressler (right): Everett Collection
Irene Dunne: Courtesy of The New York Public Library
Mae West: Everett Collection
Dorothy Gulliver: Historic Collection/Alamy Stock Photo
Marian Nixon: cineclassico/Alamy Stock Photo
Iris Barry: Sasha/Getty Images

1933
Jane Murfin: Wikipedia
Gracie Allen: Courtesy of The New York Public Library
Helen Ferguson: Courtesy of the Library of Congress
Adela Rogers St. Johns: John Springer Collection/CORBIS/Corbis via Getty Images
Zoe Akins: Wikipedia
Ruby Keeler: Wikipedia
Lupe Velez: Wikipedia

Fay Wray: Hulton Archive/Getty Images
Helen Hayes: Courtesy of the Library of Congress

1934
Sarah Y. Mason: PD-US
Katharine Hepburn: RKO Radio Pictures/Getty Images
Vera West: Everett Collection
Lillian Friedman (Astor): Wikipedia
Adrienne Ames: Glasshouse Images/Alamy Stock Photo
Virginia Van Upp: Wikipedia
Jane Withers: © 20th Century Fox Film Corp./Courtesy of the Everett Collection
Albertina Rasch: Courtesy of the Library of Congress
Louise Beavers (left): John Springer Collection/CORBIS/Corbis via Getty Images
Louise Beavers (right): PD-US
Myrna Loy: Wikipedia

1935
Jean Arthur: Wikipedia
Shirley Temple Black: Album/Alamy Stock Photo
Mary C. McCall Jr.: PD
Salka Viertel: PD-US
Claire Parker: PD-US
Frances Goodrich: Everett Collection
Claudette Colbert (left): John Kobal Foundation/Getty Images
Claudette Colbert (right): PD-US
Gladys Unger: APIC/Getty Images
Florabel Muir: Ed Clark/The LIFE Picture Collection/Getty Images
Marion Morgan: Everett Collection Historical/Alamy Stock Photo

1936
Kay Brown Barrett: Courtesy of Kate R. Barrett
Margaret Herrick (Gledhill): Courtesy of The American Society of Cinematographers
Paulette Goddard: Everett Collection
Bette Davis: WARNER BROTHERS/Album/Alamy
Ethel Merman: Wikipedia
Margaret Booth: Everett Collection

1937
Adele Comandini: PD-US
Joyce Compton: Album/Alamy Stock Photo
Lucille LaVerne: Courtesy of The New York Public Library
Carole Lombard: Wikipedia
Luise Rainer (left): PictureLux/The Hollywood Archive/Alamy Stock Photo
Luise Rainer (right): Wikipedia
Dorothy Fields: Courtesy of the Library of Congress
Lucille Ball: Silver Screen Collection/Hulton Archive/Getty Images
Gale Sondergaard: Everett Collection

1938
Hedy Lamarr: Collection Christophel/RnB © Warner Bros/Alamy
Alice Faye: Hulton Archive/Getty Images
Barbara Stanwyck: Bettmann/Getty Images
Hedda Hopper: Courtesy of the Library of Congress
Alice Brady: Courtesy of the Library of Congress
Olive Cooper: Everett Collection
Helen Thurston: Everett Collection

Dorothy Parker: Courtesy of The New York Public Library

1939
Katharine Blodgett: Wikipedia
Blanche Sewell: Everett Collection
Lenore Coffee: W. F. Seely/Margaret Chute/Getty Images
Sonja Henie: Archive PL/Alamy Stock Photo
Florence Ryerson: Wikipedia
Ethel Hill: PD-US
Deanna Durbin: PD-US
Maureen O'Hara: Everett Collection
Claire Trevor: Wikipedia
Mary Boland: Courtesy of the Library of Congress
Fay Bainter: Courtesy of the Library of Congress
Billie Burke: Everett Collection
Natalie Kalmus: RGR Collection/Alamy Stock Photo
Kay Van Riper: MGM/Ronald Grant Archive/Alamy Stock Photo

Page 140
Judy Garland: Silver Screen Collection/Getty Images

1940
Vivien Leigh: Everett Collection
Betty Grable: Silver Screen Collection/Hulton Archive/Getty Images
Judy Garland: Pictorial Press Ltd/Alamy Stock Photo
Mary Ellen Bute: Everett Collection
Hattie McDaniel: Everett Collection
Dorothy Lamour: Ronald Grant Archive/Alamy Stock Photo

1941
Ida Lupino: Wikipedia
Marjorie Rambeau: Wikipedia
Bella Spewack: Courtesy of The New York Public Library
Anne Bauchens: Alfred Eisenstaedt/Pix Inc./The LIFE Picture Collection/Getty Images
Jane Darwell: Copyright © 20th Century-Fox Film Corp./Everett Collection
Alma Reville: Bettmann/Getty Images
Evelyn Finley: Everett Collection
Ginger Rogers: Hulton Archive/Getty Images
Joan Harrison: Everett Collection

1942
Retta Scott (left): Courtesy of Robert Sommers
Retta Scott (right): © Disney
Mary Astor: Popperfoto/Getty Images
Joan Fontaine: Album/Alamy Stock Photo
Lillian Hellman: Wikipedia
Irene Morra: Bison Archives/HollywooHistoricPhotos.com
Julia Heron: Everett Collection

1943
Agnes Moorehead: Wikipedia
Greer Garson: Everett Collection
Lillie Hayward: Copyright © 20th Century Fox Film Corp./Courtesy of the Everett Collection
Gladys Cooper: Courtesy of the Library of Congress
Teresa Wright: Wikipedia
Jane Russell: Pictorial Press Ltd/Alamy Stock Photo
Madame Sul-Te-Wan: Everett Collection
Rosalind Russell: Silver Screen Collection/Getty Images

1944

Lauren Bacall: Herbert Dorfman/Corbis via Getty Images
Jennifer Jones: Wikipedia
Betty Hutton: Wikipedia
Katina Paxinou: INTERFOTO/Alamy Stock Photo
Mai Zetterling: Everett Collection

1945

Margaret O'Brien: AF archive/Alamy Stock Photo
Gladys Lehman: Everett Collection
Elizabeth Reinhardt: PD-US
Ethel Barrymore: Courtesy of the Library of Congress
Ingrid Bergman: Silver Screen Collection/Getty Images
Barbara McLean: Jean Howard/Condé Nast via Getty Images
Angela Lansbury: Courtesy of the Library of Congress

1946

Peggy Ann Garner: Film Favorites/Getty Images
Joan Crawford: Courtesy of the Library of Congress
Rita Hayworth: ScreenProd/Photononstop/Alamy Stock Photo
Ann Ronell: Courtesy of the Library of Congress
Ava Gardner: Silver Screen Collection/Getty Images
Tess Slesinger: Courtesy of Peter Davis
Mary Blair: Hart Preston/The LIFE Picture Collection/Getty Images
Leigh Brackett: AF archive/Alamy Stock Photo
Anne Revere: Everett Collection

1947

Anne Baxter: Copyright © 20th Century Fox Film Corp. All rights reserved/Courtesy of the Everett Collection
Olivia de Havilland: Everett Collection
Sally Benson: Everett Collection
Muriel Box: Everett Collection
Polly Burson: Rothschild Photo, Herald-Examiner Collection/Los Angeles Public Library
Maya Deren: Everett Collection

1948

Celeste Holm: Everett Collection
Harriet Parsons: Everett Collection
Loretta Young: Herbert Dorfman/Corbis via Getty Images
Katherine Dunham: Gjon Mili/The LIFE Picture Collection/Getty Images

1949

Irma von Cube: Mary Evans/Warner Bros/Ronald Grant/Everett Collection
Jean Simmons: John Kobal Foundation/Getty Images
Irene: Everett Collection
Jane Wyman: Everett Collection
Stella Adler: Everett Collection
Vera Caspary: Everett Collection
Barbara Bel Geddes: Wikipedia
Ayn Rand: Julius Shulman/Conde Nast via Getty Images
Dorothy Jeakins: Everett Collection
Carmen Dillon: Mary Evans/Ronald Grant/Everett Collection
Esther Williams: Slim Aarons/Getty Images

Page 168

Audrey Hepburn: Norman Parkinson Achive/Iconic Images/Getty Images

1950

Clare Boothe Luce: Cecil Beaton/Condé Nast via Getty Images
Helen Levitt: © Film Documents LLC
Lucille Bliss: PD-US
Ruby Dee: Courtesy of the Library of Congress
Leah Rhodes: Mary Evans/Ronald Grant/Everett Collection
Mercedes McCambridge: Everett Collection
Edith Head: Allan Grant/The LIFE Picture Collection/Getty Images
Ethel Waters: Courtesy of the Library of Congress
Deborah Kerr: Silver Screen Collection/Getty Images
Marjorie Best: Everett Collection
June Foray: Everett Collection

1951

Thelma Ritter: AF archive/Alamy Stock Photo
Edna Anhalt: Wikipedia
Judy Holliday: Silver Screen Collection/Getty Images
Josephine Hull: Album/Alamy Stock Photo
Gwen Wakeling: Copyright ©20th Century Fox Film Corp. All rights reserved/Courtesy of The Everett Collection
Elois Jenssen: Everett Collection
Eleanor Parker: Bettmann/Getty Images

1952

Irene Sharaff: Entertainment Pictures/Alamy Stock Photo
Kim Hunter: Sam Shaw/Shaw Family Archives/Getty Images

1953

Donna Hall: Underwood Archives/Getty Images
Phyllis Craig: MARKA/Alamy Stock Photo
Shirley Booth: G. K. Livitsanos/Archive Photos/Getty Images
Gina Kaus: Stephanie Brandl/ullstein bild via Getty Images
Helen Rose (left): Everett Collection
Helen Rose (right): Everett Collection
Gloria Grahame: Silver Screen Collection/Getty Images

1954

Betty Comden: Courtesy of The New York Public Library
Ruth Orkin: Keith Beaty/Toronto Star via Getty Images
Sylvia Fine: Victor Blackman/Daily Express/Hulton Archive/Getty Images
Donna Reed (left): Silver Screen Collection/Getty Images
Donna Reed (right): Herbert Dorfman/Corbis via Getty Images
Audrey Hepburn: Donaldson Collection/Michael Ochs Archives/Getty Images

1955

Mary Loos: PD-US
Dorothy Kingsley: PD-US
Eva Marie Saint: Archive Photos/Getty Images

Kim Novak: Pictorial Press Ltd/Alamy Stock Photo
Grace Kelly: Courtesy of the Library of Congress
Dorothy Dandridge: Silver Screen Collection/Getty Images

1956

Natalie Wood: Harry Warnecke/NY Daily News Archive via Getty Images
Sonya Levien: Hulton Archive/Getty Images
Anna Magnani: World History Archive/Alamy Stock Photo
Nancy Hamilton: Courtesy of the Library of Congress
Jo Van Fleet: Earl Leaf/Michael Ochs Archives/Getty Images
Marni Nixon: Everett Collection
Isobel Lennart: PD-

1957

Marie Menken: Wikipedia
Dorothy Malone: Silver Screen Collection/Getty Images
Sandra Dee: Silver Screen Collection/Getty Images
Hazel George: George Karger/The LIFE Images Collection/Getty Images

1958

Miyoshi Umeki: Earl Leaf/Michael Ochs Archives/Getty Images
Joanne Woodward: John Springer Collection/CORBIS/Corbis via Getty Images
Viola Lawrence: Bison Archives / HollywooHistoricPhotos.com
Lana Turner: Silver Screen Collection/Getty Images

1959

Pearl Bailey: Everett Collection
Wendy Hiller: AF archive/Alamy Stock Photo
Maureen Stapleton: Everett Collection
Susan Hayward: Silver Screen Collection/Getty Images
Marilyn Monroe: Michael Ochs Archives/Getty Images
Fay Kanin: Bettmann/Getty Images

Page 190

Julie Andrews: Silver Screen Collection/Getty Images

1960

Alice Davis: Angela Weiss/Getty Images
Juanita Moore: John D. Kisch/Separate Cinema Archive/Getty Images
Simone Signoret: Jean-Regis Rouston/Roger Viollet/Getty Images
Shelley Winters: John Springer Collection/CORBIS/Corbis via Getty Images
Doris Day: Silver Screen Collection/Getty Images
Ruby Levitt: Bill Eppridge/The LIFE Picture Collection/Getty Images
Shirley Clarke: Robert R. McElroy/Getty Images
Elizabeth Haffenden: Everett Collection

1961

Haley Mills: Tom Nebbia/CORBIS/Corbis via Getty Images
Ann-Margret: Hulton Archive/Getty Images
Shirley Jones: Silver Screen Collection/Getty Images

Janet Leigh: Archive Photos/Getty Images
Elizabeth Taylor: Bettmann/Getty Images
Lorraine Hansberry: David Attie/Getty Images
Dory Previn: CBS via Getty Images

1962

Piper Laurie: Frederic Lewis/Archive Photos/Getty Images
Una Merkel: PARAMOUNT/AF archive/Alamy Stock Photo
Sophia Loren: John Springer Collection/CORBIS/Corbis via Getty Images
Rita Moreno: Silver Screen Collection/Getty Images

1963

Faith Hubley: Gary Friedman/Los Angeles Times via Getty Images
Anne V. Coates: Ken Hively/Los Angeles Times via Getty Images
Mary Wills (left): Courtesy of the Christian Esquevin Collection
Mary Wills (right): Courtesy of the Christian Esquevin Collection
Anne Bancroft: Photo 12/Alamy Stock Photo
Patty Duke: ZUMA Press, Inc./Alamy Stock Photo

1964

Edith Evans: Everett Collection
Margaret Rutherford: Silver Screen Collection/Getty Images
Jocelyn Herbert: Gemma Levine/Hulton Archive/Getty Images
Patricia Neal: Silver Screen Collection/Getty Images
Renié: Pictorial Press Ltd/Alamy Stock Photo

1965

Lila Kedrova: Photo 12/Alamy Stock Photo
Pauline Kael: Erin Combs/Toronto Star via Getty Images
Julie Andrews: Bettmann/Getty Images
Debbie Reynolds: Archive Photos/Getty Images

1966

Phyllis Dalton: Everett Collection
Julie Christie: Silver Screen Collection/Getty Images
Rona Barrett: Everett Collection
Julie Harris: Karen Radkai/Condé Nast via Getty Images

1967

Sandy Dennis: Photoshot/Getty Images
Joan Bridge: Everett Collection
Lynn Redgrave: AF archive/Alamy Stock Photo

1968

Estelle Parsons: Bettmann/Getty Images
Theadora Van Runkle: Everett Collection
Carol Channing: Photoshot/Getty Images
Katharine Ross: Bert Stern/Condé Nast via Getty Images
Beah Richards: John D. Kisch/Separate Cinema Archive/Getty Images

1969

Jeannie Epper: Everett Collection
Martha Raye: Margaret Bourke-White/The LIFE Picture Collection/Getty Images
Ruth Gordon: Everett Collection
Marilyn Bergman: Bettmann/Getty Images

Barbra Streisand: Steve Schapiro/Corbis via Getty Images
Onna White: Warner Bros/Ronald Grant Archive/Alamy Stock Photo
Page 212
Carrie Fisher: From A New Hope Directed by George Lucas Film Company Lucasfilm 25/AF archive/Alamy Stock Photo

1970

Francoise Bonnot: RGR Collection/Alamy Stock Photo
Maggie Smith: Silver Screen Collection/Getty Images
Dyan Cannon: Alexis Waldeck/Condé Nast via Getty Images
Margaret Furse: Bettmann/Getty Images
Goldie Hawn: Bert Stern/Condé Nast via Getty Images
Barbara Loden: Time Life Pictures/Pix Inc./The LIFE Picture Collection/Getty Images

1971

Jane Alexander: TM and Copyright © 20th Century Fox Film Corp. All rights reserved/Courtesy of the Everett Collection
Ali MacGraw: Sante Forlano/Condé Nast via Getty Images
Glenda Jackson: Jack Robinson/Hulton Archive/Getty Images
Karen Black: Collection Christophel/RnB © BBS Productions/Columbia Pictures Corporation/Raybert Productions

1972

Jane Fonda: Richard Markell/Courtesy of the Everett Collection
Yvonne Blake: Everett Collection
Maya Angelou: Granamour Weems Collection/Alamy Stock Photo
Cloris Leachman: CBS via Getty Images

1973

Suzanne de Passe: © ABC/Courtesy of the Everett Collection
Liv Ullmann: Julian Wasser/The LIFE Images Collection/Getty Images
Eileen Heckart: Everett Collection
Sarah Kernochan: Barbara Alper/Getty Images
Ann Guenther: Stephen Shugerman/Getty Images
Cicely Tyson: Michael Ochs Archives/Getty Images
Jay Presson Allen: © Warner Bros/Courtesy of the Everett Collection
Liza Minnelli: Bert Stern/Condé Nast via Getty Images
Diana Ross: Harry Langdon/Getty Images

1974

Marcia Nasatir: Jerod Harris/Getty Images
Molly Haskell: Reg Innell/Toronto Star via Getty Images
Julia Phillips: Columbia TriStar/Courtesy of Getty Images
Gloria Katz: © Universal/Courtesy of the Everett Collection
Madeline Kahn: Archive PL/Alamy Stock Photo
Marsha Mason: © Orlando/Globe Photos/ZUMAPRESS.com
Suzanne Schiffman: Didier Baverel/Sygma via Getty Images

Linda McCartney: David Montgomery/Getty Images
Tatum O'Neal: Collection Christophel/Alamy Stock Photo
Pam Grier: AF archive/Alamy Stock Photo

1975

Joan Tewkesbury: AVCO/Getty Images
Judy Collins: Michael Ochs Archives/Getty Images
Diane Ladd: Everett Collection
Kitty O'Neil: Bettmann/Getty Images
Theoni Aldredge: Michael Montfort/Michael Ochs Archives/Getty Images
Joan Micklin Silver: Tristar Pictures/Ronald Grant Archive/Alamy Stock Photo
Talia Shire: Everett Collection
Susan Backlinie: Universal/AF archive/Alamy Stock Photo
Gena Rowlands: Bettmann/Getty Images
Ellen Burstyn: Everett Collection
Diahann Carroll: Everett Collection

1976

Dede Allen: © Paramount/Courtesy of the Everett Collection
Louise Fletcher: Giancarlo BOTTI/Gamma-Rapho via Getty Images
Milena Canonero: Ron Galella/WireImage
Lily Tomlin: Steve Schapiro/Corbis via Getty Images
Joan Didion: Henry Clarke/Conde Nast via Getty Images
Leslie Hoffman: Courtesy of Leslie Hoffman
Lee Grant: Michael Ochs Archives/Getty Images
Lynzee Klingman: © Sylvia Norris/Globe Photos/ZUMA Wire/Alamy Live News

1977

Caroline Leaf: Stephen Shugerman/Getty Images
Daniele Thompson: © Miramax/Courtesy of the Everett Collection
Lina Wertmuller: Everett Collection
Faye Dunaway: Warner-Seven Arts/AF archive/Alamy Stock Photo
Carrie Fisher: Twentieth Century Fox Pictures/Sunset Boulevard/Corbis via Getty Images
Beatrice Straight: Everett Collection
Lynne Littman: Michael Buckner/Getty Images
Barbara Myerhoff: Wikipedia
Barbara Kopple: Everett Collection

1978

Vanessa Redgrave: Mary Evans/20th Century Fox/Ronald Grant/Everett Collection
Diane Keaton: © Columbia/Courtesy of the Everett Collection
Julia Reichert: Brian Ach/WireImage
Elaine May: Everett Collection

1979

Claudia Weill: ©Warner Bros/Courtesy of the Everett Collection
Sheila Nevins: ZUMA Press, Inc./Alamy Stock Photo
Frances Williams: © Viacom/Courtesy of the Everett Collection
Jill Clayburgh: Stanley Bielecki Movie Collection/Getty Images
Nancy Dowd: Reg Innell/Toronto Star via Getty Images
Jadie David: Courtesy of Jadie David

Franca Squarciapino: Marco Secchi/Getty Images
Linda Woolverton: Jeff Spicer/Getty Images
Debbie Evans: Courtesy of Debbie Evans
Sonia Izzolena: Courtesy of Sonia Izzolena
Whoopi Goldberg: Nancy R. Schiff/Getty Images
Cecelia Hall: Noel Vasquez/Getty Images
Betzy Bromberg: Jemal Countess/WireImage/Getty Images
Kathy Bates: Larry Busacca/NBC/NBC via Getty Images
Julie Dash: Everett Collection
Martha Coolidge: © Buena Vista/courtesy Everett Collection

1992
Penelope Spheeris: © Paramount Pictures/Courtesy of the Everett Collection
Mercedes Ruehl: © Columbia Pictures/Courtesy of the Everett Collection
Leslie Harris: Eric Robert/Sygma/Sygma via Getty Images
Allie Light: Byron Gamarro/Getty Images
Barbara Hammer: Everett Collection
Debra Chasnoff: Byron Gamarro/Getty Images
Nancy Haigh: Ron Galella, Ltd./Getty Images
Agnieszka Holland: Larry Busacca/Getty Images
Callie Khouri: Liz O. Baylen/Los Angeles Times via Getty Images
Lynda Obst: © Paramount/Courtesy of the Everett Collection
Wendy Tilby: Kevork Djansezian/Getty Images
Fannie Flagg: Everett Collection
Laura Dern: Mike Windle/Getty Images for American Lung Association

1993
Eiko Ishioka: © Relativity Media/Courtesy of the Everett Collection
Lisa Henson: Mathew Imaging/WireImage/Getty Images
Linda Thompson: Harry Langdon/Getty Images
Joan Gratz: Ron Galella, Ltd./WireImage/Getty Images
Gerardine Wurzburg: Jeff Kravitz/FilmMagic, Inc/Getty Images
Luciana Arrighi: Moviestore collection Ltd/Alamy Stock Photo
Joey Forsyte: Rebecca Sapp/WireImage/Getty Images
Michaela Pavlatova: Courtesy of Michaela Pavlatova
Marisa Tomei: Lynn Goldsmith/Corbis/VCG via Getty Images
Emma Thompson: Terry O'Neill/Iconic Images/Getty Images
Ruth E. Carter: J. Countess/Contour by Getty Images

1994
Janet Jackson: © Columbia/Courtesy of the Everett Collection
Pearl Bowser: Astrid Stawiarz/Getty Images
Janet Patterson: © Gramercy Pictures /Courtesy of the Everett Collection
Yolanda Toussieng: Stephen Shugerman/Getty Images
Margaret Lazarus: Rebecca Sapp/Getty Images for Santa Barbara International Film Festival
Rosie Perez: Desiree Navarro/WireImage/Getty Images
Jane Campion: John Stoddart/Getty Images

Susan Raymond: Everett Collection
Susan Seidelman: © Orion/Courtesy of the Everett Collection
Anna B. Sheppard: Mary Evans/Amblin Entertainment/Universal Pictures/Ronald Grant/Everett Collection
Gillian Armstrong: © Columbia Pictures/Courtesy of the Everett Collection
Anna Paquin: Collection Christophel/Alamy Stock Photo
Holly Hunter: J. Vespa/WireImage/Getty Images
Gabriella Pescucci: Franco Origlia/Getty Images

1995
LaFaye Baker: Courtesy of LaFaye Baker
Sharon Calahan: Alberto E. Rodriguez/WireImage
Lizzy Gardiner: Photo 12/Alamy Stock Photo
Wendy Finerman: © TriStar Pictures/Courtesy of the Everett Collection
Drew Barrymore: Martin Godwin/Getty Images
Sally Menke: Jeff Vespa/Getty Images
Freida Lee Mock: J. Vespa/WireImage/Getty Images
Ruth Kenley-Letts: David M. Benett/Dave Benett/Getty Images
Patty Smyth: Lynn Goldsmith/Corbis/VCG via Getty Images
Peggy Rajski: © Paramount/Courtesy of the Everett Collection

1996
Susan Sarandon: United Archives GmbH/Alamy Stock Photo
Lois Burwell: Valerie Macon/Getty Images
Lynn Salvatori: Courtesy of Lynn Salvatori
Nancy Lee Thurston: Courtesy Of Nancy Lee Thurston
Joan Allen: J. Vespa/WireImage/Getty Images
Jennifer Lamb: Publicity Photograph via iStunt
Cheryl Carasik: © Paramount/Courtesy of the Everett Collection
Anna Foerster: ©Screen Gems/Courtesy of the Everett Collection
Mira Sorvino: Aaron Rapoport/Corbis via Getty Images

1997
Sophia Crawford: Courtesy of Sophia Crawford
Stephanie Finochio: Bobby Bank/WireImage
Ann Roth: Michel Boutefeu/Getty Images
Jessica Yu: J. Vespa/WireImage for Sundance Film Festival/Getty Images
Kasi Lemmons: © RTRoth/MediaPunch
Leigh Hennessy: Courtesy of Leigh Hennessy
Frances McDormand: J. Vespa/WireImage/Getty Images
Rachel Portman: PA Images/Alamy Stock Photo
Juliette Binoche: Christophe D Yvoire/Sygma via Getty Images
Dorenda Moore (left): Joe Romeiro/Courtesy of Dorenda Moore
Dorenda Moore (right): Bazza J Holmes/Courtesy of Dorenda Moore
Stephanie McMillan: Stephen Shugerman/Getty Images

1998
Helena Bonham Carter: Terry O'Neill/Iconic Images/Getty Images
Helen Hunt: Ronald Grant Archive/Alamy Stock Photo

Lynn Ahrens: Walter McBride/Getty Images
Jeannine Claudia Oppewall: Neilson Barnard/Getty Images for Persol
Delia Ephron: Gregory Pace/FilmMagic
Lisa Westcott: PA Images/Alamy Stock Photo
Donna Dewey: Courtesy of Donna Dewey
Deborah Lynn Scott: Brian To/FilmMagic/Getty Images
Deborah Lurie: Fred Hayes/WireImage/Getty Images
Anne Dudley: JEP Live Music/Alamy Stock Photo
Kim Basinger: © Warner Bros. Pictures/courtesy Everett Collection
Danielle Feinberg: © Walt Disney Co. Courtesy of the Everett Collection

1999
Allison Moorer: Harry Scott/Redferns/Getty Images
Alisa Lepselter: Mike Coppola/Getty Images
Jenny Shircore: Jesse Grant/Getty Images
Judi Dench: Miramax/Laurie Sparham/Getty Images
Gwyneth Paltrow: AF archive/Alamy Stock Photo
Sandy Powell: Eamonn M. McCormack/Getty Images for Doha Film Institute
Donna Gigliotti: Roy Rochlin/FilmMagic/Getty Images
Keiko Ibi: ZUMA Press, Inc./Alamy Stock Photo
Jill Quertier: PA Images/Alamy Stock Photo
Yvonne Welbon: Courtesy of Yvonne Welbon
Mary Sweeney: © Buena Vista Pictures/Courtesy Everett Collection
Judianna Makovsky: Lawrence K. Ho/Los Angeles Times via Getty Images
Gloria Foster: AF archive/Alamy Stock Photo
Patricia Rozema: Neville Elder/Corbis via Getty Images

Page 314
Amy Adams: Alberto E. Rodriguez/Getty Images

2000
Aimee Mann: Dan Tuffs/Getty Images
Mimi Leder: Pictorial Press Ltd/Alamy Stock Photo
Angelina Jolie: Kevin Winter/Getty Images
Hilary Swank: Matt Carr/Getty Images
Eileen Weisinger: Courtesy of Eileen Weisinger
Lucy Liu: Bruce Glikas/FilmMagic/Getty Images
Susan Hannah Hadary: Angela Weiss/Getty Images
Lindy Hemming: Jack Taylor/Getty Images
Gloria O'Brien: Courtesy of Gloria O'Brien
Laurie Creach: Courtesy of Laurie Creach
Eve Stewart: Frederick M. Brown/Getty Images
Lisa Rinzler: ©Maya Entertainment/Courtesy of the Everett Collection
Amanda Forbis: Frazer Harrison/Getty Images
Lisa Zeno Churgin: Toby Canham/Getty Images

2001
Laura Linney: Vera Anderson/WireImage/Getty Images
Marcia Gay Harden: Jason LaVeris/FilmMagic/Getty Images
Susannah Grant: AF archive/Alamy Stock Photo
Julia Roberts: Album/Alamy Stock Photo
Jacqueline West: © Paramount/Courtesy Everett Collection
Janty Yates: David McNew/Getty Images
Tracy Seretean: Angela Weiss/Getty Images
Deborah Oppenheimer: Lawrence K. Ho/Los Angeles Times via Getty Images

2002

Jill Bilcock: Jemal Countess/Getty Images

Lisa Blount: © New World Television/courtesy Everett Collection

Brigitte Broch: TIMOTHY A. CLARY/AFP/Getty Images

Dody Dorn: Publicity Photograph

Enya: Pictorial Press Ltd/Alamy Stock Photo

Catherine Martin: Andrew Toth/FilmMagic/Getty Images

Lucy Fisher: © Universal/Courtesy of the Everett Collection

America Georgine Ferrera: Christopher Polk/NBC/NBCUPhotoBank via GettyImages

Halle Berry: Vera Anderson/WireImage

Jennifer Connelly: Matt Carr/Getty Images

2003

Giselle Chamma (left): Jessica Miglio/Courtesy of Giselle Chamma

Giselle Chamma (right): Courtesy of Giselle Chamma

Queen Latifah: Monty Brinton/CBS via Getty Images

Nia Vardalos: Larry Busacca/Getty Images

Beatrice De Alba: KMazur/WireImage/Getty Images

Caroline Link: © IFC Films/courtesy Everett Collection

Mie Andreasen: Robert Mora/Getty Images

LisaGay Hamilton: Emma McIntyre/Getty Images

Zoe Bell: Donato Sardella/Getty Images for HL Group

Stacey Carino: Publicity Photograph via iStunt

Catherine Zeta-Jones: Paul Hawthorne/Getty Images

Julie Taymor: © Miramax Films/courtesy Everett Collection

Colleen Atwood: © Columbia Pictures/Courtesy of the Everett Collection

Nicole Kidman: Vera Anderson/WireImage/Getty Images

Lisa Hoyle: Publicity Photograph via iStunt

2004

Kerry Washington: Moviestore collection Ltd/Alamy Stock Photo

Annette O'Toole: Michael Bezjian/WireImage for BWR Public Relations/Getty Images

Maryann DeLeo: PA Images/Alamy Stock Photo

Fran Walsh: © New Line/courtesy Everett Collection

Philippa Boyens: Brian To/WENN.com/Alamy

Ngila Dickson: © New Line/courtesy Everett Collection

Annie Lennox: Brian Rasic/Getty Images

Renee Zellweger: Stephane Cardinale-Corbis/Corbis via Getty Images

Charlize Theron: Andrea Raffin/Alamy Stock Photo

Sofia Coppola: ©Sony Pictures/courtesy Everett Collection

Naomi Watts: © Universal/courtesy Everett Collection

2005

Celia Bobak: © Warner Bros/Courtesy of the Everett Collection

Jennifer Caputo: Tasia Wells/Getty Images

Zana Briski: J. Vespa/WireImage/Getty Images

Valli O'Reilly: Frank Micelotta/Getty Images

Cate Blanchett: Christopher Polk/Getty Images

Francesca Lo Schiavo: Giuseppe Andidero/Alamy Stock Photo

Julie Delpy: Jean-Christian Bourcart/Gamma-Rapho via Getty Images

Andrea Arnold: AF archive/Alamy Stock Photo

2006

Michelle Williams: Steve Granitz/WireImage/Getty Images

Tami Lane: Barry King/Alamy Stock Photo

Amy Adams: John Phillips/John Phillips/Getty Images

Rosario Dawson: Laurent KOFFEL/Gamma-Rapho via Getty Images

Cathy Schulman: Arun Nevader/WireImage/Getty Images

Amy Pascal: Jeff Vespa/Getty Images

Reese Witherspoon: TM & Copyright © 20th Century Fox Film Corp./Everett Collection

Natascha Hopkins: Courtesy of Natascha Hopkins

Gretchen Rau: Photo 12/Alamy Stock Photo

Sarah Greenwood and Katie Spencer: WENN Ltd/Alamy Stock Photo

Rachel Weisz: Collection Christophel/Alamy Stock Photo

Diana Ossana: Ann Summa/Getty Images

Kathleen York: Michael Bezjian/WireImage/Getty Images

Corinne Marrinan: Kevin Winter/Getty Images

2007

Siedah Garrett: Kevork Djansezian/Getty Images

Iris Yamashita: © Warner Bros./Courtesy of the Everett Collection

Polly Morgan: Darren Gerrish/WireImage/Getty Images

Melissa Etheridge: Business Wire via Getty Images

Anne Preven: Everett Collection Inc/Alamy Stock Photo

Pilar Revuelta (left): © Picturehouse/Courtesy of the Everett Collection

Pilar Revuelta (right): Jeff Kravitz/FilmMagic, Inc/Getty Images

Helen Mirren: Terry O'Neill/Iconic Images/Getty Images

Jennifer Hudson: AF archive/Alamy Stock Photo

Dana Glauberman: Everett Collection Inc/Alamy Stock Photo

Ruby Yang: Everett Collection Inc/Alamy Stock Photo

Frances-Anne Solomon: Storms Media Group/Alamy Stock Photo

Torill Kove: Aaron Harris/WireImage/Getty Images

2008

Kimberly Shannon Murphy: Sheryl Nields/Courtesy of Kimberly Shannon Murphy

Tilda Swinton: Ian Gavan/Getty Images

Eva Orner: John Phillips/Getty Images for BFI

Gina Prince-Bythewood: Jeff Vespa/WireImage/Getty Images

Marion Cotillard: Andreas Rentz/Getty Images

Diablo Cody: ©Fox Searchlight. All rights reserved/courtesy Everett Collection

Darnell Martin: Ann Summa/Getty Images

Reed Morano: Desiree Navarro/Getty Images

Abigail Disney: Zach Hyman/Patrick McMullan via Getty Image

Alexandra Byrne: Vittorio Zunino Celotto/Getty Images for DIFF

Marjane Satrapi: Ernesto Ruscio/Getty Images

Cynthia Wade: J. Vespa/WireImage for Sundance Film Festival

Kelly Reichardt: © Oscilloscope Pictures/Courtesy of the Everett Collection

Catherine Hardwicke: Franco S. Origlia/Getty Images

Saoirse Ronan: Larry Busacca/Getty Images

Suzie Templeton: Michael Caulfield/WireImage/Getty Images

Luci Romberg: Chad Bonanno/Courtesy of Luci Romberg

Marketa Irglova: Fred Hayes/WireImage for Sundance Film Festival

Karen Baker Landers: Vince Bucci/Getty Images

2009

Taraji P Henson: AF archive/Alamy Stock Photo

Kristina Johnson: Courtesy of Kristina Johnson

Ellen Kuras: dpa picture alliance/Alamy Stock Photo

Megan Mylan: Everett Collection

Maya Arulpragasam: Geisler-Fotopress GmbH/Alamy Stock Photo

Angela Meryl: Publicity Photograph via iStunt

Paula DuPre Pesmen: Tibrina Hobson/FilmMagic/Getty Images

Kate Winslet: Michael Ochs Archives/Getty Images

Penelope Cruz: Mike Marsland/Mike Marsland/WireImage/Getty Images

Page 348

Ava DuVernay: Charley Gallay/Getty Images

2010

Sandra Bullock: Christopher Polk/Getty Images for PCA

Gwendolyn Yates Whittle: Courtesy of Gwendolyn Yates Whittle

Mo'Nique: Charley Gallay/Getty Images for NAACP

Anna Kendrick: Jace Downs/TM & copyright © Fox Searchlight Pictures. All rights reserved./Courtesy of the Everett Collection

Mindy Hall: Jesse Grant/Getty Images

Elinor Burkett: Kevin Mazur/WireImage

Kathryn Bigelow: Jonathan Olley /© Summit Entertainment/Courtesy of the Everett Collection

2011

Uta Briesewitz: E. Charbonneau/WireImage for PMK/HBH/Getty Images

Amy Vincent: © Paramount Classics/courtesy Everett Collection

Hillary Lindsey: ZUMA Press, Inc./Alamy Stock Photo

Dido: Brian Aris/Live 8 via Getty Images

Anne Rosellini: Mike Pont/Getty Images

Melissa Leo: Larry Busacca/Getty Images for Sundance Film Festival

Chrissy Weathersby Ball: Courtesy of Chrissy Weathersby Ball

Pamela Martin: Everett Collection Inc/Alamy Stock Photo

Lynne Ramsay: Vittorio Zunino Celotto/Getty Images for DIFF

Audrey Marie Marrs: Valerie Macon/Getty Images

Dee Rees: George Pimentel/Getty Images

Darla Anderson: Jesse Grant/Getty Images for Disney

Debra Granik: Sebastian Mlynarski/© Roadside Attractions/Courtesy of the Everett Collection

Karen Goodman: Michael Courtesy of the Library of Congresscisano/Getty Images for HBO

Natalie Portman: © Fox Searchlight Pictures. All rights reserved./Courtesy of the Everett Collection
Lora Hirschberg: Jason Merritt/Getty Images

2012
Sharmeen Obaid-Chinoy: Emma Hardy/© Broad Green Pictures/Courtesy Everett Collection
Octavia Spencer: Robby Klein/Getty Images
Jessica Chastain: Dale Robinette/© Walt Disney Studios Motion Pictures/Courtesy Everett Collection
Annie Mumolo and Kirsten Wiig: Michael Buckner/Getty Images
Deb Adair: Steve Granitz/WireImage/Getty Images
Oorlagh Marie George: Kevork Djansezian/Getty Images
Jennifer Yuh Nelson: WENN Ltd/Alamy Stock Photo

2013
Megan Ellison: Michael Kovac/Getty Images for AFI
Jennifer Lawrence: JoJo Whilden/© Weinstein Company/Courtesy of the Everett Collection
Christina Voros: Tiffany Rose/Getty Images for Canon
Andrea Nix Fine: Kevork Djansezian/Getty Images
Lorelay Bove: Carlos R. Alvarez/WireImage/Getty Images
Brenda Chapman: Matt Winkelmeyer/Getty Images
Adele: Graham Denholm/Getty Images
Amma Asante: David Appleby/TM and Copyright/© Fox Search
Jacqueline Durran: Dave J Hogan/Getty Images for The V&A
Anne Hathaway: Photo 12/Alamy Stock Photo
Jane Gaines: Courtesy of Jane Gaines

2014
Lupita Nyong'o: Jaap Buitendijk/TM and Copyright © Fox Searchlight Pictures. All rights reserved./Courtesy of the Everett Collection
Natasha Braier: © Broad Green Pictures/Courtesy of the Everett Collection
Beverly Dunn: AF archive/Alamy Stock Photo
Dede Gardner: Steve Granitz/WireImage/Getty Images
Lauren MacMullan and Dorothy McKim: Kevin Winter/Getty Images
Kristen Anderson-Lopez: Alberto E. Rodriguez/Getty Images
Sally Hawkins: PictureLux/The Hollywood Archive/Alamy Stock Photo
Jennifer Lee: Vera Anderson/WireImage/Getty Images
Caitrin Rogers: Valerie Macon/Getty Images
Karen O: Stefanie Keenan/Getty Images for CHANEL

Kristine Belson: Ethan Miller/Getty Images for CinemaCon
Adruitha Lee and Robin Mathews: Elizabeth Goodenough/Everett Collection

2015
Amanda Silver: Everett Collection Inc/Alamy Stock Photo
Danielle Brisebois: Vincent Sandoval/WireImage/Getty Images
Sandra Adair: Jeff Vespa/Getty Images
Frances Hannon: Robin Marchant/WireImage/Getty Images
Becky Sullivan: Jason Kempin/Getty Images for WIF & Perrier-Jouet
Kristina Reed: Tommaso Boddi/WireImage/Getty Images
Patricia Arquette: © IFC Films/courtesy Everett Collection
Bonnie Arnold: Stefanie Keenan/Getty Images for TCM
Mathilde Bonnefoy: Smallz & Raskind/Getty Images
Ellen Goosenberg Kent and Dana Perry: Frederic J. Brown/AFP/Getty Images
Laura Poitras: Smallz & Raskind/Getty Images
Julianne Moore: Sydney Alford/Alamy Stock Photo
Anna Pinnock: James Atoa/Everett Collection

2016
Alicia Vikander: © Focus Features/Courtesy of the Everett Collection
Blye Pagon Faust and Nicole Rocklin: Jeff Vespa/WireImage/Getty Images
Kirsten Johnson: Lynsey Addario /© Janus Films/Courtesy of the Everett Collection
Lesley Vanderwalt and Elka Wardega: C Flanigan/FilmMagic/Getty Images
Nicole Paradis Grindle: WENN Ltd/Alamy Stock Photo
Lillian Benson: Alison Buck/WireImage/Getty Images
Maryann Brandon and Mary Jo Markey: Frazer Harrison/Getty Images
Rosa Tran: Vivien Killilea/Getty Images for SCAD aTVfest 2018
Margaret Sixel: Byron Purvis/AdMedia/ZUMA Wire/Alamy Live News
Anohni: Ragnar Singsaas/Redferns via Getty Images
Lisa Thompson: Ted Soqui/Corbis via Getty Images
Brie Larson: AF archive/Alamy Stock Photo
Meg LeFauve: Joe Scarnici/WireImage/Getty Images
Rachel McAdams: AF archive/Alamy Stock Photo
Serena Armitage: Jennifer Lourie/Getty Images
Lady Gaga: Samir Hussein/Samir Hussein/WireImage/Getty Images

Sara Bennett: Adrian Sanchez-Gonzalez/AFP/Getty Images

2017
Viola Davis: David Lee/© Paramount Pictures/courtesy Everett Collection
Patty Jenkins: Clay Enos/© Warner Bros/Courtesy of the Everett Collection
Sandy Reynolds-Wasco: Kevin Winter/Getty Images
Emma Stone: Rune Hellestad-Corbis/Corbis via Getty Images
Mica Levi: Dave M. Benett/Dave Benett/Getty Images
Joanna Natasegara: PictureLux/The Hollywood Archive/Alamy Stock Photo
Caroline Waterflow: Kevork Djansezian/Getty Images
Arianne Sutner: Frederick M. Brown/Getty Images
Adele Romanski: Pascal Le Segretain/Getty Images
Anna Udvardy: David Crotty/Patrick McMullan via Getty Images
Ava DuVernay: Atsushi Nishijima/© Walt Disney Studios Motion Pictures/Courtesy Everett Collection
Joi McMillon: Emma McIntyre/Getty Images for Film Independent
Carla Hacken: E. Charbonneau/WireImage for 20th Century Fox Studios
Mildred Iatrou Morgan and Ai-Ling Lee: Kevin Winter/Getty Images

2018
Lucy Sibbick: Frederick M. Brown/FilmMagic/Getty Images
Mary H. Ellis: WENN Ltd/Alamy Stock Photo
Vanessa Taylor: Albert L. Ortega/Getty Images
Greta Gerwig: ©A24/courtesy Everett Collection
Rachel Morrison: Steve Dietl/© Netflix/Courtesy of the Everett Collection
Allison Janney: Eli Winston/Everett Collection
Rachel Shenton: Ian West/PA Images via Getty Images
Mary J. Blige: Cindy Ord/Getty Images for Casa Reale
Taura Stinson: Valerie Macon/AFP/Getty Images
Agnes Varda: © Cohen Media Group/Courtesy of the Everett Collection

Page 378
Piper Laurie: Loomis Dean/The LIFE Picture Collection/Getty Images

감사의 말

이 책을 쓰는 내내 끊임없는 열정을 보내 주었던 우리의 모든 친구들과 가족들에게 감사의 말을 전합니다. 특별히 다음에 언급되는 분들께 머리 숙여 감사의 말씀을 드립니다.

우리의 북 에이전트인 산드라 본드 씨가 이 책의 가능성을 보고 이 책이 끝날 때까지 끊이지 않는 지원과 도움을 주신 데 대해 감사의 말씀을 드립니다.

로만 앤 리틀필드 출판사의 편집자인 릭 레인하트 씨와 엘렌 어번 씨가 이 프로젝트를 믿어 주신 데 대해 감사의 말씀을 드립니다.

책 디자이너인 로라 크린스트라 씨가 이 책의 안과 밖으로 아름다움과 생기를 불어 넣어 준 것에 대해 감사의 말씀을 드립니다.

카피 편집자인 데어드레이 란젠란트 씨가 단어, 구두점, 변환, 생략 등을 잘 이해하고 고쳐주신 데 대해 감사의 말씀을 드립니다.

애비 디즈니. 그녀의 우정과 이 책에 대한 지지에 감사드리며 여성과 영화에 대해 생각을 주신 것에 대해 감사의 말씀을 드립니다.

이 책에 나오는 모든 여성 분들께 감사의 말씀을 드립니다. 우리가 사랑하는 영화를 만들기 위해 그녀들이 현재 하고 있고 또 지금까지 해 온 일에 대해 감사의 말씀을 드립니다.

데이빗 티에첸, 질의 남편에게 감사의 말씀을 드립니다. 그의 인내와 사랑, 지지에 감사의 말씀을 드립니다.

바바라의 아들, 제프 브리지스에게 감사의 말씀을 드립니다. 컴퓨터의 도움이 필요할 때마다 적절하게 도와준 것에 대해 감사의 말씀을 드립니다.

작가에 대해

질 S. 티에첸(Jill S. Tietjen, P.E)

작가이자 강연자, 전기 기술자이다. 『그녀들의 이야기: 미국을 변화시킨 여성들의 연대표(A Her story: A Timeline of the Women Who Changed America)』의 공동 저자이다. 이 책은 '미국 혁명 역사에 기여한 여성을 위한 상'을 받았다. 질은 지난 30년 동안 전 세계에 걸쳐 역사적인 여성에 대해 연구를 계속 해 왔으며 역사에 기여한 여성에 대해 전국적으로 연설을 해 왔다. 미국의 모든 분야에 걸쳐 여성에 관한 최고의 역사가 중 한 명인 그녀는 전국적으로, 주별로 그리고 지역적으로 선정되는 수상 후보에 과거의 역사적 인물이나 현재 살아 있는 여성을 끊임없이 추천시킴으로써 여성들에게 더 많은 가능성을 가져다주기 위해 일한다.

그녀가 지명한 후보자들은 성공적으로 미국 국립 여성 명예의 전당이나 미국 국립 발명가 명예의 전당에 이름을 올리거나 주별 여성 명예의 전당에 이름을 올렸다. 질은 종종 언론에 언급·인용되기도 했고 그녀의 글은 다양한 출판물로 인쇄되었다.

그녀는 수많은 상을 수상해 왔고 콜로라도 여성 명예의 전당에 이름을 올렸다.

바바라 브리지스(Barbara Bridges)

기업가이자 비즈니스 우먼으로 인생의 대부분을 보냈다. 2006년에 덴버 영화 단체와 공동으로 추진하는 '여성들과 영화(Women + Film)'를 설립하고 관객들에게 여성에 의한, 여성에 관한 영화를 소개하면서 오늘날 여성이 직면한 세계적인 쟁점들에 관한 논의에 불을 지폈다. 해마다 열리는 여성·영화 페스티벌은 덴버 영화제의 일환으로, 연중 내내 영화를 상영하며 오락적인 요소뿐 아니라 교육적인 요소도 갖추고 있고 영감을 주는 인기 있는 영화 프로그램이다.

바바라는 영화에 있어 여성의 역할에 관해 많은 그룹에게 연설을 하면서 다양한 영화 페스티벌과 관련된 활동을 한다. 덴버 포스트지는 그녀에게 예술 문화 부문에서 콜로라도의 최고 사상가라는 칭호를 주었다. 바바라는 지역적, 국가적으로 여러 여성 조직의 이사회 멤버로 일하고 있으며 그 결과 많은 상을 수상해 왔다.

공동번역

조주희 perfection_kr@hanmail.net

충북대학교 국어국문학과 학사 및 영어영문학과 석사 학위를 취득하고 워싱턴 주립대, Leuven Catholic Uni.에서 연수를 했다. 시사외국어 학원, LG 유통, LG반도체, 두산전자 등 기업체에서 비즈니스 영어 강의를 했고 청주시 근로 복지관과 청주시 평생 학습관에서 영어 회화, 영어 동화 및 팝송 강의를 했다. 주성대학교 어학당, 한기대, 진천 바이오 고등학교에서는 토익 강의를 했으며 MBC 청주방송국에서 팝스 잉글리시 코너를 진행했다.

Haein Alice Jo hjo@email.wm.edu

William & Mary 대학교에서 경제학을 전공하고 연세대학교에서 공공 정책 분석 수업을 수강했으며 이후 외국계 전략컨설팅 회사인 A.T. Kearney Korea에서 Research Assistant로 활동했다.